财政部规划教材
全国财政职业教育教学指导委员会推荐教材
全国高职高专院校财经类教材

商业银行综合柜台业务实训

（第三版）

刘双红　王珺勤　主编

中国财经出版传媒集团
经济科学出版社
Economic Science Press

图书在版编目（CIP）数据

商业银行综合柜台业务实训／刘双红，王珺勤主编．
—3 版 . —北京：经济科学出版社，2018. 12 （2024. 1 重印）
ISBN 978 - 7 - 5218 - 0083 - 8

Ⅰ. ①商…　Ⅱ. ①刘…②王…　Ⅲ. ①商业银行 - 银行
业务 - 教材　Ⅳ. ①F830. 33

中国版本图书馆 CIP 数据核字（2018）第 289785 号

责任编辑：白留杰　李晓杰
责任校对：王苗苗
责任印制：李　鹏

商业银行综合柜台业务实训（第三版）

刘双红　王珺勤　主编

经济科学出版社出版、发行　新华书店经销
社址：北京市海淀区阜成路甲 28 号　邮编：100142
教材分社电话：010 - 88191354　发行部电话：010 - 88191522
网址：www. esp. com. cn
电子邮件：bailiujie518@ 126. com
天猫网店：经济科学出版社旗舰店
网址：http://jjkxcbs. tmall. com
北京密兴印刷有限公司印装
787 × 1092　16 开　21. 25 印张　530000 字
2018 年 12 月第 3 版　2024 年 1 月第 4 次印刷
ISBN 978 - 7 - 5218 - 0083 - 8　定价：65. 00 元
（图书出现印装问题，本社负责调换。电话：010 - 88191510）
（版权所有　侵权必究　打击盗版　举报热线：010 - 88191661
QQ：2242791300　营销中心电话：010 - 88191537
电子邮箱：dbts@ esp. com. cn）

前　言

　　本书是在 2015 年版财政部规划学历教材《商业银行综合柜台业务》（第二版）的基础上修订改版的理论实践一体化教材；也是智盛银行业务综合技能竞赛平台软件和全国大学生银行技能竞赛练习软件的配套教材；同时还是超星线上课程《商业银行综合柜台业务》的配套教材。

　　本书修订过程中依然严格遵循高职教育的特点，坚持"理论适度、注重实践"和"教、学、做"相结合的原则，以"项目导向，任务驱动"为宗旨，以构建基于工作过程的业务流程为主线，教材内容紧扣工作岗位对专业人才的知识和技能要求，将商业银行综合柜台业务学习领域分为与工作过程相匹配的十个项目，每个项目由若干任务构成，每个任务又由若干项活动构成，每项活动又通过"活动目标、业务流程、业务处理、案例阅读、模拟演练、知识拓展"等多种手段展现教学内容，运用表格、结构图、流程图、操作图和真实凭证等多种载体来增加内容的直观性和仿真性，以此丰富教学内容。

　　本书内容中的从业基础部分主要包括岗位认知、现金单证业务操作规程以及突发事件的应急处理；商业银行综合柜台的业务知识和实训操作说明部分，主要包括个人账户业务、公司账户业务、个人贷款业务、公司贷款业务、代理业务、支付结算业务、表外业务以及金融营销业务等；综合柜台业务实训部分是选取典型的业务融合到临柜工作一天的任务当中去，让学生系统地完成从日初处理到日间操作，再到日终处理等各个环节的相关任务，真实地体验商业银行综合柜员的工作过程。

　　本教材保留了原教材中"商业银行综合业务从业基础、柜台主要业务及综合技能训练"这三个基本模块，此次修订的部分主要体现柜台业务的增加、实训指导材料的编制以及教材立体化资源的配套。具体涉及：在将原来商业银行综合柜台业务学习领域分为与工作过程相匹配的八个项目增加到十个项目（新增了表外业务和金融产品营销业务）；在取得深圳智盛信息技术股份有限公司的授权后结合智盛银行业务综合技能竞赛平台软件编制了实训指导材料（实训案例、实训操作步骤、练习案例、实训报告等内容），并且将实训案例的操作步骤录制成了操作视频并以二维码的方式添加到实训指导材料中，实行了教材的立体化效果，以便教师教学的开展和学生课后学习。

　　原教材（第一版）由江西财经职业学院的刘双红、山西省财政税务专科学校的赵翔、河南财政税务高等专科学校的楚汴英和牛海霞、广西国际商务职业技术学院的李永红以及广州番禺职业技术学院的吴娜参与编写，主编刘双红提出编写大纲和编写体例，并最后总纂定稿。第二版修订任务由江西财经职业学院金融系相关专业教师在征询原教材选用学校相关教师建议和结合自己的教学实践体会以及行业企业的新要求来完成的。此次修订任务主要由江西财经职业学院的刘双红、王珺勤老师和深圳智盛信息技术股份有限公司区域经理曾玉、中国工商银行湖口城门支行行长徐育红负责完成，江西财经职业学院余震、龚奕、王怡然、熊韬等教师和昆仑银行西安支行客户经理代李婧分项目参与了本书的修订。本书由刘双红、王珺勤担任主编，曾玉和徐育红担任副主编。

　　教材修订过程中还得到了江西省农村信用合作银行、中国建设银行九江市分行、九江银行和中国交通银行九江分行等金融机构多名专家和一线柜员的业务指导，同时还参考和引用了有关机构和作者的研究成果和文献资料，在此一并表示衷心的感谢！

　　本书是由财政部教材编审委员会组织编写、修订并审定，作为全国高职高专院校财经类教材。本书可作为高职金融类专业必修课程教材，同时也可作为商业银行综合柜员岗前培训教材。

　　由于参编和修订人员水平有限，再加上银行业务日新月异，疏漏和不足之处在所难免，敬请读者不吝赐教！

编者
2018.12

目 录

项目一

商业银行综合柜台业务从业基础

项目描述	商业银行柜员是在银行柜台里直接跟顾客接触的银行员工，他们上岗办理柜台业务前应当具备一定的职业素养。本项目将设立4项任务共计16项活动来介绍商业银行综合柜台业务的基本规定、规范及上岗前的准备工作。具体包括银行柜台岗位设置和管理、银行柜台业务主要内容、银行柜台管理、银行柜员基本职业技能及现金、单证业务操作规程以及突发事件应急处理等	
项目目标	知识目标	✧ 了解商业银行柜台岗位设置及岗位职责 ✧ 熟悉商业银行柜台业务流程与业务内容 ✧ 熟悉商业银行综合柜台管理 ✧ 熟悉商业银行柜台服务规范和服务技巧 ✧ 掌握银行柜员从业基本技能 ✧ 掌握现金业务操作规程 ✧ 掌握重要单证业务操作规程 ✧ 掌握银行突发事件的应急处理
	技能目标	✧ 能按柜员标准规范仪容仪表 ✧ 能提供规范化的柜台服务 ✧ 能鉴别真伪货币 ✧ 能进行库箱开启、封装业务操作 ✧ 能进行各项现金业务操作 ✧ 能进行领入、出售和收回重要单证业务操作 ✧ 能够处理银行突发事件
项目任务·活动	**任务1　商业银行柜台业务基本认知** 　　活动1　了解商业银行柜台岗位设置及岗位职责 　　活动2　熟悉商业银行柜台业务流程与业务内容 　　活动3　熟悉商业银行综合柜台管理 　　活动4　学习商业银行柜台服务规范和服务技巧 **任务2　掌握现金业务操作规程** 　　活动1　库箱开启、封装业务操作 　　活动2　柜员领解现金业务操作 　　活动3　现金收付业务操作 　　活动4　其他现金业务操作 **任务3　掌握重要单证业务操作规程** 　　活动1　熟悉柜员领入重要单证业务基本规程 　　活动2　出售重要单证业务操作 　　活动3　收回客户空白重要凭证的操作 　　活动4　作废重要单证上缴业务操作 　　活动5　重要单证业务实训操作 **任务4　掌握银行突发事件的应急处理** 　　活动1　营业间安全事件的应急处理 　　活动2　自然灾害事件的应急处理 　　活动3　其他突发事件的应急处理	

任务1 商业银行柜台业务基本认知

活动1 了解商业银行柜台岗位设置及岗位职责

➤ 活动目标

了解商业银行柜台劳动组织形式，掌握综合柜员制风险防范方法。

➤ 基础知识

随着金融电子化的发展和科技在银行业务领域的广泛运用，银行柜台劳动组织形式也由双人临柜制发展到单柜员制，直至现在的综合柜员制。

一、综合柜员制的含义

综合柜员制是依据银行柜面服务的特点，充分利用人力资源，以完善的内部控制制度和较高的人员素质为基础，利用先进的电子化技术，实行单人临柜处理本、外币的对公、储蓄、出纳、中间等业务的一种劳动组合形式。综合柜员制是相对于传统的双人临柜复核制的服务模式而言的，是柜员单人临柜，独立办理会计、出纳、储蓄、中间业务等面向客户的全部业务的服务形式。

设立综合柜台是对传统柜台业务办理方式和柜台劳动组合形式的重大改革。通过对柜台业务实行单人收款、付款、记账"一手清"，最大限度地减少了现金、凭证传递环节，加快了业务处理速度，提高了柜台工作效率。在柜台服务上，打破窗口服务的业务界限，任何一个窗口都可以同时办理对公、对私各项业务，可减少客户的等候时间。

二、营业网点实行综合柜员制的基本条件

1. 实行柜员制前的会计基础工作达到规范化管理三级以上（包括三级）标准。
2. 建立了符合柜员制要求的严谨的劳动组织形式和完善的业务操作规程。
3. 建立了符合柜员制要求的严密的岗位责任制和公平、有效、便于操作和监督的柜员考核机制。
4. 安装了完备的监控系统；配备了合格、充足的出纳机具和防伪设备，确保业务操作安全、准确。
5. 柜员应持有与授权业务相应的专业资格上岗证，从业务知识到操作技能，切实具备办理相关业务的能力；综合柜员必须通过全面培训和严格考核。
6. 营业网点对外服务窗口和内勤人员的配备应确保业务的正常开展。

三、综合柜员制柜员岗位设置

实行综合柜员制的营业机构，其柜员岗位设置见图1-1。

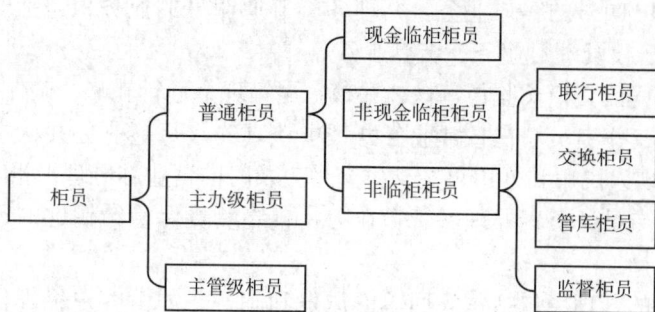

图 1-1　综合柜员制柜员岗位设置

（一）普通柜员

普通柜员为具体办理会计核算的人员，负责会计资料的初审和权限范围内业务的操作。

1. 现金临柜柜员（高柜柜员）：直接面对客户，对外办理与现金收付有关的业务，如现金存取款业务、代收代付业务等。

2. 非现金临柜柜员（低柜柜员）：直接面对客户，对外办理与现金收付无关的业务，如银行卡挂失业务、转账结算业务、基金咨询业务、理财业务等。

3. 非临柜柜员：不直接面对客户，负责办理票据交换、资金清算、印押证的使用与管理、各类卡片的保管、会计信息的分析及反馈等综合工作的柜员。不同的银行根据其承担的具体工作不同将其分为不同的岗位。

（二）主办级柜员

主办级柜员为对业务经办处理的各类业务进行复核或在规定业务范围内和额度内授权的人员。

（三）主管级柜员

主管级柜员为对超过业务主办权限的重要业务进行授权处理的管理人员。主管主要包括网点负责人、总会计、各级会计结算部门负责人以及有权部门聘任的行使业务主管职责的管理人员。

四、综合柜员岗位职责

综合柜员应本着高度的工作责任心，严格按照国家政策法规和业务规章制度的要求，认真细致地办理柜面业务，做到核算准确、处理及时，自觉提高业务风险防范意识，规范操作，减少差错，杜绝事故；同时应树立正确的服务意识，对待客户彬彬有礼，认真解答客户的业务咨询，耐心引导客户按照有关业务规定办理业务，通过优质服务塑造良好的公众形象。综合柜员的具体职责如下：

1. 保管和正确使用现金章、转讫章及个人名章。

2. 认真审查受理客户提交的票据或凭证是否合法、合规，印鉴是否相符，及时正确处理账务，及时传递票据和凭证，做到不积压、不遗失、不随意押票。

3. 办理对公业务，包括对公现金业务、对公账户的开立和撤销、网银账户的开立和撤销、批量开卡、代发工资、汇票签发、EMS 签约信息的录入、出售重要空白凭证、印鉴更换、资产业务等。

4. 优先办理 VIP 叫号的客户业务。办理各类普通叫号的业务，包括本、外币兑换、现金存取业务、挂失、投资理财业务、结算业务等。

5. 及时将业务凭证交柜长监督审核，并核打尾箱现金进行轧账，确保钱账无误。

6. 担任反洗钱工作专员。在日常业务办理中认真关注每笔业务并认真分析客户资金往来是否正常，如发现人民币和外币可疑支付交易应及时向营业部经理汇报。

7. 担任保管箱专员，负责办理保管箱业务，日终负责保管箱钥匙的还原剂保管箱系统的退出和存盘。

8. 负责回单箱的管理，包括每天回单的派发和邮寄，如由客户经理代领回单的必须严格按照上级行延伸服务的要求完善相关审批手续并做好签收。对于未能及时取走回单和退票的客户，应主动电话通知客户。

9. 网点密押员后备，负责联行密押的编、核押及银行汇票的密押机妥善保管。

10. 负责将到期的票据及时进行托收。密切关注支付往来账、查询查复业务等情况，并及时处理。

11. 负责营业部一般凭证和办公用品的管理，做到及时计划和领用，保障业务的正常运作。

12. 营业期间临时离岗或营业终了，应在终端上及时做柜员签退，妥善保管工号卡，定期更换柜员密码，防止密码泄密。

13. 负责现金尾箱的接送工作，按操作规程办好有关的尾箱交接手续，严格贯彻双人会同装开箱制度，会同柜长落实核打尾箱。

14. 会同其他综合柜员对个人开户资料进行整理按月装订。

15. 完成营业部经理和支行领导交办的其他工作。

➢ 模拟演练

选择几家银行调查了解其岗位设置情况及其对风险的管理措施，并形成书面报告。

🐾 知识拓展

银行柜员业务操作权限见表 1-1。

表 1-1　　　　　　　　　　银行柜员业务操作权限

业务种类	具体分类	普通柜员	主办级柜员	主管级柜员
存现业务	小网点	5 万元以下	业务经办额度以上授权	自行确定
	中型网点	8 万元以下		
	大型网点	10 万元以下		
取现业务	大中小型网点	5 万元以下	5 万元（含）至 50 万元的授权	超过 50 万元的授权

业务种类	具体分类	普通柜员	主办级柜员	主管级柜员
转账业务	小网点	10 万元以下	10 万元（含）至 100 万元的授权	100 万元（含）至 200 万元以及 200 万元以上的授权（根据网点不同会有差异）
	中型网点	20 万元以下	20 万元（含）至 150 万元的授权	
	大型网点	30 万元以下	30 万元（含）至 200 万元的授权	

活动 2　熟悉商业银行柜台业务流程与业务内容

➢ 活动目标

熟悉银行一般业务和特殊业务的处理规定，能够熟练进行银行柜台日初处理工作，包括能进行柜员签到，能按程序操作现金及凭证出入库等。

➢ 业务流程

银行柜台业务基本流程见图 1 - 2。

营业前准备 → 签到 → 出库 → 日间操作 → 复核 → 轧账 → 签退

图 1 - 2　银行柜台业务基本流程

➢ 业务处理

一、营业前准备

营业网点柜台人员每日营业前应提前到达上班场所，并做好以下工作：

1. 安全检查。双人同时进入营业场所，并立刻撤除自动报警装置；检查报警铃、录像监控设备等安全防卫器具是否正常、完好；检查二道门是否完好。

2. 清洁环境。打扫营业柜台内外的卫生，整理柜面物品，做到整齐有序，不摆放与办公无关的任何物品及资料；擦拭客户等候区的桌椅、地面，保持窗明几净；检查客户用的笔、墨、老花镜等各类便民服务设施是否齐全；清洁 ATM 及各种电脑、机器设备。

3. 检查自身着装并挂好工号牌，做到整洁、庄重、规范。

二、签到

在做完营业前准备工作后，先要由网点业务主管进行主管开机，柜员才能进行签到操作。在主机开启成功后，柜员用自己的权限卡刷卡，登录签到界面，输入柜员号、钱箱号、操作密码后，签到即告完成，系统进入交易界面。为了保证系统及资金安全，操作员应按规定定期或不定期更换操作密码。

提示

权限卡是指柜员在办理业务时所必须持有的、表明控制其业务处理权限范围的磁卡。权限卡的配置遵循"一人一卡"的原则。不同级别的柜员保管和使用的权限卡不同。

三、出库

临柜柜员在办理日间业务操作前，首先应从管库柜员处领取一定量的现金、重要空白凭证。这一过程叫作出库。

（一）领取尾箱

临柜柜员在完成日初签到以后，由业务主管根据前一日的信息进行尾箱的交叉发放。临柜柜员先从操作系统中领用电子钱箱，再根据电子钱箱编号来领取实物钱箱。打开实物钱箱后，根据券别、张数一一确认实物钱箱与电子钱箱信息一致。若券别、张数不同，总金额一致，则在系统进行相应信息调整；若券别、张数不同，总金额也不同，则停止其他工作，及时将错误上报给业务主管。

（二）领取现金

每个办理现金业务的临柜柜员，必须由主管为其按币种建立"现金箱"，并设定一定的限额，否则无法办理现金业务。"现金箱"是存放现金实物的实物钱箱与系统内电子钱箱的统一。临柜柜员在每天办理日间业务前，需匡算当天所需现金数，从现金库房中提取相应现金存入"现金箱"，这里的存入既指现金实物的领用，也指系统中管库柜员的出库记载和临柜柜员的领入记载。

柜员领取现金时应填写"现金领用单"交管库柜员，管库柜员核对领用单后在系统中录入相应要素，包括金额、领款柜员清点后在系统中录入相应要素，交易成功后按系统提示打印"现金调拨单"，由管库柜员和领款柜员双方签章。

（三）领取重要空白凭证

柜员每天根据业务量的情况，决定所要领取的重要空白凭证的数量、种类，并填写"重要空白凭证领用单"后交管库柜员。管库柜员审核无误后按照号码顺序分发凭证，同时登记重要空白凭证登记簿。领用柜员逐份清点无误后，在登记簿上签收。

四、日间操作

（一）日间操作业务内容

日间操作是柜员每天工作的主要内容，即为客户办理各种业务的过程。本书后几个项目将详细介绍有关业务内容和操作处理规程。这里只简单介绍所办业务的内容（见图1-3）。

1. 存款业务。存款业务主要包括单位人民币存款业务、储蓄存款业务和外汇存款业务。
2. 贷款业务。贷款业务主要包括公司贷款业务、个人贷款业务、贴现业务和委托贷款业务等。
3. 支付结算业务。支付结算业务主要包括支票业务、本票业务、银行汇票业务、汇兑结算业务、委托收款业务和托收承付业务。
4. 银行卡业务。银行卡业务主要包括银行卡开卡业务、存取现业务、转账业务、挂失

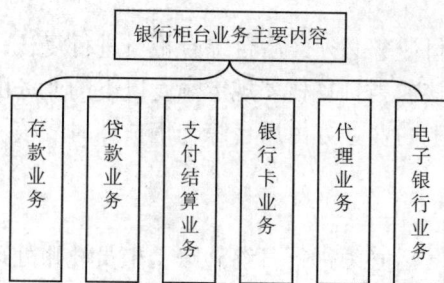

图1-3 银行柜台业务主要内容

业务和销户业务。

5. 代理业务。代理业务主要包括代收代付业务、代理国债业务、代理基金业务和银证通业务。

6. 电子银行业务。电子银行业务主要包括自助银行业务、网上银行业务、电话银行业务和手机银行业务。

提示

实际工作中很多家银行是按服务的对象来划分业务内容的，将银行业务分为对公业务和个人业务。

（二）日间操作流程

日间操作流程见图1-4。

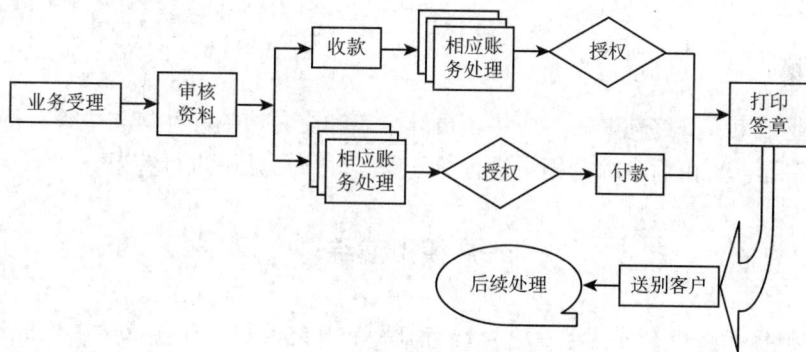

图1-4 银行日常柜台业务处理流程

五、柜员业务复核

（一）储蓄业务复核

为了加强储蓄业务处理的实时监督和授权管理，对超限额的存取款交易、特权凭证、超限额的信用卡业务、活期部分冻结和个人电子汇划业务等需进行实时授权的复核控制。当日所有业务凭证均在次日由事后稽核员进行全面复核，以保证储蓄会计核算的正确性，确保账账、账表相符。

（二）会计业务复核

前台柜员受理的各种收付业务必须经后台综合柜员进行复核，根据处理的业务额度确定是否由后台综合柜员即时复核或当日复核。规定额度以下的业务由后台综合柜员在综合日终轧前完成复核，规定额度以上的业务方由后台综合柜员即时复核。

六、轧账

柜员每天办理完日常业务后必须进行日终轧账，柜员轧账处理程序如下：

（一）结平账务

柜员检查自己的平账器是否结平为零，对当日不能核销的账项，应该挂账处理。次日对所挂账务必须查明原因，进行相应处理。轧平账务后通过系统打印轧账表并整理、核对交易清单。

（二）结平现金

柜员清点现金实物后将电子钱箱与实物钱箱的余额进行核对：在系统内查询自己保管的钱箱内的现金数量，与现金实物进行金额、券别双核对，要确保两者完全一致。核对无误后，打印柜员现金日结单和柜员轧账表，将钱箱和现金上缴管库员。

（三）核对重要空白凭证

每天营业终了，柜员应将经管的重要空白凭证与相关登记簿进行账实核对，确保账实、账账相符。

🔦 **提示**

日终轧账必须由柜员自己负责办理，在账务轧平前，柜员不得提前离岗。

七、签退

日终营业结束，日终轧账后，应将柜员轧平表和交易清单一并交与主管，待主管确认无误后即正式签退。再由后台综合柜员进行总轧账，轧账后账平进行签退。

> ➤ **模拟演练**

1. 请模拟银行临柜人员（学生 A）进行日初和日终处理，让其他学生作出评价。
2. 选择几家银行让学生分组实地去考察其柜台业务的主要内容。

活动 3　熟悉商业银行综合柜台管理

> ➤ **活动目标**

熟悉银行账户管理，熟悉银行印章、密押和重要机具管理，熟悉银行有价单证和重要空白凭证管理，熟悉银行柜员密码管理，熟悉银行会计档案管理。

➤ **基础知识**

一、银行账户管理

银行结算账户按存款人分为单位银行结算账户和个人银行结算账户。

（一）存款人以单位名称开立的银行结算账户为单位银行结算账户

单位银行结算账户按用途分为基本存款账户、一般存款账户、专用存款账户、临时存款账户。

个体工商户凭营业执照以字号或经营者姓名开立的银行结算账户纳入单位银行结算账户管理。

1. 基本存款账户是存款人的主办账户。存款人日常经营活动的资金收付及其工资、奖金和现金的支取，应通过该账户办理。

2. 一般存款账户用于办理存款人借款转存、借款归还和其他结算的资金收付。该账户可以办理现金缴存，但不得办理现金支取。

3. 专用存款账户用于办理各项专用资金的收付。

单位银行卡账户的资金必须由其基本存款账户转账存入。

财政预算外资金、证券交易结算资金、期货交易保证金和信托基金专用存款账户不得支取现金。

基本建设资金、更新改造资金、政策性房地产开发资金、金融机构存放同业资金账户需要支取现金的，应在开户时报中国人民银行当地分支行批准。中国人民银行当地分支行应根据国家现金管理的规定审查批准。

粮、棉、油收购资金、社会保障基金、住房基金和党、团、工会经费等专用存款账户支取现金应按照国家现金管理的规定办理。

收入汇缴账户除向其基本存款账户或预算外资金财政专用存款户划缴款项外，只收不付，不得支取现金。业务支出账户现金支取必须按照国家现金管理的规定办理。

银行应按照各项规定和国家对粮、棉、油收购资金使用管理规定加强监督，对不符合规定的资金收付和现金支取，不得办理。但对其他专用资金的使用不负监督责任。

4. 临时存款账户用于办理临时机构以及存款人临时经营活动发生的资金收付。临时存款账户应根据有关开户证明文件确定的期限或存款人的需要确定其有效期限。存款人在账户的使用中需要延长期限的，应在有效期限内向开户银行提出申请，并由开户银行报中国人民银行当地分支行核准后办理展期。临时存款账户的有效期最长不得超过 2 年。临时存款账户支取现金，应按照国家现金管理的规定办理。

（二）存款人凭个人有效证件以自然人名称开立的银行结算账户为个人银行结算账户

1. 个人银行结算账户用于办理个人转账收付和现金存取。

2. 单位从其银行结算账户支付给个人银行结算账户的款项，每笔超过 5 万元的，应向其开户银行提供付款依据。

3. 储蓄账户仅限于办理现金存取业务，不得办理转账结算。

（三）单位存款人申请更换预留公章或财务专用章

单位存款人申请更换预留公章或财务专用章，应向开户银行出具书面申请、原预留公章或财务专用章等相关证明材料。

单位存款人申请更换预留公章或财务专用章但无法提供原预留公章或财务专用章的，应向开户银行出具原印签卡片、开户许可证、营业执照正本、司法部门的证明等相关证明文件。

单位存款人申请变更预留公章或财务专用章，可由法定代表人或单位负责人直接办理，也可授权他人办理。由法定代表人或单位负责人直接办理的，除出具相应的证明文件外，还应出具法定代表人或单位负责人的身份证件；授权他人办理的，除出具相应证明文件外，还应出具法定代表人或单位负责人的身份证件及其出具的授权书，以及被授权人的身份证件。

（四）单位存款人申请更换预留个人签章

单位存款人申请更换预留个人签章可由法定代表人或单位负责人直接办理，也可授权他人办理。由法定代表人或单位负责人直接办理的，应出具加盖该单位公章的书面申请以及法定代表人或单位负责人的身份证件。

授权他人办理的，应出具加盖该单位公章的书面申请、法定代表人或单位负责人的身份证件及其出具的授权书、被授权人的身份证件。无法出具法定代表人或单位负责人的身份证件的，应出具加盖该单位公章的书面申请、该单位出具的授权书以及被授权人的身份证件。

（五）存款人撤销银行结算账户

存款人撤销银行结算账户必须与开户银行核对银行结算账户存款余额，交回各种重要空白票据及结算凭证和开户许可证，银行核对无误后方可办理销户手续。对收回的重要空白凭证应当面切角作废或加盖"作废"戳记，作废凭证做销户记账凭证附件。存款人未按规定交回各种重要空白票据及结算凭证的，应出具有关证明，造成损失的，由其自行承担。

（六）冻结存款人存款

冻结存款人存款必须由县级或县级以上司法部门向银行出具正式冻结通知，冻结期限不得超过6个月。如需延长冻结时间，应重新办理手续。

（七）挂失业务

挂失业务受理可由他人代办，但需同时出具存款人和代理人有效身份证件；挂失后撤销挂失、解挂、补发等业务，必须本人提供身份证件和相关凭证方能办理。口头挂失的，挂失后应及时凭本人有效身份证件到开户网点办理正式挂失手续。

（八）特殊事项

账户管理过程中涉及冻结解冻、挂失止付、支取方式修改等特殊事项均须客户提供相关证件，并经主管授权后方可办理。

二、印章、密押和重要机具管理

（一）会计印章

会计印章分为结算类会计印章和一般会计印章。主要有行名业务公章、现金业务章、转讫章、汇票专用章、本票专用章、联行专用章等。会计印章图示见图1-5。

1. 会计印章的领取实行双人签领制度，并出具本机构介绍信或有效证明文件和个人身份证件，在相关登记簿上预留印模，注明启用日期，并由领用人签章。

2. 会计印章实行专人使用，专人保管，专人负责，固定存放；临时离岗，人离章收；不得私自授受会计印章。非经办人员不得动用会计印章，非营业时间必须入库或保险箱（柜）保管。

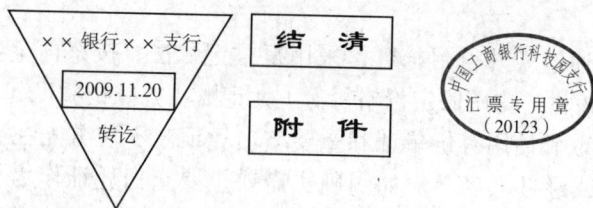

图 1-5　会计印章

3. 会计印章停止使用后应及时按照有关规定办理停用或销毁手续。会计印章的停用和销毁必须登记造册，并在相关登记簿上登记并签章。

4. 会计凭证、会计账簿、会计报告等会计资料应按规定签章。采用计算机系统处理的会计资料，可以通过系统输出打印的姓名和代码代替经办、复核的柜员印章，法律法规另有规定的，从其规定。未打印柜员号和姓名的凭证必须加盖印章。

5. 应建立健全会计印章管理的制度办法，严格会计印章的保管和使用手续。会计印章必须严格按规定的范围使用，不得错用、串用、提前或过期使用。严禁超范围使用会计印章，严禁在空白会计凭证、账簿上预先留盖会计印章和个人名章。

6. 会计人员的个人名章、操作密码等必须按照有关规定由本人使用，妥善保管。

（二）密押和重要机具管理

1. 联行密押是鉴别联行间汇划款项真伪，保证资金安全的重要工具。管押柜员变动须经原审定机构核准，并办理交接手续。

2. 编押机视同密押管理。寄送密押代号表，必须加封，以绝密件通过机要部门或派专人直接解送。联行密押代号表在未启用或停用待销毁期间，必须加封，由行长（主任）或指定专人入库或保险柜保管。过期密押代号表销毁时，应按有关规定办理。

3. 压数机是银行办理票据业务、辨别票据真伪、确保资金安全的重要工具，按密押管理规定管理。

4. 业务量较大的营业机构必须做到印章、密押（压数机）和重要空白凭证三人分管、分用。联行专用章应指定第一、第二管印人，密押、压数机应指定第一、第二管押（机）人，二者不得相互混淆；业务量较少的营业机构也必须坚持联行印、押分管，印、证分管；配偶或直系亲属不得同时分管印、押；管联行印章的不得接触、使用密押，管密押的不得接触、使用联行印章（含代班人员）。

5. 营业终了，必须将密押、压数机、联行专用章等重要印章各自装入手提保险箱加锁全部入库或保险柜保管。

（三）有价单证和重要空白凭证管理

有价单证是指印有固定面额的特定凭证，其一经签发即成为必需偿付的信用凭证。包括：金融债券、代理发行的各类债券、定额存单、定额汇票、定额本票以及印有固定面值金额的其他有价单证等。有价单证应视同现金管理。

重要空白凭证是指银行印制的无面额的经银行或单位填写金额并签章后，即具有支取款项效力的空白凭证。

1. 各种重要单证必须由专人负责保管，建立严密的进、出库和领用制度，坚持"证、印"分管的原则。

2. 有价单证必须通过表外科目核算，采用复式记账法，按票面金额记账。重要空白凭证必须通过表外科目核算。均用假定价格每份1元记账，并登记凭证起止号码。

3. 严格按规定领取和使用有价单证和重要空白凭证。不得事先在有价单证和重要空白凭证上加盖业务印章或经办人名章。如因确实需要重要空白凭证作为教学、技术比赛等用具，应由主办部门提供所需重要空白凭证的种类、数量清单，经行长批准后方可领用。出库时，由凭证经管人员切去右上角，并在凭证明显处加盖"作废"戳记。用后，由主办部门指定专人清点，换人复核后，集中销毁。

4. 每班交接时，在"交接登记簿"上必须登记有价单证和重要空白凭证名称、数量和起止号码，核对数量、号码时，要按照印刷号码逐份进行核对，不得只核对前后号码或只数数量。

5. 每日营业终了，各柜员及有价单证和重要空白凭证保管人员必须核对各类有价单证和重要空白凭证的库存数量、号码，与有价单证和重要空白凭证登记簿及报表表外科目核对，有价单证和重要空白凭证登记簿数字必须与实物、报表数字核对一致，坚持班班清、日日清，做到账实、账表相符。

（四）密码管理

1. 柜员密码必须严格执行密码分级管理制度，经办人员密码和授权密码分级管理。

2. 各级操作柜员密码由本人控制，实行个人负责制，严格保密，不得泄露他人。如有泄密，应立即更换密码，造成损失的，要追究经办柜员责任。

3. 各柜员密码应定期或不定期修改（一般为10天，最长不超过1个月），修改口令时，前后两次口令不得相同，且有一定的破译难度，一般不得设置连续相同的数字。

4. 柜员密码遗失，必须书面向有权业务运行管理部门申请重置，业务运行管理部门审查同意后进行重置密码处理。

（五）会计档案管理

1. 会计档案是银行业务经营活动中形成的重要史料和证据，包括以纸质及磁性介质形式保存的会计凭证、会计账簿、财务会计报告和其他会计资料等。会计档案分为纸质会计档案和电子会计档案。

纸质会计档案是以纸为介质保存的会计档案。电子会计档案是以磁盘、光盘、硬盘等磁性介质为载体保存的会计档案。电子会计档案应能满足查询或打印的需要。同一会计档案采用不同介质保存的，应以电子档案为主、纸质档案为辅。电子会计档案必须满足保管期限的要求。

2. 应建立严格的规章制度和操作规程，规范电子会计档案的归档、保管、查阅、销毁等操作。

3. 会计档案的保管期限分为永久保管和定期保管两类。定期保管的期限分为15年、5年和3年三种。会计档案保管期限，从会计档案形成的次年1月1日算起。

4. 应建立会计档案保管库（柜）。对会计档案应严格执行安全和保密制度，做到妥善保管，存放有序，查找方便。档案管理人员调动时，应按规定办理交接手续。

5. 会计档案的查询、调阅、保管要严格执行安全和保密制度，会计档案一律不准外借。内部和外部查阅会计档案均应进行相应登记。

6. 会计档案保管期满，符合销毁条件的，应由县级以上分支行档案管理部门会同会计部门提出销毁意见，编制"会计档案销毁清册"，报一级分行会计主管部门批准，方可销毁。已满保管期的会计档案，如尚有未了债权、债务、案件或账务未查清，应待债权债务明确、案件终结或账务查清后，再按规定销毁。

三、银行柜员职责管理

1. 必须严格按权限办理业务，超过自身权限，必须经过相应级别主管授权，超过其业务范围，必须过渡给其他柜员办理。

2. 柜员应定期或不定期更换密码，密码泄露造成的一切后果由柜员承担。

3. 柜员应认真审核原始凭证的真实性、合法性，以原始凭证为依据，在授权范围内办理业务；超过自身权限，由主管根据业务权限和规定授权后办理。并根据所办理业务的性质加盖有关印章及柜员名章。

4. 办理跨柜员交易，业务发起柜员应及时传递凭证，接收柜员及时处理，不得故意压票或拒绝办理。

5. 柜员应经常检查平账器，保证账务的实时平衡，发现不平应查清原因及时处理。

6. 柜员应经常检查现金箱是否超限，超过限额部分及时入库；收付大额现金必须换人复点大数；管库员应做好营业机构现金库存的合理调配，超过合理库存的部分及时上解。

7. 柜员临时离岗必须办理临时签退，并将印章、现金、凭证等入箱上锁。

8. 柜员正式签退前必须检查平账器，核对现金与现金箱、重要空白凭证与凭证箱账实是否相符。

9. 营业终了应将记账凭证及其附件按凭证顺序号排列整理，打印柜员日终平账报告表、重要空白凭证明细核对表、重要空白凭证销号表等，并交主管审核。业务量较大的营业机构，柜员可在营业期间分次将记账凭证、原始凭证及附件送交指定主管或复核员及时审核。

案例阅读

2018年8月1日，因涉及一起经济纠纷，某市行监察室派人手持介绍信及工作证，到管辖的某支行调阅两年前7月1日至31日期间的会计凭证，因兼管档案的人员正在忙于前台记账，让市行出具了由双人签字的借条，将7月份的30本会计凭证带到市行进行查阅，并要求抓紧时间查阅，次日归还该支行。

想一想

支行的这种做法是否合规？为什么？

活动4　学习商业银行柜台服务规范和服务技巧

➤ 活动目标

熟悉商业银行服务的原则和理念，熟悉银行窗口服务的一般程序；熟悉银行员工行为规范，包括服务人员的仪表、仪态、仪容、言谈举止要求等，准确熟练地使用文明服务用语。

➢ **基础知识**

一、商业银行服务含义及原则

服务是挖潜客户需要、针对客户需求、运用服务策略、提高客户感知，获得客户的满意，以口碑的方式吸引、维护和增进与客户的关系，从而达到持续交易目的的过程行为。

银行客户服务原则是"以客户为中心"，商业银行贯彻以客户为中心的服务原则一般要体现以下几个方面：

1. 根据客户的需求开发服务产品、创新服务功能。
2. 从满足客户需要出发创新经营管理体制、完善业务管理制度、改进业务经办流程。
3. 以让客户满意为宗旨建立商业银行的服务文化。

二、银行客户服务理念

（一）"客户永远是对的"

"客户永远是对的"并不是说客户永远不会出现错误，而是从银行服务的基本立场上讲，是希望每个柜台服务人员在面对客户抱怨时，都能以一个宽容的心态和平静的态度来对待和处理客户提出的问题。

（二）"我们永远不说：不"

为客户服务时，我们绝对不要说"不知道、不清楚、不是我的职责"等回绝语言，我们要主动热情地帮助客户解决遇到的问题，若遇到自己不清楚或职责以外的问题，要积极为客户说明解决问题的方向。

（三）"真诚、用心为客户服务"

为客户服务，一要"真诚"，二要"用心"。"真诚、用心"为客户服务的灵魂是"尊重"，它是一种发自内心的情感，它是对客户尊严的捍卫，它是设身处地考虑客户感受并能给客户带来心灵上愉悦的行为。对客户的尊重是平等的，一视同仁的。在服务中，不论是大客户、小客户或是潜在客户，哪怕不是客户，我们都应该以规范而礼貌的服务行为去接待他们。

"真诚、用心"为客户服务还要有"爱心"，把客户当亲人，当朋友。只有如此，你才会愿意为他们着想，愿意为他们奉献出更多的热情和汗水。只有如此，你才会急客户之所急，想客户之所想，全力以赴地帮助客户解决问题。

"真诚、用心"为客户服务，就是要将心比心，以心换心。最后达到"心与心的零距离"。只有我们同客户的心实现零距离，才能真正做到：办一笔业务，销售一份产品，赢得一颗客户的心。

（四）"100-1=0"

它不是一道数学算式，而是服务业通用的服务效应原理。它的基本含义是优质服务必须坚持一贯，如果在100次服务中，仅有一次没让客户满意，客户往往记住的就是这一次，由此伤害客户也就失去客户，我们的服务效果就等于0。

三、窗口服务的一般程序与优质文明服务

（一）窗口服务的一般程序

银行窗口服务程序一般分为三个阶段、五个步骤。三个阶段是（1）迎接客户阶段；

（2）满足客户阶段；（3）送别客户阶段。五个步骤是（1）客户进入视线，站立迎接；（2）客户进入"一米线"或走近柜台，礼貌问候；（3）客户提出服务需求，仔细倾听；（4）按照客户业务需求迅速准确操作；（5）双手递交经办结果，礼貌送别。

（二）优质文明服务

1. 柜面人员实现优质服务的主要途径：

（1）提高自身业务素质是实现优质服务的基础和前提；

（2）树立良好的职业道德观念是实现优质服务的关键；

（3）掌握服务理论、服务方法、服务技巧是实现优质服务的保证。

2. "站立服务"和"微笑服务"。

实行站立服务和微笑服务是银行为实现优质服务对柜面员工提出的具体工作要求。站立服务是指站立迎接客户和站立送别客户。站立的姿态要符合礼仪要求。通过站立服务体现银行员工对客户的尊重，反映银行员工良好的精神风貌。站立服务的频率要根据柜台高度和业务繁忙程度灵活掌握。微笑服务是指员工在接待客户时对客户表现出自然的、亲切的、友好的面部表情。微笑是相对于"冷面孔"而言的，并非一定让客户明显感觉到你在"笑"。通过微笑服务让客户感受到银行员工的亲切友好，与我们自然进行情感沟通奠定服务营销的基础。

四、营业网点形象规范

（一）标示规范统一

1. 行徽、行名、营业时间等标牌悬挂规范统一，牌面整洁、齐全、美观、无残缺。

2. 营业牌照（金融营业许可证、营业执照、外汇经营许可证）必须齐全，挂在醒目位置，整齐划一。

3. 柜组标志牌、业务导示牌、数字样牌和柜员服务标牌等规范齐全。

4. 利率牌必须显示出完整、准确的最新利率，基金净值公告栏的信息公告及时、准确。

5. 自助设备使用须知、说明书等粘贴在规定位置，字迹清晰，无残缺。

6. 营业厅内有明显的禁烟标志。

7. 对外公布服务监督和业务咨询电话。

（二）便民设施齐全

1. 灯箱招牌、广告、霓虹灯、门头射灯等无损坏、无不亮。

2. 桌椅、沙发、凭条柜、算盘、笔、计算器、老花镜、验钞仪等齐全、整洁、完好。

3. 时钟、日历牌准确，电视机、电子屏、复点机、复印机、自助电话等设备保养完好，保证正常使用。

4. 宣传单整齐摆放在宣传架上，方便客户领取。

五、员工行为规范

（一）仪容仪表

1. 着装统一规范。

（1）员工统一着行服上岗。服装整洁，扣子齐全，无破损，无污渍，无油迹，无汗味。衬衣束在腰中，风纪扣、袖口扣好。

（2）系制式领带。领带干净，系时规范，长短适度，上不露风纪扣，下端盖住腰带。

女员工按要求系丝巾。

（3）着行服时，应穿黑色或棕色皮鞋，不能穿拖鞋（计算机房内除外）上岗。

（4）行内大型集会或集体活动，应按会议要求统一着装。

（5）季节换装要统一，时间由银行统一规定。

2. 仪表修饰规范。

（1）头发梳洗干净整齐，不能染彩发、梳奇异发型，临柜员工过肩长发应扎起。

（2）男员工发脚侧不过耳，后不过领，不能留胡须。

（3）女员工淡妆上岗，但不能浓妆艳抹。

（4）指甲修剪整齐，不能染有色指甲油。

（5）保持牙齿清洁，口腔清新。

（二）言谈举止

1. 语言文明。

（1）迎送、问候客人或与客人交谈、接打电话时要使用标准普通话，不讲方言、俚语。

（2）自觉使用"请、您好、谢谢、对不起、再见"10 字文明用语，做到尊称不离口，"请"字在前头，未达到对方满意时应说"对不起"。

（3）接打电话时应说："您好，这里是某银行"。

（4）坚持"三声服务"，即来有迎声、问有答声、走有送声。

（5）办公营业场所，对领导应称职务，同事之间可称"同志、老师"等，不要称兄道弟或使用江湖称谓。

2. 举止文明。

（1）员工应做到：立姿端正、坐姿文雅、走姿稳重、说姿温雅、看姿自然、听姿专注。

（2）与客户交谈，应暂停手头工作。说明情况或解释问题，应做到：耐心诚恳，有理有据、得理让人。不能讥笑、讽刺客户或与客户争吵。

（3）敲门喊人、进出房间（柜台）、商谈工作、接打电话、接待客人要注意场合和环境，不要动作过大或声音过响。

（4）参加会议，集体活动等做到不迟到、不早退、不随意走动，关闭通信工具，保持会场肃静。

（5）在办公或营业场所遇见熟人，应点头或微笑示意，不要大声呼名道姓或喧哗。

（6）遇上级领导检查指导工作，无业务时应起立，热情主动招呼，有业务时应点头或微笑示意。

（7）与客户、上级领导通电话结束时，应等对方放下电话后，再轻轻挂机。

（8）乘坐电梯、上下楼梯、进出大门等，应主动谦让，以领导、长者、弱者、来宾和女士优先为原则，不要争先恐后，前挤后拥。

六、临柜服务规范

（一）服务用语

1. 临柜服务文明用语。

（1）迎接客户前来办业务时，使用"您好！"或"早上好！""下午好！""欢迎光临！"等等。

（2）客户没有遵守"一米线"时，使用"对不起，请您在一米线外等候，谢谢！""请您排队等候，谢谢"等等。

（3）前面客户办理业务占用时间较长时，应对下一位客户说："抱歉，让您久等了"等等。

（4）业务办理过程中，需要和其他人交换意见或向有关部门查询时，使用"请稍等！"或"请稍候，我马上帮您查一下"等等。

（5）客户找错柜台时，在抬手示意客户到其他柜台办理的同时说："请您到××柜台办理"等等。

（6）客户填错凭证时，使用"对不起，您应该……填写"等等。

（7）当客户长短款时，使用"对不起，您的现金与所存金额不符，请再核对一下。""请您再把现金点一下"等等。

（8）需要客户出示证件，或进行合作、配合时，使用"请您出示一下××证件，谢谢！""对不起，请让我看一下您的证件，谢谢！"等等。

（9）向客户兑付现金或递交存单（折）时，使用"这是××元，请核对收好！""请您核对收好！"等等。

（10）业务办理完毕，客户将要离去时，使用"再见！""请慢走！""欢迎再来！"等等。

（11）遇雨雪天气，或遇身体虚弱、年长的客户，道别时，使用"路滑，请慢走！""走好，路上慢点！"等等。

（12）当客户对服务表示谢意时，使用"不客气！""不用谢，这是我们应该做的！"等等。

（13）当客户提出意见、建议时，使用"谢谢您提的宝贵意见！""我们一定努力改进"等等。

2. 临柜服务禁语。

（1）凡语气生硬、不耐烦或具有讽刺、挖苦、搪塞、埋怨、刁难等意味的语言均属服务禁语。

（2）如服务中确需使用否定性语言时，必须对客户说"对不起""很抱歉""请原谅"等，以求得客户谅解。

（二）服务标准

1. 表情到位。

（1）上岗前，端正心态，调整情绪，消除杂念。

（2）服务中，时刻保持良好精神状态，做到精神饱满、热情主动、富有活力。

（3）坚持微笑服务，做到笑容可掬，亲切自然，发自内心。

（4）与客户交谈，神情集中，目光专注，不要斜视或东张西望。

（5）服务中严禁无表情、目无精神，或表情呆板、机械、冷漠。

2. 语言到位。

（1）语言亲切、诚挚、热情，语气温和，语调、语速适中。

（2）表达要口齿清楚，用语准确，合乎规范。

（3）区别不同服务对象，灵活使用文明用语，力求恰当、得体。

（4）回答问题简明扼要、通俗易懂、针对性强，尽量不使用专业术语。

（5）拿不准的问题，回答时要讲究策略，留有余地，并及时向有关部门或其他人员询问，不能以"不知道"搪塞客户。

（6）正在办理业务时遇客户咨询简单问题，应立即答复。复杂问题，应对客户说"请稍等"。不能有问无答，置之不理。

（7）客户提出不合理要求或不理解银行制度时，要从客户角度出发，晓之以理，耐心解释，不应简单地用"制度规定"等话语敷衍客户。

（8）掌握银行临柜服务英语，学会日常哑语，能够为特殊客户提供英语、哑语服务。

3. 举止到位。

（1）站立时，面向客户，两腿并拢，身体正直，平视客户，手臂自然下垂或交插放于身前。在客户面前，不能插手、背手、袖手、抱手。

（2）坐时，面向操作台，两腿平放，身体正直，目光专注，两手置于操作台上。在客户面前，不能斜坐、侧坐、瘫坐和伏在操作台上。

（3）与客户交谈，保持良好的听姿、说姿、看姿。如有必要，上身可略微前倾，并辅以一定的手势。不能斜视和手指客户。

（4）迎送客户，应点头示意，目视客户。客户未离柜，不能转身或坐下做其他事情。

（5）接递单、折、钱钞应面向客户，礼貌示意，动作要轻，做到不扔、不摔。

（6）为客户指示方向应单手五指并拢，掌心向上，手臂自然前伸。不能单指或挥手示意。

4. 质量到位。

（1）接待客户要做到：态度热情谦恭，服务主动周到，解释耐心细致。

（2）办理业务专心致志，不能边办边与他人交谈或接听电话。

（3）坚持"先外后内，客户优先"的原则。客户临柜，应立即停止点库、扎把等内部工作。不能因忙于处理内部事务而让客户长时间等待。

（4）方便客户。热情地为客户提供零币、残币、整币兑换服务、鉴别票币服务、业务介绍服务、提供信息和咨询服务等。

（5）办理业务认真细致，严格按章操作。客户出现差错，应热情耐心说明，为客户提供帮助。自己出现差错，应及时纠正并向客户道歉。

（6）提高工作效率，做到快捷、准确、高效。

（7）营业期间，机器设备、通信线路出现故障，需要暂时离柜处理时，应及时放置告示牌，并向客户说明情况，耐心解释，真诚道歉，取得客户谅解。

（8）听取客户意见、建议和接受批评时，要虚心冷静，态度诚恳，积极改进。

（9）服务中受到委屈时，不要当客户面为自己申辩，应顾全大局，谦和礼让。

（10）遇到异议，应尽量解释，如解释无效，可报告主管或其他人处理。

（11）要善于把握客户心理，讲究服务技巧，突出个性化服务，做到让每一位客户都满意。

➢ 模拟演练

1. 请以临柜工作人员（学生 A）身份迎接一位银行客户（学生 B），请以临柜工作人员（学生 A）身份送别一位银行客户（学生 B）。

2. 某客户（学生 A）到某银行柜台前，要求马上提取 20 万元现金。经查阅大额现金预约登记簿发现该客户没有提前预约，请以临柜工作人员（学生 B）身份来处理。

案例阅读

2018 年 1 月 5 日一客户李明欣在某网点支取一笔上年 4 月 10 日存入存期为 6 个月、本金为 13000 元的存款，并在存入时与银行约定到期自动转存，银行打印的利息单上的利息为 148.2 元，客户感觉利息少，银行算错了，当场就问经办柜员，柜员向客户做了解释，可客户不满意，经办柜员没有再做进一步的解释，请主管给予解释，但主管却没解释清楚，却将客户带到了个人零售业务部。

想一想

该银行的经办柜员处理的得当吗？如果您是经办柜员，该如何处理？

任务 2 掌握现金业务操作规程

活动 1 库箱开启、封装业务操作

➢ 活动目标

了解库箱的保管及库箱监管人的职责，熟悉库箱开启、封装业务流程，掌握库箱开启、封装的操作方法和细节。

➢ 基础知识

一、库箱的保管

1. 非营业期间，库箱必须入库保管。

2. 营业期间，柜员不得随意离岗，如特殊情况确需临时离岗的做到人离箱锁，随身携带库箱钥匙，要向附近同事打招呼代为临时看管。

3. 库箱保管人要妥善保管好库箱钥匙，不得随意乱放，不得自行交与他人，库箱钥匙丢失不得配置，要立即报告并更换新锁。

4. 库箱交接换人换锁，库箱入库加锁加封。

5. 库箱换人保管交接，如保管人员换班、出差、休假或工作调动，都必须对库箱现金、实物进行交接。除正常换班交接外，其他的交接须经会计主管同意，并办理有关交接手续。库箱交接后要换锁。未办妥交接手续不得擅离岗位。

二、库箱监管人的职责

1. 营业终了，监督柜员盘点库存，核对账款，对库箱加锁加封，入库保管，严防库箱现金短缺或被挪用。

2. 坚持每周对库箱的现金及凭证等实物进行一次全面清查，保证账款、账实相符。

3. 督促柜员将超额的现金及时缴交库房。

4. 对库箱的交接予以监交。

三、库箱现金限额的核定

银行营业网点应根据实际情况，自行核定或调整库箱现金限额。与库房在同一地方的库箱现金限额要尽量压低，做到勤入库、勤出库；与库房不在同一地方的库箱现金限额，原则上以保证当天的现金支付来核定。

➤ 业务流程

库箱开启业务见图1-6，库箱封装业务见图1-7。

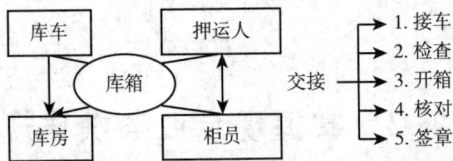

图1-6　库箱开启业务

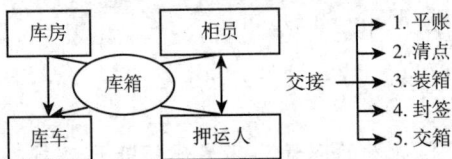

图1-7　库箱封装业务

➤ 业务处理

关于库箱的交接，有两种情况：库箱与金库在同一营业场所和非同一场所。

一、库箱与金库不在同一营业场所

（一）库箱开启业务

1. 等待库车到达，一名柜员在库房监视器负责监控，另外两人共同接库。

2. 库车到达，柜员与押运人员一起将库箱护送到库房监控录像下，开始办理交接手续。柜员接收库箱，检查库箱封签、锁具完好，没有异样后办妥交接。

3. 两名柜员会同开箱，共同点捆卡把、清点零头、加计总数。

4. 两名柜员先将各自加计的库箱金额核对相符，同时再与库箱封签金额、柜员库箱余额表核对相符。

5. 两名柜员在柜员库箱余额表上共同签章，柜员库箱余额表随当日传票装订。

（二）库箱封装业务

1. 柜员平账，打印柜员库箱余额表。

2. 两名柜员会同先将钞券装箱，然后共同点捆卡把、清点零头、加计总数。柜员将各自的库箱金额核对相符，并与柜员库箱余额表核对相符。

3. 两名柜员会同对库箱上锁，锁头上加贴封签，封签上注明日期、行名、库箱金额并在封签骑封处加盖名章。柜员在柜员库箱余额表上加盖名章，柜员余额表随当日传票装订。

4. 库车抵达，柜员核实押运人员身份，柜员交出库箱并办妥交接，库箱入库。

二、库箱与金库在同一营业场所

库箱与金库在同一营业场所，库箱开启与封装业务的操作方法基本同上，不再赘述。

（一）库箱开启业务

每天营业前柜员在领取库箱时，要检查库箱的锁、封是否完好无损，如有疑问，应立即报告，当场开箱查验；如查验无误后，应在管库员的"库箱出入库登记簿"上办理交接签收手续。

（二）库箱封装业务

库箱入库交接。每日营业终了，库箱必须加封加锁后，由柜员与管库员进行交接。管库员要对库箱的锁、封是否完好进行查验无误后，应在"柜员库箱现金库存登记簿"上办理交接签收手续。

➤ 模拟演练

1. 活动场景：模拟银行营业网点。
2. 出场角色：柜员 A、柜员 B、管库员 C、押运员 D、押运员 E。
3. 准备器材：库箱一个、库箱出入库登记簿、验钞机、封条等。
4. 任务介绍：办理库箱的开启和封装交接，注意各角色的职责。

活动 2　柜员领解现金业务操作

➤ 活动目标

理解物理钱箱和电子钱箱的联系和区别，熟悉现金出入库的交接手续，掌握柜员领用和上解现金业务操作规程。

> **基础知识**

一、物理钱箱

钱箱是指用于办理现金业务的库存。钱箱管理就是突出对柜员的现金库存的管理。

（一）钱箱的分类与基本功能

钱箱可以分为：一是业务库，即有固定编号的钱箱（如 1111），它是营业网点的总库存；二是柜员钱箱，是柜员凭以办理现金业务的库存。

（二）钱箱的产生

业务库的钱箱（即固定编号的 1111），是在新网点完成初始设置时，由综合系统自动产生的。业务库是唯一的，每个银行营业网点只允许有一个业务库。柜员钱箱由业务库管理员进行分配，每个钱箱会被分配一个编号。

（三）钱箱的管理

业务库的钱箱（即编号为 1111）只有管库员领用。日常柜员钱箱的出入库，均需要通过业务库管理员才能进行操作。一个柜员只能拥有一个钱箱，但是领用的钱箱可以是不固定的。所有现金内部转移都必须是收、付双方通过两个交易配对方能完成，即一项业务过程，先由发起柜员作出库交易，再由确认柜员作入库交易才可以完成。

（四）钱箱的作用

业务库作为网点总库存，负责管理柜员日常现金的调拨、上缴以及网点与支行间的资金往来。柜员只有领了钱箱才能办理权限内的现金结算类交易；没有领用钱箱的柜员，只能做管理、综合类交易。

二、电子钱箱

电子钱箱是柜员在银行柜面业务操作系统里与物理钱箱相匹配的虚拟钱箱。柜员领用、上解现金除了体现于物理钱箱，同时也要进行系统操作，体现于电子钱箱。电子钱箱与物理钱箱是同一本质的两种表现形式。

> **业务流程**

领用现金业务流程见图 1-8，现金上解业务流程见图 1-9。

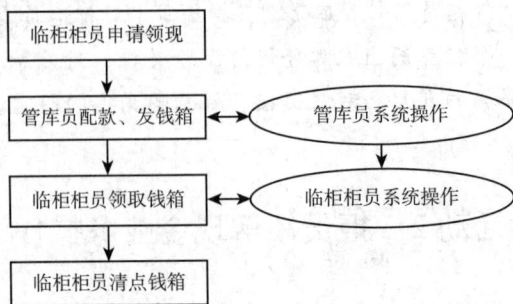

图 1-8　领用现金业务流程

```
┌────────────────┐        ╭────────────────╮
│ 柜员申请上解现金 │◄──────►│ 临柜柜员系统操作 │
└────────────────┘        ╰────────────────╯
        │
        ▼
┌────────────────┐        ╭────────────────╮
│ 管库员收回钱箱  │◄──────►│ 管库员系统操作  │
└────────────────┘        ╰────────────────╯
        │
        ▼
┌────────────────┐
│   钱箱入库     │
└────────────────┘
```

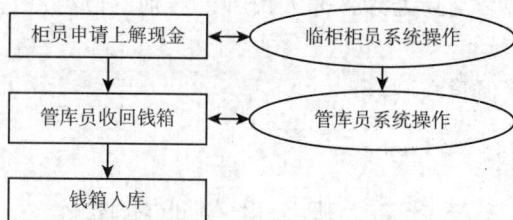

图1-9 现金上解业务流程

> ➤ **业务处理**

柜员对外营业开始前应根据业务需要,匡计各种券别数量和上日库箱款并分别填制现金出库票,领取备付款,凡领取备付款须与管库员共同核实（即管库员应在"柜员现金库存簿"上签章确认;应在"现金出入库序时账"上签章确认）。

中午停止营业时,柜员应对上午所发生收付现金进行轧数,核对无误后,款项必须全部入库保管,不得随意放置。

一、现金出入库的交接手续

现金出入库时应填制"现金内部调拨凭证"或"现金出入库票",并在"现金库存序时账"和"柜员现金库存账"上办理交接签收手续,做到交接清楚,责任分明。

同时,要健全库房出入账务处理,设立库房"现金库存序时账""现金库存明细账""现金库存总账"。库房中午要轧数,大宗款项出入库后要及时核对库存。每天营业终了,管库员根据现金出入库及领解现金凭证进行汇总,据以结出现金库存总账,同时根据库内现金实存情况,填记"现金库存明细登记簿"。

"现金库存明细登记簿"的总计数应与"现金库存总账"的余额相符,与"现金序时账"的余额相符,并与电脑账核对,无误后由管库员和核对人在"现金库存总账"上签章确认。

二、柜员领用和上解现金的操作规程

（一）柜员领用现金业务规程

1. 柜员向管库员申请领现,管库员同意。

2. 管库员按柜员要求的券别明细配款。

3. 管库员将款项交给柜员,柜员会同管库员在监控下当场清点,如果发现款项差错则全数退还管库员重配。

4. 管库员使用领用现金交易处理,输入币种、券别、金额、领用柜员号等要素,柜员确认。

5. 柜员将领入款项入箱保管。

（二）柜员上解现金业务规程

1. 柜员向管库员申请上解现金,管库员同意。

2. 柜员将款项交给管库员,管库员会同柜员在监控下清点款项,如果发现差错则全数退还柜员。

3. 管库员使用上解现金交易处理，输入币种、券别、金额、上解柜员号等要素，柜员确认。

4. 管库员将款项入箱保管。

活动 3 现金收付业务操作

> ## ➤ 活动目标

熟悉现金收付整点基本要求和收付工作的注意事项，掌握现金收、付款业务操作规程，熟练操作现金收付业务。

> ## ➤ 基础知识

一、现金收付整点基本要求

办理现金收付、整点工作时，应做到准、快、好。基本要求：操作定型，工具定位，手续清楚，责任分明，准确迅速，优质服务。努力做到"六准、五清、四核对、三到、两保、一集中"。

1. 六准：凭证审准、计算器打准、票币点准、账簿记准、顾客看准、号牌对准；
2. 五清：桌面清、地面清、逐笔清、交接清、交代清；
3. 四核对：现金、凭证、计算器、账簿四项核对相符；
4. 三到：手到、眼到、脑到；
5. 两保：保质、保量；
6. 一集中：工作时思想集中。

二、现金收、付业务注意事项

1. 凡办理现金出纳业务，必须坚持现金收入先收款后记账，现金付出先记账后付款的规定。

2. 对收入的款项应加强自我复核，清点无误后，在凭证上编顺序号，加盖业务公章及名章，登记"现金日记簿"，并进行电脑账务处理及凭证打印，将回单联退给客户。

3. 每笔款项未收妥前，不得与其他款换券别，收妥的款项应抓紧工作空隙时间及时分版、剔残、整理成把、成叠，未经整点的现金不得对付或上解。

4. 柜台收入的原捆钞券，无论是本行的或他行的钞券，均应当面拆封清点。

5. 付款时必须坚持"三核对"，即叫名、对号、问金额，并按凭证金额逐位点交清楚。

6. 凡整点现金必须按"五好钱捆"的标准办理，即做到：点准、墩齐、挑残、扎紧、盖章清楚。各营业网点在办理现金收付、整点现金时，应做好挑残工作，并注意防止混进假钞和被破坏的票币。

7. 营业终了结账时，必须坚持以款碰账，账款交叉复核，做到手续清楚，责任分明。

➤ **业务流程**

现金收款业务流程见图1–10，现金付款业务流程见图1–11。

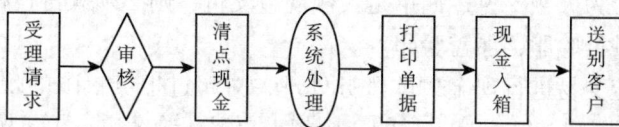

图1–10　现金收款业务流程

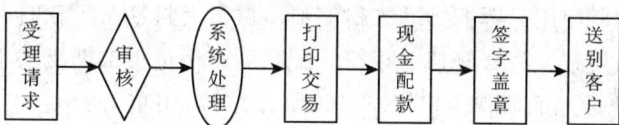

图1–11　现金付款业务流程

➤ **业务处理**

一、现金收款业务规程

1. 柜员将客户填制的现金缴款单连同现金收下。

2. 柜员审核现金缴款单：日期填写正确、大小写金额规范一致、款项来源符合规定、缴款单位账号户名一致、缴款单联次齐全、各联内容一致。否则，柜员应将现金缴款单连同现金一起退还客户。

3. 柜员点收现金：先卡大数，再按先整后零顺序清点款项，加总钞券实物各券别金额与现金缴款单金额核对无误。

4. 柜员使用相应交易进行现金收款账务处理，并在缴款单上打印交易记录。

5. 柜员仔细核对现金缴款单上缴款单位账号、户名无误，收款金额与钞券实物各券别金额合计相符后，在现金缴款单各联凭证上加盖现金收讫章（或清讫章）、名章。

6. 柜员将现金缴款单回单联交客户并送别客户。

7. 柜员妥善保管现金缴款单记账联，现金归档，理清台面。

二、现金缴款差错业务规程

1. 柜员办理现金收款业务发现客户缴款差错，必须复点确认，当面告知客户。

2. 对客户缴款长款，柜员既可将多余款项退还客户，也可将款项连同现金缴款单全数退还客户，由客户重填现金缴款单，经柜员审核无误，重新办理现金收款业务。对客户缴款短款，柜员既可由客户补足差额，也可将款项连同现金缴款单全数退还客户，由客户重填现金缴款单，经柜员审核无误，重新办理现金收款业务。

3. 柜员做好错款注明，登记长短款差错登记簿，并请客户签字。

三、现金付款业务规程

1. 柜员收下客户所填制的支票或其他付款凭证。

2. 柜员审核支票：日期填写正确、大小写金额规范一致、款项用途符合规定、付款人账号户名一致、收款人抬头背书相符，支票在有效期内。

3. 柜员审核是否为大额支付，如果是大额现金支付，则必须获得授权。

4. 柜员对支票进行验印，加盖验印章。

5. 柜员使用相应交易进行现金付款账务处理，对超过柜员权限的现金付款业务必须获得授权。如果付款人账户余额不足支付的，则将支票退还给客户。柜员按系统提示，在付款凭证上打印交易记录。

6. 柜员根据支票大写金额配款，成捆券拆捆前要验明封签与票面相符，卡清把数，成把券拆把前要先点准后使用，拆捆钞券未付完前应保留大封签。配款时，柜员加总所配钞券实物各券别金额并与支票大写金额核对相符。配款后，柜员再根据支票小写金额自复平衡。

7. 柜员在付款凭证上加盖现金付讫章（或清讫章）、名章。

8. 柜员将现金当面交给客户，然后送别客户。

9. 柜员将支票妥善保管。

案例阅读

某银行出纳员张某与王某是同一柜组成员，张某为出纳员，王某为记账员。两人为大学同学兼好友，关系密切。为图省事，每日营业终了结账时，由张某报库存现金数，王某打印账，账轧平后，王某就省掉复核库存的环节，直接封箱入库。20××年9月，张某的一位朋友找到张某，谎称每人各出15万元去申购新股，若中签两人均分得利，若无中签即还15万元，最多3天。张某忍不住诱惑，第二天趁王某上洗手间的机会，从库存现金盗取15万元，营业终了，张某虚报库存数，下班后将钱交给其好友。其好友并无申购新股，而是借钱炒股，负债累累，15万被拿去还债。3天后，其好友骗张某中签了，每人可分利6000元，不过钱又用去申购另一家股票，过几天归还……最后，张某的事情在领导查库时败露，其友早已逃之夭夭。

要求：分析这个案例，银行柜台应从哪些方面加强现金管理？

活动4 其他现金业务操作

➤ 活动目标

熟悉票币兑换、假币收缴、残损人民币兑换业务规程，熟练操作票币兑换、假币收缴、残损人民币兑换等业务。

➤ 业务流程

票币兑换、残损币兑换业务流程见图1-12，假币收缴业务流程见图1-13。

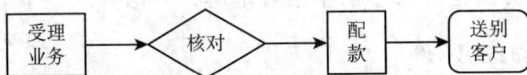

受理业务 → 核对 → 配款 → 送别客户

图1-12 票币兑换、残损币兑换业务流程

图 1－13　假币收缴业务流程

> **业务处理**

一、票币兑换业务规程

1. 柜员将填写的票币兑换单连同现金一起收下。

2. 柜员核对兑入金额与兑出金额相符。点收兑入现金，加总各券别金额与票币兑换单金额核对相符，如不符，则将票币兑换单连同现金全数退还客户。

3. 柜员按票币兑换单兑出金额的券别明细配款，配款后，柜员加总兑出各券别金额与票币兑换单兑出金额核对相符，自复平衡。

4. 柜员将款项交给客户，并送别客户。

5. 兑换单加盖名章，并妥善保管。

二、假币收缴业务规程

1. 柜员在办理现金业务中发现假币，应立即换人复核，并由两名持有"反假货币上岗资格证书"业务人员在持有人视线范围内办理假币收缴手续。

2. 对假人民币纸币，当着持有人的面加盖"假币"戳记。对假外币和假硬币，当着持有人的面用"金融机构收缴假币专用封装袋"封装，并在封口处加盖"假币"戳记，在专用袋上标明币种、券别、面额、数量、冠字号码等内容，加盖柜员名章。

3. 柜员按币种、版别、券别分别填写假币收缴凭证，加盖业务公章和柜员名章，并请持有人签字，如果持有人不愿签字的，收缴人员应在假币收缴凭证上注明，并由收缴和复核人员共同签章证明。

4. 柜员应向持有人告知权利：持有人如对被没收的货币真伪有异议的，可在 3 个工作日内向中国人民银行当地分支机构或人民银行授权的鉴定机构申请鉴定；持有人如对假币收缴程序有异议的，可在 60 个工作日内向人民银行当地分支机构申请行政复议或依法提起行政诉讼。

5. 如持有人提出疑问的，柜员应耐心细致解答。

6. 柜员使用相应交易进行假币收缴登记，或在"假币收缴登记簿"上予以登记。

7. 柜员收缴假币过程中有下列情形之一的，应当立即报告当地公安机关，提供有关线索：一次性发现假人民币 20 张（枚）（含 20 张、枚）以上、假外币 10 张（含 10 张、枚）以上的；属于利用新的造假手段制造假币的；有制造贩卖假币线索的；持有人不配合收缴行为的。

三、残损人民币兑换业务规程

1. 能辨别面额，票面剩余 3/4（含 3/4）以上，其图案、文字能按原样连接的残缺、污损人民币，应向持有人按原面额全额兑换。

2. 能辨别面额，票面剩余 1/2（含 1/2）至 3/4 以下，其图案、文字能按原样连接的残缺、污损人民币，金融机构应向持有人按原面额的一半兑换。纸币呈正十字形缺少 1/4 的，按原面额的一半兑换。

3. 兑付额不足 1 分的，不予兑换；5 分按半额兑换的，兑付 2 分。

4. 不予兑换的残缺人民币：票面残缺 1/2 以上者；票面污损、熏焦、水湿、油渍、变色、不能辨别真假者；故意挖补、涂改、剪贴、拼凑、揭去一面者。对不予兑换的残缺人民币银行加盖"作废"戳记，也可不加盖。不予兑换的票券和硬币，均可退回原主。对确系故意损毁人民币者，应将票币没收，并视情节轻重给予批评教育或交由司法部门依法处理。

任务 3   掌握重要单证业务操作规程

活动 1   熟悉柜员领入重要单证业务基本规程

➤ 活动目标

熟悉重要空白凭证的种类。

熟练柜员领入重要空白凭证的业务流程、操作规程及系统处理。

➤ 基础知识

一、重要空白凭证的种类

重要空白凭证是指无面额的经银行或单位填写金额并签章后即具有支付效力的空白凭证。重要空白凭证包括支票、银行汇票、商业汇票、不定额银行本票、汇票申请书、本票申请书、存款开户证实书、单位定期存单、印鉴卡片、系统内往来划收（付）款凭证、内部往来划收（付）款报单、现金调拨单、电子清算划收（付）专用凭证、电子汇划收（付）款补充报单、信用卡卡片、储蓄卡卡片、存折、存单、国库券收款凭证、同城清算交换锁片、同城票据清算电子记账凭证、个人存款证明书及其他重要空白凭证等。

二、重要空白凭证的管理原则

重要空白凭证要专人管理，实行"证、印分管，证、机分管，证、账分管"的原则，严格各种重要空白凭证的领入、发出、保管领用、销毁及核算工作。

三、重要空白凭证的核算

重要空白凭证一律纳入表外科目核算，应按凭证种类设"在库户""在用户""待销毁户"进行明细核算，以一份（卡、套）一元的假定价格核算，同时建立登记"重要空白凭证登记簿"和"重要空白凭证使用情况登记簿"，凭出/入库单逐笔在登记簿上登记凭证种类、数量、冠字号及号码。登记簿各户余额之和应与有关表外科目核对一致，登记簿记载的冠字号码应与实物核对一致。

四、重要空白凭证的使用

1. 营业柜台按照号码顺序使用，不得跳号；不得带出营业柜台签发，非重要空白凭证管理和使用人员不得领用重要空白凭证。属于银行签发的重要空白凭证，严禁交由客户签发；严禁在重要空白凭证上预先盖好印章备用。

2. 重要空白凭证应逐级领取，严禁越级领用；二级分行之间的重要空白凭证横向调拨只能通过省分行办理，辖区内经办行之间的重要空白凭证横向调拨只能通过二级分行办理。跨管辖行的行处之间不能进行重要空白凭证的横向调拨；严禁将空白银行汇票加盖汇票专用章下发非汇票机构代理签发；二级分行将空白银行承兑汇票下发所属机构必须经过一级分行授权后方可执行。

3. 严禁使用储蓄存单办理单位存款业务；严禁将重要空白凭证在柜台上随意放置，重要空白凭证要入保险柜（库）保管。

五、重要空白凭证的保管

1. 重要空白凭证保管人员变动，应按会计人员变动的有关规定办理交接手续，经接管人员、监交人员核对账证（实）账簿、账表三相符后，方可办理交接手续离岗。

2. 各经办行处领导应定期和不定期对重要单证和重要物品的管理使用情况进行检查，二级分行每季对辖属机构的凭证库房进行一次全面检查，经办行的分管行长（主任）每月查库一次、会计主管每旬查库一次、营业部主任每周查库一次，巡回检查辅导员每月查库一次，核查、核实重要空白凭证出入库手续是否严密、账实是否一致，保管和使用是否符合规定，核查情况应在"重要单证查库登记簿"上记录并签字。

3. 营业终了必须进行清点核对，入保险柜（库）保管。做到日清日结，做到每日"账、证、簿"三相符，月末要"账、证、簿、表"四相符。

4. 重要空白凭证发生丢失、被盗或不法分子作案，应立即电话逐级上报一级分行，随即书面上报；发生空白银行汇票丢失事故的，应于 24 小时逐级上报至总行。

➤ 业务流程

领入重要单证业务流程见图 1-14。

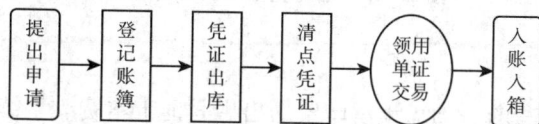

提出申请 → 登记账簿 → 凭证出库 → 清点凭证 → 领用单证交易 → 入账入箱

图 1-14　领入重要单证业务流程

➤ 业务处理

1. 柜员申请。柜员向管库员提出领用重要单证申请，确定领用单证的种类和数量。同时需填写重要单证出/入库单，填写所需领用的凭证名称、数量，加盖本人私章并经主管签章同意后向管库员申请领用。

2. 登记账簿。管库员根据柜员的申请登记账簿，办理凭证出库。

3. 管库员将重要单证出库并交付给柜员，柜员会同在管库员的监控下清点无误。

4. 管库员使用领用单证交易处理，柜员确认。

5. 柜员根据领用的单证种类、数量、编号入账、入箱。

活动2　出售重要单证业务操作

➤ 活动目标
熟练柜员出售重要空白凭证的业务流程、操作规程。

扫一扫
学业务

➤ 基础知识
重要空白凭证出售的管理规定

1. 银行汇票、银行本票、印鉴卡、储蓄重要空白凭证等银行内部使用的重要空白凭证不允许出售。

2. 除申请人以现金的方式办理现金银行汇票外，各行只能对本行开户的单位和个人出售重要空白凭证，新开立的账户在没有存入款项时，开户行不得出售任何凭证。

3. 单位购买支票，原则上一次只能购买一本，使用量大的单位每次最多限购五本。在出售空白支票时，必须在支票上加盖开户银行名章和存款人账号戳记，同时将领用支票起讫号码登记，实行销号管理。

4. 单位购买银行汇票申请书一次最多出售一本，并在每联汇票申请书上加盖开户银行名章和存款人账号戳记，办理现金汇票的一次只出售一份，并登记、逐份销号。

➤ 业务流程
出售重要单证业务流程见图1-15。

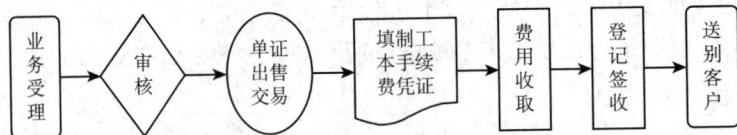

图1-15　出售重要单证业务流程

➤ 业务处理
1. 柜员收下客户填写的、加盖预留印鉴的出售凭证工本费、手续费凭证和领购单。

2. 柜员审核出售凭证工本费、手续费凭证和领购单要素齐全、填列正确、校验印鉴无误。

3. 柜员取出拟出售的重要空白凭证，使用单证出售交易进行处理。

4. 柜员填制工本费、手续费凭证（见图1-16）。

5. 柜员以相关交易进行工本费、手续费收取的账务处理。

6. 柜员登记空白重要凭证登记簿，客户签收。

商业银行空白凭证购买单

年　月　日

户名			账号							凭证号码												

凭证种类 / 名称 / 起讫号码 / 单位 / 数量 / 单价 / 工本费（百十元角分）/ 手续费（百十元角分）/ 合计金额（千百十元角分）

上列款项请从我账户内支付

付款人盖章

合计

人民币（大写）

科目（借）_____　对方科目（贷）_____

复核　　　　　经办

图 1 - 16　空白凭证购买单

7. 柜员在出售凭证工本费、手续费凭证回单联加盖业务公章，各联加盖名章，将空白重要凭证实物交付客户，送别客户。

> 模拟演练

2018 年 1 月 28 日，开户单位扬帆股份有限公司来支行购买一本现金支票，请模拟银行柜员办理此笔业务。

活动 3　收回客户空白重要凭证的操作

> 活动目标

熟练柜员收回重要空白凭证的业务流程、操作规程及系统处理。学会处理特殊情境下的现金业务。

> 业务流程

收回重要空白单证业务流程见图 1 - 17。

业务受理 → 系统查询 → 审核 → 剪角作废 → 系统作废处理 → 授权 → 送别客户 → 专夹保管

图 1 - 17　收回重要空白单证业务流程

➤ 业务处理

1. 柜员收下客户交回的重要空白凭证。
2. 柜员通过系统查询客户重要空白凭证的种类、数量和起讫号码。
3. 柜员核对客户交回的重要空白凭证与客户重要空白凭证信息是否相符，如果不符，应请客户查明原因并提供书面说明。
4. 柜员当面将收回的重要空白凭证剪角作废。
5. 柜员通过系统进行重要空白凭证的作废处理。
6. 柜员经授权后完成作废交易，送别客户。
7. 柜员将作废的重要空白凭证专夹保管，定期销毁。

➤ 模拟演练

2018 年 2 月 28 日，开户单位扬帆股份有限公司来支行交回已领未使用的现金支票，请模拟银行柜员办理此笔业务。

活动 4　作废重要单证上缴业务操作

➤ 活动目标

熟悉作废重要单证上缴业务流程、了解重要空白凭证签发、注销注意事项；掌握作废重要单证上缴业务处理规程。

➤ 业务流程

作废重要单证上缴业务流程见图 1-18。

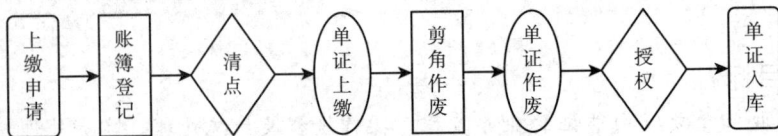

图 1-18　作废重要单证上缴业务流程

➤ 业务处理

一、重要空白凭证的签发、注销

1. 经办人员签发重要空白凭证时应进行销号控制。填错的重要空白凭证，应切角作废并加盖"作废"戳记，按凭证的种类与号码及时登记"作废重要单证（卡）登记簿"后，将作废的重要凭证装订在当天的同类重要单证（后一凭证号码）之后；对于作废的印鉴卡等没有留底记账联的重要单证做相关表外付出凭证的附件；对于填写错误作废的银行汇票加盖"作废"章后装订在"汇票申请书"后面。

2. 因改版作废的重要空白凭证，在新版正式使用后经办行处要立即对作废的重要空白凭证进行认真清理，登记"作废重要单证（卡）登记簿"，并及时切角或打孔，加盖"作废"戳记，集中二级分行入库（柜）保管。

3. 因印刷质量问题而不能使用的重要空白凭证，要及时通知管辖行，并登记"作废重要单证（卡）登记簿"，与有关的账簿核对相符后，逐级上交至一级分行。

二、作废重要空白凭证上缴业务规程

1. 柜员向管库员提出作废单证上缴申请，管库员同意。
2. 柜员在账簿中登记作废单证的种类、数量和起讫号码。
3. 管库员接受柜员所上缴的作废单证，并会同柜员的监控下清点无误。
4. 管库员使用单证上缴交易处理，柜员确认。
5. 管库员将单证剪角作废。
6. 管库员进行单证作废交易处理，并获得授权。
7. 管库员将作废的重要单证入箱入库，妥善保管，定期销毁。

➢ 模拟演练

2018年4月16日，支行柜员在签发储蓄存单时将储户姓名填错，于是重新签发一份给客户，原存单作废，请对作废存单进行相应处理。

活动5　重要单证业务实训操作

➢ 活动目标

掌握岗前业务中重要凭证出库的处理。

掌握日终业务中重要凭证入库的处理。

扫一扫
学操作

➢ 实训案例

☞案例1　凭证出库

将"借记卡""普通存折""双整存单""定活存单""银行承兑汇票""单位定期存款开户证实书"等凭证各20张出库，"现金支票""转账支票""普通支票"各2本。

☞案例2　凭证入库

全天业务完成后，将未使用完的凭证进行入库操作。

➢ 实训步骤

☞案例1　凭证出库

钱箱管理——凭证出库

注意事项：

1. 录入要素为"凭证类型""开始号码""结束号码""货币"以及"金额"，见图1-19。

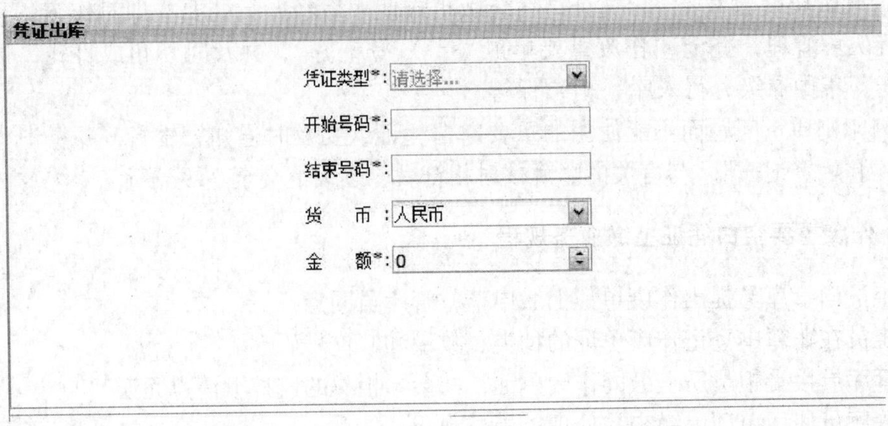

图 1-19　凭证出库

2. 支票必须按照整本出库，一本为 25 张；其余凭证必须一次性出库 10 张。

3. 凭证按照 1 元/张入账。

☞**案例 2　凭证入库**

钱箱管理——钱箱轧账

通过钱箱轧账来查询个人钱箱里各种凭证的剩余张数，见图 1-20。

	凭证类型	出库金额	入库金额	贷方发生额	借方发生额	余额(元)
3	转账支票	50.00	0.00	0.00	25.00	25.00
4	单位定期存款开…	20.00	0.00	0.00	0.00	20.00
5	银行承兑汇票	20.00	0.00	0.00	4.00	16.00
6	商业承兑汇票	10.00	0.00	0.00	1.00	9.00
7	业务委托书	10.00	0.00	0.00	0.00	10.00
8	保函	10.00	0.00	0.00	1.00	9.00
9	现金	100,000.00	0.00	512,301.00	2,809,002.00	2,396,702.00
10	借记卡	20.00	0.00	0.00	2.00	18.00
11	整存整取存单	20.00	0.00	0.00	0.00	20.00
12	普通支票	50.00	0.00	0.00	0.00	50.00
13	本票	10.00	0.00	0.00	2.00	8.00
14	汇票	10.00	0.00	0.00	1.00	9.00
15	进账单	10.00	0.00	0.00	2.00	8.00
16	存款证明	10.00	0.00	0.00	1.00	9.00

图 1-20　钱箱轧账

钱箱管理——凭证入库

注意事项：

1. 录入要素为"凭证类型""开始号码""结束号码""货币"以及"金额"，见图 1-21。

2. 支票必须整本或者整本的倍数入库；其他凭证可以单张入库，也可以多张连续一起入库。

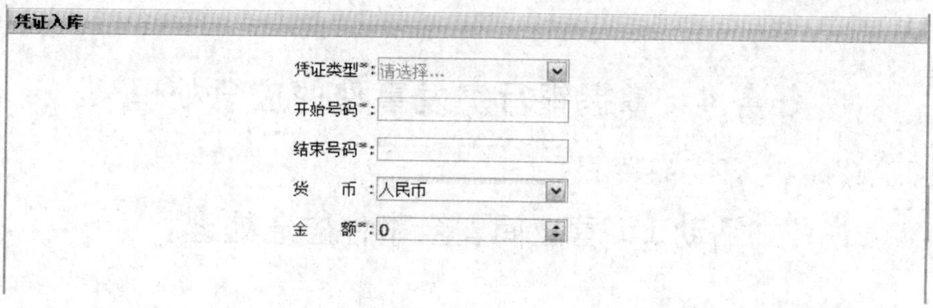

图1-21　凭证入库

➤ 实训演练

根据案例完成系统操作，并将操作信息录入实训报告。

☞案例1　凭证出库实训报告

凭证类型	起止编号
借记卡	
普通存折	
双整存单	
定活存单	
银行承兑汇票	
单位定期存款开户证实书	
现金支票	
转账支票	
普通支票	

☞案例2　凭证入库实训报告

凭证类型	起止编号
借记卡	
普通存折	
双整存单	
定活存单	
银行承兑汇票	
单位定期存款开户证实书	
现金支票	
转账支票	
普通支票	

任务 4　掌握银行突发事件的应急处理

活动 1　营业间安全事件应急处理

➤ 活动目标

掌握营业间对柜员安全防范的要求。

了解营业间歹徒抢劫事件的应急预案知识。

➤ 基础知识

一、营业间对柜员安全防范的要求

1. 营业场所内部不得放置易燃、易爆、有毒、有害的物品。

2. 必须坚持双人临柜，严禁无关人员进入营业室，不准擅离工作岗位。

3. "二道门"是安全之门、生命之门，必须随手关锁"二道门"。开启时，首先要环顾四周，在确认安全后才可以开门，严防外人尾随进入营业室。

4. 营业前必须双人对营业场所进行安全检查，检查完毕后要在相关登记簿上详细记录。检查必须认真细致，不放过任何蛛丝马迹。发现异常情况要及时报告，并妥善处置。

5. 营业期间不准接受他人分送的药物、饮料、香烟、食品等，不准外人寄放用途不明的物品，以防不测。

6. 遇到上级有关部门或者公安部门进入营业部检查或者其他单位、个人需要进入营业部作业时，必须有本行现职领导或保卫人员陪同（应确认在非挟持的情况下），查验证件齐全，方可开门接受检查；检查完毕，检查人员要在被检查单位登记簿上登记签字。

7. 营业间要留心观察异常人员。

二、营业间应关注的九种异常人员

营业间如果出现以下情况，柜员应该提高警惕，及时提醒网点其他人员，进入戒备状态，情况严重的，应立即报告领导或者报警。

1. 有戴口罩、墨镜或披风衣，不露面目，手持致命破坏器具和刀具、枪支等武器的人在柜台外徘徊的；

2. 进入营业大厅试图关闭大门；

3. 无故摆动、敲击柜台或门窗，试探坚固程度的；

4. 借口打电话、找人，欲强行闯入营业柜台内的；

5. 数人结伙以种种借口在柜台前纠缠，趁机探视内部虚实的；

6. 冒充客户预约提款或者要求换钞来试探网点库存虚实的；

7. 发现有人偷窥客户密码，捡拾客户开户信息的，应立即提醒客户；

8. 假装有病在柜台昏死过去，一旦临柜人员外出抢救，伺机实施抢劫的；

9. 其他非正常现象。

三、营业间歹徒抢劫事件的应急预案知识

（一）营业期间歹徒持枪劫持人质抢劫应急预案

1. 柜面营业员应沉着冷静与其周旋，互相配合拖延时间，尽量分散歹徒注意力，并示意其他员工立即向 110 报警。

2. 大堂服务人员或保安员伺机疏散其他客户，关闭营业厅大门，等待公安人员到场。

3. 迅速将现金放入保险柜，确保资金不受损失。

4. 现场员工应劝导被劫持人员保持冷静，不要乱哭乱喊，以免激怒歹徒。

5. 现场员工在公安干警到达前不要轻易行动，要不停地与歹徒说话，消除对方的紧张心理，尽量不要激怒歹徒，必要时可少量多次地按歹徒要求给予一定的现金，尽量拖延时间，以保护人质安全为主，我方人员不可随意出击，以免造成人质或其他人员人身伤害。

（二）营业期间歹徒利用催泪弹或施放毒气抢劫应急预案

1. 柜台营业员发现营业大厅或柜台上有不明气体的或雾状的现象很可能是迷魂类的毒剂，应立即报警。

2. 柜台营业员办理业务时如发现客户办理业务时手中所拿物品不是纸张类应提高警惕，立即借故离开柜台，伺机观察，视情况而报警。

3. 如营业室内有气体、烟雾等要立即用湿毛巾护住嘴鼻，迅速转移到其他房间，用手机立即报警。

（三）当歹徒用炸药等爆炸物品实施抢劫应急预案

1. 迅速按下 110 报警器，这时不要按惊吓式报警器，以防激怒犯罪分子。

2. 耐心说服教育，要严密观察歹徒的情况、临柜人员拿好防卫工具。

3. 尽量周旋拖延时间，等候公安机关救助。

4. 当发现有炸药包放在柜台上时，应迅速按下 110 报警器后，全体员工迅速卧倒。

5. 当歹徒身上绑着炸药时，应立即按下 110 报警器报警，要注意观察歹徒的动作，是否准备拉导火索，当发现有冒烟的情况，应立即就地卧倒。

（四）营业期间发生歹徒挟持客户取款应急预案

1. 柜面营业员应沉着冷静与其周旋，互相配合拖延时间，尽量分散歹徒注意力，并示意其他员工立即向 110 报警。

2. 大堂服务人员或保安员伺机疏散其他客户。

3. 迅速将现金打散放入保险柜，确保资金不受损失。

4. 现场员工应劝导被劫持人员保持冷静，不要乱哭乱喊，以免激怒歹徒。

5. 现场员工在公安干警到达前不要轻易行动，要不停地与歹徒说话，消除对方的紧张心理，尽量不要激怒歹徒，必要时可少量多次地按歹徒要求给予一定的现金，尽量拖延时间，以保护人质安全为主，我方人员不可随意出击，以免造成人质或其他人员人身伤害。

（五）营业厅发生抢劫客户现金应急预案

1. 全体临柜人员立即进入临战状态。

2. 迅速按下 110 报警器和惊吓式报警。

3. 营业员在保证本网点安全和自身安全的情况下，疏散其他客户，协助客户抓捕罪犯。

4. 如犯罪分子拿有凶器时，营业员不要轻易去接近，仔细看清犯罪分子体貌特征、衣着及逃跑方向，为公安人员侦查提供有力证据。

（六）营业网点突发犯罪分子持枪抢劫应急预案

1. 立即按下 110 联网报警器和惊吓式报警。

2. 临柜人员应迅速蹲下，以柜台为掩护，保护生命安全。

3. 迅速将现金放入保险柜，确保资金不受损失。

4. 大堂服务人员或保安员应做好客户疏散工作，迅速疏散营业大厅客户。

✎ 案例阅读

2009 年 4 月 30 日 14 时 27 分，犯罪嫌疑人商某（男，17 岁）左手持刀、右手持仿真枪进入××银行北京分行××支行营业厅内，直接走到 1 号柜台持刀勒住正在办理业务的客户乔某（女，46 岁）脖子，并用枪顶其头部，威胁综合柜员拿钱。该网点工作人员见状立刻报警，疏散客户，并与歹徒周旋。在对话阶段，歹徒将客户下颚和手腕划伤。为稳定歹徒情绪，该网点柜员采取打散整捆钱，向嫌疑人索要书包装钱等技巧，拖延时间，保护人质，分多次将 14 万元现金从窗口交给犯罪分子。当嫌疑人劫持人质，准备从东丽温泉家园小区东门（正对马路，紧邻银行正门）逃离时，被周围民警和群众制服（14 时 39 分），人质获救，无生命危险，被抢现金全部追回。

犯罪嫌疑人商某此前在京打工，3 个月前辞去工作回到老家。其自称系因为缺钱花才想抢银行，抢劫是跟电影里学的。在到××银行××支行之前，还在其他两家银行踩点，但因为这两家银行离派出所比较近，所以放弃了。当日其抢劫所用的仿真枪（可击发塑料子弹）系前一天刚刚购买。日前，出售仿真枪的商店老板已被警方控制，将面临 15 天治安拘留处置。

活动 2　自然灾害事件的应急处理

➤ 活动目标

掌握基本的消防常识。

了解火灾的常见补救方法。

了解自然灾害事件的基本应急处理。

➤ 基础知识

一、火灾的定义以及常见的扑救方法

火灾，是指在时间或空间上失去控制的燃烧造成的灾害。几种常见的火灾的扑救方法：

1. 家具、被褥起火：一般用水灭火。用身边可装水的物品如脸盆、水桶等向火焰上泼水，也可把水管接到水龙头上喷水灭火；同时把燃烧点附件的可燃物泼湿降温。但油类、电器着火不能用水灭火。

2. 电器起火：家用电器或者线路着火，要先切断电源，再用干粉或气体灭火器灭火，不能直接泼水灭火，以防触电或电器爆炸伤人。

3. 油锅起火：油锅起火时应该迅速关闭炉灶燃气阀门，直接盖上锅盖或者用湿抹布覆盖，还可以向锅内放入切好的蔬菜冷却灭火，将锅平稳端离炉火，冷却后才能打开锅盖，切勿向油锅倒水灭火。

4. 燃气罐着火：要用浸湿的被褥、衣物等捂盖火，并迅速关闭阀门。

5. 身上起火：不要乱跑，可就地打滚或用厚重的衣物压灭火苗。

二、火灾事故的处理要点

1. 营业期间发生火灾，应及时切断电源，向 119 报警，出纳、记账人员全力保护和转移现金、账册、重要空白凭证等资料，其他人员及时使用消防器材进行扑救，如有外来人员进入柜台进行扑救的，应安排人员加强现场警戒，以免出现趁火打劫。火情消除后，立即封锁现场，协助公安、消防、保险和上级主管部门勘查现场，查找原因，检查和整理可能遗漏在现场的物品，清点损失。

2. 营业场所周边发生火灾，应该及时向 119 报警。如可能危及营业场所或情况紧急时，按营业间发生火灾情况处理。

3. 金库毗邻发生火灾时，应及时报火警以及向单位领导报告，注意观察火情，如有可能危及本单位时，应立即关闭电源和门窗，在确保守卫目标安全的同时，可派一人持消防器械参加扑救。

4. 运钞车在执行任务时起火，应立即停车，及时扑救，在无法扑救的情况下，应及时采取措施，一方面与单位领导和总行联系，同时拨打电话报警。另一方面应及时将库款转移到安全地带，运钞人员必须全力保护好库款，有必要时及时向公安机关报警，请求护卫，确保人员和库款的安全。

三、其他自然灾害的处理要点

1. 办公室接到上级台风、暴雨预警后，及时在全行范围内发布台风、暴雨预警。

2. 办公室安排应急值班人员，保持通讯正常，随时准备处理各种紧急情况。

3. 对地下室等容易进水的区域部位要配备沙包进行保护，如遇特大暴雨，向营业部保卫部报告，请求帮助，借调水泵，以防重大灾情。

4. 值班人员 24 小时现场待命。

四、自然灾害事件的应急预案

1. 在发生自然灾害时，值班人员要立即在办公楼发出报警信号，信号为室内播音器语言报警和电铃报警，同时立即向上级领导报告情况，并根据领导指示和自然灾害情况拨打"119""110""120"等应急电话，报警时要讲清楚单位地点、灾害类型、灾情大小、报警人姓名、单位电话号码，并派人在干道口迎接救援队。

2. 总行各部室负责人在接到灾情信号后，要立即通知各自工作人员保存重要资料、凭证、现金，关掉电源，迅速组织员工疏散。当灾情信号发出后，电梯将停止运行，人员应快速从安全通道撤离办公楼。疏散时要紧张、迅速、有序，当发生拥挤现象时，负责人要积极组织有序疏散，防止发生意外。疏散后要清点各自人员情况，尽快向上级领导报告。

3. 营业网点受到灾害时，工作人员要立即报告支行行长，有关工作人员要迅速携带现金、重要凭证、公章、账册等贵重物品撤离受灾现场，并组织其余人员迅速进行防灾救灾工作，并立即组织顾客迅速离开营业厅，防止犯罪分子趁火打劫。

4. 当金库发生自然灾害时，守库人员要立即报告总行保卫部，并根据灾情采取应急措施，保护好库款安全，等候救援人员到场。

📖 案例阅读

2008 年 5 月 12 日，汶川大地震中，震感明显的某银行及时组织所有人员疏散，主要负责人锁好金库、关闭电源和门窗并确认所有人员撤离。同时，电话报告总行或中国区总部，经其批转决定主要业务部门尽快结束当日交易，各部门负责做好善后工作，其余人员提前离开银行。大多数无明显震感的银行，各项业务正常进行，系统运行平稳。

灾情发生后，银行采取各项安全措施，确保工作正常有序进行。如紧急通知所有员工下班后关闭一切电源，将重要文件和业务档案锁入铁皮柜、保险柜，防止余震发生时可能造成的财务、资料的损失。部分银行在灾情发生后，对所有网点、信息系统、ATM 机等的专线连通性进行了检查，并进行实时监测，确保所有系统及设备均能正常运行。

活动 3　其他突发事件应急预案

➤ 活动目标

了解客户受到人身伤害事件、突发疾病的基本应急处理。

了解寻衅滋事事件的基本应急处理。

掌握网点客流激增、挤兑事件的基本应急处理。

➤ 基础知识

一、客户受到人身伤害事件的基本应急处理

1. 客户在办理业务时，受到人身伤害，营业网点工作人员应根据具体情况给予帮助和安抚。

2. 如客户遭到不法侵害时营业员立即报警，同时拨打"120"急救电话。

3. 保证营业网点和自身安全的情况下，协助客户解除或减轻侵害，并帮助客户联系家人或单位。

二、客户突发疾病的基本应急处理

1. 客户在营业网点突感身体不适，需要帮助时，营业网点工作人员应及时安排客户休息。

2. 柜面员工如发现客户在办理业务时出现异常情况，应及时与营业大厅服务人员或保安联系。

3. 了解客户发生的突发情况，应及时通知客户家属或单位，并立即联系紧急医疗救护，协助医疗救治。

4. 给予客户适当救助，以缓解病情等待120急救车辆到场。

5. 营业网点协助客户保护财产和资料安全。

6. 营业网点保存好监控录像资料，以备日后查证。

三、寻衅滋事事件的基本应急处理

1. 营业网点负责人应及时调查了解客户滋事原因，听取客户反映，采取有效应对措施。

2. 当有可疑人员结伙出现或有明显闹事迹象时，发现打架斗殴、流氓滋事、聚众闹事等治安事件时，在场营业员或保安员根据实际情况采取有效措施制止事态发展，如情节严重，立即拨打110报警、120等求助应急电话。

3. 在保证我方人员和资金安全的情况下，现场负责人和保安人员尽量对滋事人员进行劝阻，劝离营业网点，并及时疏散围观人员。

4. 全体员工提高警惕，做好应急准备，严防有人乘乱打劫。

四、网点客流激增的基本应急处理

1. 营业员办理业务时如发现客户激增有异常情况，要及时通报负责人。

2. 营业网点负责人或安全员要迅速了解客流激增的原因，根据具体情况采取积极应对措施，并就事态的轻重及时向上级领导汇报。

3. 营业大厅服务人员或保安员及时安抚客户，做好客户疏导工作，缓解客户情绪。

4. 营业网点负责人根据情况及时上报支行长，商讨解决客流激增问题的处理方案，并视情况增设营业服务窗口，进行分流。

5. 如因客流激增，服务达不到客户要求，而且引起混乱时，应立即向110报警求助，工作人员不要走出营业室。

五、网点挤兑事件的基本应急处理

1. 当班工作人员要立即报告行领导和安全保卫部门，并坚守岗位，保持正常工作秩序，来不及书面报告的要以口头报告形式准确迅速报告事态发展情况。

2. 发生挤兑的网点要立即召集相关业务部门共同研究解决挤兑的工作方案，调动安全保卫或业务人员等能动用的力量迅速到现场维持秩序，向挤兑群众做好解释工作。

3. 网点工作人员要重点做好现金、重要凭证、印章、计算机密码和重要物品的管理，严守营业厅防护门和重要通道，控制出入柜台的人员。

4. 营业厅主任要负责维持柜台内的工作秩序，稳定人心，确保柜台人员的正常业务操作，避免内部混乱。

5. 支行要随时掌握库存现金、可用头寸的变化，配备调款人员，并随时保持和总行出纳中心库的联系，可事先调款备用。

6. 总行出纳中心库也要核实可用库存，一方面为支行调款做好准备，另一方面做好向中国人民银行调款的准备。

7. 网点的监控录像要对发生挤兑的现场实时监控，发现有可疑人员在现场肆意煽动要做特别处理，支行根据情况可直接向公安机关报案。

8. 支行和各部室以及知悉事件的全体人员应妥善应对新闻媒体的现场报道，均不得违反原则泄密，要以维护本行利益为出发点，最大限度地避免对本行的不良影响，不能私自对外发表不切实际不合时宜的言论。

考核要点

1. 商业银行柜台业务管理的内容有哪些？
2. 商业银行柜台业务的基本流程是怎样的？
3. 商业银行现金出纳业务规定有哪些？
4. 商业银行柜员临柜服务技巧有哪些？
5. 如何进行主机开机、柜员签到操作？
6. 商业银行柜员应掌握的基本业务技能有哪些？
7. 怎样识别真假人民币或外币？
8. 如何进行现金和重要单证出库业务操作？
9. 库箱开启、封装的操作流程和业务规程是怎样的？
10. 领解现金、收付现金、领入、出售、收回重要空白凭证业务规程是怎样的？
11. 遇到突发性自然灾害应当如何应急处理？
12. 遇到网点客流激增、挤兑如何处理？

项目二

个人账户业务

项目描述	个人账户业务包括个人储蓄业务、个人账户特殊业务以及个人网银业务三个部分。储蓄业务是商业银行的主要负债业务之一,也是商业银行吸收存款的重要来源。特殊业务是处理个人账户可能出现的各种意外情况,例如挂失解挂等。网上银行业务是商业银行为客户提供更多服务的重要平台。本项目将设立3项任务共计12项活动来介绍这三项业务的相关知识和具体操作	
项目目标	知识目标	◇ 掌握储蓄业务的基础知识和相关制度规范 ◇ 熟悉各项储蓄存款业务的工作内容和工作流程 ◇ 熟悉存款业务的凭证格式及具体的填写要求 ◇ 熟悉各类特殊业务的办理流程 ◇ 熟悉个人网银业务的办理流程
	技能目标	◇ 能够完成各项储蓄存款账户开立、存入、支取和销户业务系统操作 ◇ 能够完成储蓄存款账户挂失解挂、密码修改、账户维护业务系统操作 ◇ 能够完成个人网银业务系统操作
项目任务·活动	**任务1 个人储蓄业务处理** 活动1 个人储蓄存款基础知识 活动2 个人借记卡业务实训 活动3 个人普通存折业务实训 活动4 个人储蓄业务结息实训 **任务2 个人账户特殊业务处理** 活动1 个人挂失解挂业务实训 活动2 个人账户改密码业务实训 活动3 个人账户换凭证业务实训 活动4 个人账户信息维护业务实训 活动5 个人账户客户账户维护业务实训 活动6 个人账户交易维护业务实训 **任务3 个人网银业务处理** 活动1 个人网银业务介绍 活动2 个人网银业务实训		

任务1　活期储蓄存款业务处理

活动1　学习储蓄存款基础知识

> **活动目标**

掌握储蓄业务的基础知识和相关制度规范。

> **基础知识**

一、储蓄的概念及种类

（一）储蓄的概念

储蓄是指个人将其拥有的人民币或外币存入储蓄机构，储蓄机构开具存折（银行卡）或存单作为凭证，个人凭存折（银行卡）或存单可以支取本金和利息，储蓄机构依照规定支付存款本金和利息的活动。储蓄机构是指经银行业监管机构批准的银行、信用社及邮政储蓄机构。

（二）储蓄的种类

《储蓄管理条例》规定，储蓄机构经办的储蓄存款按期限分为活期储蓄存款、定期储蓄存款、定活两便储蓄存款、通知储蓄存款等。定期储蓄存款又可分为整存整取定期储蓄存款、零存整取定期储蓄存款、存本取息定期储蓄存款、整存零取定期储蓄存款、教育储蓄存款等。人民币主要储蓄品种见表2-1。

表2-1　　　　　　　　　　　　　人民币主要品种一览

储种	存期	金额限制	存取方式
活期	不定期	1元起存	随时
整存整取	3个月、6个月、1年、2年、3年、5年	50元起存	一次存入一次支取
零存整取	1年、3年、5年	5元起存	逐月存入一次支取
整存零取	1年、3年、5年	1000元起存	一次存入，分次支取本金，到期支取利息
存本取息	1年、3年、5年	5000元起存	一次存入，分次支取利息，到期支取本金
定活两便	不定存期	50元起存	一次存入，一次支取
通知存款	不定存期，支取前一天或7天通知	50000元起存	一次存入，一次或分次支取，单次支取金额不得低于50000元
教育储蓄	1年、3年、6年	50元起存，最高20000元	分次存入，一次支取

二、我国的储蓄政策和原则

（一）储蓄政策

我国政府对储蓄采取保护和鼓励的政策。《中华人民共和国宪法》第十三条规定，国家保护公民的私有财产权。

（二）储蓄原则

"存款自愿、取款自由、存款有息、为储户保密"是储蓄的基本原则，是储蓄政策的具体体现，是办理储蓄业务必须遵守的基本准则。

1. 存款自愿。存款自愿是指储户对参加储蓄有充分的自主权，参加不参加储蓄、参加何种储蓄、存多少钱、存多长时间、存在哪一个储蓄机构，均由储户自主决定，任何机构和个人均无权干涉。

2. 取款自由。在符合《储蓄管理条例》和有关规章制度的前提下，取款自由是指储户什么时候取款、取多少、做什么用，由储户自行决定，银行必须照章支付，不得刁难或限制，不得过问存款来源和取款用途。

3. 存款有息。存款有息是指储蓄机构对任何储蓄存款应按照国家规定的利率计息办法，为储户准确计付一定的利息。它体现了储蓄存款利息收入的合法性和储户依法获取利息的基本权利。

4. 为储户保密。为储户保密是银行承担对储户及其存款的一切情况保守秘密的职责和义务，对储户的姓名、性别、年龄、身份、地址、签章式样、存款金额、支取时间、笔数、过户、继承等情况保守秘密，不得向任何人和机构透露。

储蓄原则是密切联系、相互补充、相互制约的，是一个有机的整体，在实际工作中必须全面贯彻执行。

三、办理储蓄业务的基本规定

柜员在办理储蓄日常业务时，应注意遵守以下基本规定：

1. 要严格按照储蓄业务管理制度及有关规定办理储蓄业务。

2. 营业中柜员必须在自己签到的终端上办理客户的储蓄业务。严禁柜员在自己签到的终端上办理本人储蓄业务，严禁其他柜员代为签章，严禁柜员在储蓄存取款凭证客户签字确认处代客户签名。

3. 柜员办理储蓄业务必须认真审核凭证要素，保证存单（折）与凭证上的账号、户名、金额三相符。柜员必须认真审核储户的存单/折、卡，辨别其真伪，并注意审核以下事项：是否为本行账户，是否必须到开户行办理，存单/折有无公章，存单/折内容有无涂改，定期存单/折是否到期。

4. 办理储蓄开户及存取款业务必须严格执行有关制度规定，在客户的视线范围内和监控下完成；坚持收款当面点清、付款金额当面问清、钞券当面交清。存取款凭证由客户填写金额，柜员据此核对。现金存款应当面核准大数（整把以上的把数），点清细数（零散现钞），使用点（验）钞机全数清点无误后，确认实收金额与客户填写的金额一致，再录入终端，打印凭证，交客户签字后收回。取款业务与此类似。办理业务时应坚持一笔一清、一份一清，一笔业务未办理完毕，不得擅自离岗。

5. 各类储蓄业务开户、大额取款（5 万元（含）以上或等值 1 万美元）及定期类储蓄存款的提前支取等，均应出示存款人身份证件，代理支取的应同时出示代理人身份证件。认真审核客户及代理人身份证件的真实性、有效性，无误后方可办理。5 万元（含）以上的大额取现应登记备案。

6. 柜员不得以任何理由删改存取款凭证上储户填写及银行打印的各项内容。

7. 在储户的存折/单及储蓄凭证上加盖的储蓄业务公章、转讫章、现讫章，必须为当天日期。

8. 客户存款时要先收款后记账，取款时要先记账后付款，转账业务必须先记付款账户，再记收款账户。

9. 一般业务当日复核，提前支取、挂失、解挂等特殊业务必须坚持当场复核。

10. 当出现现金错款时，要执行长款归公、短款自赔的规定，要及时告知主管柜员，严禁柜员私自处理。

11. 凡以手工计息的储蓄品种，柜员计算应付利息并经复核无误后，方可支付。发生计息差错需进行冲销或手工计息调整的，需经复核并经主管柜员审核批准后，方可办理。

四、储蓄账户开立流程

储蓄存款开户业务操作流程见图 2-1。

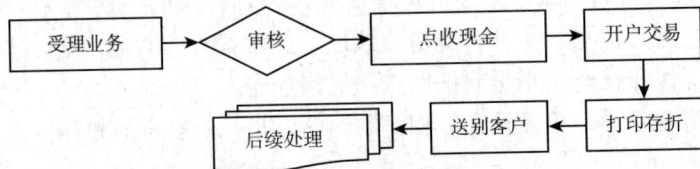

图 2-1　活期储蓄存款开户业务流程

五、业务处理

（一）受理业务

客户填写"开户申请书"（见图 2-2），连同本人有效身份证件（原件）、现金一起交柜员（代理他人办理开户业务的，要同时提供代理人和被代理人的身份证件，并在储蓄开户申请书上登记代理人身份证件），如果客户开立的是个人结算账户，必须在"储蓄开户申请书"上加盖"个人结算账户"戳记。

（二）审核

柜员审核申请书内容及有关身份证件，确定是否有效、是否为本人。若为代理他人开户的，还需审核代理人证件。若开立个人结算账户的，还应审核其填写的开立个人结算账户申请书内容的完整性和正确性。

（三）点收现金

柜员收到客户递交的现金后，应先询问客户存款金额，然后在监控下和客户视线内的柜台上清点。清点时柜员一般需在点钞机上正反清点两次，金额较小时，也可手工清点，但要注意假币的识别，并再次与客户核对金额。

Bank　中国光大银行　个人业务开户申请书

二联　　　　年　月　日

客户填写	申请人资料	姓名（中文）＿＿ 姓名（英文或拼音）＿＿ 性别＿＿ 证件种类＿＿ 证件号码＿＿ 发证机关所在地＿＿ 国籍＿＿ 证件有效日期＿＿ 固定电话＿＿ 手机＿＿ Email＿＿ 联系地址＿＿ 邮编＿＿ 职业＿＿ 工作单位＿＿ 职务＿＿
	代理人或监护人资料	姓名（中文）＿＿ 姓名（英文或拼音）＿＿ 性别＿＿ 证件种类＿＿ 证件号码＿＿ 发证机关所在地＿＿ 国籍＿＿ 证件有效日期＿＿ 联系方式＿＿ 代办理由＿＿
	卡填写	□卡□卡折合一□持折开卡，原活期一本通账号＿＿ □个人卡主卡□个人附属卡（主卡卡号＿＿ 主持卡人姓名＿＿） □单位卡（须填写第一联背面内容）□爱心卡□其他卡种＿＿
	折填写	□活期一本通（□是否结算户□一本通签约结算户，账号＿＿） □持卡开活期一本通，原卡号＿＿ □定期一本通□零存整取□整存零取□存本取息□教育储蓄
	存单填写	□整存整取□定活两便□＿天通知存款
	存入金额	千 百 十 万 千 百 十 元 角 分　币种＿＿ □钞 □汇　存期＿＿ □是否凭密
	整存整取自动转存方式：□本息转存□本金转存，利息转入账号（仅限于卡/活期一本通）＿＿	
银行打印		监督
本人保证本申请书资料真实有效，并自愿遵守中国光大银行客户须知的有关规定；如申请个人结算账户并进行了签章，则代表本人已详细阅读并同意遵守《中国光大银行个人银行结算账户管理协议》的所有内容。对因违反规定而造成的损失和后果，本人愿意承担一切责任。 客户或代理人签章：		

第一联　银行留存

图 2－2　储蓄开户申请书

（四）开户交易

柜员输入开户交易代码，进入个人活期储蓄存款现金开户界面，刷存折、系统自动读取磁条信息，输入储户姓名、证件类型、证件号码、电话号码、邮政编码及地址。需凭密码支取的，请客户设置密码（一般要求输入两遍），确认无误后提交，发送主机记账。

（五）打印、签章

若为个人结算账户开户，柜员取出新折，进行划折操作，然后根据系统提示打印存折和开立个人银行结算账户申请书。若为储蓄账户开户，柜员根据系统提示打印存折（打印前需划折）以及存款凭证，并请客户在存款凭证上签名确认。

然后柜员在存折上加盖储蓄专用章或业务专用章，在申请书留存联和客户联加盖业务公章，在存款凭证上加盖现金收讫章或业务清讫章，最后在上述所有凭证上加盖柜员名章。

（六）送别客户

柜员将身份证件、存折（单）、开立个人银行结算账户申请书客户联交给客户。

（七）后续处理

银行柜员将现金放入钱箱，并将开立个人银行结算账户申请书银行留存联用专夹保管，申请书记账联（或存款凭证）作贷方凭证整理存放。

活动 2　个人借记卡业务实训

➤ 活动目标

掌握个人客户借记卡业务的操作。

扫一扫
学操作

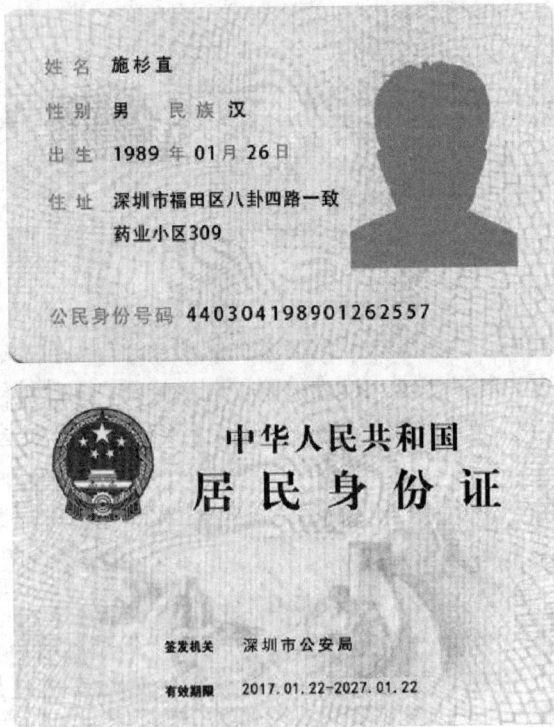

➤ 实训案例

施杉直先生携带身份证（见图 2−3）和 180000 元现金来我行办
理储蓄开户业务，该客户要求分别办理借记卡类账户，签印类别为密码。同时为其开通的类借
记卡账户办理以下相关业务：开立通知存款账户、定活两便账户、普通活期存款账户、存期为
1 年的整存整取账户、存期为 3 年的零存整取账户，共计 5 个子账户，分别存入人民币 60000
元、7000 元、65000 元、45000 元、3000 元，施杉直先生的手机号码为 13274303578。

姓名	施杉直
性别 男　民族 汉	
出生 1989 年 01 月 26 日	
住址 深圳市福田区八卦四路一致	
药业小区309	
公民身份号码	440304198901262557

中华人民共和国
居民身份证

签发机关　深圳市公安局
有效期限　2017.01.22-2027.01.22

图 2−3　身份证

➤ 实训步骤

第一步　为客户开立 I 类借记卡账户。

个人业务——个人账户管理——开个人客户号

录入"客户姓名""客户称谓""手机号""证件类型""证件号码"等信息，见图 2−4，
执行后系统生成客户号，客户号信息记录在实训报告中。

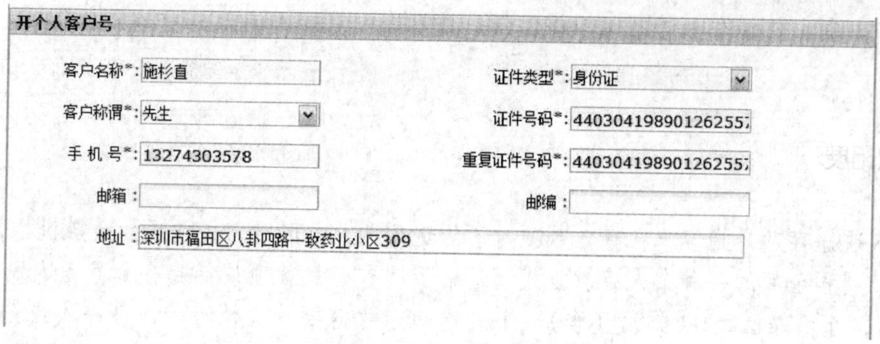

图 2-4　开个人客户号

个人业务——个人账户管理——开立个人账户

录入"客户号""账户类型""凭证类型""凭证号码""手机号"等信息，见图 2-5，执行后生成账号，账号信息记录在实训报告中。

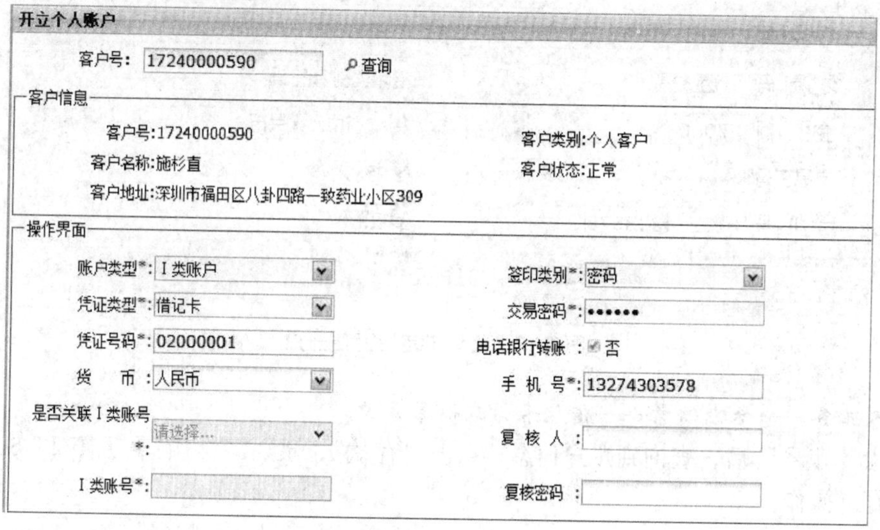

图 2-5　开立 I 类借记卡账户

第二步　开立子账户，并存入款项。

个人业务——通知存款——借记卡通知存款开户

输入"账号"后，点击"开户"，录入交易信息，见图 2-6，完成通知存款存款操作。

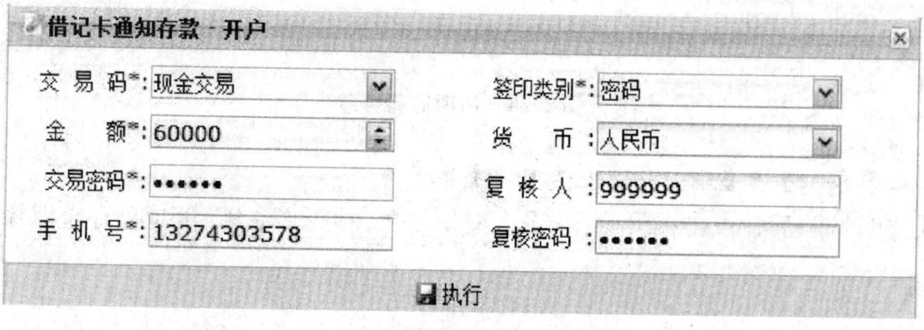

图 2-6　借记卡通知存款开户

注意事项：若操作金额超过 50000 元，需要输入复核人信息，复核人 999999，复核密码 99999。

👆**知识拓展**

个人通知存款是指客户在存入款项时不约定存期，支取时需提前通知金融机构，约定支取存款日期和金额的一种个人存款方式。适用于拥有大额款项最低起存金额为人民币 50000 元（含），外币等值 5000 美元（含）。个人通知存款需要一次性存入，可一次或分次支取，但分次支取后账户余额不能低于最低起存金额。个人通知存款按存款人选择的提前通知的期限长短划分为 1 天通知存款和 7 天通知存款两个品种。

个人业务——定活两便——借记卡定活两便开户

输入"账号"后，点击"开户"，录入交易信息，见图 2 - 7，完成通知存款存款操作。

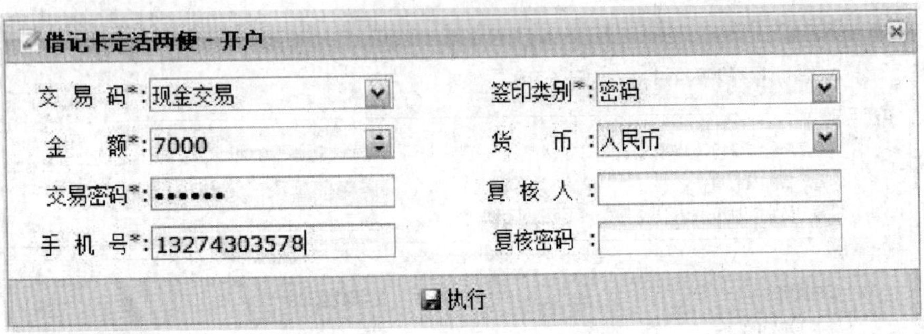

图 2 - 7　借记卡定活两便开户

个人业务——活期储蓄——借记卡活期储蓄开户

输入"账号"后，查询到账户信息，点击"存款"，录入"金额"，见图 2 - 8，完成活期储蓄存款操作。

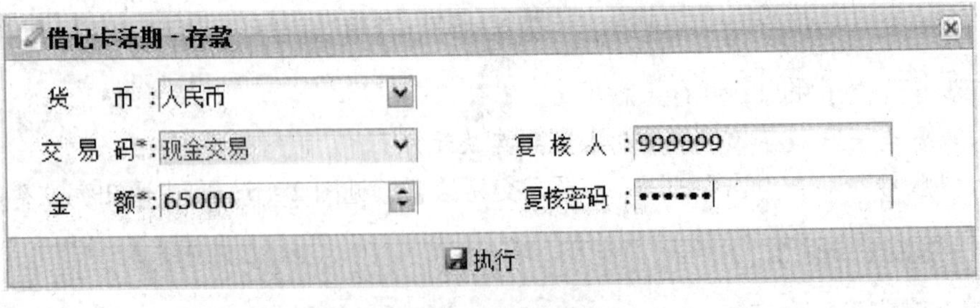

图 2 - 8　活期储蓄存款

个人业务——整存整取——借记卡整存整取开户

输入"账号"后，点击"开户"，录入交易信息，见图 2 - 9，完成整存整取操作。

图 2-9 借记卡整存整取开户

个人业务——零存整取——借记卡零存整取开户

输入"账号"后，点击"开户"，录入交易信息，见图 2-10，完成零存整取操作。

图 2-10 借记卡零存整取开户

➢ 实训演练

根据案例完成系统操作，并将操作信息录入实训报告。

1. 蓝胤携带身份证，见图 2-11 办理借记卡 I 类账户，签印类别为密码，手机号 13829681729，开立活期储蓄业务和存期 3 个月的整存整取账户，开户分别现金存款 23800 元和 150000 元。

2. 3 个月后，来我行将到期的整存整取账户进行销户。

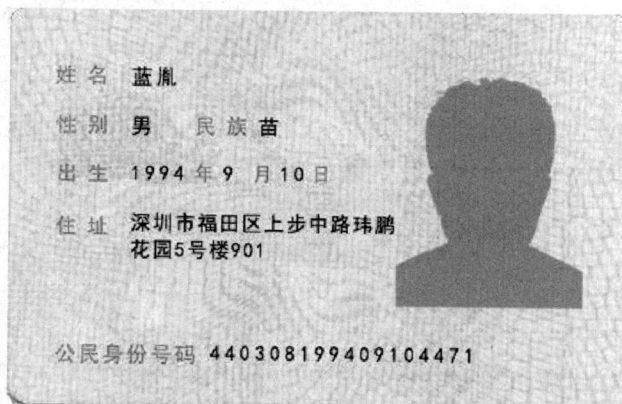

姓名 蓝胤

性别 男 民族 苗

出生 1994 年 9 月 10 日

住址 深圳市福田区上步中路玮鹏花园5号楼901

公民身份号码 440308199409104471

图2-11　身份证

实训报告

客户姓名	
证件编号	
客户号	
Ⅰ类账户账号	

活动3　个人普通存折业务实训

➤ 活动目标
掌握个人客户普通存折业务的操作。

扫一扫
学操作

➤ 实训案例
☞案例1　开户
林和瑞先生携带身份证（见图2-12）和81000元现金来我行办理储蓄开户业务，该客户要求分别办理普通存折Ⅰ类账户，签印类别为密码。同时为其开通的Ⅰ类普通存折账户办理以下相关业务：开立存期为3年的整存整取账户、定活两便账户、普通活期存款账户、个人支票账户，共计4个子账户，分别存入人民币40000元、6000元、5000元、30000元，并出售一本普通支票给林先生，林和瑞先生的手机号码15166571178。

☞案例2　取款
林和瑞先生携带身份证办理整存整取账户部分提前支取20000元；定活两便账户支取6000元；开出一张个人支票支付款项12000元。

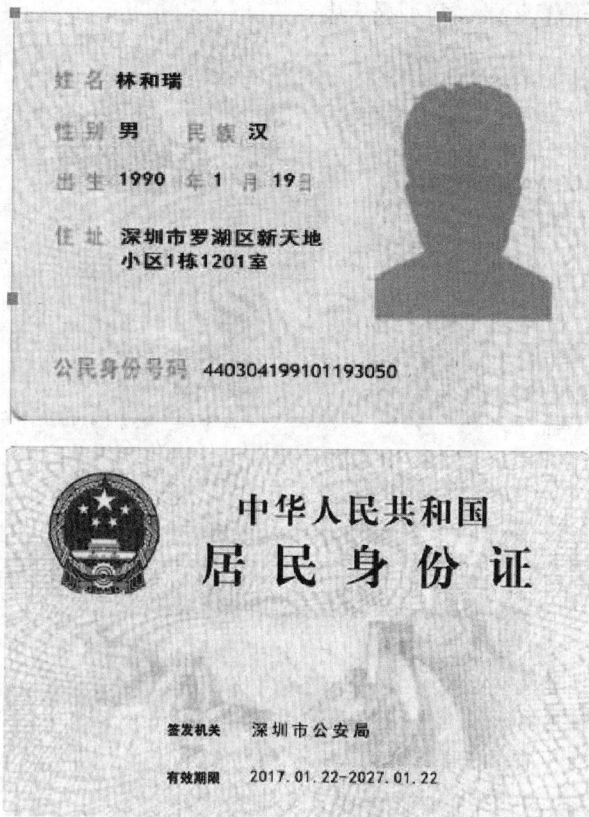

图 2 - 12 身份证

> **实训步骤**

☞**案例 1 开户**

第一步 为客户开立普通存折 I 类账户。

个人业务——个人账户管理——开个人客户号

录入"客户姓名""客户称谓""手机号""证件类型""证件号码"等信息,见图 2 - 13,执行后系统生成客户号,客户号信息记录在实训报告中。

图 2 - 13 开立客户号信息

个人业务——个人账户管理——开立个人账户

录入"客户号""账户类型""凭证类型""凭证号码""手机号"等信息,见图 2 - 14,

执行后生成账号，账号信息记录在实训报告中。

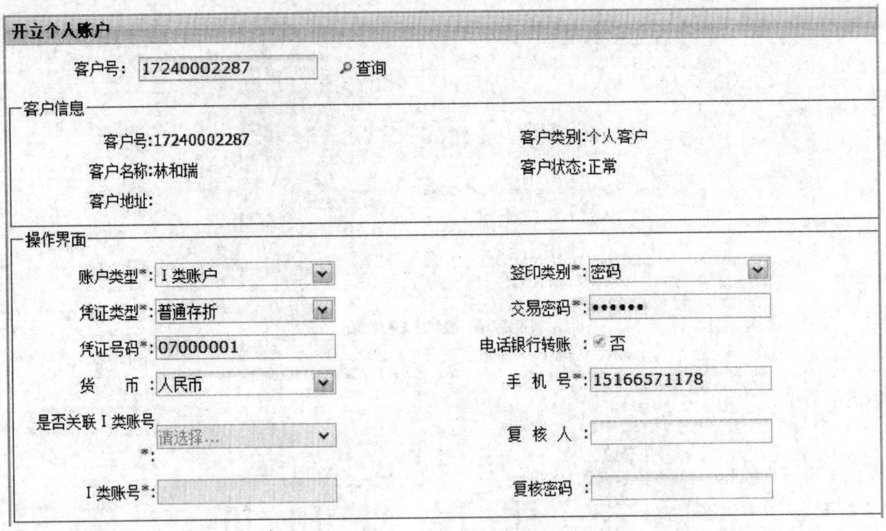

图 2-14　开立普通存折 I 类账户

第二步　开立其他储蓄账户。

个人业务——整存整取——存单整存整取开户

输入"客户号"后，查询开户信息，再录入"凭证号码""凭证类型"以及"金额"，见图 2-15，执行后生成的整存整取账号录入实训报告。

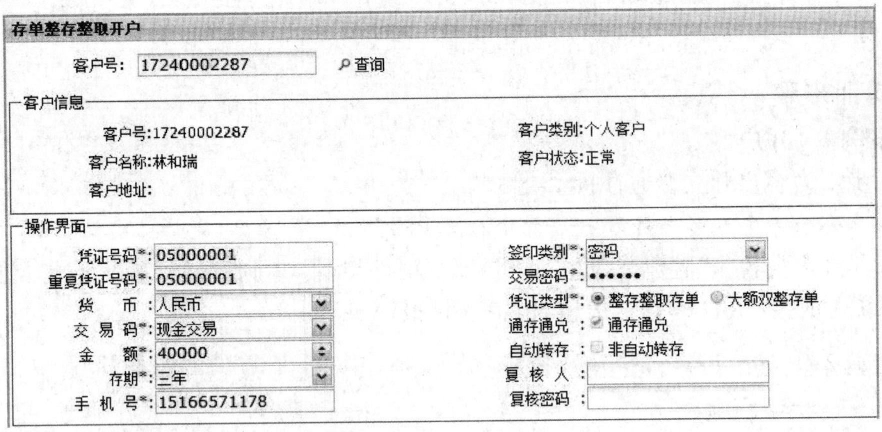

图 2-15　存单整存整取开户

个人业务——定活两便——存单定活两便开户

输入"客户号"后，查询开户信息，再录入"凭证号码""凭证类型"以及"金额"，见图 2-16，执行后生成的定活两便账号录入实训报告。

个人业务——活期储蓄——存折活期存款

输入"账号"后，查询到账户信息，点击"存款"，录入"金额"，见图 2-17，完成活期储蓄存款操作。

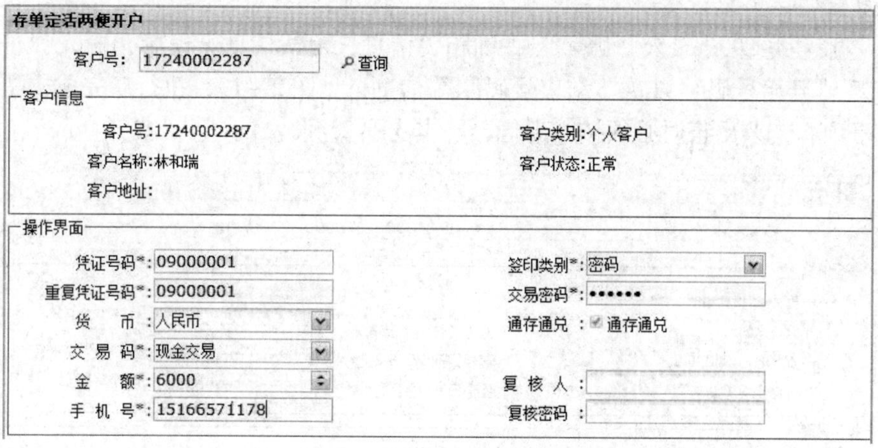

存单定活两便开户

客户号: 17240002287　　🔍查询

客户信息

客户号:17240002287　　　　　客户类别:个人客户

客户名称:林和瑞　　　　　　　客户状态:正常

客户地址:

操作界面

凭证号码*:09000001　　　　　签印类别*:密码

重复凭证号码*:09000001　　　　交易密码*:●●●●●●

货　币:人民币　　　　　　　　通存通兑:☑通存通兑

交 易 码*:现金交易

金　额:6000　　　　　　　　　复核人:

手 机 号*:15166571178　　　　　复核密码:

图 2-16　存单定活两便开户

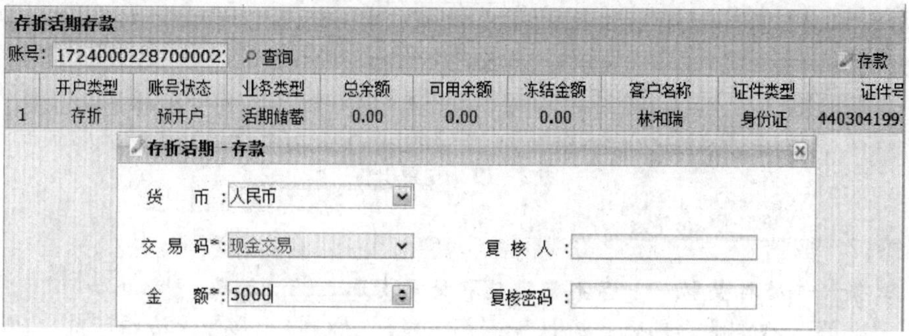

存折活期存款

账号: 172400022870000:　🔍查询　　　　　　　　　　🖉存款

	开户类型	账号状态	业务类型	总余额	可用余额	冻结金额	客户名称	证件类型	证件号
1	存折	预开户	活期储蓄	0.00	0.00	0.00	林和瑞	身份证	4403041997

🖉存折活期 · 存款　　　　　　　　　　　　　　　　　✕

货　币:人民币

交 易 码*:现金交易　　　　　复核人:

金　额*:5000　　　　　　　复核密码:

图 2-17　存折活期存款

个人业务——个人支票——个人支票开户

输入"客户号"后,查询开户信息,再录入"交易密码""手机号"以及"金额",见图 2-18,执行后生成的个人支票账号录入实训报告。

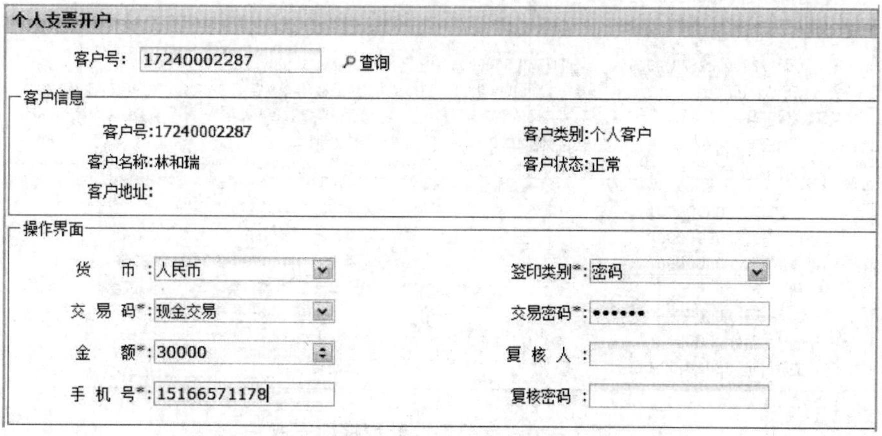

个人支票开户

客户号: 17240002287　　🔍查询

客户信息

客户号:17240002287　　　　　客户类别:个人客户

客户名称:林和瑞　　　　　　　客户状态:正常

客户地址:

操作界面

货　币:人民币　　　　　　　　签印类别*:密码

交 易 码*:现金交易　　　　　　交易密码*:●●●●●●

金　额*:30000　　　　　　　复核人:

手 机 号*:15166571178　　　　　复核密码:

图 2-18　个人支票开户

凭证管理——支票出售

选择"账号类型"，录入"账号"查询相关信息，确认信息无误后，输入"证件号码""证件类型""开始号码"以及"结束号码"等信息，见图2－19，执行后完成支票出售。

注意事项：支票出售时必须按本出售，一本支票25张。

图2－19 支票出售

☞案例2 取款

个人业务——整存整取——存单整存整取提前支取

录入"账号"查询账户信息，确认无误后，输入"凭证号码""替换凭证号码""交易密码""证件类别""证件号码""金额"以及"支取日期"等信息，见图2－20，执行后完成提前支取操作。

注意事项：部分提前支取时需要更换存单，存单编号按顺序取用。

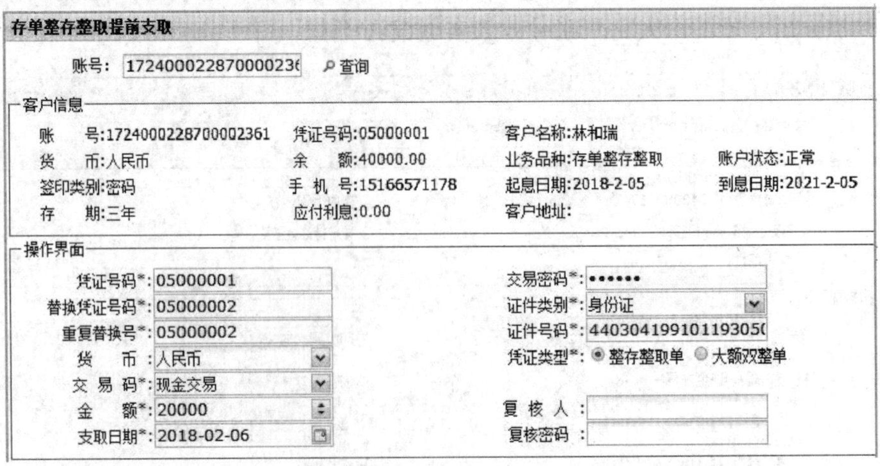

图2－20 存单整存整取提前支取

知识拓展

如果客户急需资金，可办理部分或全部提前支取，提前支取时必须提供身份证件，代他人支取的不仅要提供存款人的身份证件，还要提供代取人的身份证件，该储种只能进行一次部分提前支取。未到期的定期存款，全部提前支取的，按支取日挂牌公告的活期储蓄存款利率计付利息；部分提前支取的，提前支取的部分按支取日挂牌公告的活期储蓄存款利率计付利息，剩余部分到期时按存入日挂牌公告的定期储蓄存款利率计付利息。

个人业务——定活两便——存单定活两便销户

录入"账号"查询账户信息，确认无误后，输入"凭证号码""交易密码""证件类别""证件号码""金额"以及"支取日期"等信息，见图2-21，执行后完成提前支取操作。

图2-21　存单定活两便销户

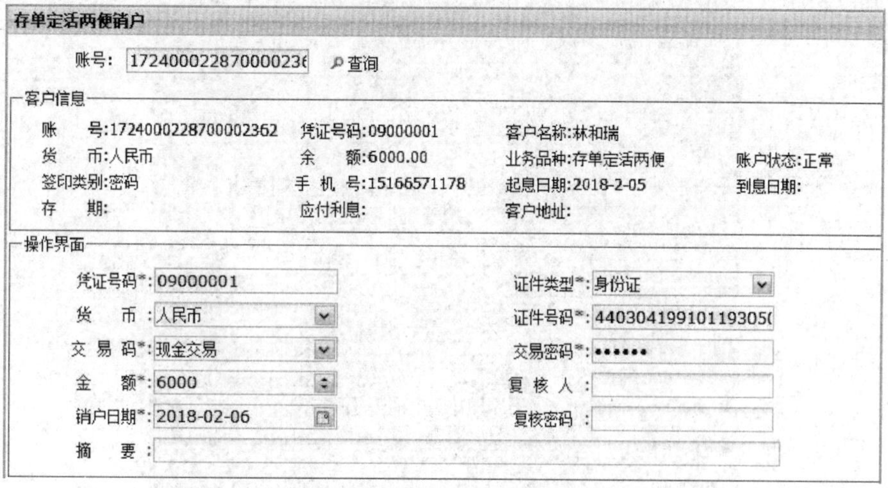

存单定活两便销户

账号：172400022870000236　🔍查询

客户信息

账　　号：1724000228700002362	凭证号码：09000001	客户名称：林和瑞
货　　币：人民币	余　　额：6000.00	业务品种：存单定活两便	账户状态：正常
签印类别：密码	手 机 号：15166571178	起息日期：2018-2-05	到息日期：
存　　期：	应付利息：	客户地址：	

操作界面

凭证号码*：09000001	证件类型*：身份证
货　　币：人民币	证件号码*：44030419910119305C
交 易 码*：现金交易	交易密码*：●●●●●●
金　　额*：6000	复 核 人：
销户日期*：2018-02-06	复核密码：
摘　　要：	

图2-21　存单定活两便销户

个人业务——个人支票——个人支票取款

录入"账号"查询账户信息，确认无误后，输入"支票号码""交易密码""证件类别""证件号码""金额"等信息，见图2-22，执行后完成提前支取操作。

个人支票取款

账号：172400022870000236　🔍查询

账　　号：1724000228700002363	凭证号码：	客户名称：林和瑞
货　　币：人民币	余　　额：30000.00	业务品种：个人支票	账户状态：正常
签印类别：密码	手 机 号：15166571178	起息日期：	到息日期：
存　　期：活期	应付利息：	客户地址：	

操作界面

支票号码*：08000001	证件类型*：身份证
货　　币：人民币	证件号码*：44030419910119305C
交 易 码*：现金交易	复 核 人：
金　　额*：12000	复核密码：

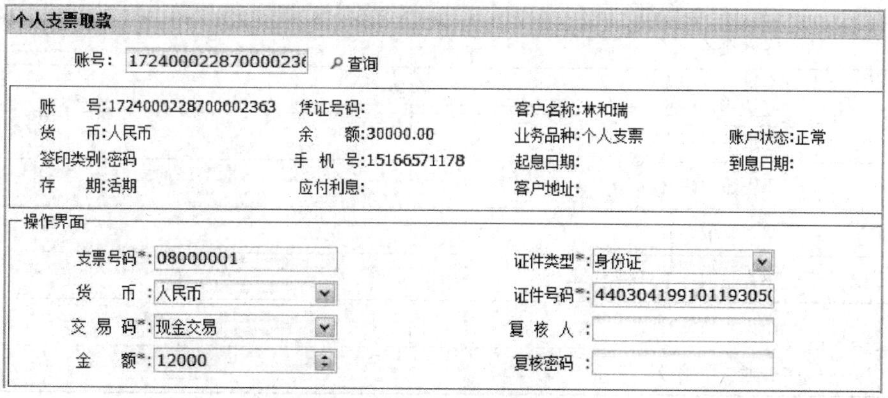

图2-22　个人支票取款

➤ 实训演练

根据案例完成系统操作，并将操作信息录入实训报告。

1. 卢松携带护照，见图 2 – 23，前来办理存折 I 类账户，签印类别为密码，手机号 13526985718。开立活期储蓄业务，开户现金存款 12500 元，开整存整取账户存入 8000 元；开立支票账户，开户存入现金 50000 元；

2. 卢松从存折活期账户支取现金 8000 元；

3. 卢松从支票账户中支取现金 20000 元；

4. 卢松从整存整取账户里支取 2000 元。

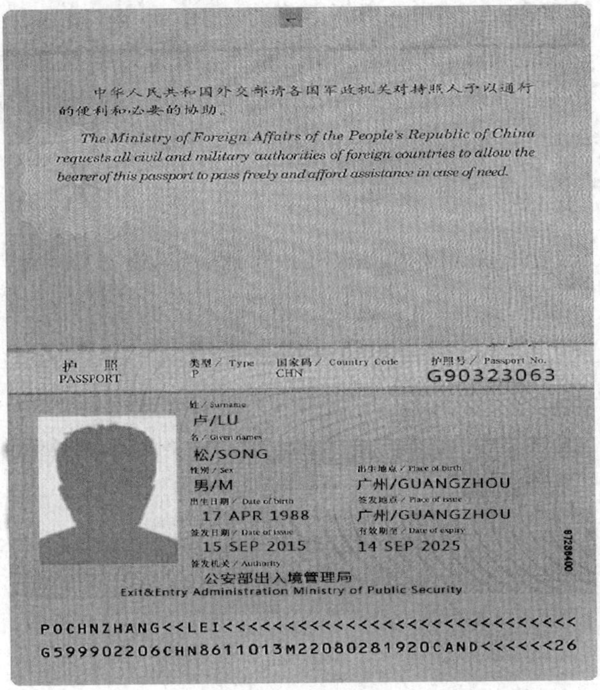

图 2 – 23　护照

实训报告

案例 1

客户姓名	
证件编号	
客户号	
I 类账户账号	
整存整取账号	
整存整取存单号	
个人支票账号	
普通支票编号	

案例2

客户姓名	
证件编号	
客户号	
Ⅰ类账户账号	
整存整取账号	
整存整取存单号	
替换存单号	

➤ **实训小结**

Ⅰ类账户开成借记卡账户后，所有的储蓄类型对应的账号都是借记卡账号；而Ⅰ类账户开成普通存折账户后，会根据不同业务使用不同凭证，例如整存整取业务使用整存整取存单，活期业务使用普通存折，定活两便业务使用定活两便存单等。

活动4　个人储蓄业务结息实训

➤ **活动目标**

能计算各类储蓄存款利息，并进行相应业务处理。

➤ **基础知识**

一、活期储蓄计息规定

1. 活期储蓄存款的计息采用日积数法，按业务发生日至下一结息日的实际存取款天数加减利息积数。

2. 活期储蓄存款按季度结息，按结息日或销户日挂牌公告的活期储蓄存款利率计付。结息后的利息计入本金起息，元以下尾数不计息。

3. 活期储蓄利息的基本公式为：

$$利息 = 累计积数 \times 利率 = 存款余额 \times 占用天数 \times 利率$$

存期天数的计算采用"算头不算尾"的办法。即存入日起息，支取日不计息。储蓄存款存期按照存入实际天数来计算。

二、整存整取定期储蓄存款计息规定

1. 整存整取定期储蓄存款在原定存期内如遇利率调整，不论调高或调低，均按存单开户日挂牌公告的整存整取定期储蓄存款利率计息。

2. 整存整取定期储蓄存款，提前支取或部分提前支取的部分，均按支取日挂牌公告的活期储蓄存款利率计息，未支取部分仍按原定存期和利率重新开户。逾期支取的存款，除按规定计算到期利息外，还应计算逾期部分的利息，逾期部分均按支取日挂牌公告的活期储蓄存款利率计息。

三、个人通知存款计息规定

1. 个人通知存款的利率介于活期存款与定期存款利率之间。1 天通知存款需提前 1 天通知，按支取日 1 天通知存款的利率计息，7 天通知存款需提前 7 天通知，按支取日 7 天通知存款的利率计息，利随本清。

2. 对已办理通知手续而未支取或在通知期限内取消通知的，通知期限内不计息，实际存期需剔除通知期限，即 7 天通知存款剔除 7 天，1 天通知存款存期剔除 1 天。

3. 未提前通知而支取的，支取部分按活期存款利率计息；已办理通知手续而提前支取或逾期支取的，支取部分按活期存款利率计息。

知识拓展

通知存款——活期流动享定期收益

许多人在银行都会有个"活期户头"，即活期存款。活期存款的流动性相当于现金，可以随时支取。但是，活期存款的利息微薄（目前为 0.36%），相当于现金。定期储蓄可以获得更高的收益（一年期定期存款利率为 2.25%），但流动性差，如果提前支取，则全部按活期存款利率计息。而通知存款的利率高于活期利率、低于定期利率。目前，一天通知的利率为 1.08%，7 天通知的利率为 1.62%。如将 1 万元存入 7 天通知存款，1 年后可获取比活期存款多 $1 万 \times (1.62\% - 0.81\%) \times (1 - 5\%) = 76.95$（元）的利息，既保证了用款需要，又可享受活期利息 2 倍的收益。

➢ 业务处理

☞ **案例 1** 某储户 2018 年 4 月 5 日存入 5000 元，5 月 8 日续存 5000 元，6 月 20 日结息日的活期储蓄利率为 3‰。

则结息日利息为：

应付利息 $= (5000 \times 33 + 10000 \times 43) \times 3‰ \div 30 = 59.5$（元）

6 月 20 日结息日结息后，6 月 21 日系统自动将结计的利息入账。

☞ **案例 2** 储户王瑞宇于 2017 年 3 月 30 日存入 1 年期整存整取定期储蓄存款 10000 元，于 2017 年 8 月 10 日提前支取 4000 元，其余存至到期日，请计算应付利息。2017 年 8 月 10 日活期储蓄存款挂牌公告利率 0.3%，2018 年 3 月 30 日 1 年期整存整取定期储蓄存款利率为 1.75%。

提前支取部分应付利息 $= 4000 \times 133 \times 0.3\% \div 360 = 4.43$（元）

到期部分应付利息 $= 6000 \times 1 \times 1.75\% = 105$（元）

☞ **案例 3** 某储户 2017 年 7 月 6 日存入 100000 元至 1 天通知存款账户，同年 10 月 6 日通知第二天支取 50000 元。10 月 7 日通知存款利率 2‰，计算应付利息。

$50000 \times 3 \times 2‰ = 300$（元）

➤ 实训演练

1. 储户在该行存入活期储蓄存款，年利率为 0.3%。存取情况如下，计算填表，并写出计算过程。

日期	存入	支取	账户余额	天数	累积积数
2018 年 1 月 1 日	10000 元				
2018 年 2 月 1 日	20000 元				
2018 年 3 月 21 日	所得利息 =				
2018 年 4 月 1 日		10000 元			
2018 年 6 月 21 日	所得利息 =				

2. 储户于 2017 年 9 月 3 日存入 1 年期整存整取定期储蓄存款 10000 元，于 2018 年 3 月 31 日支取，计算应付利息。2018 年 3 月 31 日活期储蓄存款挂牌公告利率 0.3%，1 年期整存整取利率为 1.75%。

3. 储户于 2017 年 1 月 5 日存入个人通知存款 15 万元，约定办理 7 天通知存款，7 天个人通知存款利率为 1.1%，活期利率为 0.35%，若：

①其未提前约定取款，于 2017 年 1 月 16 日支取，求实得利息。

②于 2017 年 1 月 8 日约定取款 15 万元，并于 2017 年 1 月 15 日支取 15 万元，求实得利息。

③于 2017 年 1 月 10 日约定取 15 万元，并于 2017 年 1 月 15 日支取 15 万元，求实得利息。

④于 2017 年 1 月 15 日约定支取 15 万元，并于 2017 年 1 月 25 日支取 15 万元，求实得利息。

⑤于 2017 年 1 月 10 日约定取 15 万元，未领取；于 2017 年 2 月 2 日再次约定支取 15 万元，并于 2017 年 2 月 9 日支取 15 万元，求实得利息。

⑥于 2017 年 1 月 8 日约定取 5 万元，但于 2017 年 1 月 15 日支取 10 万元，求 10 万元的实得利息。

任务 2　个人账户特殊业务处理

活动 1　个人挂失解挂业务实训

➤ 活动目标
能根据中国人民银行和商业银行办理挂失业务的有关规定办理挂失解挂业务。

➤ 基础知识
1. 储户遗失存单、存折、预留印鉴的印章、账户的密码、个人支票均可到原储蓄机构书面申请挂失。不记名式的存单、存折，银行不受理挂失。正式挂失必须到原开户网点办理。

2. 储户办理挂失时，必须持本人身份证件，并提供姓名、存款时间、种类、金额、账号及住址等有关情况。如储户本人不能前往办理挂失，可委托他人代为办理。

3. 银行根据储户提供的资料，确认存款未被支取和未被冻结止付后，方可受理申请。银行在受理挂失申请（包括临时挂失和正式挂失）前账户内的储蓄存款已被他人支取的，储蓄机构不负赔偿责任。

4. 对挂失金额较大的（按地区经济发展程度的不同，由各省行自定金额限度），要复印其身份证件作附件备查。

5. 储户在特殊情况下，以口头、电话、电报、信函等方式申请的挂失，均视为口头挂失，储户必须在办理口头挂失后的 5 天之内，到原开户行办理正式挂失手续，否则挂失将失效，口头挂失不收手续费。

➤ 业务流程

储蓄存款正式（书面）挂失业务流程见图 2 - 24。

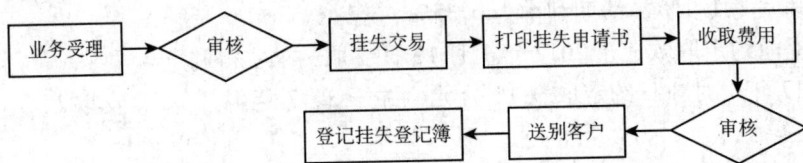

图 2 - 24　储蓄存款书面挂失业务处理流程

➤ 实训案例

☞**案例 1**　客户施杉直来我行办理 I 类账户借记卡口头挂失业务。

☞**案例 2**　客户林和瑞遗失整存整取存单，前来我行办理书面挂失业务。

☞**案例 3**　客户施杉直找到了 I 类账户借记卡，前来银行要求对已挂失的借记卡进行不换借记卡解挂。

☞**案例 4**　客户林和瑞前来办理换凭证解挂。

扫一扫
学操作

➤ 实训步骤

☞**案例 1**

凭证管理——借记卡挂失

录入"账号"查询账户信息，登记"凭证号码""证件号码"以及"挂失种类"等信息，见图 2 - 25。

☞**案例 2**

凭证管理——凭证挂失

选择"账号类型"，输入"账号"，查询信息确认无误后，选择"凭证类型""凭证号码""证件类型""证件号码"以及"挂失种类"等信息，见图 2 - 26，执行后完成挂失手续。

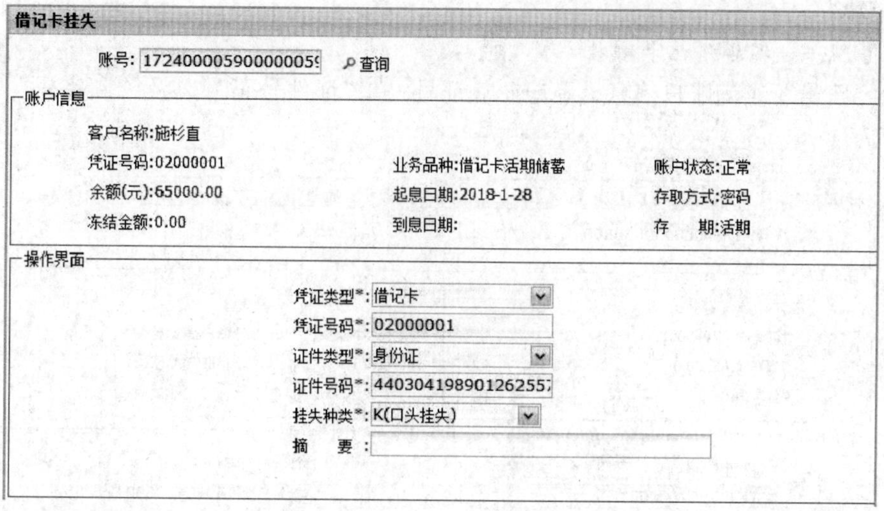

图 2 - 25　个人账户口头挂失

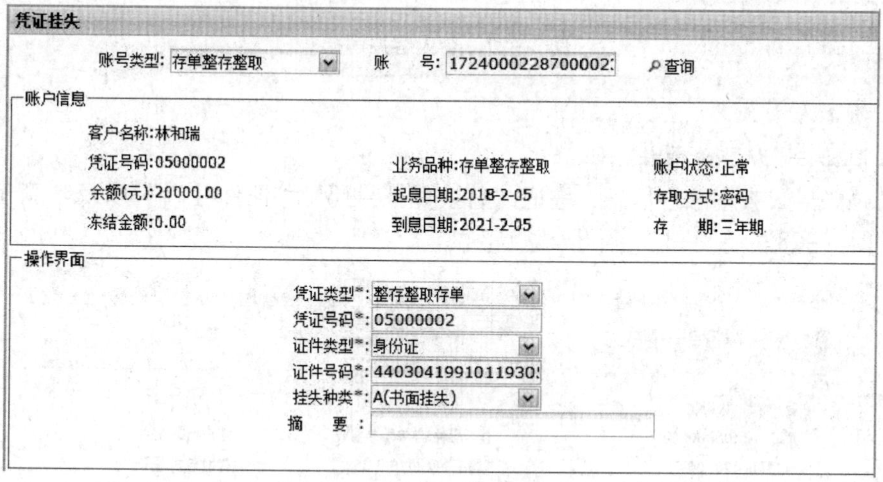

图 2 - 26　个人账户书面挂失

知识拓展

1. 储户 7 天后持挂失申请书的第三联来银行办理补领新存单（折）或支取存款等手续，必须由原存款人办理，他人不得代办。代办挂失的，应由原存款人和代办人一同来银行办理。

2. 储户办理储蓄存款挂失后，在挂失 7 天之内找到了原存单（折）的，可以要求撤销挂失，撤销挂失需要由储户本人或原代办人持有效身份证件用原挂失申请书的回单联，到原挂失的开户网点办理。

3. 挂失人致函要求撤销挂失申请的，银行不予办理。撤销挂失后，已收的挂失手续费不退还储户。

☞案例3

凭证管理——不换借记卡解挂

录入"账号"查询账户信息，登记"凭证号码""证件号码"以及"新密码"等信息，见图2-27。

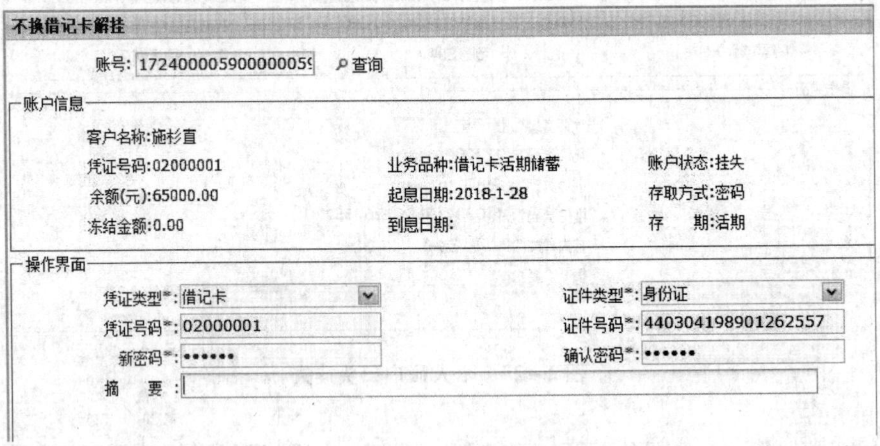

图2-27　个人客户解挂

☞案例4

凭证管理——换凭证解挂

录入"账号"查询账户信息，登记"替换凭证号码""证件号码"以及"新密码"等信息，见图2-28。

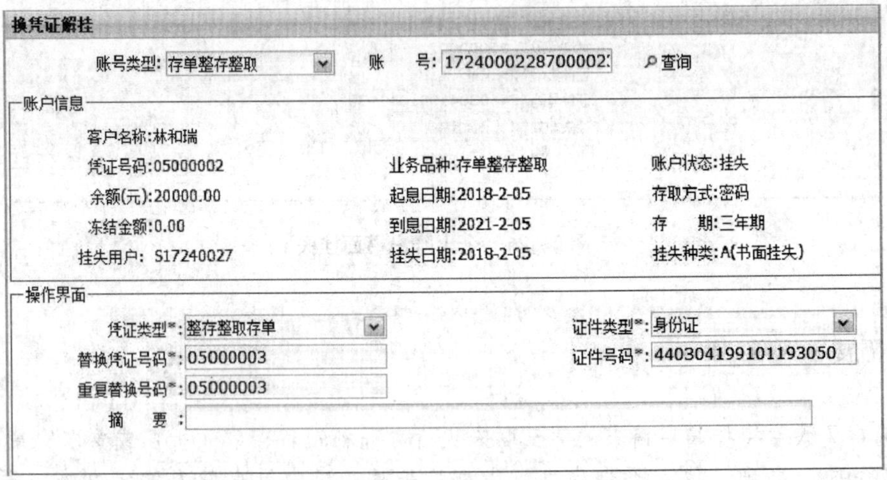

图2-28　换凭证解挂

> **实训演练**

根据案例完成系统操作，并将操作信息录入实训报告。

客户蓝胤来我行办理Ⅰ类账户借记卡口头挂失业务；客户蓝胤找到了Ⅰ类账户借记卡，前来银行要求对已挂失的借记卡进行不换借记卡解挂。

客户卢松遗失整存整取存单，前来我行办理书面挂失业务；客户卢松前来办理换凭证解挂。

实训报告

案例 1

客户名	
Ⅰ类账户账号	
凭证号码	
证件号码	

案例 2

客户名	
整存整取账号	
凭证号码	
证件号码	

案例 3

客户名	
Ⅰ类账户账号	
凭证号码	
证件号码	
新密码	

案例 4

客户名	
整存整取账号	
替换凭证号码	
证件号码	

活动 2　个人账户改密码业务实训

➤ 活动目标

掌握个人账户改密码业务的操作。

扫一扫
学操作

➤ 实训案例

客户施杉直为了账户安全，前来我行修改Ⅰ类账户借记卡密码。

➤ 实训步骤

凭证管理——借记卡密码修改

录入"账号"查询账户信息，登记"凭证号码""证件号码"以及"新密码"等信息，见图 2-29。

借记卡密码修改

账号：172400005900000059 　🔍查询

账户信息
客户名称：施杉直
凭证号码：02000001 　　　业务品种：借记卡活期储蓄 　　账户状态：正常
余额(元)：65000.00 　　　起息日期：2018-1-28 　　　存取方式：密码
冻结金额：0.00 　　　到息日期： 　　　存　期：活期

操作界面
凭证类型*：借记卡 　　　证件类型*：身份证
凭证号码*：02000001 　　　证件号码*：440304198901262557
原密码*：●●●●●● 　　　确认密码*：●●●●●●
新密码*：●●●●●●
摘　要：

图 2-29　个人账户改密码

➤ 实训演练

根据案例完成系统操作，并将操作信息录入实训报告。

客户蓝胤来我行办理Ⅰ类账户借记卡密码修改。

实训报告

客户名	
Ⅰ类账户账号	
凭证号码	
证件号码	
新密码	

活动3　个人账户换凭证业务实训

➤ 活动目标

掌握个人账户换凭证的操作。

扫一扫
学操作

➤ 实训案例

客户施杉直Ⅰ类账户借记卡损坏，前来我行办理换卡业务。

➢ **实训步骤**

凭证管理——借记卡换卡

录入"账号"查询账户信息，登记"凭证号码""证件号码"以及"新凭证号码"等信息，见图 2-30。

图 2-30　个人账户换凭证业务

➢ **实训演练**

根据案例完成系统操作，并将操作信息录入实训报告。

客户蓝胤 I 类账户借记卡损坏，前来我行办理换卡业务。

实训报告

客户名	
I 类账户账号	
凭证号码	
新凭证号码	
证件号码	
新密码	

活动 4　个人账户信息维护业务实训

➢ **活动目标**

掌握账户信息维护业务的操作。

扫一扫
学操作

➢ **实训案例**

客户林和瑞前来修改开户预留手机号为 13576231234。

➤ **实训步骤**

通用业务——信息维护——个人客户维护

录入"客户号"查询开户信息，确认后修改"手机号"，见图2-31，执行后完成信息维护。

个人客户管理

客户号*:	17240002287
客户姓名*:	林和瑞
客户称谓*:	先生 ▼
证件类型*:	身份证 ▼
证件号码*:	440304199101193050
重复证件号码*:	440304199101193050
手　机　号*:	13576231234
邮箱:	
邮编:	
地址:	

▣执行

图2-31　信息维护业务

➤ **实训演练**

根据案例完成系统操作，并将操作信息录入实训报告。

客户卢松前来修改开户预留手机号为17780081152。

实训报告

客户名	
Ⅰ类账户账号	
证件号码	
原手机号	
新手机号	

活动5　个人账户客户账户维护业务实训

➤ **活动目标**

掌握客户账户冻结、解冻等维护业务的操作。

扫一扫
学操作

➢ **实训案例**

☞**案例1 账户部分冻结**

客户林和瑞先生将收入款项 45000 元存入我行开立的活期账户。

客户林和瑞先生涉及某个经济案件，法院要求需要开户行对林先生在我行的活期账户进行立案部分冻结，冻结金额为 24500 元人民币，冻结期限为 6 个月【协助冻结存款通知书编号为（××）字第 007 号】。

☞**案例2 账户部分解冻**

客户林和瑞先生经查未涉及经济案件，法院要求需要开户行对林先生在我行的活期账户进行立案部分解冻，解冻金额为 24500 元人民币【协助解冻存款通知书编号为（××）字第 027 号】。

➢ **实训步骤**

☞**案例1 账户部分冻结**

个人业务——活期储蓄——存折活期存款

输入"账号"，确认信息无误后，输入"金额"，见图 2-32，执行后完成存款交易。

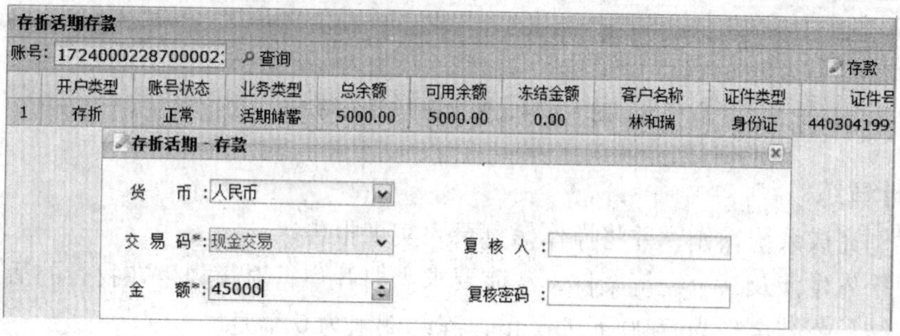

图2-32 活期存款

通用业务——客户账户维护——客户账户部分冻结

选择"账号类型"，输入"账号"，查询账户信息确认无误后，输入"证件号码""冻结金额"以及"冻结原因"，见图 2-33，执行后完成冻结操作。

图2-33 客户账号部分冻结

☞**案例2　客户账号部分解冻**

通用业务——客户账户维护——客户账号部分解冻

选择"账号类型"，输入"账号"，查询账户信息确认无误后，输入"证件号码""解冻金额"，见图2-34，执行后完成解冻操作。

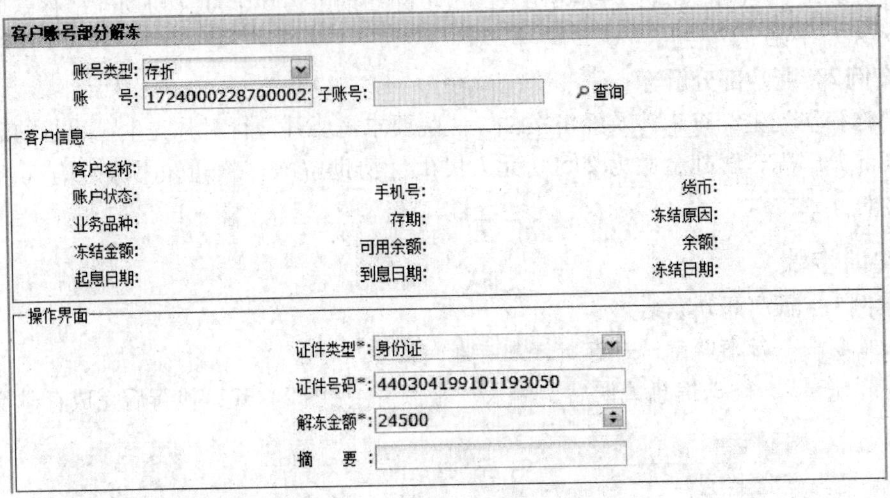

图2-34　客户账号部分解冻

➢ 实训演练

根据案例完成系统操作，并将操作信息录入实训报告。

客户卢松先生涉及某个经济案件，法院要求需要开户行对卢先生在我行的活期账户进行立案部分冻结，冻结金额为5000元人民币，冻结期限为6个月。

客户卢松先生经查未涉及经济案件，法院要求需要开户行对卢先生在我行的活期账户进行立案部分解冻，解冻金额为5000元人民币。

实训报告

案例1

客户名	
账号	
冻结金额	
冻结原因	
冻结存款通知书编号	

案例2

客户名	
账号	
解冻金额	
解冻存款通知书编号	

活动6 个人账户交易维护业务实训

➤ 活动目标

掌握储蓄业务交易维护的系统操作。

扫一扫
学操作

➤ 实训案例

☞ 案例1 冲账

客户林和瑞先生前来银行柜台办理人民币1000元存款业务，柜员由于操作失误，向其活期存款账户中存入了人民币10000元。后来银行柜员发现此操作有误，做"冲账"处理。

➤ 实训步骤

☞ 案例1 冲账

1. 存款差错。

个人业务——活期储蓄——存折活期存款

先根据案例完成一次错误的存款操作，往客户林和瑞账户存入金额10000元，如图2-35，执行后记录下交易流水号，见图2-36。

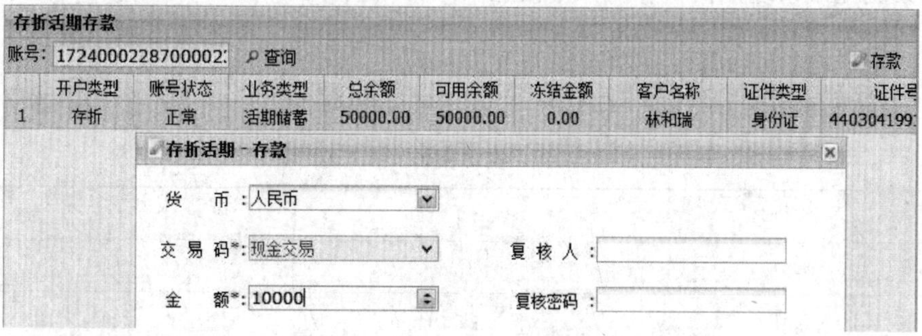

图 2-35 存折活期存款

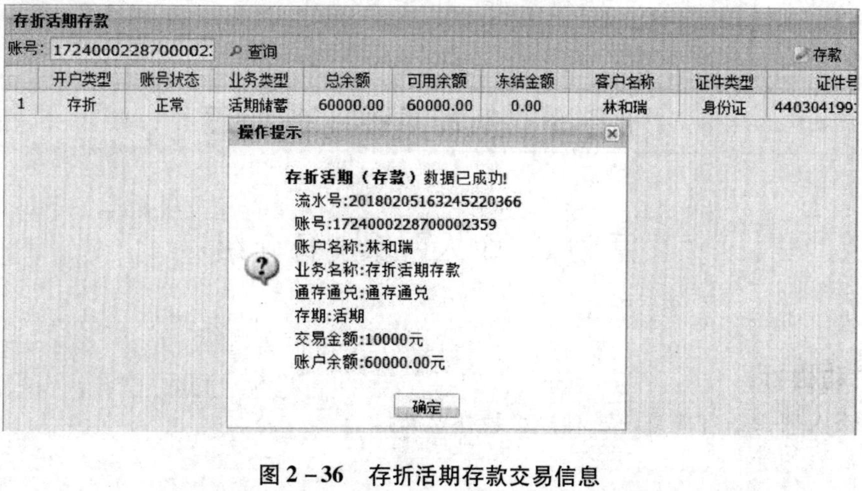

图 2-36 存折活期存款交易信息

2. 冲账。

通用模块——交易维护——冲账

选择"错账日期"，录入开始记录的"流水号"，如图 2 - 37，执行冲账操作。

图 2 - 37　冲账

➤ 实训演练

根据案例完成系统操作，并将操作信息录入实训报告。

客户卢松先生前来银行柜台办理人民币 500 元存款业务，柜员由于操作失误，向其活期存款账户中存入了人民币 5000 元。后来银行柜员发现此操作有误，做"冲账"处理。

实训报告

客户名	
客户号	
账号	
流水号	

任务 3　个人网银业务处理

活动 1　个人网银业务介绍

➤ 活动目标

掌握个人网上银行业务的基础知识和办理流程。

> **基础知识**

一、个人网银的概念及分类

个人网上银行是指银行通过互联网为个人客户提供账户查询、转账汇款、投资理财、在线支付等金融服务的网上银行服务。使客户可以足不出户就能够安全便捷地管理活期和定期存款、支票、信用卡及个人投资等。

个人网上银行客户分为注册客户和非注册客户两大类。注册客户按照注册方式分为柜面注册客户和自助注册客户，按是否申令证书分为证书客户和无证书客户。

二、网上银行个人认证介质

（一）密码

密码是每一个网上银行必备有认证介质，记得要使用安全好记的密码。但是密码非常容易被木马盗取或被他人偷窥。安全系数为30%；便捷系数为100%。

（二）文件数字证书

文件数字证书是存放在电脑中的数字证书，每次交易时都需用到，如果你的电脑没有安装数字证书是无法完成付款的；已安装文件数字证书的用户只需输密码即可。

未安装文件数字证书的用户安装证书需要验证大量的信息，相对比较安全。但是文件数字证书不可移动，对经常换电脑使用的用户来说不方便（支付宝等虚拟的一验证手机，而网上银行一般要去银行办理）；而且文件数字证书有可能被盗取（虽然不易，但是能），所以不是绝对安全的。安全系数70%；便捷系数100%（家庭用户）。

（三）动态口令卡

动态口令卡是一种类似游戏的密保卡卡样。

卡面上有一个表格，表格内有几十个数字。当进行网上交易时，银行会随机询问你某行某列的数字，如果能正确地输入对应格内的数字便可以成功交易；反之不能。动态口令卡可以随身携带，轻便，不需驱动，使用方便，但是如果木马长期在你的电脑中，可以渐渐地获取你的口令卡上的很多数字，当获知的数字达到一定数量时，你的资金便不再安全，而且如果在外使用，也容易被人拍照。安全系数50%；便捷系数80%。

（四）动态手机口令

当你尝试进行网上交易时，银行会向你的手机发送短信，如果你能正确地输入收到的短信则可以成功付款，反之不能。不需安装驱动，只需随身带手机即可，不怕偷窥，不怕木马。相对安全。但是必须随身带手机，手机不能停机，不能没电，不能丢失。而且有时通信运营商服务质量低导致短信迟迟没到，影响效率。安全系数80%~90%；便捷系数80%（手机随身，话费充足，信号良好）。

（五）移动口令牌

类似梦幻西游的将军令，一定时间换一次号码。付款时只需按移动口令牌上的键，这时就会出现当前的代码。一分钟内在网上银行付款时可以用凭这个编码付款。如果无法获得该编码，则无法成功付款。

不需要驱动，不需要安装，只要随身带就行，不怕偷窥，不怕木马。口令牌的编码一旦使用过就立即失效，不用担心我付款时输的编码被他们看到他们在一分钟内再付款。安全系数 80% ~ 90%；便捷系数 80%。

（六）移动数字证书

移动数字证书，工行叫 U 盾，建行叫网银盾，光大银行叫阳光网盾，在支付宝中的叫支付盾。它存放着你个人的数字证书，并不可读取。同样，银行也记录着你的数字证书。当你尝试进行网上交易时，银行会向你发送由时间字串、地址字串、交易信息字串、防重放攻击字串组合在一起进行加密后得到的字串 A，你的 U 盾将根据你的个人证书对字串 A 进行不可逆运算得到字串 B，并将字串 B 发送给银行，银行端也同时进行该不可逆运算，如果银行运算结果和你的运算结果一致便认为你合法，交易便可以完成，如果不一致便认为你不合法，交易便会失败。安全系数 95%；便捷系数 50%（持有需要驱动的移动数字证书的网吧用户）。

➢ **业务流程**

个人网银业务办理流程见图 2 - 38。

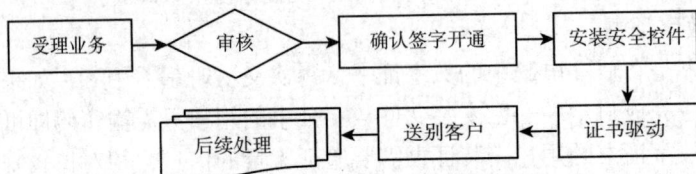

图 2 - 38   个人网银业务办理流程

➢ **业务处理**

一、个人客户服务系统

1. 客户通过网上银行进行交易，其产生的电子信息记录为交易的有效凭据，各会计核算部门凭交易明细记录或交易清单作为记账凭证。

2. 柜台办理账户签约认证，网上银行的开户和销户都可通过网上办理。

3. 客户在网上银行申请开户后，可办理查询、缴费、网上支付服务，若要办理转账、银证转账、网上速汇通、外汇买卖等交易需先通过网上银行发送签约申请，再到柜台办理客户签约，最后在网上银行办理签约确认和账户功能设置。

二、柜台签约业务的操作流程

1. 柜员审核客户提供的本人身份证件（账户开户证件）、网上银行证书号、银行卡或者存折。

2. 选择"个人柜台签约"，录入证书号、选择证件类型、录入证件号码、账号、密码（密码键盘录入）后，提交系统。

3. 打印签约回单两联，交客户签字，一联交客户，一联随其他凭证装订。

4. 多个账户签约，可重复上述步骤，分别签约。

三、柜台签约查询业务的操作流程

1. 柜员审核客户提供的本人身份证件（账户开户证件）、网上银行证书号、银行卡或者

存折。

2. 选择"柜台签约查询"交易，选择查询种类（对私账户）、交易工具类型、账号、密码。提交系统。

活动2　个人网银业务实训

➤ 活动目标

掌握个人网银业务的操作。

扫一扫
学操作

➤ 实训案例

客户施杉直前来我行办理类账户借记卡网银开通业务，我行柜员为其办理了个人网银签约业务，绑定的 USBKey 编号为 8310307880，限定单笔限额 5000元，日累计限额 30000 元。

➤ 实训步骤

网银签约——个人网银签约——个人网银签约信息查询

录入"账号"查询账户信息，见图 2-39。

| 个人网银签约信息查询 | 网银关联账户 | USBKey绑定 |

卡　　号*：1724000059000000597
客 户 号*：17240000590
客户姓名*：施杉直
证件类型*：身份证
证件号码*：440304198901262557
手 机 号*：13274303578
姓名拼音：
预留信息：
家庭住址：深圳市福田区八卦四路一致药业小区309
邮　　箱：

▣执行

图 2-39　个人网银签约信息查询

网银签约——个人网银签约——USBKey 绑定

录入"客户号""USBKey 编号""单笔限额""日累计最高限额"等信息，见图 2-40。

➤ 实训演练

根据案例完成系统操作，并将操作信息录入实训报告。

客户蓝胤前来我行办理 I 类账户借记卡网银开通业务，我行柜员为其办理了个人网银签约业务，绑定的 USBKey 编号为 8310081957，限定单笔限额 30000 元，日累计限额 300000 元。

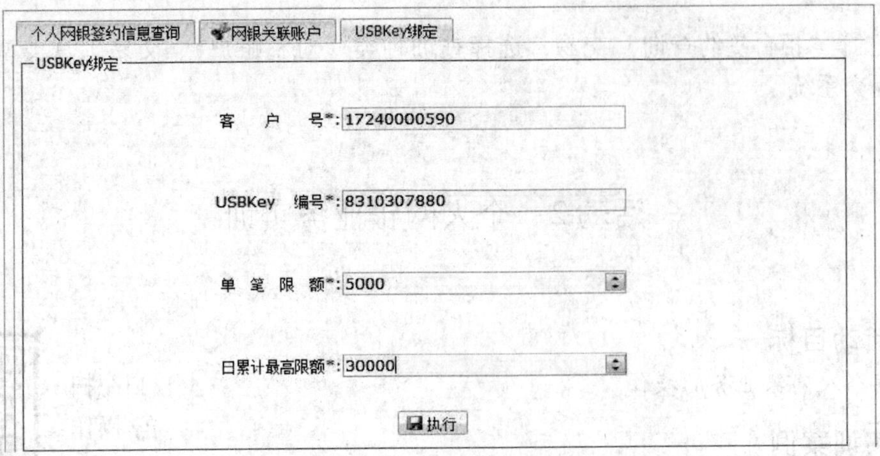

图 2 - 40　USBKey 绑定

实训报告

客户名	
客户号	
账号	
USBKey 编号	
单笔限额	
日累计最高限额	

公司账户业务

项目描述	公司存款业务是商业银行的主要负债业务之一，也是商业银行吸收存款的重要来源。目前公司账户业务分为公司存款业务、公司账户特殊业务以及企业网银业务。本项目将设立 3 项任务共计 7 项活动来介绍各种单位存款业务规定及柜台操作处理办法	
项目目标	知识目标	✦ 掌握各种公司存款业务的基础知识和相关制度规范 ✦ 熟悉银行各项公司存款业务的工作内容和工作流程 ✦ 熟悉公司存款业务的凭证格式及具体的填写要求
	技能目标	✦ 能够办理银行各项公司存款账户开立业务 ✦ 能够办理银行各项公司存款存入和支取业务 ✦ 能够办理银行各项公司账户特殊业务 ✦ 能够办理银行企业网银业务
项目任务·活动	**任务 1　公司存款业务** 　　活动 1　公司账户业务知识 　　活动 2　公司开基本存款账户业务操作 　　活动 3　公司开定期存款业务操作 **任务 2　公司账户特殊业务处理** 　　活动 1　公司账户信息维护 　　活动 2　公司账户维护 **任务 3　企业网银业务** 　　活动 1　企业网银业务知识 　　活动 2　企业网银业务操作	

任务 1　公司存款业务

活动 1　公司存款业务知识

➤ 活动目标

掌握公司存款业务账户开立的操作规程。

➤ 基础知识

一、开户手续

单位银行结算账户开户手续分为两类：

一是核准类：包括基本存款账户、临时存款账户（存款人因注册验资和增资验资需要开立的临时存款账户除外）、预算单位专用存款账户。核准类账户开户时，开户行应将有关开户资料报送中国人民银行当地分支机构，经其核准后颁发开户许可证。

二是备案类：包括一般存款账户、非预算单位专用存款账户、存款人因注册验资和增资验资需要开立的临时存款账户。备案类存款账户开户时，开户行在完成行内处理后，于 5 个工作日之内登录人民银行结算账户管理系统，完成向人民银行的备案工作。

二、基本规定

1. 银行为存款人开立一般存款账户、专用存款账户和临时存款账户的，应在其基本存款账户开户许可证上登记账户名称、账号、账户性质、开户银行、开户日期并签章，并自开户之日起 3 个工作日内书面通知基本存款账户开户银行。

2. 基本存款账户、一般存款账户、专用存款账户、临时存款账户四类银行结算账户开户时单位均需填写单位银行结算账户开户申请书并提供相关资料。

3. 开立单位结算账户应提供相应的证明材料和企业的预留印鉴。预留印鉴包括单位财务专用章、单位法定代表人章（或主要负责人印章）和财会人员章。

（1）申请开立基本存款账户应提供：基本存款账户申请表、代码证的原件及复印件；当地工商行政管理机关核发的《企业法人营业执照》或《营业执照》副本的原件及复印件；中央或地方编制委员会、人事（需提供事业法人登记证或事业单位登记证）、民政（社团证、社团同意开户证明）等部门的批文；军队（军级以上）、武警总队财务部门的开户证明；驻地有权部门对外地常设机构的批文；个人居民身份证和户口簿（外地用暂住证）。

（2）申请开立一般存款账户应提供：一般存款账户申请表、借款合同和借款借据、代码证的复印件及同上述证明文件之一。

（3）申请开立临时存款账户应提供：临时存款账户申请表、当地有权部门同意设立外来临时机构的批件、当地工商部门核定的临时执照；其中验资账户还需要提供工商行政管理部门核发的《企业名称预先核准通知书》及股东身份证的原件、复印件。

（4）申请开立专用存款账户应提供：专用存款账户申请表、代码证的复印件以及经有权部门批准立项的文件及其他不同情况需要提供的材料。

➢ 业务流程

柜员收到单位客户提交的"开立单位银行结算账户申请书"等相关证明材料时，要进行审核、记账。其业务流程见图 3-1。

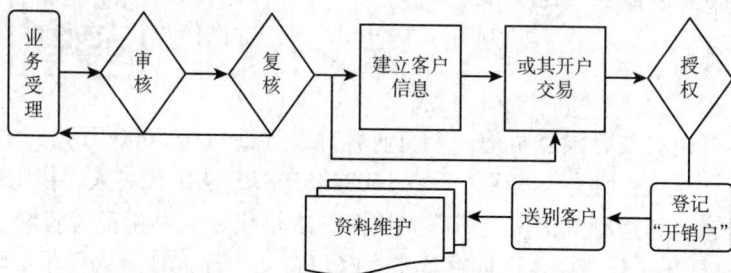

图 3-1　单位活期存款开户业务操作流程

➢ 业务处理

1. 业务受理。银行柜员受理客户提交的开户资料。资料主要包括由当地工商行政机关核发的《营业执照》正本、《中华人民共和国法人代码证书》（副本）或代码卡、税务登记证、有权部门批文、同意开户证明、"开立单位结算账户申请书"和印鉴卡、法定代表人身份证等。

💡 提示

所有证明文件都需要两份复印件。

2. 业务审核。柜员审核客户提交的开户资料，审核内容如下：

（1）营业执照正本或有权部门批文、同意开户证明、组织代码证真实齐全；

（2）开立单位结算账户申请书内容是否正确、完整并与开户文件一致；

（3）印鉴卡填写是否合规，预留印鉴是否清晰。

审核无误后，在开户申请书上加盖名章，将开户资料送交主管复审。

3. 主管审核无误后签章。

4. 柜员根据开户申请书，启动"建立客户信息交易"，建立客户信息，生成客户号。

5. 柜员使用活期开户交易进行开户，并获得授权。

6. 柜员登记"开销户登记簿"，注明开户日期、账户名称、账号、单位地址、联系电话等要素。

7. 柜员将营业执照正本或有权部门批文、同意开户证明、组织代码证、法定代表人身份证等开户文件连同一联开立单位结算账户申请书交给客户，送别客户。

8. 柜员在印鉴卡上列示账号、加盖印章，开户资料的复印件、一联开户申请书、正本印鉴卡交会计主管专夹保管，副本印鉴卡插入印鉴簿。

活动 2　公司开基本存款账户业务操作

> **活动目标**

掌握公司存款开基本账户的操作。

> **实训案例**

☞**案例1**

深圳市和乐光电科技有限公司是一个商业客户，注册资金 1000 万元，主要从事电子产品研发与销售，联系人：何美，联系人手机 15074365987，法定代表人手机 15078985815。

该公司财务人员崔清雅女士携公司营业执照、法定代表人身份证等资料（见图 3 - 2 和图 3 - 3）前来我行开立公司商业活期存款基本账户，开户存入现金人民币 100000 元。

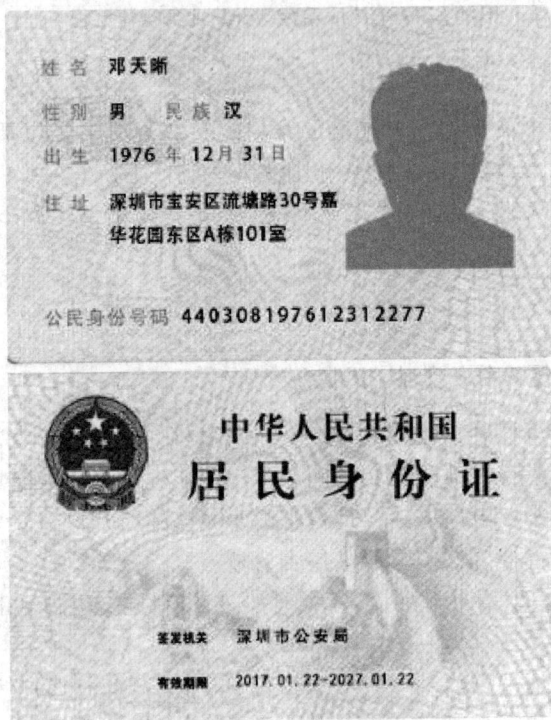

图 3 - 2　公司法人身份证

☞**案例2**

深圳市创建科技股份有限公司（公司成立于 2011 年 12 月，注册资金 500 万人民币，营业执照号码：172450640564013210。行业类别：商业客户，主要从事数码产品业务，公司法定代表人兼董事长：扈岐睿，法人身份证号码：440304198211091128，法人电话：18938762200，公司地址：深圳市罗湖区时代大厦 21 楼 01 号，联系人：魏明芳，联系电话：13826490016）在我行开立基本存款账户，并出售现金支票和转账支票各一本。

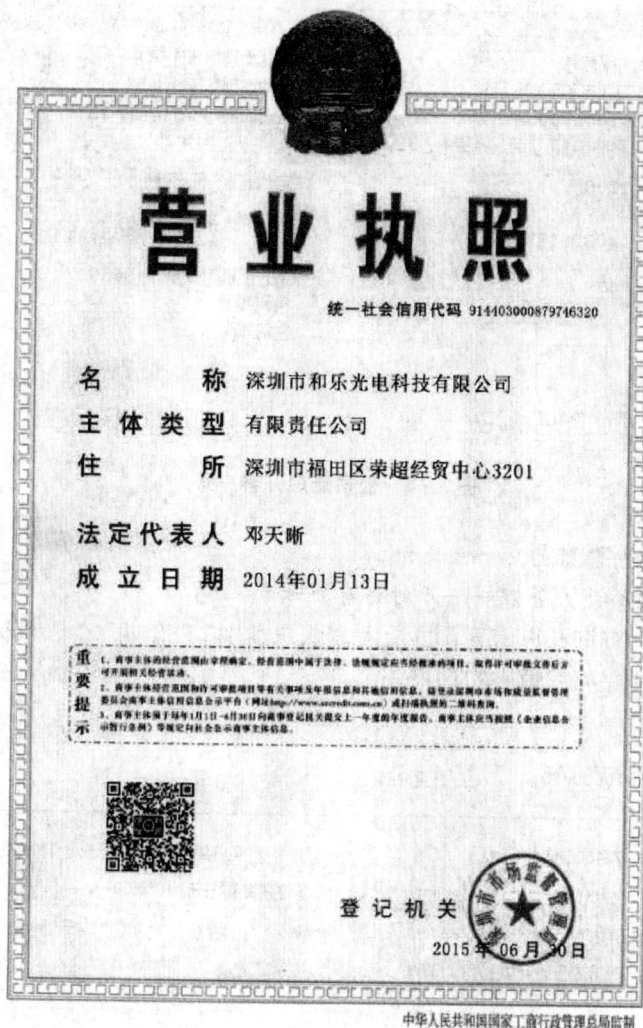

图 3-3　公司营业执照

深圳市创建科技股份有限公司出纳到本支行办理 2000000 元现金存款业务。

深圳市创建科技股份有限公司出纳持本公司现金支票到银行对公业务柜台提取现金 5000 元，作为公司备用金用于公司日常现金支付。

➢ 实训步骤

☞ 案例 1

第一步　开客户号。

对公业务——对公账户管理——开对公客户号

录入"企业性质""行业类别""客户名称""证件类型""证件号码""注册日期""注册地址""注册资金""法人代表身份证编号""法人姓名""联系人"等信息，见图 3-4，执行后生成客户号，填入实训报告。

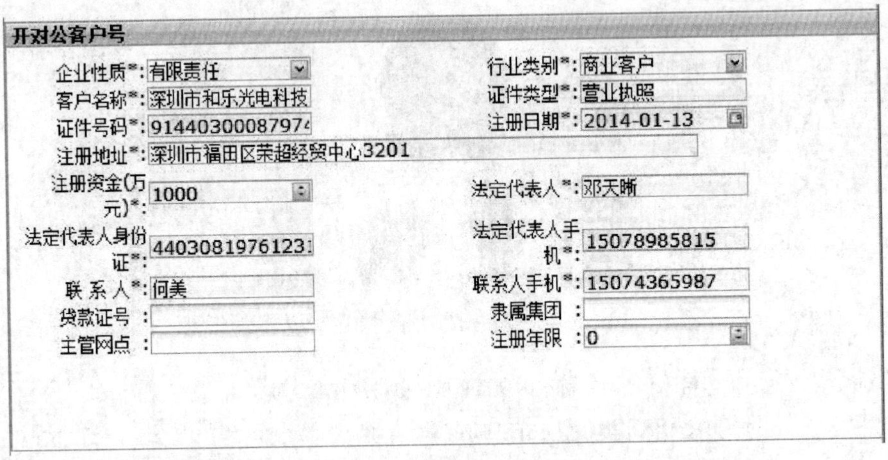

图 3-4　公司账户开客户号

第二步　开对公存款账号。

对公业务——对公账户管理——开对公存款账号

录入"客户号"查询开户信息，再录入"账户类别""存期""账号标识"等信息，见图 3-5，执行后生成账号，填入实训报告。

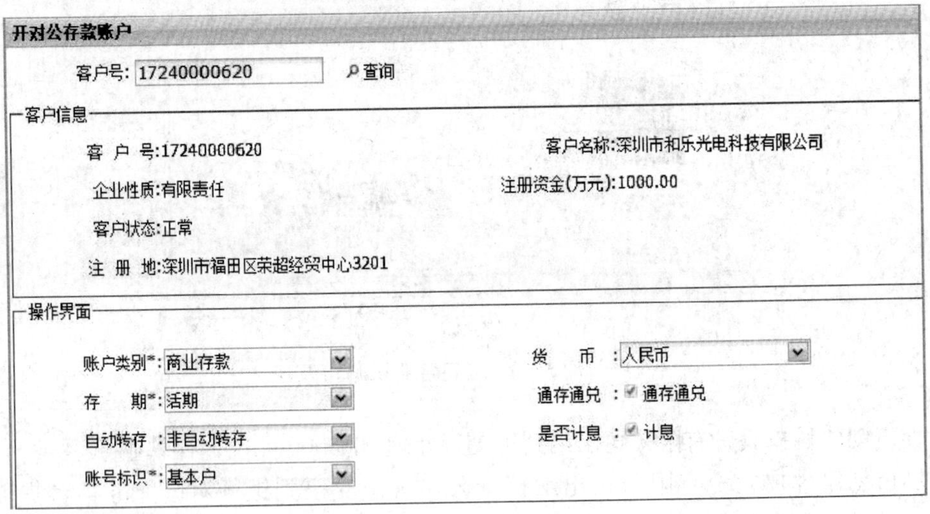

图 3-5　公司账户开基本存款账号

第三步　现金存款。

存款单位向开户银行存入现金时，应填制一式两联现金缴款单（见图 3-6），之后连同现金一并送交开户银行接柜员，柜员进行审核、记账。

对公业务——单位活期存款——现金存款

录入"账号"查询开户信息，确认无误后录入"金额"，见图 3-7，执行后完成存入操作。

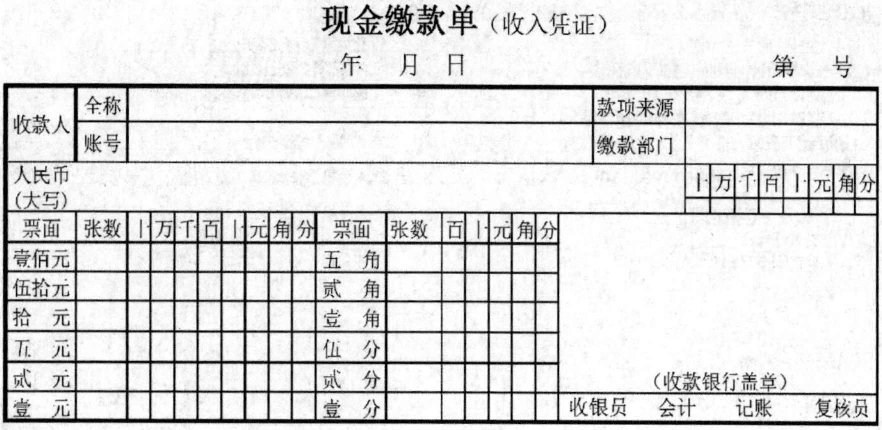

现金缴款单（收入凭证）

年　月　日　　　　　　　　　　　第　号

收款人	全称		款项来源	
	账号		缴款部门	

人民币（大写）											十	万	千	百	十	元	角	分

票面	张数	十	万	千	百	十	元	角	分	票面	张数	百	十	元	角	分		
壹佰元										五角								
伍拾元										贰角								
拾元										壹角								
五元										伍分								
贰元										贰分						（收款银行盖章）		
壹元										壹分		收银员　会计　记账　复核员						

图 3 – 6　现金缴款单

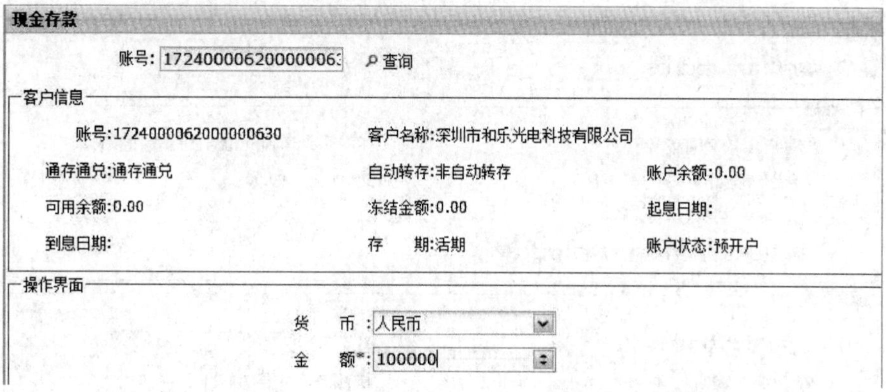

图 3 – 7　现金存款

☞ **案例 2**

第一步　开客户号。

　　对公业务——对公账户管理——开对公客户号

录入"企业性质""行业类别""客户名称""证件类型""证件号码""注册日期""注册地址""注册资金""法人代表身份证编号""法人姓名""联系人"等信息，见图 3 – 8，执行后生成客户号，填入实训报告。

第二步　开对公存款账号。

　　对公业务——对公账户管理——开对公存款账号

录入"客户号"查询开户信息，再录入"账户类别""存期""账号标识"等信息，见图 3 – 9，执行后生成账号，填入实训报告。

第三步　现金存款。

　　对公业务——单位活期存款——现金存款

录入"账号"查询开户信息，确认无误后录入"金额"，见图 3 – 10，执行后完成存入操作。

开对公客户号

企业性质*：股份制	行业类别*：商业客户
客户名称*：深圳市创建科技股份	证件类型*：营业执照
证件号码*：1724506405640	注册日期*：2011-12-14
注册地址*：深圳市罗湖区时代大厦21楼1202号	
注册资金(万元)*：500	法定代表人*：匡岐睿
法定代表人身份证*：4403041982110S	法定代表人手机*：18938762200
联系人*：魏明芳	联系人手机*：13826490016
贷款证号：	隶属集团：
主管网点：	注册年限：0

图 3-8　公司账户开客户号

开对公存款账户

客户号：17240002405　🔍查询

客户信息

客 户 号：17240002405	客户名称：深圳市创建科技股份有限责任公司
企业性质：股份制	注册资金(万元)：500.00
客户状态：正常	
注 册 地：深圳市罗湖区时代大厦21楼1202号	

操作界面

账户类别*：商业存款	货 币：人民币
存 期*：活期	通存通兑：✔通存通兑
自动转存：非自动转存	是否计息：✔计息
账号标识*：基本户	

图 3-9　公司账户开基本存款账号

现金存款

账号：172400024050000248　🔍查询

客户信息

账号：17240002405000002483	客户名称：深圳市创建科技股份有限责任公司	
通存通兑：通存通兑	自动转存：非自动转存	账户余额：0.00
可用余额：0.00	冻结金额：0.00	起息日期：
到息日期：	存 期：活期	账户状态：预开户

操作界面

货 币：人民币
金 额*：2000000

图 3-10　现金存款

第四步 支票出售。

凭证管理——支票出售

选择"账户类型",输入"账号"查询并确认相关信息,确认无误后,输入"证件类型""证件号码""凭证类型""开始号码"以及"结束号码"等信息,见图 3-11 和图 3-12,执行后完成支票出售,相关信息录入实训报告。

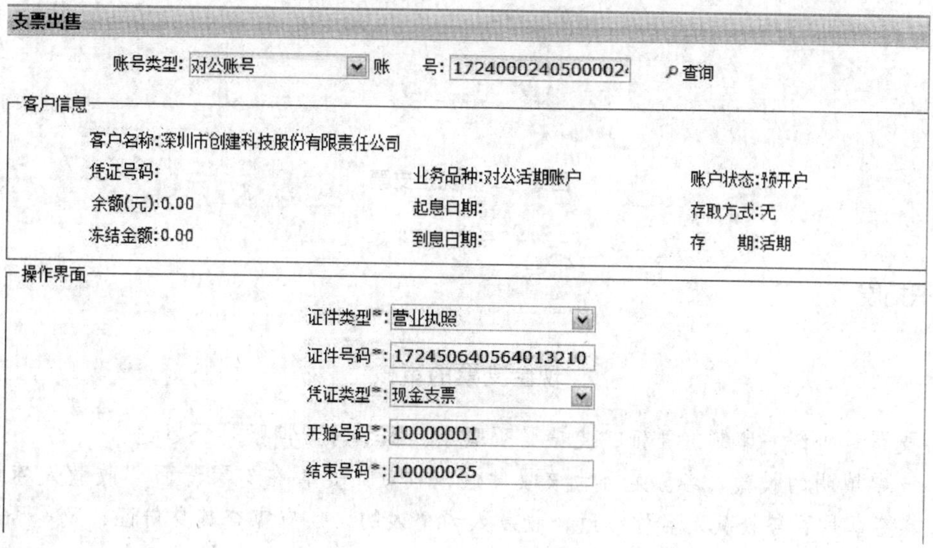

图 3-11 现金支票出售

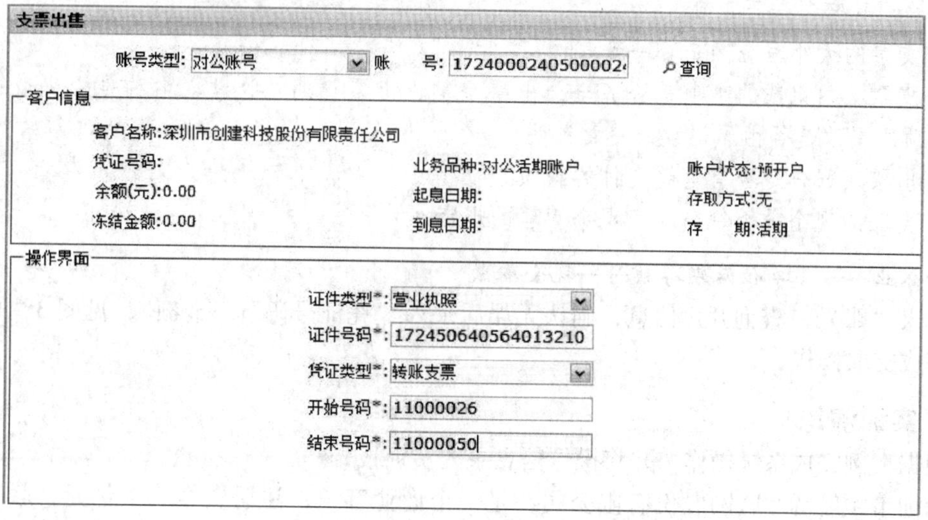

图 3-12 转账支票出售

第五步 现金取款。

支票户支取现金时,应签发现金支票,见图 3-13。现金支票通过审核后记账处理。

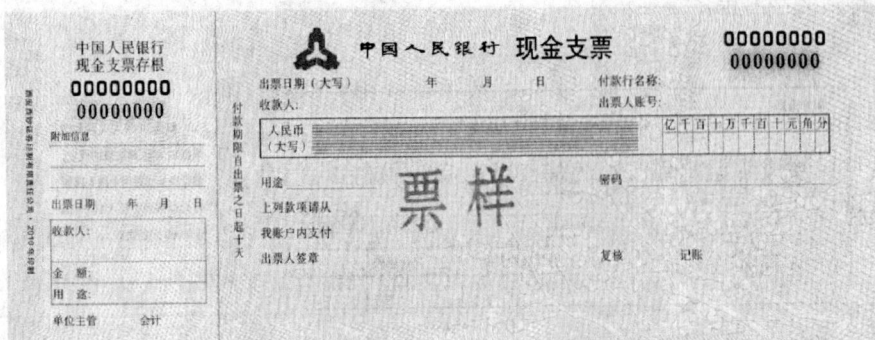

图 3 - 13　现金支票

☞ **知识拓展**

现金支票的审核

1. 支票是否统一印制的凭证，支票是否真实，提示付款期限是否超过。

2. 支票填明的收款人名称是否为该收款人，收款人是否在支票背面"收款人签章"处签章，其签章是否与收款人名称一致，收款人为个人的，还应审查其身份证，及是否在支票背面收款人签章处注明身份证件名称、号码及发证机关。

3. 出票人的签章是否符合规定，并折角核对其签章与预留银行签章是否相符，使用支付密码的，其密码是否正确。

4. 支票的大小写金额是否一致。

5. 支票必须记载的事项是否齐全，出票金额、出票日期、收款人名称是否更改，其他记载事项的更改是否由原记载人签章证明。

6. 出票人账户是否有足够支付的款项。

7. 支取的现金是否符合国家现金管理的规定。

对公业务——单位活期存款——现金取款

录入"账号"查询开户信息，确认无误后录入"凭证号码""金额"，见图 3 - 14，执行后完成支取操作。

➢ **实训演练**

根据案例完成系统操作，并将操作信息录入实训报告。

深圳市领航者互联网股份有限公司，是一个商业客户，注册资金 1.2 亿元，联系人吴薇，联系人手机号码 13829181702，法定代表人手机号码 13829180179，公司财务人员携带相关证件（见图 3 - 15 和图 3 - 16）来我行开立商业存款活期基本户一个，开户存入现金203000 元；并购买现金支票和转账支票各一本。

现金取款

账号：17240002405000024|8　🔍查询

客户信息

账　　号：1724000240500002483	客户名称：深圳市创健科技股份有限责任公司

通存通兑：通存通兑	自动转存：非自动转存	账户余额：2000000.00
可用余额：2000000.00	冻结金额：0.00	起息日期：2018-2-05
到息日期：	存　期：活期	账户状态：正常

操作界面

货　币：人民币 ▾		金　额*：5000 ▴▾	
凭证类型*：现金支票 ▾		凭证号码*：10000001	
复 核 人：		复核密码：	
摘　要：			

图3-14　现金取款

营业执照

统一社会信用代码 91440300354441866A

名　　称	深圳市领航者互联网股份有限公司
主 体 类 型	非上市股份有限公司
住　　所	深圳市南山区粤海街道科兴路10号汇景花园海悦阁27A
法定代表人	薛岱岂
成 立 日 期	2015年11月26日

重要提示
1. 商事主体的经营范围由章程确定。经营范围中属于法律、法规规定应当批准的项目，凭批准许可审批文件方可开展相关经营活动。
2. 商事主体经营范围和许可审批项目等有关事项及年报信息和其他信用信息，请登录深圳市场和质量监管委员会商事主体信用信息公示平台（网址http://www.szcredit.com.cn）或扫描执照的二维码查看。
3. 商事主体应于每年1月1日-6月30日向商事登记机关提交上一年度的年度报告，商事主体应当按照《企业信息公示暂行条例》等规定向社会公示商事主体信息。

登记机关

2015 年 11 月 26 日

中华人民共和国国家工商行政管理总局监制

图3-15　企业营业执照

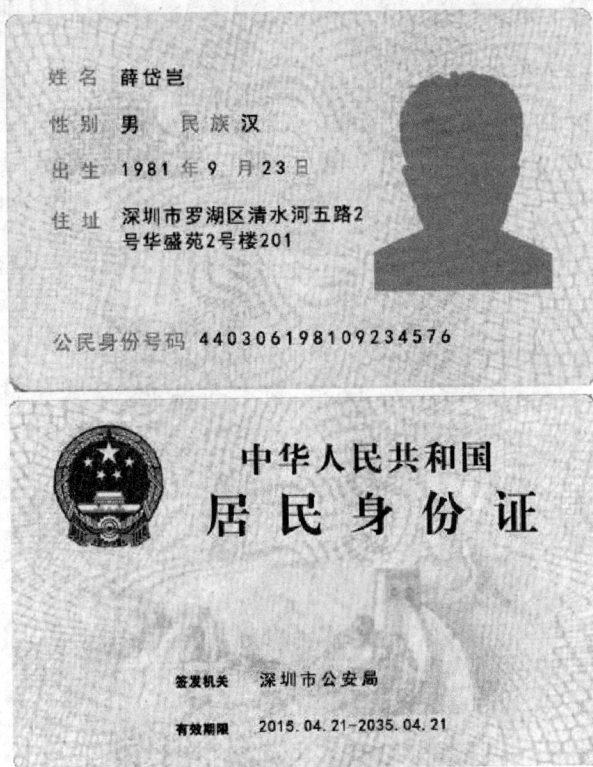

姓名　薛岱岂
性别　男　民族　汉
出生　1981 年 9 月 23 日
住址　深圳市罗湖区清水河五路2号华盛苑2号楼201

公民身份号码　440306198109234576

中华人民共和国
居民身份证

签发机关　深圳市公安局
有效期限　2015.04.21~2035.04.21

图 3-16　法人身份证

实训报告

企业名称	
企业性质	
行业类别	
证件号码	
注册日期	
注册资金	
法人姓名及身份证号码	
客户号	
账号	
现金支票起止编号	
转账支票起止编号	

活动3　公司开定期存款业务操作

➤ **活动目标**

掌握公司开定期存款业务的操作。

扫一扫
学操作

➤ **实训案例**

☞ **案例1　开定期存款账户**

为深圳市创建科技股份有限公司开立六个月及两年的两个定期存款账号。

☞ **案例2　新开户金转账存款**

深圳市创建科技股份有限公司基本账户中有部分资金长期闲置，为了获取更多的利息收入，决定从基本账户中取出50000元转存为定期存款（2年期）。

☞ **案例3　新开户现金存款**

深圳市创建科技股份有限公司出纳到对公柜台办理现金存定期业务（6个月），现金100000元。

☞ **案例4　部分提取转账**

深圳市创建科技股份有限公司定期存款（6个月）账户提前支取8000元。

☞ **案例5　销户转账**

深圳市创建科技股份有限公司办理定期存款（2年期）账户销户转账。

➤ **实训步骤**

☞ **案例1　开定期存款账户**

对公业务——对公账户管理——开对公存款账号

选择录入"客户号"查询账户信息，确认无误后，选择"账户类别""存期"及"账户标识"等信息，见图3–17和图3–18，执行后信息录入实训报告。

开对公存款账户

客户号：17240002405　　🔍查询

客户信息
客　户　号:17240002405　　　　客户名称:深圳市创建科技股份有限责任公司
企业性质:股份制　　　　　　　　注册资金(万元):500.00
客户状态:正常
注　册　地:深圳市罗湖区时代大厦21楼1202号

操作界面
账户类别*:一年以内定期存款　　　货　币:人民币
存　期*:六月期　　　　　　　　通存通兑:✓通存通兑
自动转存:非自动转存　　　　　　是否计息:✓计息
账号标识*:其它

图3–17　开六个月定期存款账户

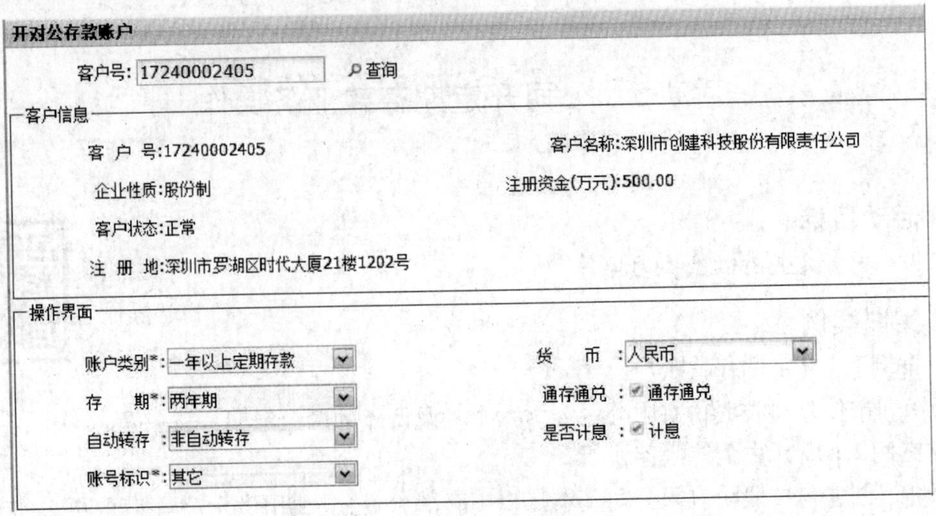

图 3-18 开两年定期存款账户

☞ **案例 2 新开户金转账存款**

对公业务——单位定期存款——新开户转账存款

录入"转出账号""转入账号""凭证号码""交易金额"以及"证实书号"等信息，见图 3-19，执行后完成转账存款。

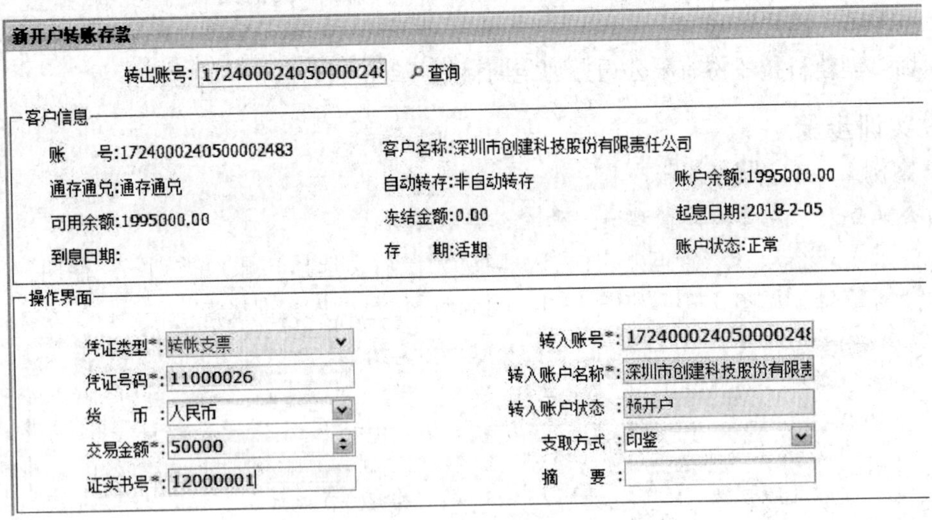

图 3-19 新开户转账存款

☞ **案例 3 新开户现金存款**

对公业务——单位定期存款——新开户现金存款

录入"账号"查询账户信息，确认无误后，输入"证实书号""交易金额""支取方式"等信息，见图 3-20，执行后完成现金存款交易。

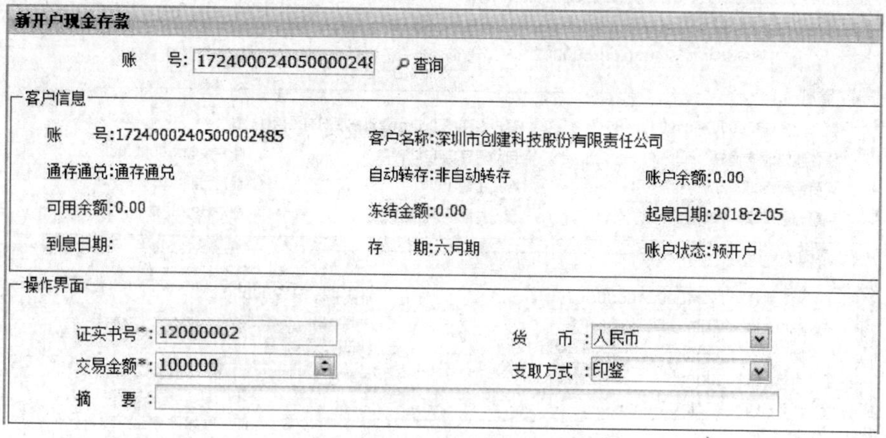

图 3-20 新开户现金存款

☞ **案例4 部分提取转账**

对公业务——单位定期存款——部分提取转账

录入"转出账号""转入账号""原证实书号""新证实书号""交易金额"以及"支取时间"等信息，见图 3-21，执行后完成。

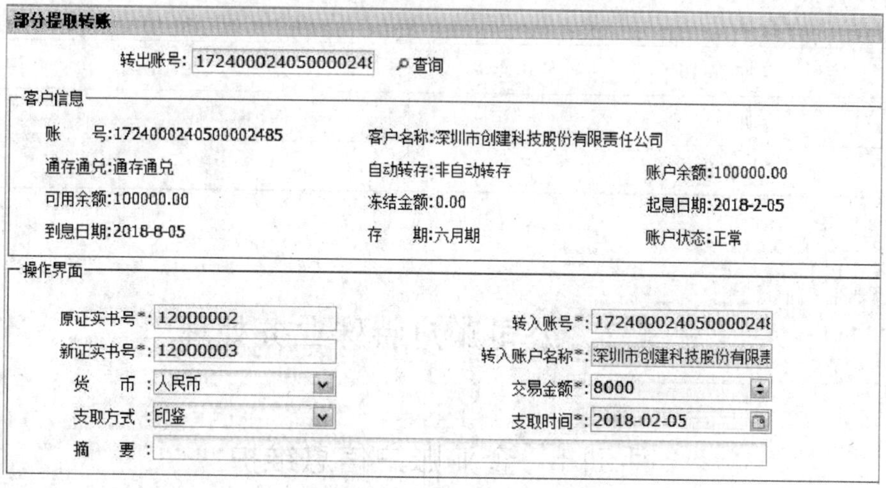

图 3-21 部分提取转账

☞ **案例5 销户转账**

对公业务——单位定期存款——销户转账

录入"转出账号""转入账号""原证实书号""新证实书号""交易金额"以及"支取时间"等信息，见图 3-22，执行后完成。

➤ **实训演练**

根据案例完成系统操作，并将操作信息录入实训报告。

深圳市领航者互联网股份有限公司账户有 100000 元资金长期闲置，现用于申请开立 6 个月的定期存款账户，模拟银行柜员办理该业务。

图 3 – 22　销户转账

实训报告

客户名称	
客户号	
存期	
定期存款账号	
存期	
定期存款账号	

任务 2　公司账户特殊业务处理

活动 1　企业账户信息维护

➤ 活动目标

掌握账户信息维护业务的操作。

扫一扫
学操作

➤ 实训案例

深圳市长天科技有限公司，是一个商业客户，注册资金 520 万
元，联系人王惜，联系人手机号码 13526971827，法定代表人手机号码 13569871285，公司
财务人员携带相关证件（见图 3 – 23 和图 3 – 24）来我行开立商业存款活期基本户，现金存
入 500 万元。

随后，深圳市长天科技有限公司前来修改企业注册信息，注册资金修改为 1000 万元。

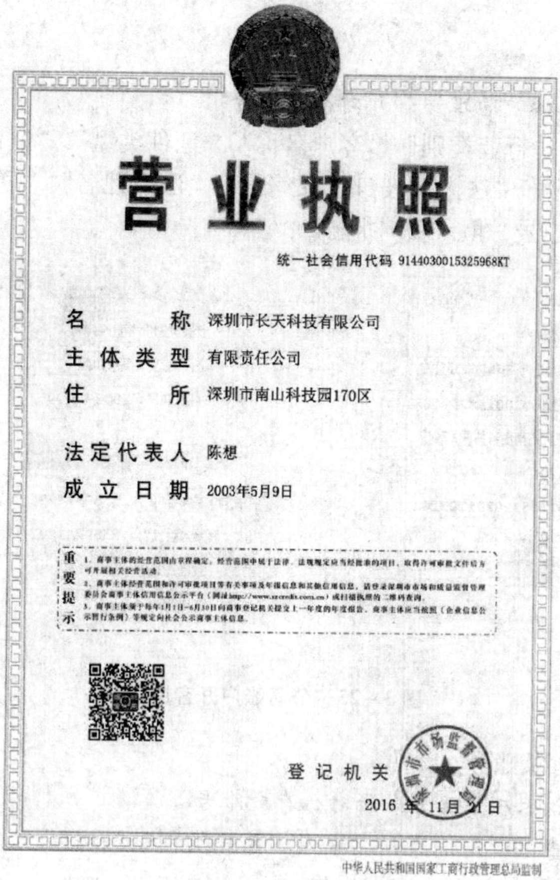

营业执照

统一社会信用代码 9144030015325968KT

名　　称　深圳市长天科技有限公司

主体类型　有限责任公司

住　　所　深圳市南山科技园170区

法定代表人　陈想

成立日期　2003年5月9日

重要提示
1. 商事主体的经营范围由章程确定。经营范围中属于法律、法规规定应当经批准的项目，取得许可审批文件后方可开展相关经营活动。
2. 商事主体经营范围和许可审批项目等有关事项及年报信息和其他信用信息，请登录深圳市市场和质量监督管理委员会商事主体信用信息公示平台（网址http://www.szcredit.com.cn）或扫描执照的二维码查询。
3. 商事主体须于每年1月1日-6月30日向商事登记机关提交上一年度的年度报告。商事主体应当按照《企业信息公示暂行条例》等规定向社会公示商事主体信息。

登记机关　深圳市市场监督管理局

2016年11月21日

中华人民共和国国家工商行政管理总局监制

图3－23　企业营业执照

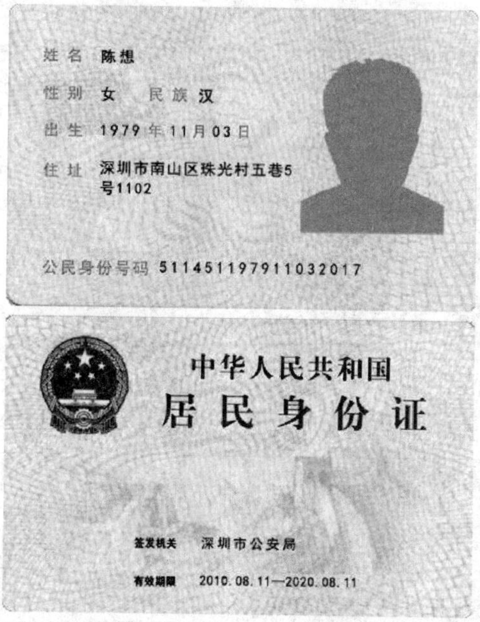

姓名　陈想

性别　女　民族　汉

出生　1979年11月03日

住址　深圳市南山区珠光村五巷5号1102

公民身份号码　511451197911032017

中华人民共和国

居民身份证

签发机关　深圳市公安局

有效期限　2010.08.11—2020.08.11

图3－24　企业法人身份证

> **实训步骤**

第一步　开客户号。

　　对公业务——对公账户管理——开对公客户号

　　录入"企业性质""行业类别""客户名称""证件类型""证件号码""注册日期""注册地址""注册资金""法人代表身份证编号""法人姓名""联系人"等信息，见图3-25，执行后生成客户号，填入实训报告。

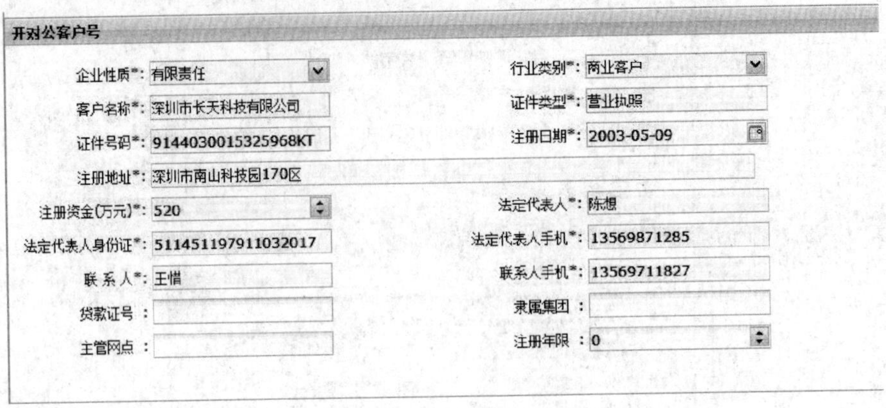

图3-25　公司账户开客户号

第二步　开对公存款账号。

　　对公业务——对公账户管理——开对公存款账号

　　录入"客户号"查询开户信息，再录入"账户类别""存期""账号标识"等信息，见图3-26，执行后生成账号，填入实训报告。

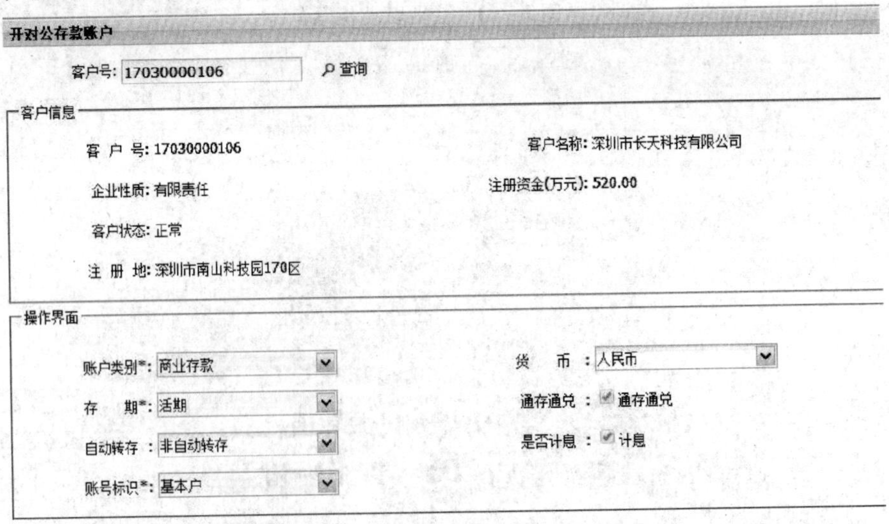

图3-26　公司账户开基本存款账号

第三步　现金存款。

　　对公业务——单位活期存款——现金存款

　　录入"账号"查询开户信息，确认无误后录入"金额"，见图3-27，执行后完成存入操作。

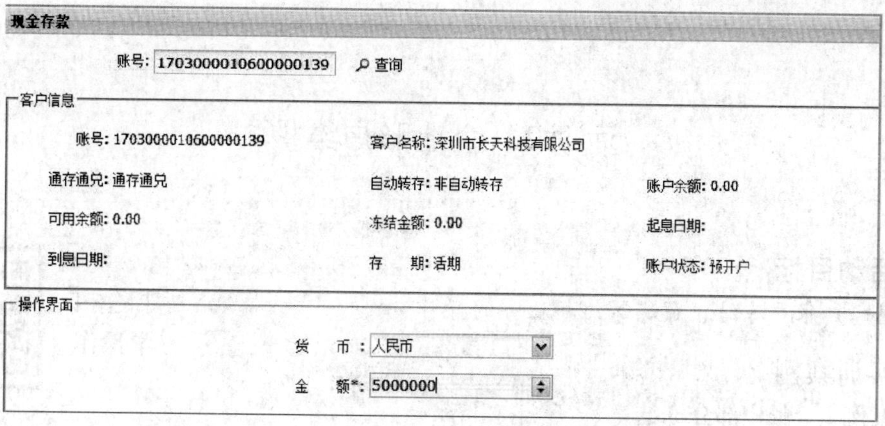

图 3-27　现金存款

通用业务——信息维护——公司客户维护

录入"客户号"查询开户信息，确认后修改"注册资金"，见图 3-28，执行后完成信息维护。

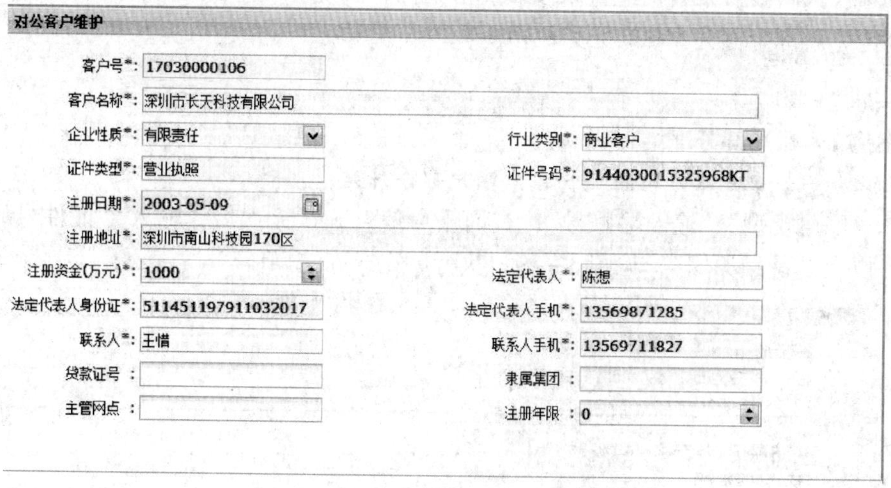

图 3-28　信息维护业务

➤ 实训演练

根据案例完成系统操作，并将操作信息录入实训报告。

深圳市领航者互联网股份有限公司前来修改企业注册资金为 5000 万元。

实训报告

客户名	
Ⅰ类账户账号	
证件号码	
原注册资金信息	
新注册资金信息	

活动 2 企业账户维护

➤ 活动目标

掌握客户账户冻结、解冻等维护业务的操作。

扫一扫
学操作

➤ 实训案例

☞案例 1 账户部分冻结

深圳市长天科技有限公司涉及某个经济案件，法院要求需要开户行对深圳市长天科技有限公司在我行的活期账户进行立案部分冻结，冻结金额为 50000 元人民币，冻结期限为 6 个月。

☞案例 2 账户部分解冻

深圳市长天科技有限公司经查未涉及经济案件，法院要求需要开户行对活期账户进行立案部分解冻，解冻金额为 50000 元人民币。

➤ 实训步骤

☞案例 1 账户部分冻结

通用业务——客户账户维护——客户账户部分冻结

选择"账号类型"，输入"账号"，查询账户信息确认无误后，输入"证件号码""冻结金额"以及"冻结原因"，见图 3-29，执行后完成冻结操作。

图 3-29 客户账号部分冻结

☞案例 2 客户账号部分解冻

通用业务——客户账户维护——客户账号部分解冻

选择"账号类型"，输入"账号"，查询账户信息确认无误后，输入"证件号码""解冻金额"，见图 3-30，执行后完成解冻操作。

图 3-30 客户账号部分解冻

> **实训演练**

根据案例完成系统操作，并将操作信息录入实训报告。

深圳市领航者互联网股份有限公司涉及某个经济案件，法院要求需要开户行对深圳市领航者互联网股份有限公司在我行的活期账户进行立案部分冻结，冻结金额为 80000 元人民币，冻结期限为 6 个月。

后经查实未涉及案件，法院要求开户行进行部分解冻 80000 元人民币。

实训报告

客户名	
账号	
冻结金额	
冻结原因	
解冻金额	

任务 3　企业网银业务

活动 1　企业网银业务知识

> **活动目标**

掌握企业网上银行业务的基础知识和办理流程。

➤ 基础知识

一、企业网银的定义

企业网上银行是指银行通过互联网，为企业客户提供账户查询、转账汇款、投资理财、在线支付等金融服务的网上银行服务。使客户可以足不出户就能够安全便捷地管理账户、办理支付结算代理及集团理财等业务。

二、企业网银的分类

根据功能企业网银分为银行普及版和银行证书版。企业网上银行普及版客户只需凭普通卡证书号和密码即可随时随地享受账户信息查询、密码维护、挂失等网上银行服务。企业网上银行证书版是在普及版的基础上增加了电子付款、支付结算代理、银团理财、银企互联等功能，并更加安全可靠。

三、企业网银的优势

1. 灵活方便，可以对资金结算网络进行灵活配置，比如变更账户结构、修改账户以及资金控制权限等功能。

2. 高效快捷，网上银行交易基本联机自动处理，普通汇划 24 小时内到账，加急汇划 2 小时内到账。采用企业网银可以提高系统内资金的到账速度，减轻客户的手工劳动强度，减少认为差错，节省往返银行的时间和费用。

3. 降低成本，使用企业网银，企业客户可以免除财务人员大量重复性简单机械操作，提高工作效率，资金集中管理和账户远程操作还可以节省财务人员数量。使用网银结算，还可以减少费用开支，免除公司购买转账支票、电汇费用，例如总公司与下属支公司网上转账手续费为 1 元/笔，而使用传统结算方式按 5 元 ~ 200 元/笔收取。

4. 安全可靠，通过账户权限控制、划拨资金额度控制、操作与授权分离以及动态安全监控等技术来确保企业网银的安全可靠。

➤ 业务流程

公司网银业务办理流程见图 3 - 31。

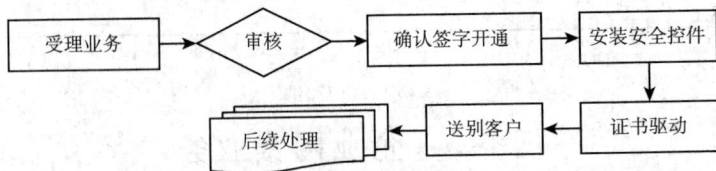

图 3 - 31　公司网银业务办理流程

➤ 业务处理

1. 客户提交如下网银开户资料：

（1）营业执照（正本复印件）；

（2）税务登记证（正本复印件）；

（3）组织机构代码证（正本复印件）；

（4）法人身份证以及复印件，如有代理人的必须提供代理人身份证以及复印件，业务操作员身份证以及复印件，所有身份证必须联网核查并将核查结果打印坐在复印件的后面；

（5）申请开通网银服务的报告；

（6）如有代理人必须要有授权书。

2. 客户填写以下申请单：

（1）《企业网上银行签约申请表》；

（2）《企业网上银行用户数字证书维护申请表》；

（3）《企业网上银行用户权限维护申请表》；

（4）《企业网上银行审核流程维护申请表》；

（5）《企业网上银行银企电子对账申请表》；

（6）《网上银行企业客户服务协议》。

3. 经办行登录电子验印。在申请表上加盖"已核验"章。

4. 网银经办员完成系统操作：

（1）服务开通；

（2）账户签约管理；

（3）客户用户管理。

5. 经办网点将客户递交的全部资料上报至上级机构。

活动2 企业网银业务操作

➤ 活动目标

掌握企业网银业务的操作。

扫一扫
学操作

➤ 实训案例

深圳市长天科技有限公司财务人员崔清雅来我行办理企业网银签约业务，并决定关联本公司的基本户，签约类型为专业版网银，客户为普通客户；柜员将财务人员崔清雅设置成管理操作员，手机号码15535682917；崔清雅绑定的 USBKey 编号为8306222236，单笔限额200000 元，日累计限额1000000。

姓名 崔清雅
性别 女 民族 汉
出生 1989 年 4 月 11 日
住址 深圳市罗湖区凤凰路193号
海珑华苑1栋701室
公民身份号码 44030319890411356X

图 3 - 32　管理操作员身份证

➤ 实训步骤

网银签约——企业网银签约——企业网银签约信息查询

录入"账号"查询账户信息，见图 3 - 33。

图 3 - 33　企业网银签约信息查询

网银签约——企业网银签约——新增关联账户

选择"账户标识"，输入"关联账号"等信息完成新增操作，见图 3 - 34。

网银操作员设置——企业网银签约——企业网银操作员设置

录入"操作员姓名""证件类型""证件编号""移动电话""关联客户号"等信息，确认后点击新增，完成操作后，相关内容录入实训报告，见图 3 - 35。

网银操作员设置——企业网银签约——网银绑定证书

录入"操作员姓名""USBKey""单笔限额""日累计限额"以及"关联客户号"等信息，确认后点击绑定证书即完成操作，将相关实训内容录入实训报告，见图 3 -36。

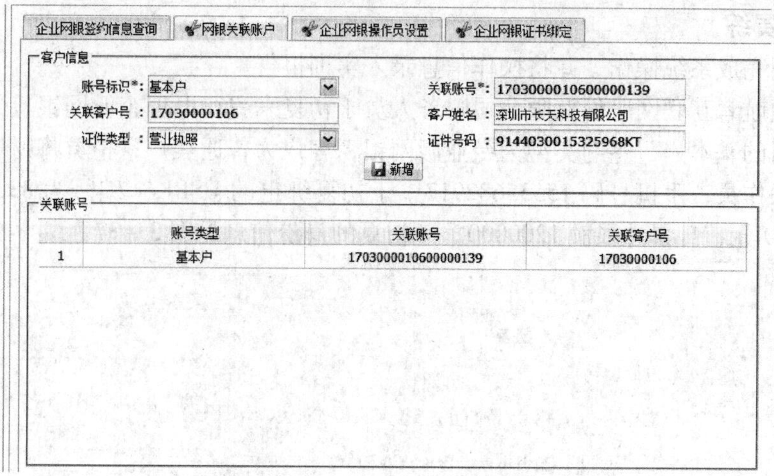

图 3－34　新增企业网银关联账户

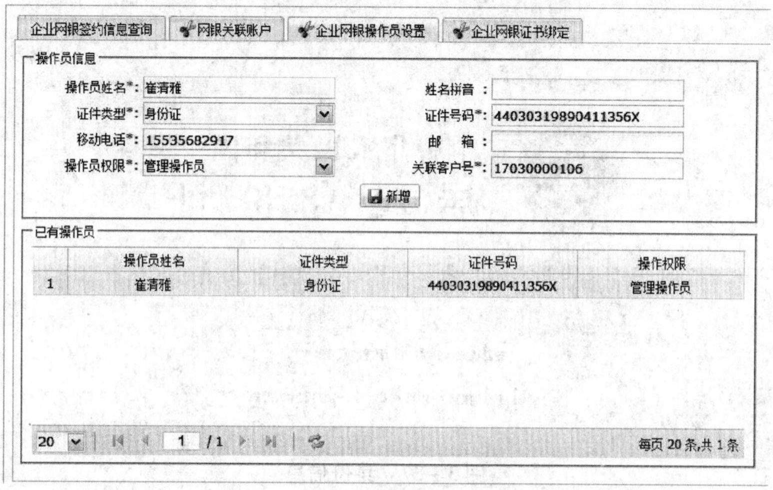

图 3－35　新增企业网银操作员

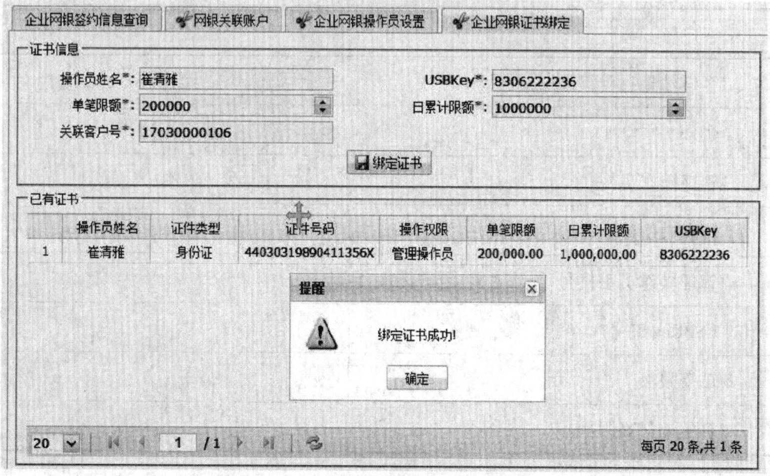

图 3－36　USBKey 绑定

➤ 实训演练

根据案例完成系统操作，并将操作信息录入实训报告。

深圳市领航者互联网股份有限公司财务人员于初夏来我行办理企业网银签约业务，并决定关联本公司的基本户，签约类型为专业版网银，客户为普通客户；柜员将财务人员于初夏设置成管理操作员，手机号码15535682917；于初夏绑定的 USBKey 编号为8306222237，单笔限额200000元，日累计限额1200000。于初夏的身份信息见图3-37。

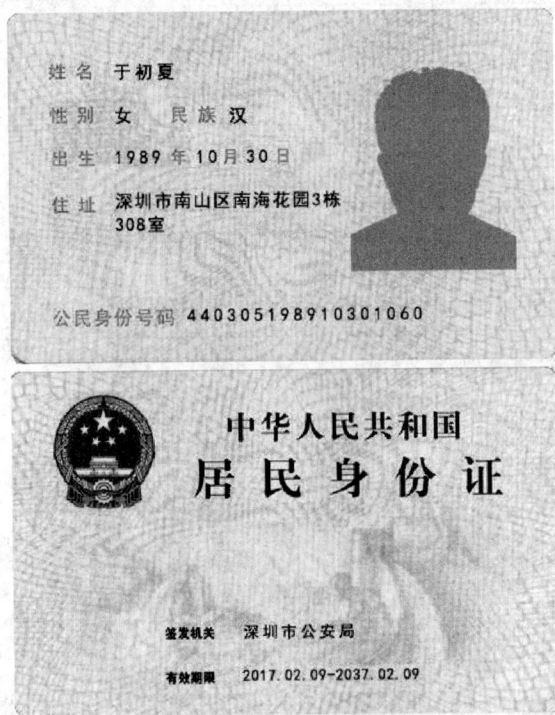

姓 名　于初夏
性别　女　民族 汉
出生　1989 年 10 月 30 日
住址　深圳市南山区南海花园3栋
　　　308室

公民身份号码 440305198910301060

中华人民共和国
居 民 身 份 证

签发机关　深圳市公安局
有效期限　2017.02.09-2037.02.09

图 3-37 身份信息

实训报告

客户名	
客户号	
账号	
管理操作员	
管理操作员证件号	
管理操作员手机号	
USBKey 编号	
单笔限额	
日累计最高限额	

个人贷款业务

项目描述	个人贷款业务是商业银行的主要资产业务，也是商业银行主要盈利来源之一。目前我国商业银行主要有个人住房按揭贷款、个人汽车消费贷款和个人助学贷款等业务类型。其业务内容主要包括贷款的发放、收回、展期、核销等常见业务。本项目将设立4项任务共计6项活动来介绍各种贷款业务规定及柜台操作处理	
项目目标	知识目标	◇ 掌握个人贷款基础知识 ◇ 掌握银行个人贷款业务流程及相关规定 ◇ 掌握柜员办理个人贷款业务工作内容及规范 ◇ 掌握个人贷款业务的利息计算方法
	技能目标	◇ 能够办理个人住房按揭贷款发放、收回、展期、形态转移和核销业务 ◇ 能够办理个人汽车消费贷款贷款发放、收回、形态转移、核销业务 ◇ 能够办理个人助学贷款发放、展期、收回等业务
项目任务·活动	**任务1　贷款业务基础知识学习** 　　活动1　掌握贷款业务相关基本知识 　　活动2　了解贷款业务流程 　　活动3　掌握贷款业务办理基本规定 **任务2　个人住房按揭贷款业务处理** 　　活动　个人住房按揭贷款业务处理 **任务3　个人汽车消费贷款业务处理** 　　活动　个人汽车消费贷款业务处理 **任务4　个人助学贷款业务处理** 　　活动　个人助学贷款业务处理	

任务 1　贷款业务基础知识学习

活动 1　掌握贷款业务相关基本知识

➤ 活动目标

学习贷款的定义及贷款业务相关基本概念，了解贷款常见分类，为下一步学习和办理具体贷款业务奠定良好的理论基础。

➤ 基本知识

一、基本概念

（一）贷款的定义

贷款指经国务院银行业监督管理机构批准的商业银行，以社会公众为服务对象、以还本付息为条件，出借的货币资金。贷款业务，指经国务院银行业监督管理机构批准的商业银行所从事的以还本付息为条件出借货币资金使用权的营业活动。这种活动由贷款当事人、条件、用途、期限、利率和方式等因素构成。

（二）贷款当事人

贷款当事人包括贷款人与借款人。贷款人是指在中国境内依法设立的经营贷款业务的商业银行。借款人是指从经营贷款业务的商业银行取得贷款的法人、其他经济组织、个体工商户和自然人。

（三）贷款期限和利率

1. 贷款期限。

贷款期限根据借款人的生产经营周期、还款能力和商业银行的资金供给能力由借贷双方共同商议后确定，并在借款合同中载明。自营贷款期限最长一般不超过 30 年。票据贴现的期限最长不超过 6 个月，贴现期限为从贴现之日起到票据到期日止。

2. 贷款展期。

不能按期归还贷款的，借款人应当在贷款到期日之前，向商业银行申请贷款展期。是否展期由商业银行决定。申请保证贷款、抵押贷款、质押贷款展期的，还应当由保证人、抵押人、出质人出具同意的书面证明。已有约定的，按照约定执行。短期贷款展期期限累计不得超过原贷款期限；中期贷款展期期限累计不得超过原贷款期限的一半；长期贷款展期期限累计不得超过 3 年。借款人未申请展期或申请展期未得到批准，其贷款从到期日次日起，转入逾期贷款账户。

3. 贷款利率。

商业银行应当按照中国人民银行规定的贷款利率的上下限，确定每笔贷款利率，并在借款合同中载明。

4. 贷款利息的计收。

商业银行和借款人应当按借款合同和中国人民银行有关计息规定按期计收或交付利息。贷款的展期期限加上原期限达到新的利率期限档次时，从展期之日起，贷款利息按新的期限档次利率计收。逾期贷款按规定计收罚息。根据国家政策，为了促进某些产业和地区经济的发展，有关部门可以对贷款补贴利息。对有关部门贴息的贷款，承办银行应当自主审查发放，并根据本通则有关规定严格管理。除国务院决定外，任何单位和个人无权决定停息、减息、缓息和免息。商业银行应当依据国务院决定，按照职责权限范围具体办理停息、减息、缓息和免息。

（四）计息方式

1. 利随本清：归还贷款本金时，必须同时归还本金相应利息的计息方式。即还款时依据还款发生额及发生额的实际贷款天数计算积数，按不同利率档次分段计息。

2. 定期结息：指结息日（如按月、季、半年、年）日终，由系统根据贷款积数，按不同利率档次进行计息的方式。

3. 还本付息：归还本金时，必须结清该笔贷款所有利息的计息方式。即还款时依据还款前的贷款余额及实际贷款天数计算积数，按不同利率档次分段计息。

4. 不计息：对贷款利息不予计收。

（五）分期还款方式

分期还款指借款人按照借款时合同约定的还款周期，分期偿还贷款本金和利息的还款方式。主要有等额本息法、等本递减法、等比递增/递减法、等额递增/递减法等分期还款方式。

1. 等额本息：在利率不变情况下，借款人每期还款额均相等，每期还款额可拆分为本金和利息，但每期本金和利息所占比例都在发生变化，总体上本金所占份额逐渐上升，利息所占份额逐期下降。

2. 等本递减：在整个还款期，本金等额偿还，每期偿还利息是结余本金从上一期还款日至本期还款日前日止应付利息。

3. 等比递增/递减：在整个还款期内，同一还款调整间隔期内各期还款额相等，后一还款调整间隔期内的每期还款额是前一还款调整间隔期的每期还款额的（1＋R）倍，若R为正值，为等比递增法；若R为负值，为等比递减法。

4. 等额递增/递减：在整个还款期内，同一还款调整间隔期内各期还款额相等，后一还款调整间隔期内的每期还款额比前一还款调整间隔期的每期还款额变化B，若B为正值，为等额递增法；若B为负值，为等额递减法。

（六）利率类别

贷款利率类别包括固定利率、分段利率、浮动利率、分期特定利率。

1. 固定利率是指发放贷款时确定的固定利率值，不随国家的牌价利率变动。

2. 分段利率是指利率值随国家的牌价利率变动，使用分段计息利率时，计息应从该利率变动之日起以新利率值分段计算。

3. 浮动利率是指在同一周期内遇利率变动仍按原利率计息，利率保持不变，其下一个周期的利率按上个周期期满日前最新公布的利率执行。浮动利率主要用于外币贷款和人民币中、长期贷款。可以按1个月浮动、按3个月浮动、按6个月浮动、按年浮动。

4. 分期特定利率是指遇利率调整时，利率调整之日前已发放的贷款本年度内不作利率调整，之后发放的新贷款按调整后新利率执行，次年1月1日全部按新利率执行。分期特定利率用于分期还款的贷款。

二、贷款常见分类

贷款业务常见分类见表4-1。

表4-1 贷款业务常见分类

分类标准	种类	解释
授信对象	单位贷款	以企事业单位为发放对象的贷款
	个人贷款	以自然人为发放对象的贷款
贷款保障程度	信用贷款	又称无质押贷款，指银行仅凭借款人信誉或保证人信誉，无须提供一定抵押物而发放的贷款
	抵押贷款	只是银行为了贷款的安全，要求借款人向银行提供一定的担保品而向借款人发放的一种贷款
	担保贷款	指借贷双方以外的第三人向银行担保借款人一定履行偿还贷款义务，在借款人不能偿还贷款时，由担保人代替履行或承担赔偿责任
	票据贴现	指银行应客户的要求，以现款或活期存款买进客户持有的未到期的商业票据的方式而发放的贷款
贷款质量	正常类	借款人能够履行合同，没有足够理由怀疑贷款本息不能按时足额偿还本息
	关注类	尽管借款人目前有能力偿还贷款本息，但是存在一些 可能对偿还产生不利影响的因素
	次级类	借款人的还款能力出现了明显的问题，完全依靠其正常经营收入已无法足额偿还本息，即使执行担保，也可能会造成一定损失
	可疑类	借款人无法足额偿还本息，即使执行担保，也肯定要造成较大损失
	损失类	在采取所有可能的措施和一切必要的法律程序之后，本息仍然无法收回，或只能收回极少部分
贷款人承担风险	自营贷款	系指贷款人以合法方式筹集的资金自主发放的贷款，其风险由贷款人承担，并由贷款人收回本金和利息
	委托贷款	系指由政府部门、企事业单位及个人等委托人提供资金，由贷款人（即受托人）根据委托人确定的贷款对象、用途、金额、期限、利率等代为发放、监督使用并协助收回的贷款。贷款人（受托人）只收取手续费，不承担贷款风险
	特定贷款	系指经国务院批准并对贷款可能造成的损失采取相应补救措施后责成国有独资商业银行发放的贷款
贷款期限	活期贷款	又称通知贷款，是指商业银行在发放贷款时不确定偿还期限，可以根据自己资金状况随时发出通知收回贷款
	定期贷款	指具有固定偿还期限的贷款。又分为短期贷款（1年以内含1年）中期贷款（1年以上不含1年，5年以内含5年）长期贷款（5年以上不含5年）
贷款偿还方式	一次性偿还贷款	是指借款人在贷款到期日一次还清贷款本金的贷款，其利息可以分期支付，也可以在归还本金时一次性付清。一般来说，短期的临时性、周转性贷款都是采取一次性偿还方式
	分期偿还贷款	指借款人按规定的期限分次偿还本金和支付利息的贷款。这种贷款的期限通常按月、季、年确定，中长期贷款大多采用这种方式，其利息的计算方法常见的有加息平均法、利随本减法等

活动2 了解贷款业务流程

➤ 活动目标
熟悉贷款业务从申请到收回整个过程中所涉及的各个环节及相关处理办法。

➤ 业务流程
银行贷款业务操作流程见图4-1。

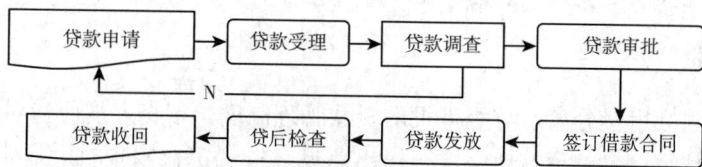

图4-1 银行贷款业务操作流程

➤ 业务处理

一、贷款申请

凡符合借款条件的借款人，在银行开立结算账户、与银行建立信贷关系之后，如果出现资金需要，都可以向银行申请贷款。

借款人申请贷款必须填写《借款申请书》。《借款申请书》的基本内容包括：借款人名称、性质、经营范围、申请贷款的种类、期限、金额、方式、用途、用款计划、还本付息计划以及有关的经济技术指标等。

借款人除提供《借款申请书》外，还必须提供以下资料：

1. 借款人及保证人基本情况；

2. 财政部门或会计（审计）事务所核准的上年度财务报告，以及申请借款前一期的财务报告；

3. 原有不合理占用的贷款的纠正情况；

4. 抵押物、质物清单和有处分权人的同意抵押、质押的证明及保证人拟同意保证的有关证明文件；

5. 项目建议书和可行性报告；

6. 贷款人认为需要提供的其他有关资料。

二、贷款受理

银行接到客户提交的《借款申请书》及有关资料后，对客户情况进行核实，对照银行贷款条件，判别其是否具备建立信贷关系的条件。银行在对借款人的贷款申请进行深入细致的调查研究的基础上，还要利用掌握的资料，对借款人的领导者素质、经济实力、资金结构、履约情况、经营效益和发展前景等因素，进行信用评估，划分信用等级。评级可由贷人独立进行，内部掌握，也可由有权部门批准的评估机构进行。

三、贷款调查

贷款人受理借款人申请后，应指派专人进行调查。调查的内容主要有两个方面：一是关于借款申请书内容的调查。主要审查其内容填写是否齐全、数字是否真实、印鉴是否与预留银行印鉴相符、申请贷款的用途是否真实合理等。二是贷款可行性的调查。主要调查：（1）借款人的品行，主要了解与借款人有关的证明文件和批准文件；（2）借款合法性，主要了解借款的用途是否符合国家产业、区域、技术以及环保政策和经济、金融法规；（3）借款安全性。主要调查借款人的信用记录及贷款风险情况；（4）借款的营利性。主要调查测算借款人使用贷款的盈利情况及归还贷款本息的资金来源等。

四、贷款审批

贷款人应当建立审贷分离、分级审批的贷款管理制度。审查人员应当对调查人员提供的资料进行核实、评定，复测贷款风险度，提出意见，按规定权限报批。通常采用审贷分离，分级审批的贷款管理制度。

五、签订借款合同

借款申请经审查批准后，必须按《经济合同法》和《借款合同条例》，由银行与借款人签订《借款合同》。借款合同应当约定借款种类、借款用途、金额、利率、借款期限、还款方式、借贷双方的权利、义务、违约责任和双方认为需要约定的其他事项。

保证贷款应当由保证人与贷款人签订保证合同，或保证人在借款合同上载明与贷款人协商一致的保证条款，加盖保证人的法人公章，并由保证人的法定代表人或其授权代理人签署姓名。抵押贷款、质押贷款应当由抵押人、出质人与贷款人签订抵押合同、质押合同，需要办理登记的，应依法办理登记。

六、发放贷款

借款合同生效后，银行应按合同规定的条款发放贷款。在发放贷款时，借款人应先填好《借款借据》，经银行经办人员审核无误，并由信贷部门负责人或主管行长签字盖章，送银行会计部门，将贷款足额划入借款人账户，供借款人使用。贷款人要按借款合同规定按期发放贷款。贷款人不按合同约定按期发放贷款的，应偿付违约金。

七、贷后检查

贷款发放后，贷款人应当对借款人执行借款合同情况及借款人的经营情况进行追踪调查和检查。检查的主要内容包括：借款人是否按合同规定的用途使用贷款；借款人资产负债结构的变化情况；借款人还款能力即还款资金来源的落实情况等。对违反国家有关法律、法规、政策、制度和《借款合同》规定使用贷款的，检查人员应及时予以制止并提出处理意见。

八、贷款归还

借款人应当按照借款合同规定按时足额归还贷款本息。贷款人在短期贷款到期 1 个星期之前、中长期贷款到期 1 个月之前，向借款人发送还本付息通知单；借款人应当及时筹备资金，按时还本付息。贷款人对逾期的贷款要发出催收通知单，做好逾期贷款本息的催收工作。贷款人对不能按借款合同约定期限归还的贷款，应当按规定加罚利息；对不能归还或者不能落实还本付息事宜的，应当督促归还或者依法起诉。借款人提前归还贷款，应当与贷款人协商。

提示

在以上环节中，柜员主要涉及贷款发放和贷款归还两个环节中的相关处理业务。

活动 3　掌握贷款业务办理基本规定

➤ 活动目标

掌握贷款业务办理基本规定。

➤ 基本规定

一、适用范围

本部分所指的贷款业务主要包括：公司贷款、个人贷款、个人质押贷款、贴现、转（再）贴现及融资、委托贷款、贷款划转、以资抵债等，本项目以下任务分别按照这些业务来确定工作任务。

二、贷款客户信息管理

（一）贷款客户服务标识

1. 贷款客户服务标识是指银行向客户提供信贷服务时，表明信贷资产账户所属客户身份的标识。信贷资产账户按客户服务标识归属到客户名下。

2. 公司贷款、贴现、个人贷款、委托贷款业务的客户服务标识是单位结算账号、个人结算账号或银行卡卡号；个人质押贷款业务的客户服务标识是身份证件号；转贴现融资业务的客户服务标识一般为银行代码，银行代码为他行的同城交换行号。

（二）贷款客户信息登记

以客户身份证件号做客户服务标识或还款账户为内部核算子系统的账户和单个客户第一次发放个人质押贷款的，柜员应先进行"客户信息登记"交易；非系统内金融机构初次在本行办理转贴现融资业务的，柜员应先进行"银行代码新增"交易。

三、贷款管理

（一）贷款账户管理

1. 按借款凭证逐笔开立贷款账户，并且建立利息登记簿进行贷款利息管理。

2. 根据借款凭证等相关资料在发放贷款时自动开立贷款账户。

3. 贷款账户不能通存通兑。

（二）贷款操作管理

1. 营业机构应按规定认真审核信贷部门提供的贷款资料是否齐全合规，借款凭证与相关审批表的批准事项是否相符。对纳入放款实时处理的贷款业务，应审核纸质凭证、放款通知单和电子凭证三者记载的要素信息是否完全一致，且贷款要素须符合会计结算规则。对填写要素不全、缺少借款人、有权审批人签章等不符合规定的贷款资料，应退回信贷部门，严禁不符合规定的借款凭证违规发放贷款。

2. 营业机构授权人员和复核人员必须根据原始凭证认真核对柜员输入的贷款日期、利率代码及执行利率、计息方式、会计科目、金额等关键要素是否正确，避免引起资金风险。

（三）账务核对

1. 营业机构应指定专人按规定打印报表，包括：贷款自动收回本息清单、公司贷款还款凭证、贷款本息余额表、贷款账户信息表、贷款结息清单、贸易融资余额表、欠息转应收利息清单、个人质押贷款质押物信息登记簿、个人贷款成功扣款清单、个人贷款未成功扣款清单、资产要素调整流水清单、个人贷款利率调整成功（失败）清单、个人贷款本息余额表、公积金委托贷款新增情况表、住房公积金委托贷款收回情况表、个人贷款利率类别转换成功清单、个人贷款利率类别转换不成功清单、贷款结清清单（年末）等。

定期结息日、批量扣款日、利率调整日等特殊日期的次日，应按计息方式分类抽查贷款结息、利率调整、批量扣款等情况。各贷款科目的抽查笔数不少于3笔（贷款科目的贷款笔数不足3笔的全部检查），发现异常情况及时查找原因，及时向信贷部门反映，并报告上级行。

2. 营业机构应指定专人对贷款业务进行日常核对，按季轧打借款凭证余额，并与业务状况表相关科目核对（分期贷款借据除外），确保账据相符。对核对不一致的，柜员必须及时查明原因，经会计主管审核后进行相应处理。

3. 委托存款科目余额必须与委托贷款科目余额每日保持一致。应收未收利息纳入表外代理贷款应计利息科目核算。

4. 对收回的贷款对账单，会计部门应按照对账单管理规定进行审核、对账和保管。在对账过程中发现异常情况，及时向信贷部门反映。

（四）凭证管理

1. 还款凭证可纳入重要空白凭证管理，包括个人还款凭证。各二级分行可根据本行实际情况，确定本行的还款凭证是否纳入重要空白凭证管理。

2. 贷款业务（由柜员直接办理的存单质押贷款、凭证式国债质押贷款除外）的借款凭证必须由信贷管理系统打印制作，不得以手工方式制作。

3. 妥善保管借款凭证（第二联）和抵质押品（权证）。

（1）营业机构应妥善保管借款凭证（第二联），指定专人专夹保管，慎防遗失。

（2）信贷部门在办完抵质押贷款后，应及时将抵质押品（权证）实物移交给会计部门保管，双方应办理交接手续。

抵质押品（权证）集中以分（支）行为单位统一保管，按照部门和岗位制约内控要求以及"账实分管"的原则。抵质押品（权证）库房坚持双人操作、同进同出、相互复核、钥匙分管、平行交接的管理原则。

会计部门应严格执行抵质押品（权证）的保管、账务核算、出入库等操作流程，确保代保管抵、质押品（权证）的账实相符。每月月末，会计部门应将抵（质）押品台账与信贷部门台账核对，确保账账相符。每月由会计部门牵头，客户部门、信贷管理部门等配合进行抽查核对，抽查数量不低于10%，每半年必须进行一次全面的核对和检查。

任务2　个人住房按揭贷款业务处理

活动　个人住房按揭贷款业务处理

➤ 活动目标

掌握个人住房按揭贷款业务的操作。

扫一扫
学操作

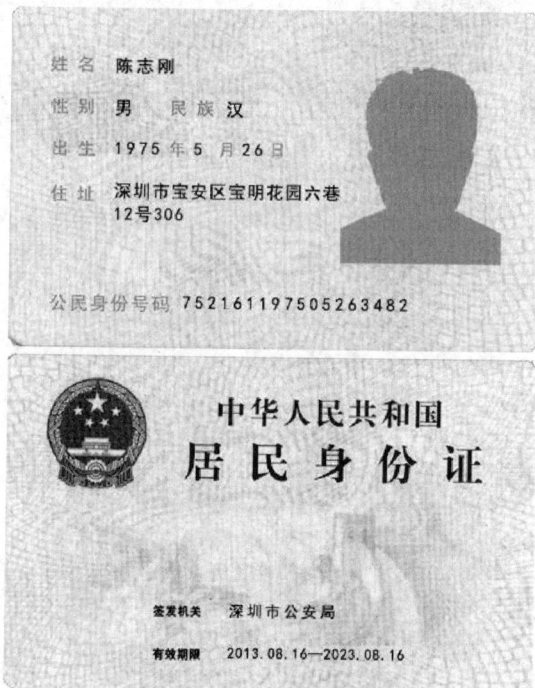

➤ 实训案例

客户陈志刚先生（身份证见图4-2）为购买住房，到我行办理"中长期住房按揭贷款"业务。贷款关联陈志刚先生的I类借记卡账户，贷款金额250000元，贷款月利率为5.58‰，贷款期限10年，贷款用途为楼房，担保方式为抵押，还款方式为等额偿还，利息偿还方式为借贷人偿还，收息账号为深圳市金和泰房地产有限公司（营业执照和法人身份证分别见图4-3和图4-4）在本行开立的商业存款基本账户，开户存入88000元，注册资金900万元，法定代表人手机号码13519122697，联系人吴岩手机号码13528190174。

姓　名　陈志刚

性　别　男　　民　族　汉

出　生　1975 年 5 月 26 日

住　址　深圳市宝安区宝明花园六巷12号306

公民身份号码　7521611975052634 82

中华人民共和国

居民身份证

签发机关　深圳市公安局

有效期限　2013.08.16-2023.08.16

图4-2　个人客户身份证

首先为该客户办理借记卡Ⅰ类账户，签印类别为密码。同时为其现金存入60000元，陈志刚先生的手机号码为13525792571。

营业执照

统一社会信用代码 91440300084640258F

名　　　称	深圳市金和泰房地产有限公司
主 体 类 型	有限责任公司
住　　　所	深圳市龙岗区坂田街道十二橡树庄园(二期)L组团126号商铺
法 定 代 表 人	沈宇恩
成 立 日 期	2013年12月04日

重要提示
1. 商事主体的经营范围自享确定，经营范围中属于法律、法规规定应当批准的项目，取得许可审批文件后方可展相关经营活动。
2. 商事主体经营范围物许可项目详等有关审理及年报信息和其他信用信息，请登录深圳市市场和质量监督管理委员会商事主体信用信息公示平台（网址http://www.szcredit.com.cn）或扫描机的二维码查阅。
3. 商事主体每年专1月1日～6月30日向商事登记机关提交上一年度的年度报告，商事主体应当按照《企业信息公示暂行条例》等规定向社会公示商事主体信息。

登 记 机 关
2016 年 11 月 23 日

中华人民共和国国家工商行政管理总局监制

图4-3　企业营业执照

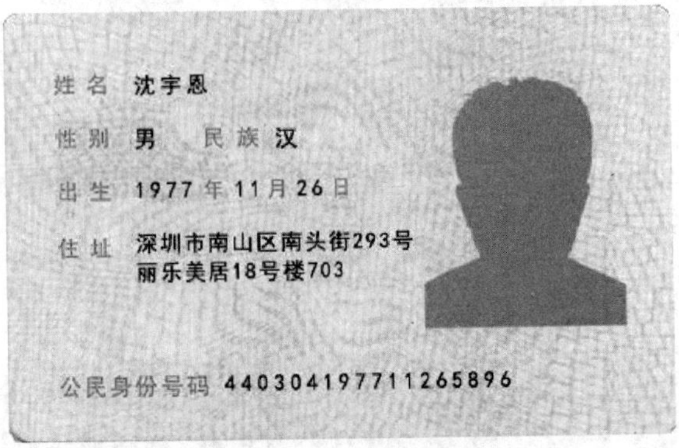

姓 名　沈宇恩
性 别　男　民 族　汉
出 生　1977 年 11 月 26 日
住 址　深圳市南山区南头街293号丽乐美居18号楼703

公民身份号码　44030419771126 5896

图 4-4 法人身份证

经本行各级信贷部门审批并通过了个人客户陈志刚先生的贷款申请，我行柜员办理"中长期住房按揭贷款"全额发放业务。

因政策原因，现将贷款月利率调整为 6.05‰。

➤ **实训步骤**

☞**案例1**

第一步 为客户开立 I 类借记卡账户。

个人业务——个人账户管理——开个人客户号

录入"客户姓名""客户称谓""手机号""证件类型""证件号码"等信息，见图 4-5，执行后系统生成客户号，客户号信息记录在实训报告中。

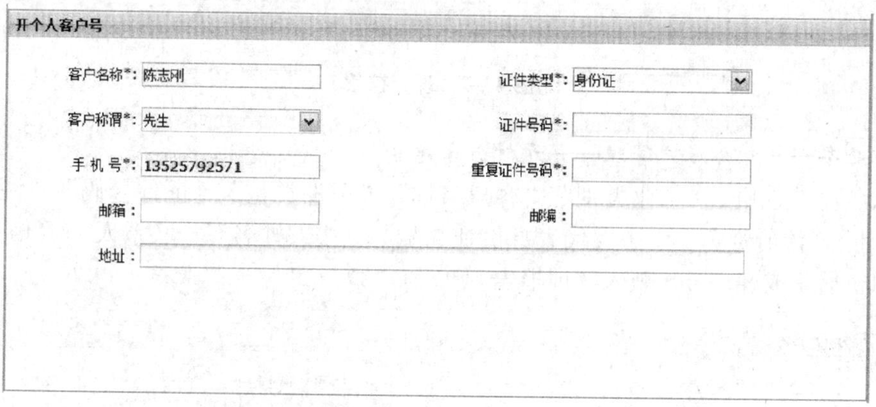

图 4-5 开个人客户号

个人业务——个人账户管理——开立个人账户

录入"客户号""账户类型""凭证类型""凭证号码""手机号"等信息，见图 4-6，执行后生成账号，账号信息记录在实训报告中。

个人业务——活期储蓄——借记卡活期存款

录入"账号"查询开户信息，确认无误后输入"金额"，见图 4-7。

第二步 开公司账户。

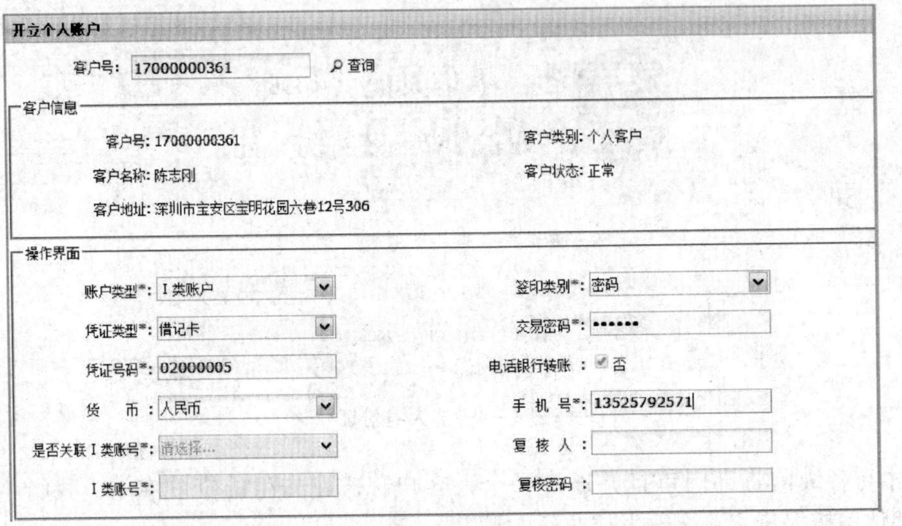

图4-6 开立 I 类借记卡账户

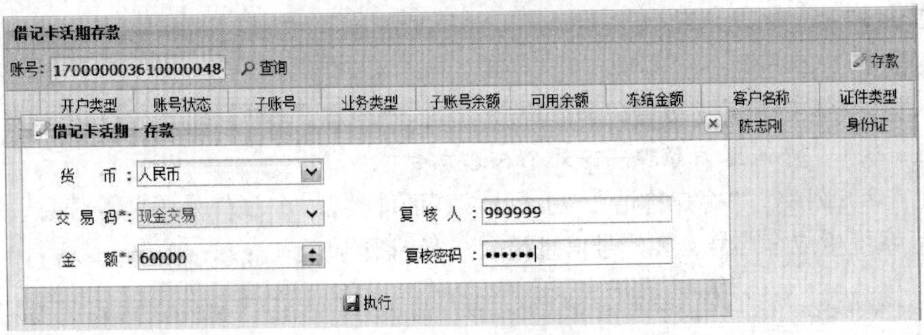

图4-7 现金存款

对公业务——对公账户管理——开对公客户号

录入"企业性质""行业类别""客户名称""证件类型""证件号码""注册日期""注册地址""注册资金""法人代表身份证编号""法人姓名""联系人"等信息，见图4-8，执行后生成客户号，填入实训报告。

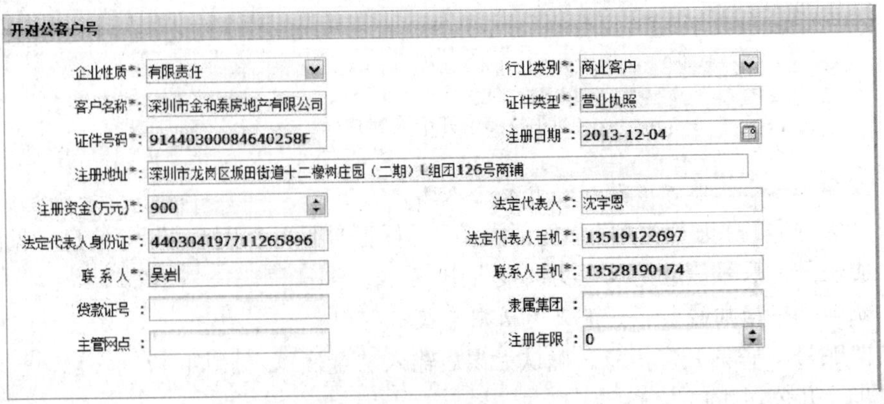

图4-8 开公司客户号

对公业务——对公账户管理——开对公存款账号

录入"客户号"查询开户信息，再录入"账户类别""存期""账号标识"等信息，见图4-9，执行后生成账号，填入实训报告。

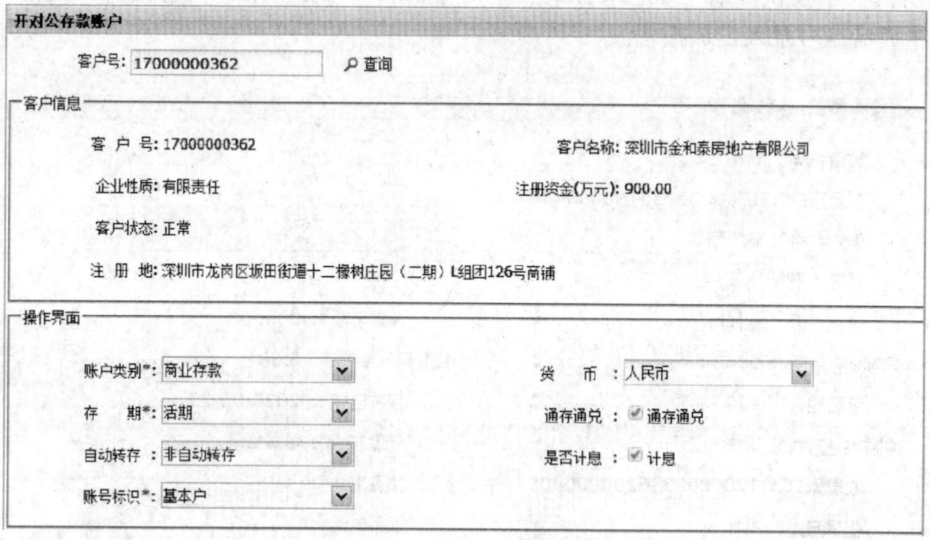

图4-9 开公司账号

对公业务——单位活期存款——现金存款

录入"账号"查询信息，确认无误后录入"金额"，见图4-10，执行后完成存入操作。

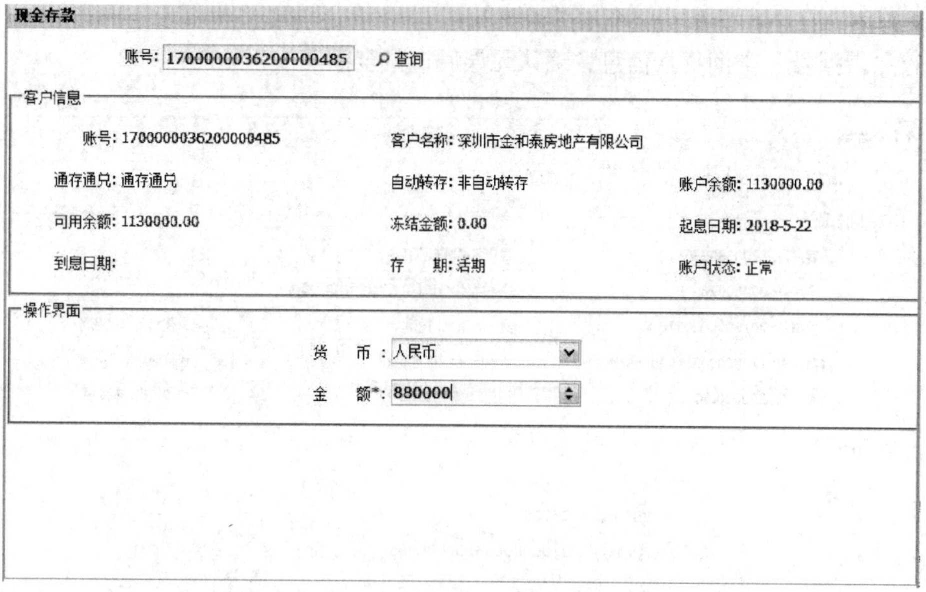

图4-10 现金存款

第三步　个人住房按揭贷款业务。

贷款业务——个人贷款——个人贷款合同管理——新增

根据案例中提供的信息填写贷款合同，录入"存款账户""贷款类别""贷款金额""贷款月利率""还款日期""还款方式""收息账户""贷款用途"等信息，见图4-11，执行后生成借据号录入实训报告。

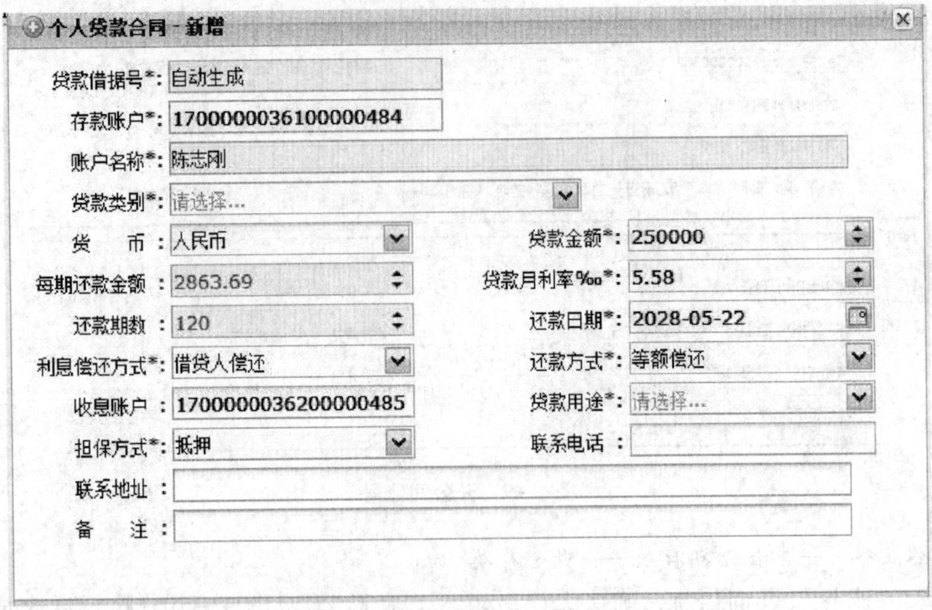

图4-11　新增个人贷款合同

贷款业务——个人贷款——个人贷款发放

录入"借据号"查询贷款信息，确认无误后，做全额发放，见图4-12。

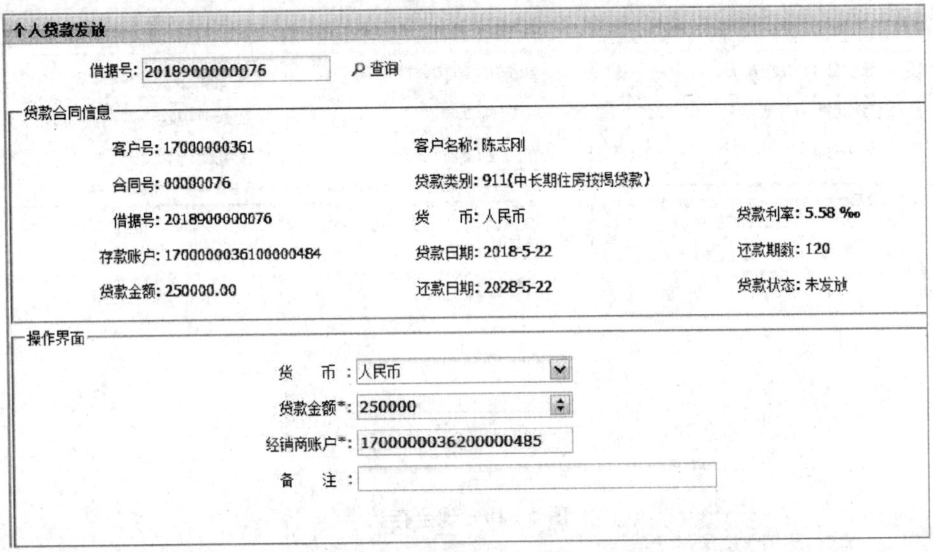

图4-12　个人贷款全额发放

贷款业务——个人贷款——个人贷款调息

根据案例要求柜员做调息操作，录入"借据号"查询贷款信息，确认无误后，输入"调息方式""调息比例"以及"起始日期"等信息，见图4-13，执行后完成调息操作。

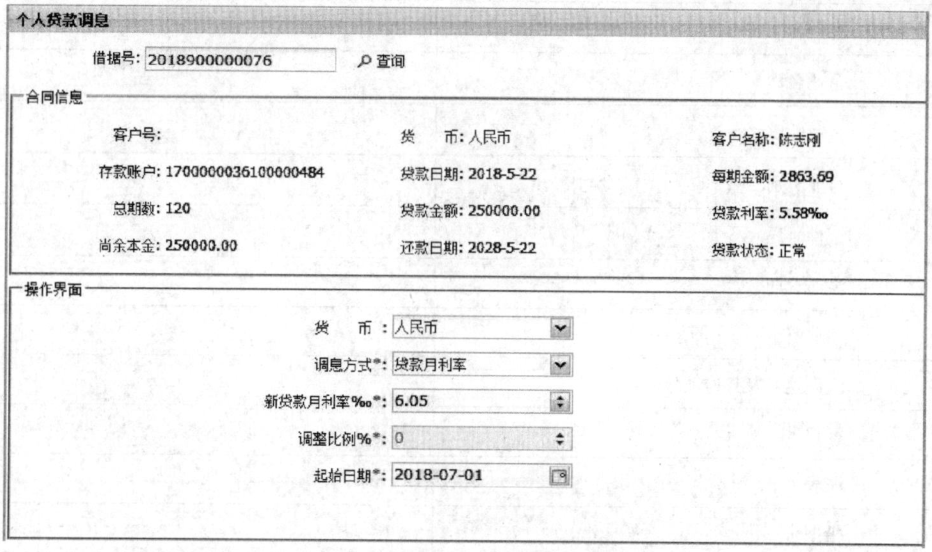

图4-13　个人贷款调息

提示

如果柜员操作日期在当年的1月1日（含）—6月30日（含），调息起始日期为当年的7月1日；如果柜员操作日期在当年的7月1日（含）—12月30日（含），调息起始日期为次年的1月1日。

➤ **实训演练**

根据案例完成系统操作，并将操作信息录入实训报告。

客户顾霖先生为购买住房，到我行办理"中长期住房按揭贷款"业务。贷款关联顾霖先生的Ⅰ类借记卡账户，贷款金额400000元，贷款月利率为5.58‰，贷款期限20年，贷款用途为楼房，担保方式为抵押，还款方式为等额偿还，利息偿还方式为借款人偿还，收息账号为深圳市金和泰房地产有限公司（营业执照见图4-3和图4-4）在本行开立的商业存款基本账户，开户存入88000元，注册资金900万元，法定代表人手机号码13519122697，联系人吴岩手机号码13528190174。

首先为该客户办理借记卡Ⅰ类账户，签印类别为密码。同时为其现金存入60000元，顾霖先生的身份证号码为440304199501150023，手机号码为13577247111。

经本行各级信贷部门审批并通过了个人客户顾霖先生的贷款申请，我行柜员办理"中长期住房按揭贷款"全额发放业务。

因政策原因，现将贷款月利率调整为6.05‰。

实训报告

个人客户姓名	
客户号	
客户名	
企业名称	
企业性质	
行业类别	
证件号码	
注册日期	
注册资金	
法人姓名及身份证号码	
客户号	
账号	
借据号	
贷款合同号	
贷款类型	
贷款金额	
贷款利率	
还款方式	
还款期限	
调息比例	
调息起始日期	

任务3 个人汽车消费贷款业务处理

活动 个人汽车消费贷款业务处理

> **活动目标**

掌握个人汽车消费贷款业务的操作。

扫一扫
学操作

➢ **实训案例**

客户习中继先生（证件见图4-14）为购买小轿车，到本行办理"中长期汽车消费贷款"业务。贷款需关联的个人存款账号为习中继在本行新开设的Ⅰ类借记卡账户，开户存入60000元，习中继先生手机号码13256985874，贷款金额为50000元，贷款月利率为5.85‰，贷款期限为3年，贷款用途为汽车，收息账号为深圳市浩兴汽车有限公司（营业执照见图4-15，法人证件见图4-16），在本行开立的商业存款基本账户，开护存入110000元，注册资金600万元，法定代表人手机号13369582548，联系人张敏手机号码13362592015，担保方式为抵押，还款方式为等额偿还，利息偿还方式为借贷人偿还。

经本行各级信贷部门审批并通过了个人客户习中继的贷款申请，综合柜员办理习中继的贷款全额发放业务。

现因央行调息，我行决定将贷款利率上调10%，客户习中继因此申请提前还贷，综合柜员调息后为办理"中长期汽车消费贷款现金提前全部还贷"业务。

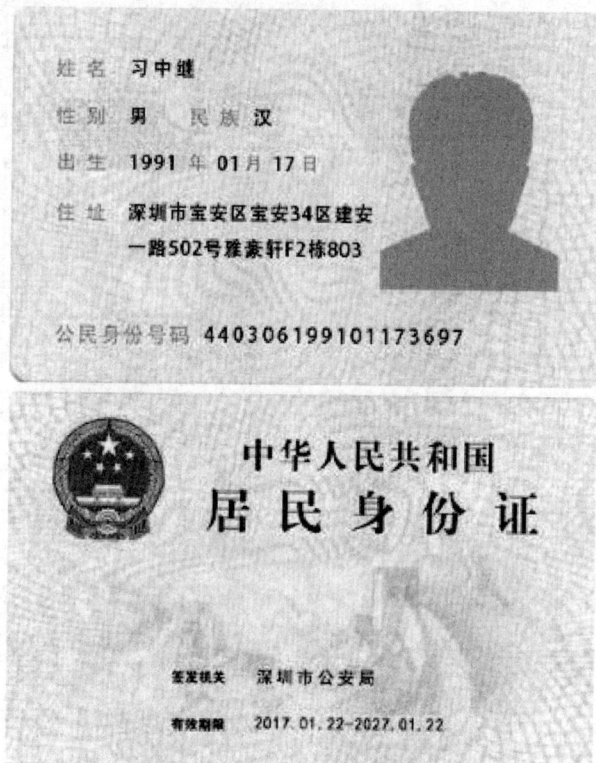

图4-14 个人客户身份证件

营 业 执 照

统一社会信用代码 914403000S899380X4

名　　　称	深圳市浩兴汽车有限公司
主 体 类 型	有限责任公司
住　　　所	深圳市龙岗区龙岗街道向银路62-4登峰商务大厦303-304
法 定 代 表 人	赵宇术
成 立 日 期	2012年11月30日

重要提示

1. 商事主体的经营范围由章程确定，经营范围中属于法律、法规规定实施审批的项目，取得许可文件后方可开展相关经营活动。

2. 商事主体经营范围内许可审批项目与有关事项及年报信息和其他信用信息，信息由深圳市市场和质量监督管理委员会商事主体信用信息示平台（网址http://www.szcredi.com.cn）或扫描执照的二维码查询。

3. 商事主体应于每年1月1日-6月30日间向商事登记机关提交上一年度的年度报告，商事主体应当依照《企业信息示暂行条例》等规定向社会公示商事主体信息。

登记机关

2016年 05月 18日

中华人民共和国国家工商行政管理总局监制

图4-15　企业营业执照

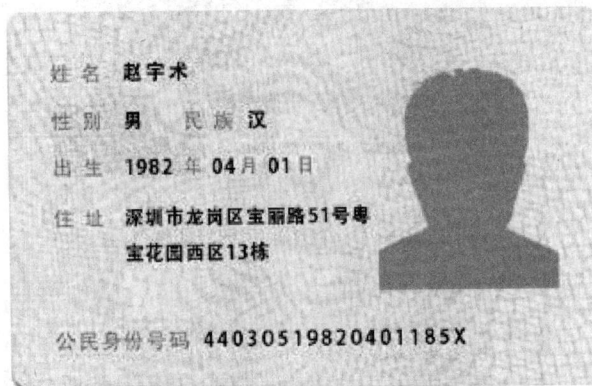

姓 名	赵宇术
性 别	男　民 族 汉
出 生	1982 年 04 月 01 日
住 址	深圳市龙岗区宝丽路51号粤宝花园西区13栋

公民身份号码 44030519820401185X

图 4 – 16　企业法人身份证

➤ **实训步骤**

第一步　为客户开立Ⅰ类借记卡账户。

个人业务——个人账户管理——开个人客户号

录入"客户姓名""客户称谓""手机号""证件类型""证件号码"等信息，见图 4 – 17，执行后系统生成客户号，客户号信息记录在实训报告中。

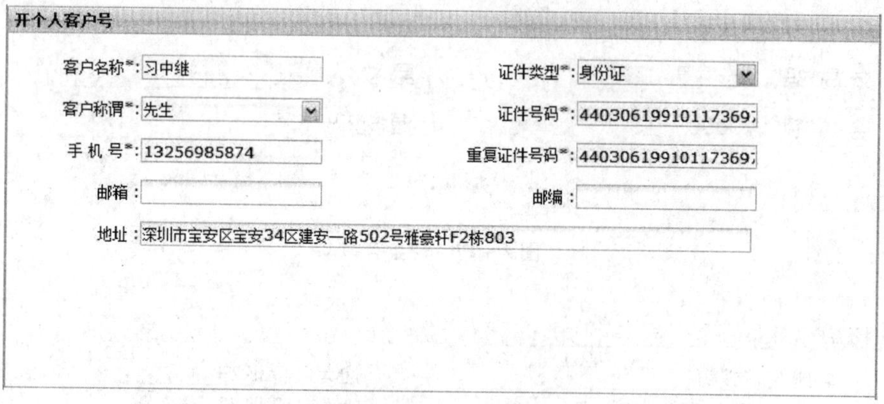

图 4 – 17　开个人客户号

个人业务——个人账户管理——开立个人账户

录入"客户号""账户类型""凭证类型""凭证号码""手机号"等信息，见图 4 – 18，执行后生成账号，账号信息记录在实训报告中。

个人业务——活期储蓄——借记卡活期存款

录入"账号"查询开户信息，确认无误后输入"金额"，见图 4 – 19。

第二步　企业开户。

对公业务——对公账户管理——开对公客户号

录入"企业性质""行业类别""客户名称""证件类型""证件号码""注册日期""注册地址""注册资金""法人代表身份证编号""法人姓名""联系人"等信息，见图 4 – 20，执行后生成客户号，填入实训报告。

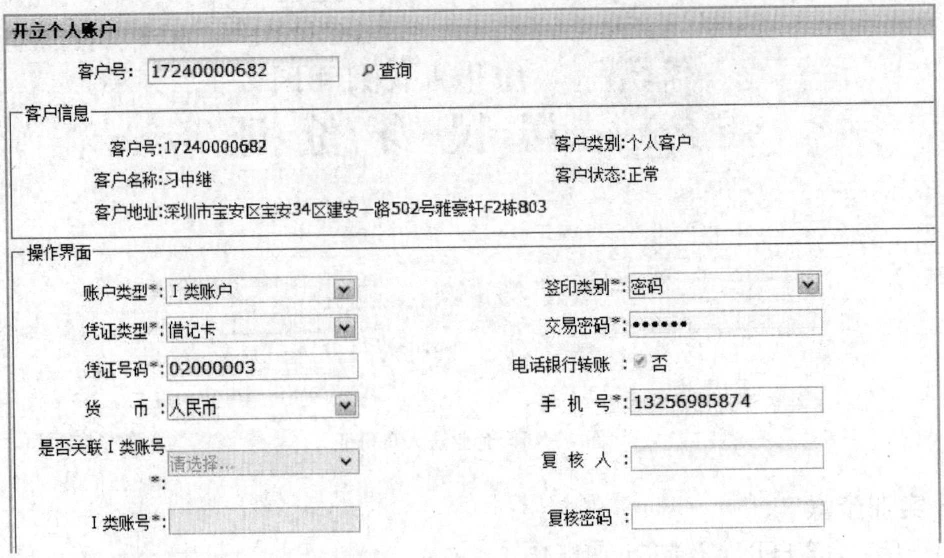

图 4 – 18   开立 I 类借记卡账户

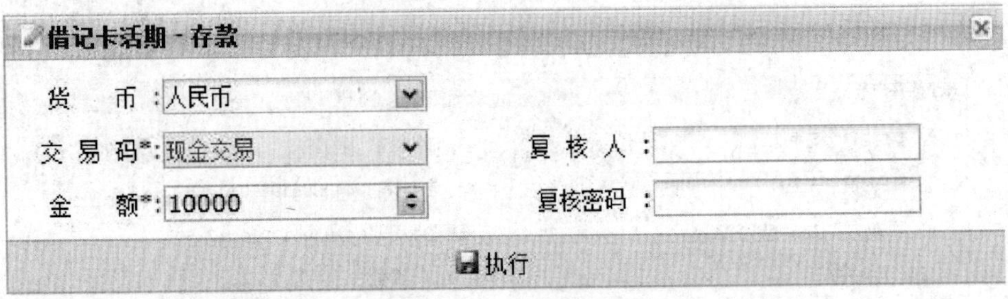

图 4 – 19   现金存款

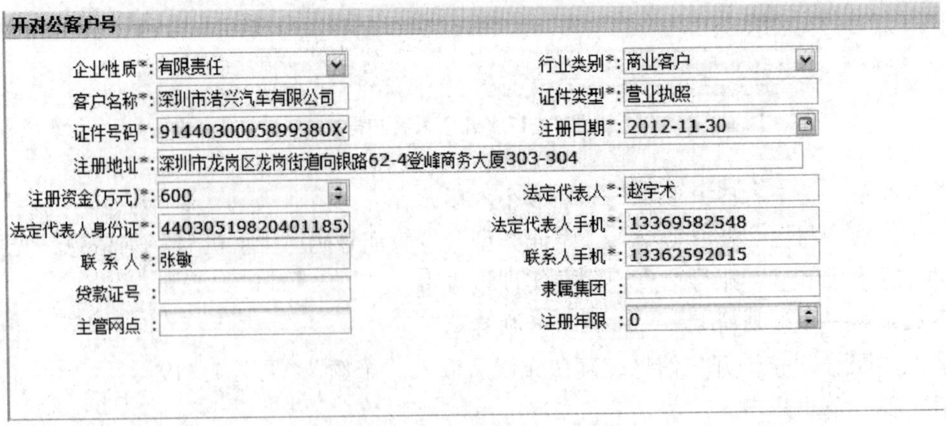

图 4 – 20   公司账户开客户号

对公业务——对公账户管理——开对公存款账号

录入"客户号"查询开户信息，再录入"账户类别""存期""账号标识"等信息，见

图4-21，执行后生成账号，填入实训报告。

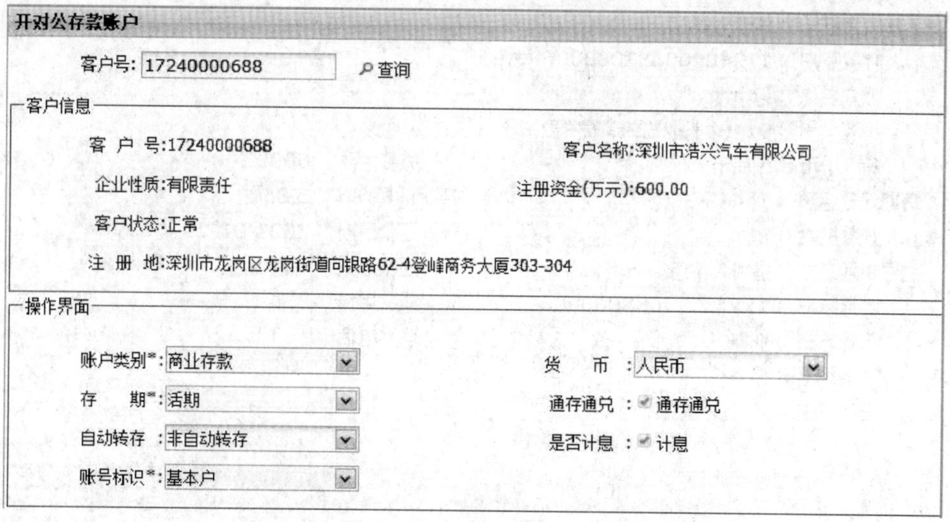

图4-21　公司账户开基本存款账号

对公业务——单位活期存款——现金存款

录入"账号"查询信息，确认无误后录入"金额"，见图4-22，执行后完成存入操作。

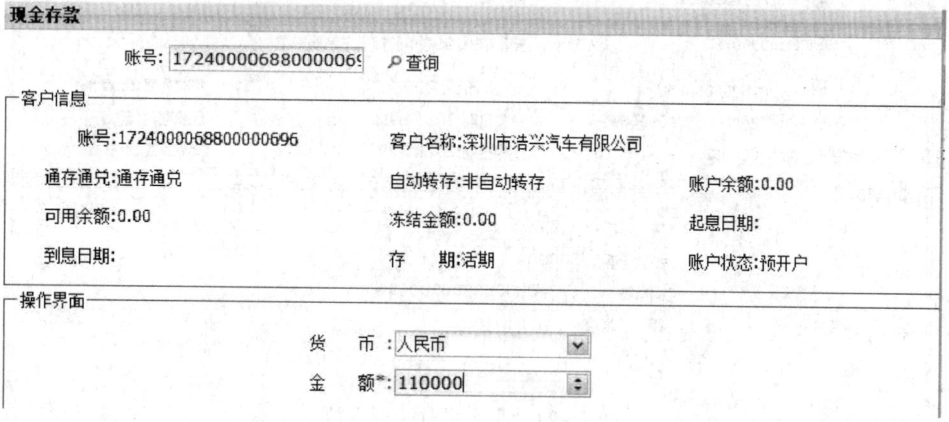

图4-22　现金存款

第三步　办理个人贷款业务。

贷款业务——个人贷款——个人贷款合同管理——新增

根据案例中提供的信息填写贷款合同，录入"存款账户""贷款类别""贷款金额""贷款月利率""还款日期""还款方式""收息账户""贷款用途"等信息，见图4-23，执行后生成借据号录入实训报告。

贷款业务——个人贷款——个人贷款发放

录入"借据号"查询贷款信息，确认无误后，做全额发放，见图4-24。

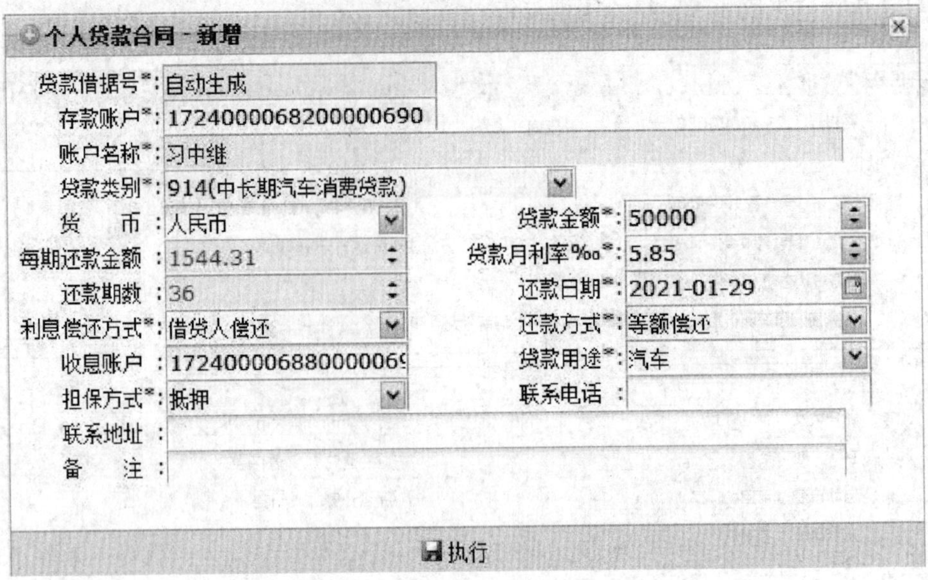

图 4-23 新增个人贷款合同

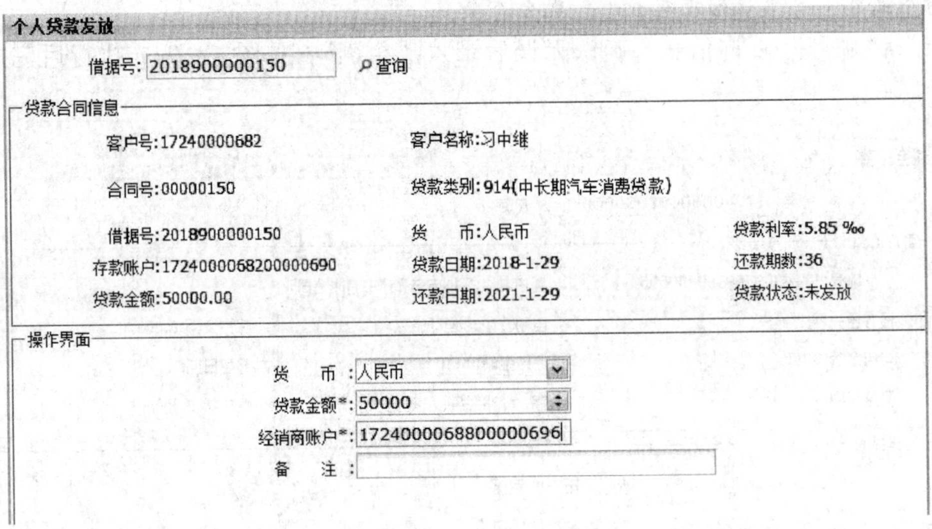

图 4-24 个人贷款全额发放

贷款业务——个人贷款——个人贷款调息

根据案例要求柜员做调息操作，录入"借据号"查询贷款信息，确认无误后，输入"调息方式""调息比例"以及"起始日期"等信息，见图 4-25，执行后完成调息操作。

贷款业务——个人贷款——提前全部还贷

录入"借据号"查询贷款信息，确认无误后，录入还款金额，见图 4-26，执行后完成全部还贷操作。

➤ 实训演练

客户南宫禹佳先生为购买小轿车，到我行办理"中长期汽车消费贷款"业务。贷款关

个人贷款调息

借据号：2018900000150　🔍查询

合同信息

客户号：	货　币:人民币	客户名称:习中继
存款账户:17240000682000000690	贷款日期:2018-1-29	每期金额:1544.31
总期数:36	贷款金额:50000.00	贷款利率:5.85‰
尚余本金:50000.00	还款日期:2021-1-29	贷款状态:正常

操作界面

货　币：人民币　▼

调息方式*：调整比例　▼

新贷款月利率‰*：0　⬍

调整比例%*：10　⬍

起始日期*：2018-07-01　📅

图 4 - 25　个人贷款调息

提前全部还贷

借据号：2018900000150　🔍查询

合同信息

客户号：	货　币:人民币	客户名称:习中继
存款账户:17240000682000000690	贷款日期:2018-1-29	每期金额:1,544.31
总期数:36	贷款金额:50000.00	贷款利率:6.44‰
尚余本金:50000.00	还款日期:2021-1-29	贷款状态:正常

操作界面

货　币：人民币　▼

金　额*：50000　⬍

备　注：

图 4 - 26　个人贷款提前全部还贷

联南宫禹佳先生的 I 类借记卡账户，贷款金额 250000 元，贷款月利率为 5.85‰，贷款期限 5 年，贷款用途为汽车，担保方式为抵押，还款方式为等额偿还，利息偿还方式为借贷人偿还，收息账号为深圳市浩兴汽车技术股份有限公司在本行开立的商业存款基本账户，该公司是一个商业客户，开户存入 150000 元，注册资金 900 万元，法定代表人手机号码 13519172527，联系人李一手机号码 13521212899。

首先为南宫禹佳先生开立 I 类借记卡账户，南宫禹佳先生的身份证号码为 440304199211071050，手机号码为 13526559215，开户后存入 6000 元。

经本行各级信贷部门审批并通过了个人客户南宫禹佳先生的贷款申请，我行柜员办理"中长期汽车消费贷款"全额发放业务。

现因资金充裕，申请提前全部偿还此笔"中长期汽车消费贷款"。

实训报告

客户姓名	
证件编号	
客户号	
Ⅰ类账户账号	
企业名称	
企业性质	
行业类别	
证件号码	
注册日期	
注册资金	
法人姓名及身份证号码	
客户号	
账号	
借据号	
贷款类型	
贷款金额	
贷款利率	
还款方式	
还款期限	
调息比例	
调息起始日期	

任务4 个人助学贷款业务处理

活动 个人助学贷款业务处理

➤ 活动目标

掌握个人助学贷款业务的操作。

扫一扫
学操作

> **实训案例**

钟遒析（身份证见图 4 - 27）办理借记卡 I 类账户，签印类别为密码，手机号 13762181917，开立活期储蓄业务，现金存入 1000 元。

客户钟遒析先生来我行办理"中长期助学贷款"业务，贷款关联钟遒析先生的 I 类借记卡账户，贷款金额 8000 元，贷款月利率为 4.18‰，贷款期限 3 年，贷款用途为其他，担保方式为保证，还款方式为等额偿还，利息偿还方式为借贷人偿还，收息账号为深圳市理工技术学院，统一社会信用代码：121000004312542542，地址：深圳市南山区学院大道 506 号，注册日期 2006 年 2 月 15 日，注册资金 1 亿元，企业性质为其他，行业类别为单位其他客户，账户类别为行政事业单位存款，法定代表人周隋，身份证 442136196909125938，预留手机号为 15269874569，联系人周舟，联系人手机 13112525444，财务人员来我行开立活期基本户，现金存款 100000 元。

在助学贷款单位合同管理新建一个单位合同号，并与之前建立的助学贷款借据号进行绑定。

经本行各级信贷部门审批并通过了个人客户钟遒析先生的贷款申请，我行柜员办理"中长期助学贷款"全额发放业务。

客户钟遒析申请提前还贷，我行柜员为其办理"中长期助学贷款"提前全部还贷。

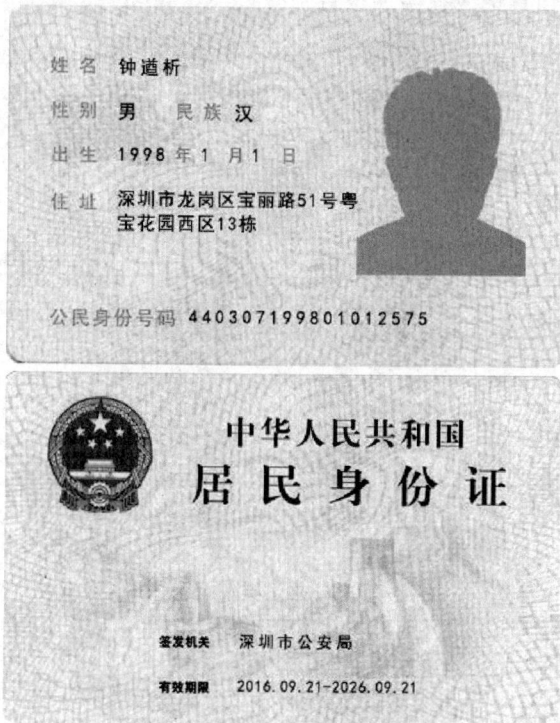

图 4 - 27 个人客户身份证件

> **实训步骤**

第一步 为客户开立 I 类借记卡账户。

个人业务——个人账户管理——开个人客户号

录入"客户姓名""客户称谓""手机号""证件类型""证件号码"等信息，见图4-28，执行后系统生成客户号，客户号信息记录在实训报告中。

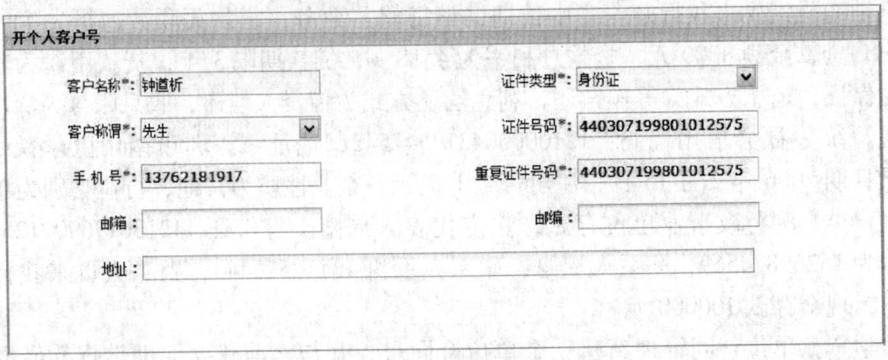

图4-28 开个人客户号

个人业务——个人账户管理——开立个人账户

录入"客户号""账户类型""凭证类型""凭证号码""手机号"等信息，见图4-29，执行后生成账号，账号信息记录在实训报告中。

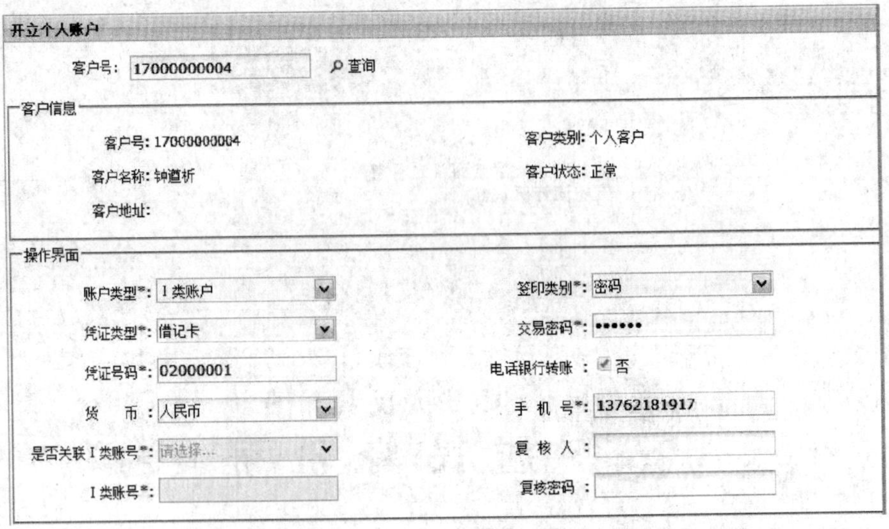

图4-29 开立 I 类借记卡账户

个人业务——活期储蓄——借记卡活期存款

录入"账号"查询开户信息，确认无误后输入"金额"，见图4-30。

第二步 企业开户。

对公业务——对公账户管理——开对公客户号

录入"企业性质""行业类别""客户名称""证件类型""证件号码""注册日期""注册地址""注册资金""法人代表身份证编号""法人姓名""联系人"等信息，见图4-31，执行后生成客户号，填入实训报告。

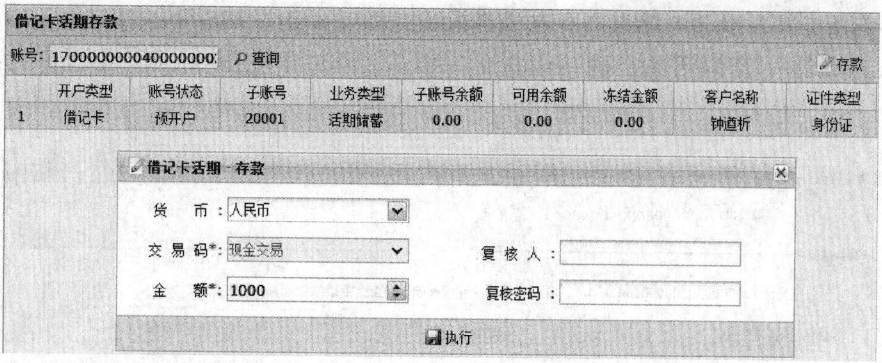

图 4 – 30　现金存款

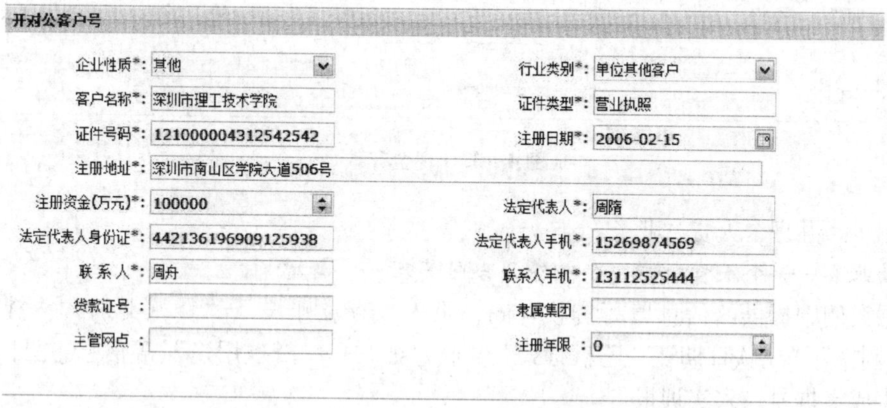

图 4 – 31　公司账户开客户号

对公业务——对公账户管理——开对公存款账号

录入"客户号"查询开户信息，再录入"账户类别""存期""账号标识"等信息，见图 4 – 32，执行后生成账号，填入实训报告。

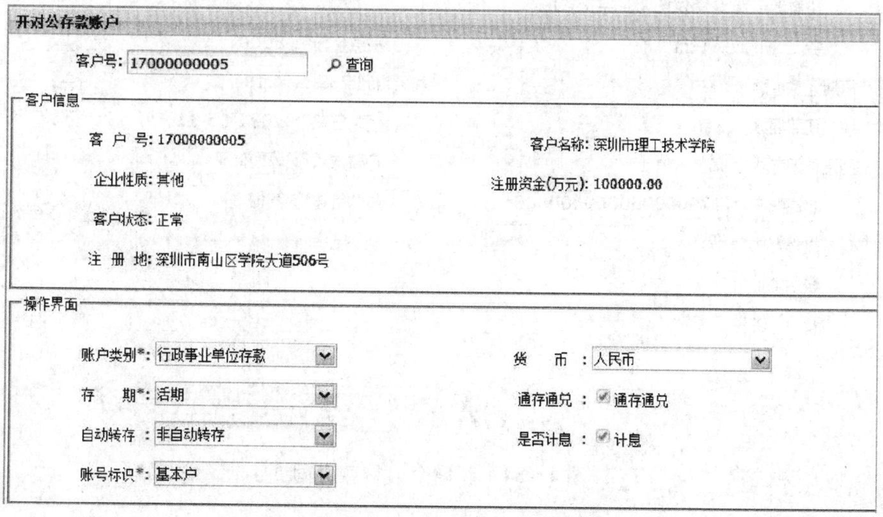

图 4 – 32　公司账户开基本存款账号

对公业务——单位活期存款——现金存款

录入"账号"查询信息，确认无误后录入"金额"，见图 4 – 33，执行后完成存入操作。

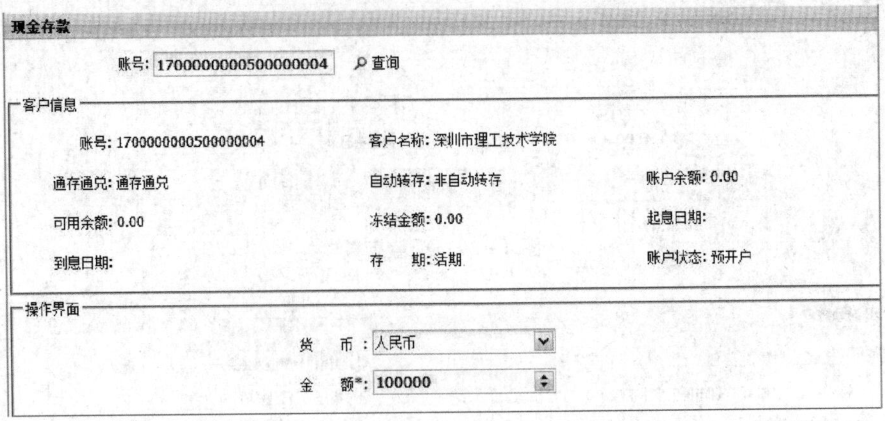

图 4 – 33　现金存款

第三步　办理个人贷款业务。

贷款业务——个人贷款——个人贷款合同管理——新增

根据案例中提供的信息填写贷款合同，录入"存款账户""贷款类别""贷款金额""贷款月利率""还款日期""还款方式""收息账户""贷款用途"等信息，见图 4 – 34，执行后生成借据号录入实训报告。

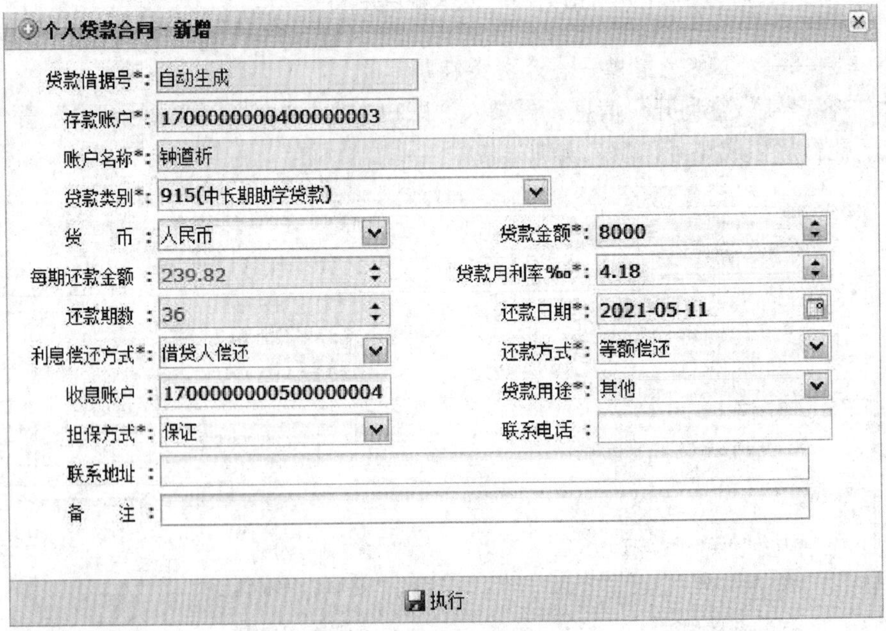

图 4 – 34　新增个人贷款合同

贷款业务——助学贷款单位合同管理——新增

点击新增，系统生成单位合同号，见图4-35，相应信息记录到实训报告。

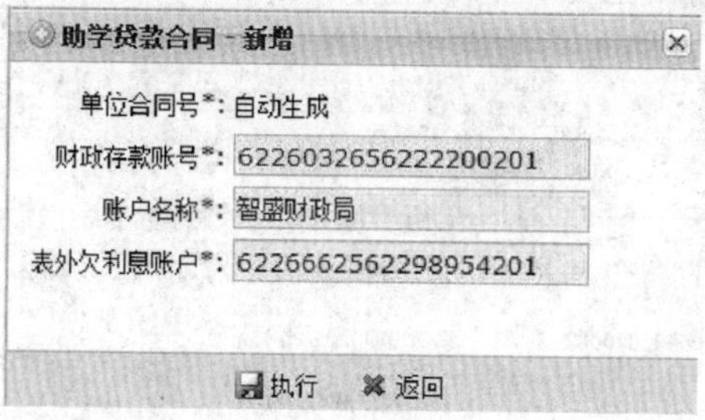

图4-35 新增单位合同

贷款业务——助学贷款借据管理维护

点击新增，录入"贷款借据号""单位合同号""还款日期"以及"还款方式"等信息，完成绑定操作，见图4-36，相应信息记录到实训报告。

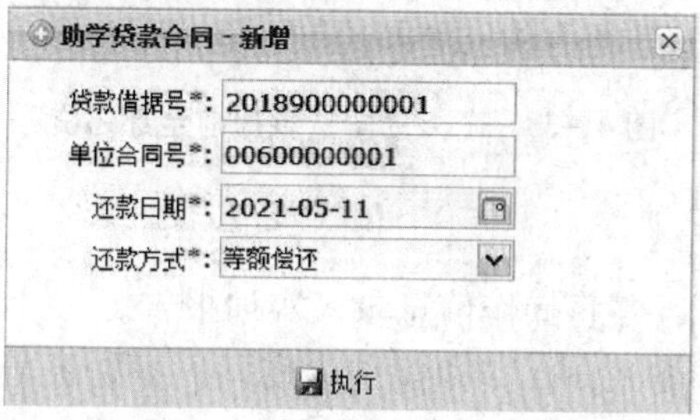

图4-36 绑定助学贷款合同

贷款业务——个人贷款发放

录入"借据号"查询贷款信息，确认无误后，做全额发放，见图4-37。

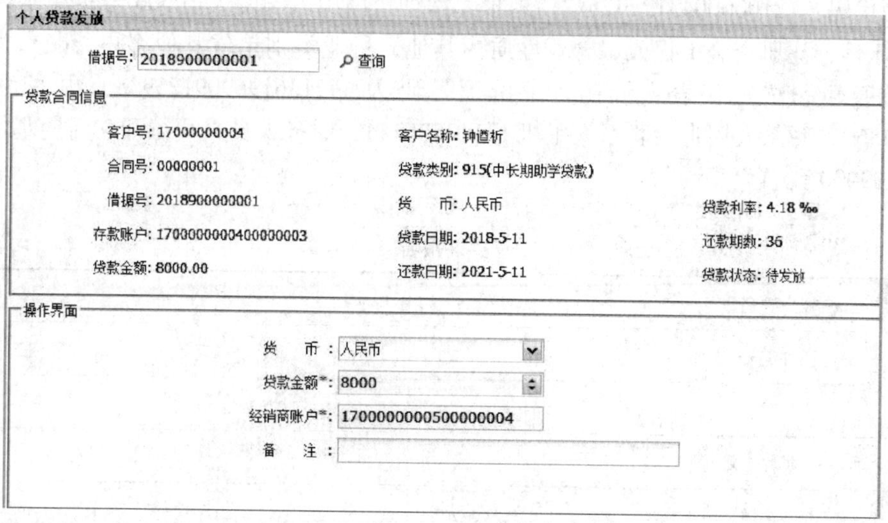

图4-37 个人贷款全额发放

贷款业务——助学贷款提前全部还贷

录入"借据号"查询贷款信息，确认无误后，录入还款金额，见图4-38，执行后完成全部还贷操作。

```
助学贷款提前全部还贷

借据号： 2018900000001      🔍查询

┌合同信息─────────────────────────────────────────────┐
│                                                                      │
│   客户号：                    货　币：人民币              客户名称：钟道析  │
│                                                                      │
│   存款账户：17000000004000000003   贷款日期：2018-5-11      每期金额：239.82 │
│                                                                      │
│   总期数：36                  贷款金额：8000.00            贷款利率：4.18‰  │
│                                                                      │
│   尚余本金：8000.00           还款日期：2021-5-11          贷款状态：正常  │
│                                                                      │
└──────────────────────────────────────────────────────┘

┌操作界面─────────────────────────────────────────────┐
│                                                                      │
│              货　币：人民币  ▼                                      │
│                                                                      │
│              金　额*：8000  ▲▼                                     │
│                                                                      │
│              备　注：[                              ]               │
│                                                                      │
└──────────────────────────────────────────────────────┘
```

图4-38　个人助学贷款提前全部还贷

➤ 实训演练

根据案例完成系统操作，并将操作信息录入实训报告。

范雅女士办理借记卡Ⅰ类账户，签印类别为密码，身份证号码为440304198911110320，手机号13762181917，开立活期储蓄业务，现金存入1000元。

客户范雅来我行办理"中长期助学贷款"业务，贷款关联范雅的Ⅰ类借记卡账户，贷款金额8000元，贷款月利率为4.18‰，贷款期限3年，贷款用途为其他，担保方式为保证，还款方式为等额偿还，利息偿还方式为借贷人偿还，收息账号为深圳市理工技术学院，统一社会信用代码：121000004312542542，地址：深圳市南山区学院大道506号，注册日期2006年2月15日，注册资金1亿元，企业性质为其他，行业类别单位其他客户，账户类别行政事业单位存款，法定代表人周隋，身份证号码为442136196909125938，预留手机号为15269874569，联系人周舟，联系人手机13112525444，财务人员来我行开立活期基本户，现金存款100000元。

实训报告

客户姓名	
证件编号	
客户号	
Ⅰ类账户账号	
企业名称	
企业性质	

行业类别	
证件号码	
注册日期	
注册资金	
法人姓名及身份证号码	
客户号	
账号	
借据号	
单位合同号	
贷款类型	
贷款金额	
贷款利率	
还款方式	
还款期限	

公司贷款业务

项目描述	公司贷款业务是商业银行的主要资产业务，也是商业银行主要盈利来源之一。目前我国商业银行采用的贷款方式主要有信用贷款、担保贷款和贴现贷款。其业务内容主要包括贷款的发放、收回、展期、收回、核销等常见业务。本项目将设立2项任务共计6项活动来介绍各种贷款业务规定及柜台操作处理	
项目目标	知识目标	✧ 掌握公司贷款业务基础知识 ✧ 掌握公司贷款业务流程及相关规定 ✧ 掌握柜员办理贷款业务工作内容及规范
	技能目标	✧ 能够办理公司贷款发放、收回、展期、形态转移和核销业务 ✧ 能够办理贴现放款、收回或拒付、核销及转（再）贴现业务
项目任务·活动	**任务1　公司贷款业务处理** 　　活动1　公司贷款业务处理流程 　　活动2　中长期流动资金抵质押贷款 **任务2　贴现业务处理** 　　活动1　贴现业务基础知识学习 　　活动2　贴现放款业务处理 　　活动3　贴现收回或拒付及核销业务处理 　　活动4　纸质商业汇票贴现业务处理	

任务1 公司贷款业务处理

活动1 公司贷款业务处理流程

> ### 活动目标

掌握公司贷款业务各项流程以及处理方法，能够办理公司贷款发放、收回、展期、形态转移和核销业务。

> ### 业务流程

一、公司贷款业务发放流程及处理

信贷部门在信贷管理系统发起贷款发放操作，并提交借款凭证、贷款发放通知单等纸质资料，营业机构根据信贷部门提供的纸质凭证，在银行柜面业务处理系统中对电子凭证进行贷款发放账务处理，将回单交客户，将借款凭证信贷管理联交信贷部门。公司贷款业务发放流程见图5-1。

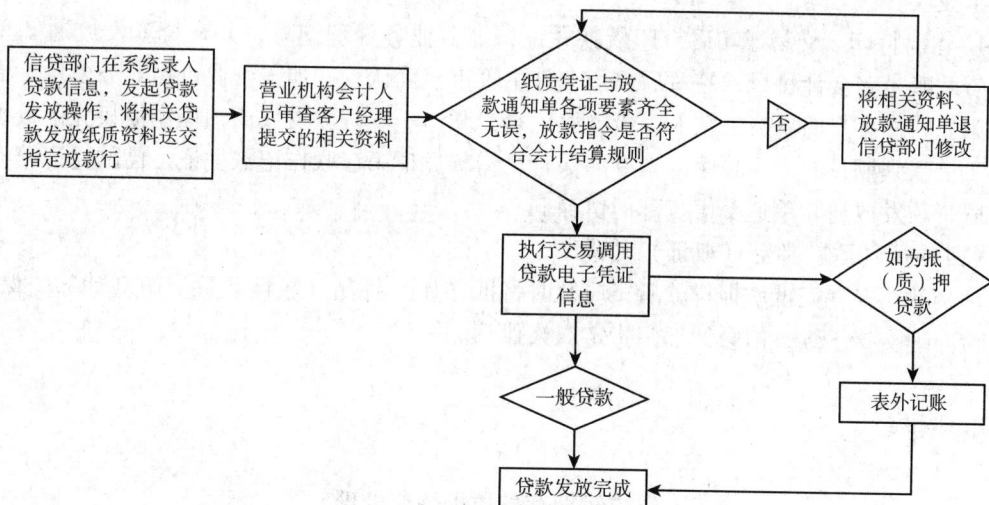

图5-1 公司贷款业务发放流程

（一）业务受理

信贷部门在信贷管理系统录入借款凭证要素，生成电子凭证信息，发起贷款发放操作，并提交借款凭证、贷款发放通知单和贷款审批表给会计部门。

（二）业务审核

营业机构应审查以下内容，对不符合要求的应退还信贷部门：

1. 信贷部门是否提供借款凭证、贷款发放通知单、贷款审批表。

2. 借款凭证是否经本行（分支行）贷款有权签字人、信贷部门负责人、信贷经办员签章，借款人签章（单位公章、法人代表或授权代理人签章），并加盖借款合同专用章（或行章）。贷款发放通知单是否经信贷部门负责人和信贷经办员签章，并加盖信贷部门公章。

3. 借款凭证是否为信贷管理系统打印。借款凭证上的借款人名称、借款种类、借款人账号（收款人账号）、借款人还本付息账号、借款金额、借款币种、借款期限、借款用途、还款方式、执行利率、逾期利率、借据号等要素是否齐全。

4. 贷款发放通知单要素是否齐全，审查借款凭证、贷款发放通知单上的要素是否与贷款审批表上的批准事项相符，是否符合会计结算规则。

5. 会计主管对借款凭证、贷款发放通知单及贷款审批表审查无误进行签名确认后，交柜员作发放贷款处理。

（三）交易处理

1. 柜员在进行放款操作时，应首先通过柜面业务系统进行查询，确保利率代码、会计科目输入的正确性后，进行放款账务处理。

2. 输入说明。柜员根据借款凭证记载的会计科目进行输入代码，核对交易界面显示的业务品种代码是否与贷款发放通知单中的贷款类别相匹配。

3. 授权审核。业务提交后，根据屏幕提示，对于需授权主管进行业务授权的，柜员将放款资料提交给相应授权主管。授权主管应根据放款资料，核对确认柜员输入要素正确后进行插卡授权。

4. 输出打印。交易成功后打印借款凭证，加盖业务处理讫章，并在贷款发放通知单上填写贷款账号、会计科目，签章后交由会计主管审核确认，并加盖营业机构业务公章。借款凭证第一联作客户回单交借款人，借款凭证第二联、一联贷款发放通知单作债权凭证按不同科目、借款到期日的先后顺序专人专夹保管，借款凭证第三联作记账凭证，借款凭证第五联和一联贷款发放通知单递交信贷部门留存。

（四）抵（质）押品（权证）处理

信贷部门在办完抵质押贷款后，应及时将抵（质）押品（权证）移交给会计部门保管，双方应办理交接手续，由会计部门指定双人保管。

👆 **知识拓展**

单位定期存款质押换单处理

贷款行填写《单位定期存款确认通知书》上半部分，由贷款行有权人、信贷负责人、经办员签名并加盖贷款行行章，将《单位定期存款确认通知书》、存款人填写的《开具单位定期存单委托书》、存款人在存款行的预留印鉴或密码，连同单位定期存款开户证实书一并提交存款行。对于开户证实书为第三人向借款人提供的，应同时提交第三人同意由借款人为质押贷款目的而使用其开户证实书的协议书，协议书应说明委托贷款人向存款行申请开具单位定期存单的内容。

提示

1. 借款凭证必须经本行（分支行）贷款有权签字人、信贷部门负责人、信贷经办员签章，借款人签章（单位公章、法人代表或授权代理人签章），并加盖借款合同专用章（或行章）。

2. 柜员必须严格审核借款人与贷款资金转入结算账户户名是否相符，如不符且无相关合同条款约定的，不得办理放款。

3. 柜员放款时，应先进行查询，确保利率代码、会计科目输入的正确性，避免出现会计科目使用错误和今后的利率调整差错。

4. 柜员放款时必须仔细检查自动扣款账户是否正确无误，避免因误输其他账户导致差错。

二、贷款收回流程及业务处理

客户提交支付凭证，且信贷部门提交通知文件，或信贷部门直接提交通知文件，经会计主管审核后，柜员使用联机交易收回贷款本金和利息。公司贷款联机收回业务流程见图5-2。

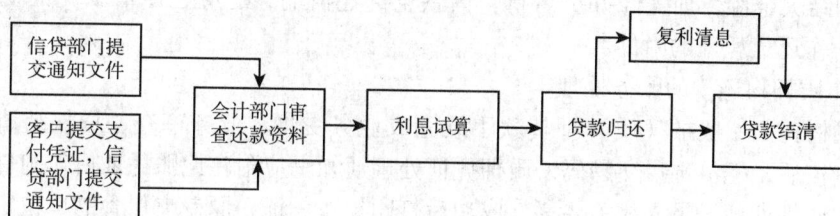

图5-2　公司贷款联机收回业务流程

还款账户足额支付贷款本息时，系统将自动进行批量扣款；还款账户余额不足时，系统对未收回的贷款本金于到期日次日日终进行形态转移，同时按规定将未收回的利息转为表外应收未收利息。公司贷款收回批量处理业务流程见图5-3。

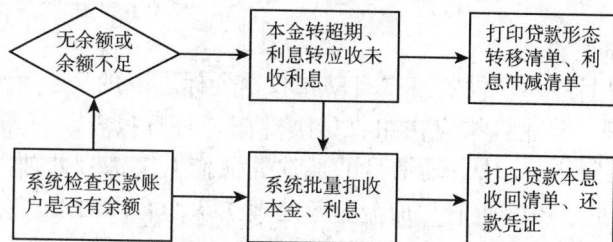

图5-3　公司贷款收回批量处理业务流程

（一）业务审核

1. 借款人主动归还贷款。信贷部门应向营业机构提交通知文件，注明借款人需归还的贷款账号、归还日期、还款金额等信息。柜员应审查借款人提交的支票（或其他支付凭证）

内容是否完整、齐全，印章是否与预留印鉴相符。

2. 信贷部门主动收回贷款。信贷部门提供通知文件要求主动收回贷款的，营业机构应审查有关通知文件是否经信贷部门负责人、信贷经办员签章，并加盖信贷部门公章。

3. 营业机构柜员抽出原专夹保管的借款凭证（债权凭证），并审查以下内容，对不符合规定的予以退回。

（1）支票（或其他支付凭证）要素填写是否完整，付款人与借款凭证第二联借款人户名是否一致，对于付款人户名与借款人户名不一致的，应检查是否与原借款合同约定的付款人户名一致。

（2）柜员按"支付结算业务"的审核要求，对客户提交的支付凭证进行审核，并审查支付凭证金额与还款金额是否一致。

（二）联机收取操作处理

经会计主管审核后，柜员首先选择交易码，根据支票（或其他支付凭证）、利息试算结果录入相关要素，交易成功后打印还款凭证并加盖业务处理讫章，将还款凭证作客户回单，连同贷款收回利息明细清单（根据客户要求打印）一并交借款人；还款凭证第二联作贷记过渡记账凭证附件；还款凭证第三联作记账凭证；还款凭证第四联交信贷部门留存。分次还款的贷款，会计部门应在借款凭证相关联的还款情况登记栏记录还款情况，填注还款日期、偿还金额和结欠金额，加盖经办员名章。借款全部还清的，还应在原借款凭证上加盖"结清"戳记，作还款凭证的附件。

1. 以非质押物还款的账务处理。

营业机构比照一般抵（质）押贷款手续完成业务受理、业务审查、贷款结清处理。经会计主管审核后，柜员选择交易码，质押凭证处理通知书应附在记账凭证后作附件，对单位定期存单解质押处理，录入相关要素，成功后打印记账凭证，原专夹保管的单位定期存款开户证实书退还客户，并提醒客户核对正确。

2. 以质押物还款的账务处理。

对以单位定期存单归还贷款的，按照信贷部门的质押物处置通知书要求，除比照以非质押物还款的质押物进行表外处理、出库、解质押外，柜员应再完成对单位定期存款的销户处理，并以单位定期存款销户资金完成对相应的贷款本息的归还。

（三）批量还款

1. 批量扣收贷款本金。

贷款到期日次日日终，对设定为"自动扣收本金标志"的贷款，对满足扣收条件的，则进行扣收贷款处理。营业机构应在扣收日次日在"每日报表"打印"自动收回本息清单""批量还款凭证"，对无法自动销号的还款凭证作手工销号处理。"自动收回本息清单"随传票装订，"批量还款凭证"加盖业务处理讫章作客户回单。对于贷款结清的，柜员将专夹保管的借款凭证加盖"结清"戳记，附"自动收回本息清单"后，一并随传票装订。

2. 批量扣收利息。

利息扣收方式为"自动扣收"的贷款应收利息，一般系统每天进行自动扣收或定期结息日扣收。营业机构应于扣收日次日，批量打印还款凭证或利息凭证作客户回单。

3. 报表核对。

营业机构按日打印"贷款自动收回本息清单",并根据借款凭证和利息登记簿相关利息记录,抽查核对贷款批量收回本金和利息是否正确。

4. 抵(质)押物账务处理。

对于批量扣款结清贷款本息的抵(质)押贷款,应按规定进行抵(质)押物的处理。

(四)结清贷款

1. 营业机构比照联机还款处理进行业务受理、审核。

2. 交易处理。

(1)在联机结清定期结息贷款时,柜员在选择交易码,归还贷款本息,结计所结欠的利息,还清通过复利清息交易结计的利息。

(2)批量结清定期结息类贷款本金后,系统将在定期结息日日终结清所有本金、应收息和欠息,并将贷款账户置为"结清"状态。

(3)联机结清利随本清和还本付息类贷款时,柜员首先选择交易码,归还贷款本金和利息,成功后,系统自动将贷款账户置为"结清"状态。

(4)批量结清利随本清和还本付息类贷款的贷款本息后,系统将贷款账户置为"结清"状态。

三、贷款展期流程及业务处理

公司贷款展期业务流程见图 5-4。

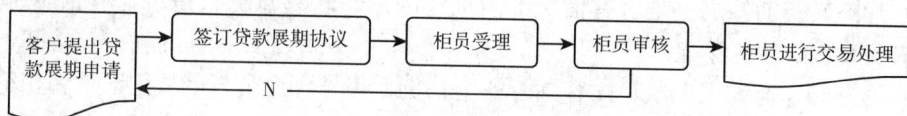

图 5-4　公司贷款展期业务流程

(一)业务受理

贷款到期前由客户提出贷款展期申请,信贷部门与客户签订贷款展期协议,在信贷管理系统中录入贷款展期信息,发起展期业务操作,信贷部门提交贷款展期通知单交营业机构。

(二)业务审核

1. 营业机构柜员抽出专夹保管的借款凭证,贷款展期通知单上记载的贷款账号、户名、原到期日期、展期后到期日期等要素齐全,账号、户名、原贷款到期日期与借款凭证相符。

2. 贷款展期通知单是否经信贷部门负责人和信贷经办员签章,并加盖信贷部门公章。审查无误后,柜员将贷款展期通知单、一联借款凭证交会计主管审核签章。

(三)交易处理

经会计主管审核后,柜员选择交易码,输入借款凭证编号提取该笔业务电子凭证信息,进行贷款展期处理。

展期后执行利率输入展期后新档次利率;正常利率代码输入展期后新的期限档次对应利率代码。展期交易只能在到期日的次日办理。交易成功后打印记账凭证加盖业务处理讫章,并在贷款展期通知单上填写贷款账号、会计科目，签章后交会计主管审核确认，并加盖营业机构业务公章；在借款凭证上批注"×年×月×日（交易日）展期至×年×月×日（展期到期日）"字样。一联贷款展期通知单与一联借款凭证一并专人专夹保管，一联贷款展期通知单递交信贷部门留存。

四、贷款形态转移流程及业务处理

经会计主管审核后，柜员根据贷款展期、形态转移、核销及收回核销的相关资料，对满足条件的贷款进行展期、形态转移（联机）；同时，系统对满足条件的贷款进行批量形态转移。

（一）联机形态转移

公司贷款联机形态转移业务流程见图5-5。

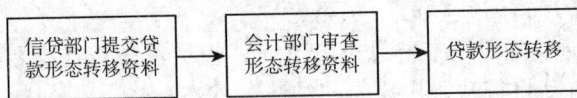

信贷部门提交贷款形态转移资料 → 会计部门审查形态转移资料 → 贷款形态转移

图5-5　公司贷款联机形态转移业务流程

1. 业务受理。信贷部门提交"形态转移通知书"给营业机构。
2. 业务审核。柜员抽出对应的专夹保管的借款凭证，并审查以下内容，对不符合规定的，予以退回：

（1）形态转移通知书上是否有信贷部门批注的形态转移意见，是否盖有信贷部门公章和有权审批人、经办员签章；

（2）形态转移通知书上填写内容是否齐全，贷款账号、户名与借款凭证是否相符。

审查无误后，柜员将形态转移通知书和一联借款凭证交会计主管审核。

3. 交易处理。柜员根据审核无误的通知书，选择交易码录入相关要素后提交。

4. 凭证处理。交易成功后，柜员打印记账凭证并加盖业务处理讫章，并在借款凭证上批注"×年×月×日转逾期贷款"或"×年×月×日转非应计贷款"字样并签章。形态转移通知书与借款凭证第二联一并专人专夹保管，形态转移通知书回单联加盖业务印章和经办员名章后，交信贷部门。

（二）批量形态转移

公司贷款批量形态转移业务流程见图5-6。

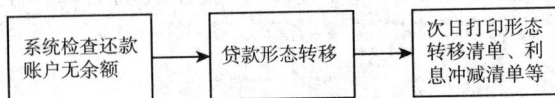

系统检查还款账户无余额 → 贷款形态转移 → 次日打印形态转移清单、利息冲减清单等

图5-6　公司贷款批量形态转移业务流程

日终批处理时，系统对到期未收回的贷款从正常科目转入逾期科目；对本金或利息逾期90天未收回的贷款，从正常科目或逾期科目转入非应计科目，同时将表内应收利息冲减至表外应收利息科目。

次日，柜员在批处理报表中打印"资产业务形态自动转移清单"，根据清单记录与借款凭证第二联记载的账号、户名、到期日期、余额等核对无误后，在借款凭证上批注"×年×月×日转逾期贷款"或"×年×月×日转非应计贷款"字样并签章。"资产业务形态自动转移清单"作批处理凭证随传票装订。

五、公司贷款核销流程及业务处理

公司贷款核销业务流程见图5-7，公司已核销贷款收回业务流程见图5-8。

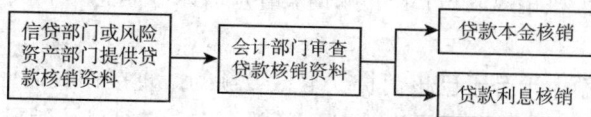

图5-7　公司贷款核销业务流程

图5-8　公司已核销贷款收回业务流程

➤ 业务处理

一、贷款核销

（一）业务受理

信贷部门或资产风险部门提交已签署最终审批意见的"贷款核销审批表"、有关批文给营业机构。

（二）业务审核

柜员抽出原专夹保管的借款凭证，并审核以下内容，对不符合规定的，予以退回：

1. 贷款核销审批表是否经有关部门签注审批同意核销意见并加盖公章；

2. 贷款核销审批表上填写贷款账号、户名、本金余额、结欠利息金额齐全、正确，与借款凭证及利息登记簿相关记录相符。

审核无误后，柜员将借款凭证连同贷款核销审批表、批文等资料交会计主管审核签章。会计主管在贷款核销审批表上批注"同意核销"字样并签章后，交柜员处理。

（三）交易处理

柜员选择交易码核销呆账，对核销本金的同时核销利息的，则在本金核销处理完成后，选择"利息核销"交易进行处理。交易成功后，登记"已核销贷款本息登记簿"。

（四）凭证处理

交易成功后，柜员打印记账凭证并加盖业务处理讫章，并将贷款核销的批文号批注在记账凭证上，在借款凭证上注明"根据××号核销批文核销××贷款""×年×月×日核销"字样。贷款核销审批表、批文等资料与原借款凭证及年终打印的"已核销贷款本息登记簿"作为账销案存资料，列入永久会计档案保管。

二、收回已核销贷款处理

（一）业务受理

信贷部门提交"已核销贷款本息处理通知书"等资料。

（二）业务审核

柜员根据已核销贷款本息处理通知书，认真核对与"已核销贷款本息登记簿"中相关记录一致，与表外"已核销风险资产""账销案存应收未收利息"相关账户余额一致，并提交会计主管审核。

对于收入凭证金额大于等于已核销贷款本息金额的，直接作收回已核销贷款本息处理；对于收入凭证金额小于已核销贷款本息合计金额的，应先进行已核销风险资产处理，再进行账销案存应收未收利息处理。

（三）交易处理

柜员选择"已核销贷款本息处理"交易码，录入相关要素后提交。待业务提交成功后，柜员打印还款凭证，并加盖业务处理讫章。

（四）凭证处理

已核销贷款本息处理通知书做记账凭证附件。

活动 2　中长期流动资金抵质押贷款

➤ 活动目标

掌握公司中长期流动资金抵质押贷款业务的操作。

扫一扫
学操作

➤ 实训案例

深圳市锐扬创科技术股份有限公司（法定代表身份证见图 5-9，营业执照见图 5-10），是一个商业客户，注册资金 700 万元，来我行办理商业活期存款基本户，开户存入 80000 元，联系人米拉，联系人手机 13526981875），法定代表人手机号 13698758568。

因资金周转出现问题，打算在本行申请"中期流动资金抵押质押贷款"，绑定的存款账户为深圳市锐扬创科技术股份有限公司的商业存款基本账户，贷款金额为 200000 元，贷款期限 2 年。贷款月利率为 6.25‰，担保方式为抵押，贷款用途为流动资金，公司财务人员凭贷款合同前来办理借款手续。柜员根据贷款业务处理流程及规范完成该客户贷款合同、贷款发放及全部还贷业务处理。

➤ 实训步骤

第一步　企业开户。

对公业务——对公账户管理——开对公客户号

录入"企业性质""行业类别""客户名称""证件类型""证件号码""注册日期"

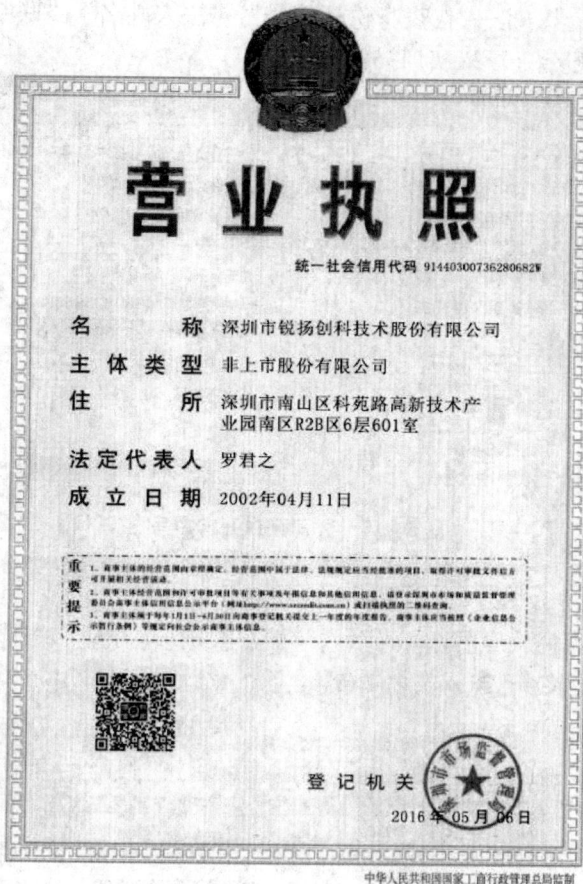

图 5-9　公司营业执照

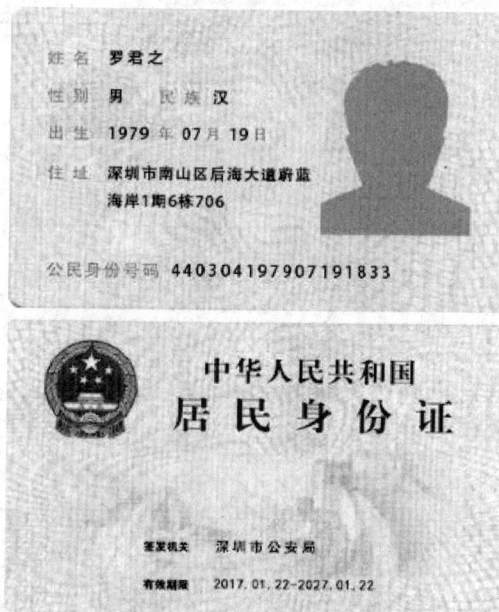

图 5-10　法定代表人身份证

"注册地址""注册资金""法人代表身份证编号""法人姓名""联系人"等信息，见图 5 - 11，执行后生成客户号，填入实训报告。

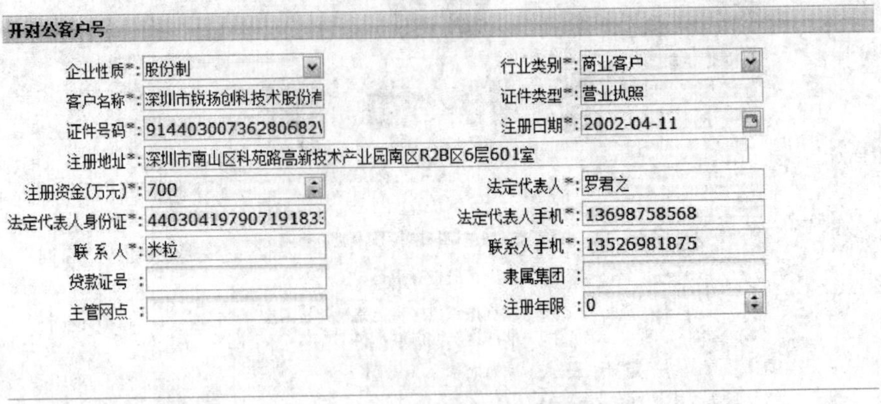

图 5 - 11　公司账户开客户号

对公业务——对公账户管理——开对公存款账号

录入"客户号"查询开户信息，再录入"账户类别""存期""账号标识"等信息，见图 5 - 12，执行后生成账号，填入实训报告。

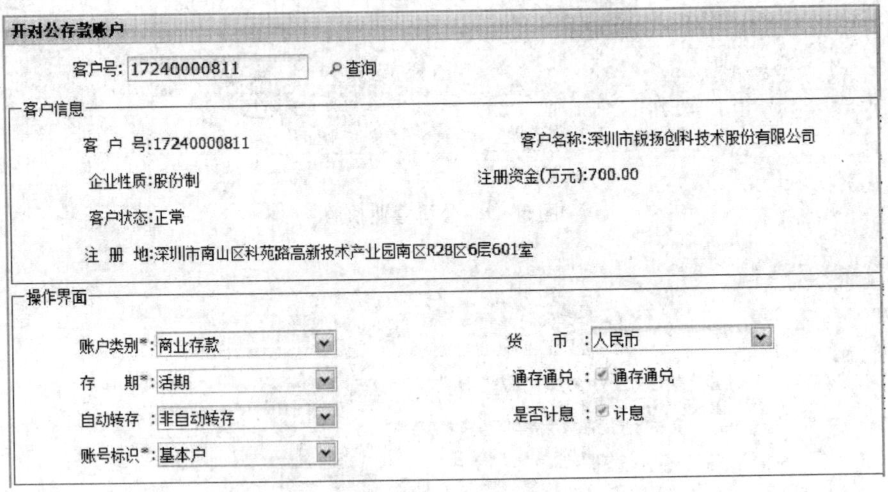

图 5 - 12　公司账户开基本存款账号

对公业务——单位活期存款——现金存款

录入"账号"查询信息，确认无误后录入"金额"，见图 5 - 13，执行后完成存入操作。

第二步　企业贷款。

贷款业务——公司贷款——贷款借据管理——新增

输入"存款账户"查询企业开户信息，确认无误后录入"贷款类别""贷款金额""贷款月利率""还款日期""贷款用途""担保方式"等信息，见图 5 - 14，执行后生成借据号，录入实训报告中。

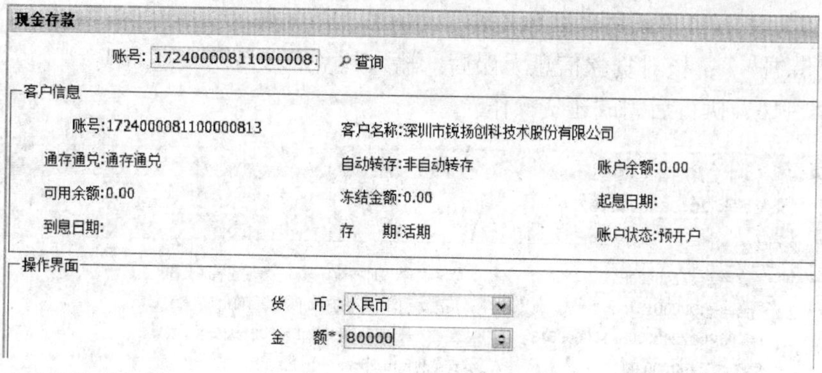

图 5-13 现金存款

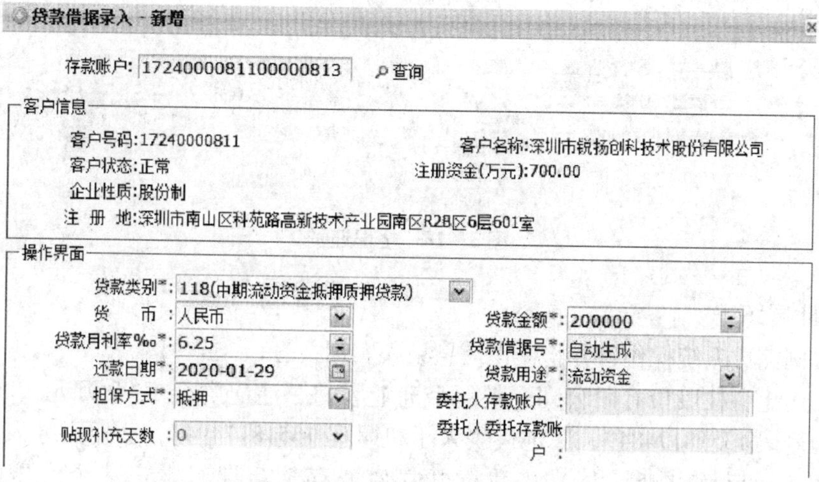

图 5-14 新增公司贷款合同

贷款业务——公司贷款——贷款发放

输入"借据号",核对贷款信息无误后,输入"存款账户""贷款金额"等信息,见图 5-15,执行后完成贷款发放操作。

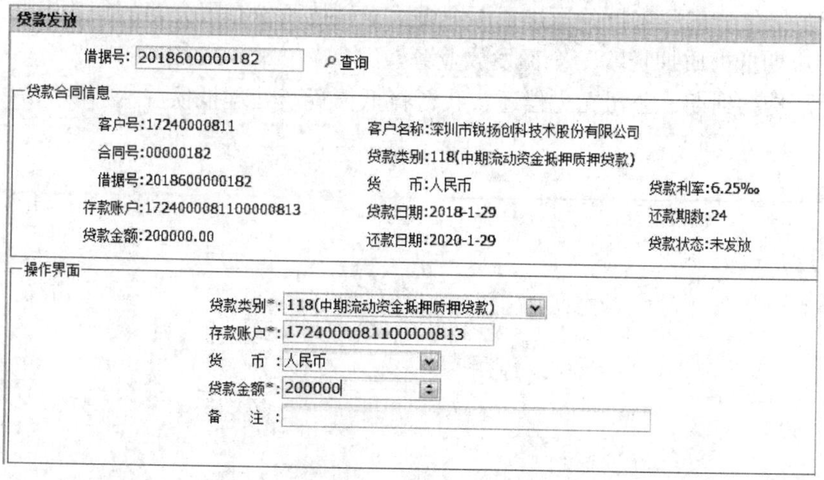

图 5-15 贷款发放

贷款业务——公司贷款——全部还贷

输入"借据号"，核对贷款信息无误后，输入"凭证类型""还贷类型"以及"还款金额"，见图5-16，执行后完成还贷操作。

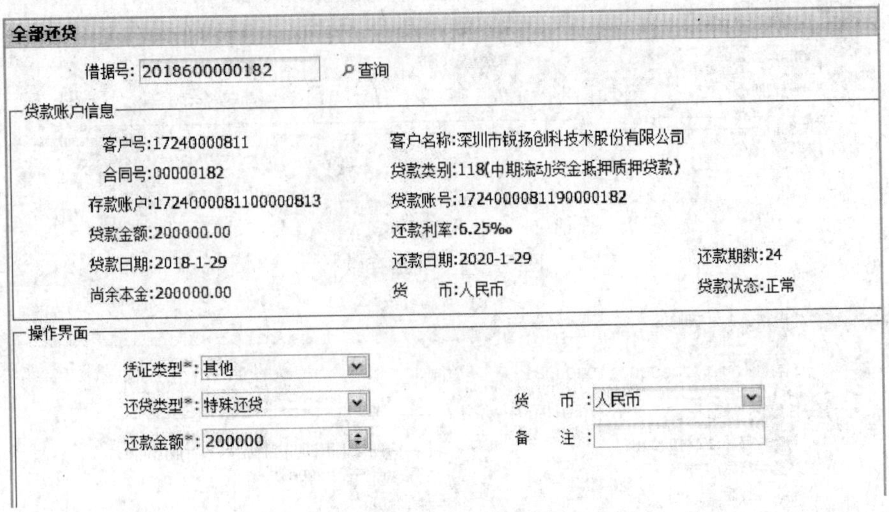

图5-16 全部还贷

> **实训演练**

根据案例完成系统操作，并将操作信息录入实训报告。

深圳市达士科技股份有限公司，是一个商业客户，注册资金1000万元，联系人陶壹，联系人手机号码13518174849，法定代表人手机号码13518174947，公司财务人员携带相关证件（见图5-17和图5-18）来我行开立商业存款活期基本户一个，开户存入现金78000元。

深圳市达士科技股份有限公司财务人员来我行办理"商业短期抵押质押贷款"，贷款金额700000元，贷款月利率5.95‰，贷款期限半年，贷款用途流动资金，担保方式为抵押，抵押法定代表人住房。

经本行各级信贷部门审批并通过了深圳市达士科技股份有限公司的贷款申请，我行柜员办理"商业短期抵押质押贷款"全额发放业务。

半年后，贷款到期，公司无力偿还，我行将抵债资产处理抵债。

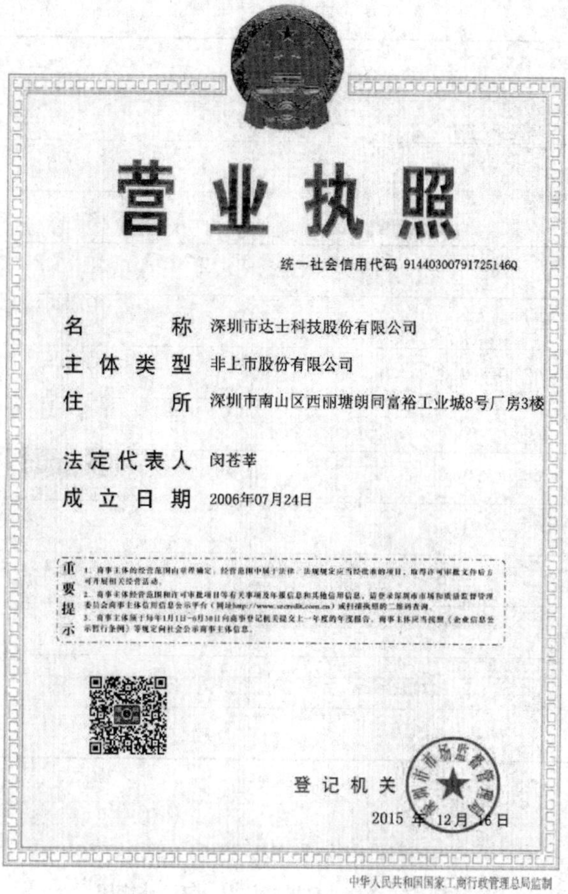

营业执照

统一社会信用代码 914403007917251460

名　　称　深圳市达士科技股份有限公司

主体类型　非上市股份有限公司

住　　所　深圳市南山区西丽塘朗同富裕工业城8号厂房3楼

法定代表人　闵苍莘

成立日期　2006年07月24日

重要提示

登记机关

2015 年 12月 16日

中华人民共和国国家工商行政管理总局监制

图 5－17　公司营业执照

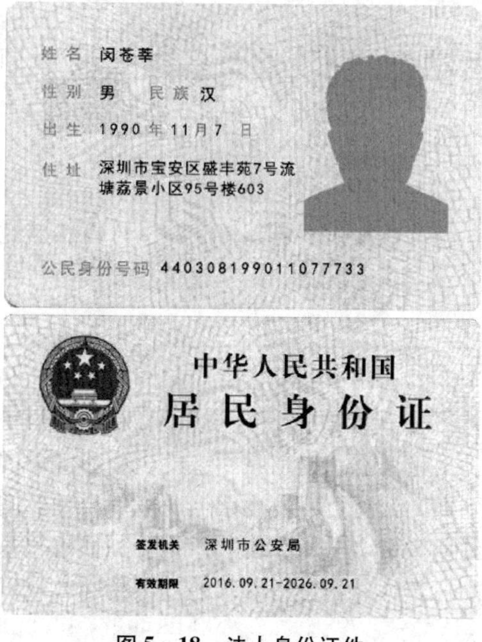

图 5－18　法人身份证件

实训报告

企业名称	
企业性质	
行业类别	
证件号码	
注册日期	
注册资金	
法人姓名及身份证号码	
客户号	
账号	
贷款合同号	
借据号	
贷款类型	
贷款金额	
还贷日期	

任务 2　贴现业务处理

活动 1　贴现业务基础知识学习

➤ 活动目标

掌握银行贴现贷款业务相关基础知识及办理流程，为办理贴现业务提供知识准备。

➤ 基础知识

一、贴现概念

贴现是银行以持票人持有未到期票据为对象所发放的贷款。所以，票据是一种交易行为，贴现对执票人来说，是出让票据，提前收回垫支于商业信用的资金；对于银行来说，是买进票据所载权利，票据到期，银行可以取得票据所载的金额。因此，贴现是一种以票据所有权的有偿转让为前提的约期性资金融通，实质上是一种债权关系的转移，是银行通过贴现间接地把款项贷放给票据的付款人，是银行贷款的一种特殊方式。

二、贴现的特点

（一）流动性高

票据贴现以后，票据所载权利完全属于银行，贴现银行如有急需，可向其他银行转贴现，或向中央银行再贴现，能随时收回资金，具有很高的流动性。

（二）安全性大

由于贴现人及票据上的各个当事人均为债务人，所以贴现银行的资金运用具有更大的安全性。

（三）自偿性强

票据贴现在票据产生时，兑现日期已在票据上载明，债务人不能要求转期。同时，商业汇票又都以合法商品交易为基础，具有很强的自偿性，到期收回票款较之一般贷款更有保证。

（四）用途确定

在用途上，贴现是针对每一笔票据具体操作的，贴现是否得当合理，反映明确清楚。所以，贴现也最容易反映银行的工作质量。

（五）信用关系简单

票据贴现业务是一项特殊放款方式，与其他放款相比还有下列不同之处：一是收息的方式不同，贴现实行预收利息的方法；二是期限的确定不同，贴现以票据的剩余期限为贷款期限；三是所涉及的关系人不同，贴现以持票人作为贷款直接对象，以票据承兑人的信誉作为还款保证。

三、贴现程序

贴现业务流程见图 5 - 19。

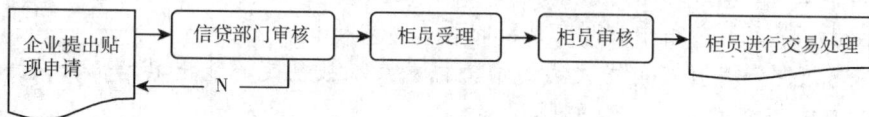

图 5 - 19 贴现业务流程

1. 企业申请。收款人申请贴现时应提供承兑汇票，填写《贴现凭证》代申请书，提交据以签发的交易合同、发货票和运单。

2. 信贷员审查。

（1）审查票据的真实性，通过对合同、发货运单的审查，核实发生商品交易的真实性、合法性及汇票的真伪。

（2）审查贴现凭证项目填写是否准确，申请贴现金额与承兑汇票票面金额是否相符。

（3）审查贴现款项的用途是否符合贷款条件，这是最重要的一条。

（4）审查未经银行承兑的商业承兑汇票的付款人的资信，必要时通过付款人开户银行进行调查，以便保证贴现款项到期偿还。审查后写出书面报告，并在《承兑汇票贴现审批书》上签署意见，连同有关资料交信贷科（股）长审核。

3. 科（股）长审核。对信贷员审查的内容和意见进行认真审核，根据有关政策及贷款规模、资金确定是否贴现。在审批书签署意见后送行长审批。

4. 行长（主任）审批。如果批准，由信贷部门在贴现凭证上填写适当的利率，企业在汇票背面加盖预留印鉴，交会计部门办理手续。贴现期一律从贴现之日至汇票到期日止。如果不批准贴现，由信贷部门向企业说明原因，将汇票及有关资料退还。

5. 监督使用与到期收回。贴现到期日前（往返邮程时间＋划款办理手续时间＋壹天）贴现银行将承兑汇票划给承兑银行或承兑企业开户行，向承兑人收取票款。若票款不能按期划回，贴现银行从贴现申请人账户扣收，并对尚未扣回部分收取贷款利息和罚息。

四、贴现计算

贴现计算方法：

$$贴现利息 = 汇票金额 × 贴现天数 × （年贴现率 ÷ 360 天）$$
$$实付贴现金额 = 汇票金额 - 贴现利息$$

贴现利率按人民银行规定执行。贴现期限从其贴现之日起至汇票到期日止，期限最长不超过 6 个月。实付贴现金额按票面金额扣除贴现日至汇票到期前一日的利息计算。

假设你有一张 100 万元的汇票，今天是 6 月 5 日，汇票到期日是 8 月 20 日，则你贴现后得到的金额如下：

$$100 - 100 × 3.24\% × 76/360 = 99.316（万元）$$

👆 知识拓展

1. 贴现申请人必须具备的条件。

（1）在贴现行开立存款账户的企业法人或其他经济组织；

（2）与出票人或直接前手之间有真实的商品交易关系；

（3）能够提供与其直接前手之间的增值税发票（按规定不能出具增值税发票的除外）和商品发运单据复印件。

2. 贴现申请人需提供的资料。

持票人办理汇票贴现业务时，需填写《商业汇票贴现申请书》，加盖公章和法人代表人章（或授权代理人章）后提交开户行，并提供以下资料：

（1）未到期且要式完整的银行承兑汇票；

（2）贴现申请人的《企业法人营业执照》或《营业执照》复印件；

（3）持票人与出票人或其直接前手之间的增值税发票和商品发运单据复印件；

（4）贴现银行认为需要提供的其他资料。

活动 2　贴现放款业务处理

➤ 活动目标

掌握银行贴现放款业务流程和处理办法，能够办理贴现放款业务。

> **业务流程**

贴现放款业务流程见图 5 - 20。

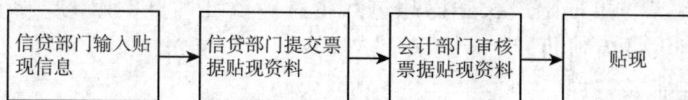

图 5 - 20　贴现放款业务流程

> **业务处理**

一、业务受理

信贷部门提交贴现票据、贴现凭证、贴现调查（审批表）给会计部门。贴现凭证见图 5 - 21。

贴现凭证

申请日期　　　年　月　日										编号										
贴现汇票	种类			号码			持票人	名称												
	出票日							账号												
	到期日							开户银行												
汇票承兑人名称					账号					开户银行										
汇票金额		人民币（大写）										千	百	十	万	千	百	十	元	角	分
贴现率（月）		‰	贴现利息	千	百	十	万	千	百	十	元	角	分	实付贴现金额		千	百	十	万	千 百 十 元 角 分
持票人签章：		小贷公司审核		负责人：		经办：			记账：		复核：									

一式三份

图 5 - 21　贴现凭证

二、业务审核

（一）票面要素审查

营业机构收到信贷部门递交的贴现调查（审批表）和汇票后，由经办人员和会计主管双人验票，对不符合规定的，予以退回，审查内容包括：

1. 汇票是否是统一印制的凭证，是否到期。

2. 汇票要素是否齐全，记载事项是否完整、规范、合法。

3. 汇票要素是否齐全，背书是否连续并符合要求，内容无涂改。

4. 汇票是否有变造、涂改痕迹等。

5. 贴现申请人的签章是否真实、有效和规范。

6. 是否已通知停办贴现的汇票或本身规定不准贴现的汇票。

7. 银行承兑汇票付款期限最长不得超过 6 个月。按月计算期限的，按到期月的对日计算；无对日的，月末日为到期日。

（二）票据查询

按规定向承兑银行进行查询，核实票据的真实性，并取得承兑行的书面确认或查复。票据查询应符合以下规定：

1. 跨行银行承兑汇票的查询查复按人民银行的规定采取一种或多种方式进行查询。系统内银行承兑汇票的查询查复，可以通过网内往来系统处理。

2. 对新客户首笔贴现、单笔金额较大的贴现业务，或网络查询出现非正常状况时，贴现行认为有必要进行实地查询的，可以到承兑行进行实地查询。

3. 商业承兑汇票的查询必须采取实地查询方式。贴现行客户部门应至少派两名客户经理持银行介绍信、本人身份证、已加盖结算专用章的第二、三联《查询查复书》、商业承兑汇票原件到承兑人处实地查询票据的真伪。由承兑人在查复书上注明"此商业承兑汇票确系我单位承兑"字样并加盖公章。未经实地查询的商业承兑汇票一律不得办理贴现。

会计部门审核后，经办人和会计主管在贴现调查（审批）表中签章，并签署意见，将调查表和相关资料移交信贷部门（信贷管理部门）进行审查。

（三）资料审查

信贷部门应将票据、贴现/转贴现凭证、票据贴现通知单、贴现调查（审批）表提交会计部门，会计部门应审查以下内容：

1. 贴现申请人是否在本营业机构所属一级分行管辖范围内的机构开立基本存款账户或一般存款账户或临时存款账户。原则上不准办理异地客户（一级分行管辖范围外）的贴现业务，如确需办理的，必须符合当地监管部门的要求并报经一级分行审批。

2. 如是本系统汇票，密押核对正确。

3. 是否已按规定向承兑银行进行查询，并取得承兑行的书面确认，汇票记载事项与我行承兑的汇票记载内容一致，暂无挂止他查。除按规定可以采取边贴现边查询方式办理贴现的票据外，未经查询的票据，会计部门有权拒绝对该票据办理除查询外的其他任何操作。

4. 贴现/转贴现凭证记载的申请人名称、账号、开户银行是否正确，与贴现票据内容核对相符。

5. 贴现/转贴现凭证"银行审批栏"是否有本行（分支行）贷款有权签字人、信贷部门负责人、信贷经办员签章，并加盖借款合同专用章（或行章）。"贴现金额"栏填写的金额与汇票金额是否一致，贴现实付金额、贴现利息金额计算是否正确，第二联持票人签章与银行预留印鉴是否一致。

6. 对于银行承兑汇票申请贴现，承兑行的签章必须齐全。

7. 贴现调查、审批表各要素是否齐全，是否有本行（分支行）贷款有权签字人、信贷部门负责人、信贷经办员签章，是否加盖支行公章。

8. 票据贴现通知单要素是否齐全，审查贴现/转贴现凭证、票据贴现通知单上的要素是否与贴现审批表上的批准事项相符。

9. 审核贴现率及贴现利息计算是否正确。

贴现的期限从其贴现之日起到汇票到期日止。实付贴现金额按票面金额扣除贴现日至汇票到期前 1 日的利息计算。承兑人在异地的，贴现的期限以及贴现利息的计算应另加 3 天的划款日期。

审查无误后，会计主管在贴现/转贴现凭证银行审批栏审批签章，交柜员做贴现处理。

三、交易处理

柜员选择"贴现"或"贴现转支票户"交易码，输入票据贴现通知单上的借款凭证号，提取由信贷管理系统发送的票据贴现电子信息，核对电子信息与纸质贴现凭证、票据贴现通知单三者要素一致后，根据票据贴现通知单录入相关要素，进行贴现账务处理。

办理买方付息银行承兑汇票贴现业务时，应要求买方企业将贴现利息资金预先汇划至经办行并授权经办行进行扣收。

交易成功后，柜员打印贴现/转贴现凭证并加盖业务处理讫章。

四、凭证处理

1. 将客户回单、贴现/转贴现凭证第一联交客户。

2. 贴现/转贴现凭证第三联作记账凭证；选择组合交易的，贴现/转贴现凭证第四联作记账凭证附件。

3. 贴现/转贴现凭证第五联和一联票据贴现通知单交信贷部门。

五、票据保管

柜员选择"表外备查类借贷"交易登记"贴现票据"科目，打印记账凭证，与贴现票据、贴现凭证第二联（贴现债权凭证）一并交专人入库保管。保管人应登记《重要物品保管使用登记簿》，并按到期日顺序排列。对保管的贴现票据进行定期轧打，确保账实相符。

活动 3 贴现收回或拒付及核销业务处理

➤ 活动目标

掌握银行贴现收回或拒付、核销业务流程和处理办法，能够办理贴现收回或拒付、核销业务。

➤ 业务流程

贴现收回或拒付及核销业务流程见图 5-22。

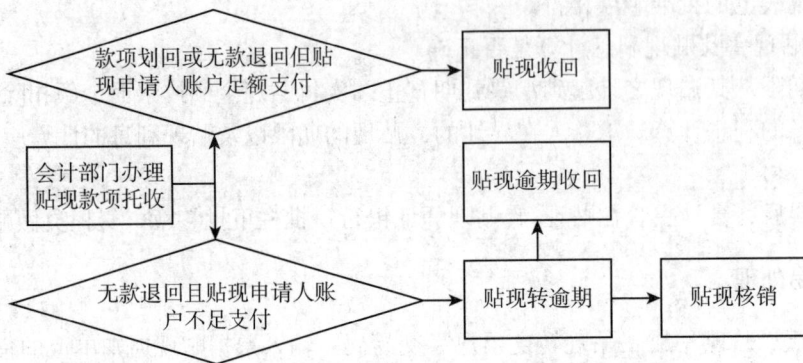

图 5 – 22 贴现收回或拒付及核销业务流程

➢ **业务处理**

一、贴现到期收回

（一）委托收款

1. 发出托收。

贴现/转贴现银行在贴现票据到期前，匡算邮程，提前办理托收。柜员选择"表外备查类借贷"交易销记表外贴现票据账户，领出贴现票据，保管人应登记《重要物品保管使用登记簿》。在汇票背书栏加盖结算专用章和授权的经办员名章，注明"委托收款"字样；填制委托收款凭证，在"委托收款凭证名称"栏注明票据种类及其汇票号码。将第三、四、五联托收凭证连同贴现票据寄代理付款行，交易登记《托收登记簿》。对付款人在异地的，应在汇票到期前至少 7 日向承兑行办理委托收款。

2. 将委托收款凭证第二联与贴现凭证第二联一并专夹保管。其余操作手续比照发出委托收款的有关程序办理。

（二）处理划回票款

当代理付款银行划回票款后，抽出专夹保管的贴现凭证和托收凭证第二联，核对无误后，柜员选择联行子系统的贷记过渡交易，将款项转入过渡账户，交易成功后，打印记账凭证，无误后加盖业务处理讫章。

（三）收回贴现

柜员根据贴现凭证，选择"收回贴现"交易。交易成功后，柜员打印还款凭证并加盖业务处理讫章，在委托收款凭证第二联上填注收到日期。柜员还应选择"单笔补录"交易销记《托收登记簿》。

（四）凭证处理

还款凭证第二联作记账凭证，委托收款凭证第二联加盖业务处理讫章和经办人名章附记账凭证后，贴现/转贴现凭证第二联、联行来账凭证作附件；还款凭证第四联交信贷部门留存。

二、拒付处理

贴现行应在收到拒绝付款证明或退票理由书的当天从贴现申请人账户内扣收票款。

（一）贴现申请人账户余额足够支付的处理

1. 业务受理。

当委托收款凭证被退回且贴现申请人存款账户余额足够支付，归还贴现款项可从贴现申请人存款账户扣除。由信贷部门提交通知文件，注明原因"贴现款被退回，委托凭证号：××号。扣收贴现款"字样。

柜员填制一式两联记账凭证，在摘要栏注明"未收到××号汇票款，贴现款已从你账户收取"字样，交会计主管审核签章。

2. 贴现归还。

柜员抽出专夹保管的贴现凭证第二联，审核无误后，使用"贷记过渡"交易，将票款从贴现申请人存款账户转入过渡账户；再收回贴现款，打印还款凭证，其余比照处理划回票款处理。

3. 凭证处理。

还款凭证第一联作客户回单，连同退回的汇票、拒绝付款理由书或付款人未付款通知书一并交贴现申请人；还款凭证第三联作记账凭证，贴现凭证第二联和委托收款凭证第二联作记账凭证附件，还款凭证第二联附记账凭证后；还款凭证第四联交信贷管理部门留存。

（二）贴现申请人账户余额不够足额扣收的处理

1. 业务受理。

当委托收款凭证被退回且贴现申请人存款账户余额不够足额扣收，由信贷部门提交通知文件，注明原因"贴现款被退回，委托凭证号：××号。扣收贴现款××元，剩余贴现款××元入逾期账户"以及转逾期字样。

柜员填制一式两联记账凭证，在摘要栏注明"未收到××号汇票款，已从你账户收取贴现款××元，剩余贴现款××元入逾期账户"字样，交会计主管审核和签章。

2. 贴现归还和转逾期处理。

柜员抽出专夹保管的贴现凭证第二联，审核无误后，使用"贷记过渡"交易，将扣收的金额从贴现申请人存款账户转入过渡账户；再收回贴现款，打印还款凭证；剩余贴现款选择"贴现/转贴现转逾期"交易处理，转入贴现申请人相应的单位票据贴现垫款账户，打印记账凭证与客户回执并加盖业务处理讫章。

3. 凭证处理。

还款凭证第一联作客户回单；一联客户回执连同拒绝付款理由书或付款人未付款通知书移交信贷部门作逾期通知书；还款凭证第三联作记账凭证，还款凭证第二联附记账凭证后；一联客户回执作银行留存联与原贴现/转贴现凭证第二联专夹保管；贴现票据由会计部门专人保管，作依法追索凭据。

（三）贴现申请人账户无款扣收的处理

1. 业务受理。

收到退回的汇票、拒绝付款理由书后，经核实贴现申请人存款账户不足支付票款时，应及时通知信贷部门。

2. 业务审核。

柜员抽出专夹保管的贴现凭证，审查以下内容：

（1）贴现凭证上到期日是否正确，是否已逾期。

（2）核实委托收款被退回的原因，并检查贴现申请人存款账户余额是否足以支付贴现款项。

审查无误后，填制记账凭证，并在摘要栏注明"未收到××号汇票款，贴现款入逾期账户"等字样，然后交会计主管审核签章。

3. 交易处理。

柜员选择"贴现/转贴现转逾期"交易码，将贴现转为逾期贷款。交易成功后，柜员打印记账凭证及回单，再次确认无误后，在记账凭证和客户回单上加盖业务处理讫章。

4. 凭证处理。

一联客户回执作银行留存联与原贴现/转贴现凭证第二联专夹保管；一联客户回执连同拒绝付款证明或退票理由书移交信贷部门作逾期通知书；贴现票据由会计部门专人保管，作依法追索凭据。

活动 4 纸质商业汇票贴现业务处理

➢ 活动目标

掌握商业汇票贴现业务的操作。

扫一扫
学操作

➢ 实训案例

1. 完成一张商业承兑汇票纸票需要进行承兑登记业务，出票人为深圳市和乐光电科技有限公司，收款人为深圳市锐扬创科技术股份有限公司，承兑人为深圳市飞恒多贸易有限公司。票据金额 80000 元，期限 3 个月，承兑日期（根据情况自行选择），合同号码 201710120000001，发票号码 20170002。

2. 完成票据贴现业务，首先进行贴现登记，贴现利率为 6‰，贴现日期根据情况自行选择，登记之后，票据进行放款，放款日期根据情况自行选择，放款金额等于贴现余额。

3. 因资金周转困难，再次将此张票据贴现给中国人民银行，再贴现利率为 8‰，再贴现日期（根据情况自行选择）。

4. 再贴现登记之后的票据进行回购再贴，以及回购再贴之后的票据进行转回交易，我行首先为其办理贴现转出业务，其次办理已转出贴现转回业务，转回类型为回购，且两次业务发生日期根据情况自行选择。

➢ 实训步骤

第一步 出库商业承兑汇票。

钱箱管理——凭证出库

选择"凭证类型"，输入出库金额，见图 5-23。

第二步 纸质承兑登记。

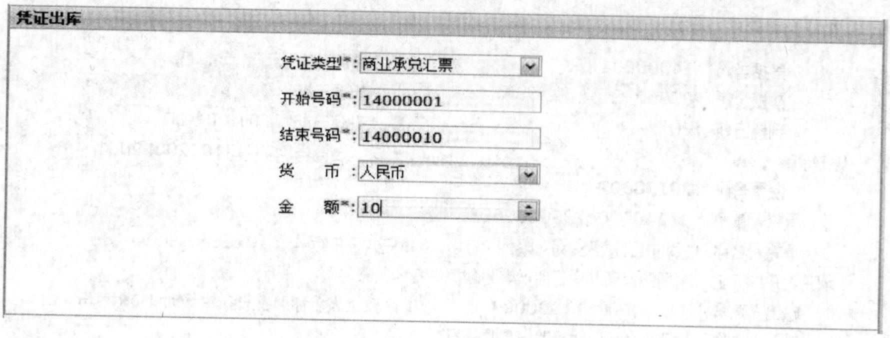

图5-23　商业承兑汇票出库

支付结算——纸质商业汇票业务——纸质承兑登记

输入"票据种类""票据号码""票据金额""出票日期""到期日期""承兑日期""合同号""发票号码""承兑人类型""承兑人账号""出票人账号"以及"收款人账号"等信息，见图5-24，执行后生成借据号录入实训报告。

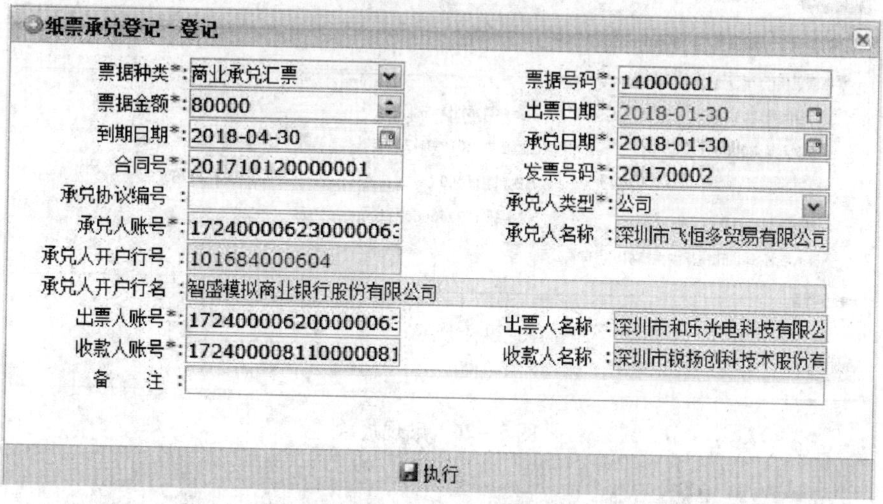

图5-24　支票承兑登记

第三步　支票贴现登记及放款。

支付结算——纸质商业汇票业务——纸票贴现登记

输入"票据号码"确认票据信息，确认无误后，输入"贴现日期""贴现利率""合同号"以及"发票号码"等信息，见图5-25，执行后生成贴现借据号录入实训报告。

贷款业务——票据贴现——贴现放款

输入"借据号"查询贴现信息，确认无误后，输入贴现放款金额，见图5-26，执行后完成放款操作。

第四步　再贴现登记。

支付结算——纸质商业汇票——再贴现登记

输入"票据号码"查询票据信息，确认无误后输入"再贴现日期"和"再贴现利率"，见图5-27，执行后完成操作。

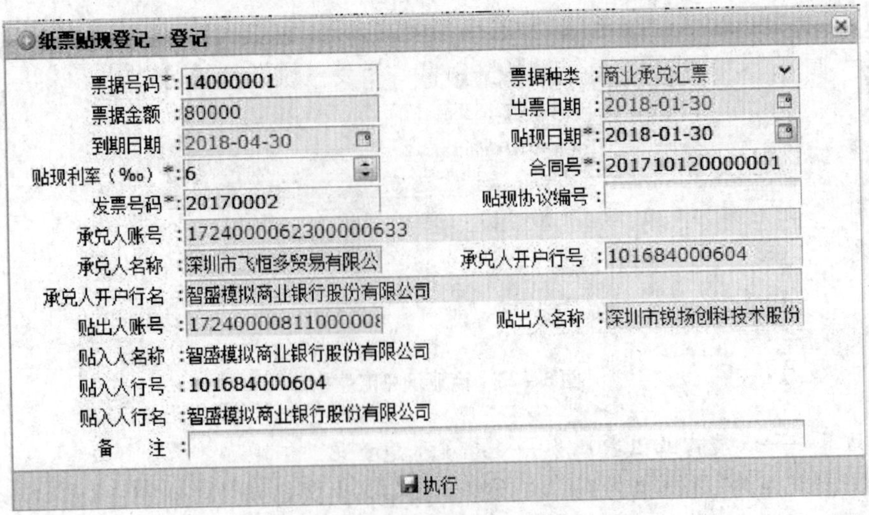

图 5 - 25　支票贴现登记

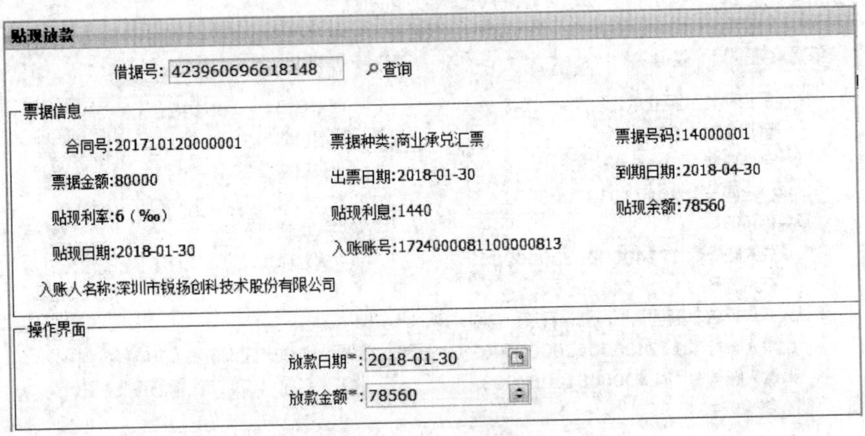

图 5 - 26　贴现放款

图 5 - 27　再贴现登记

第五步　贴现转出以及已转出贴现转回业务。

贷款业务──票据贴现──贴现转出

输入"借据号"查询贴现业务信息，确认无误后，输入"贴现类型""转出日期"以及"转回日期"等信息，见图5-28，执行后完成操作。

图5-28　贴现转出

贷款业务──票据贴现──已转出贴现转回

输入"借据号"查询贴现业务信息，确认无误后，输入"转回类型"等信息，见图5-29，执行后完成操作。

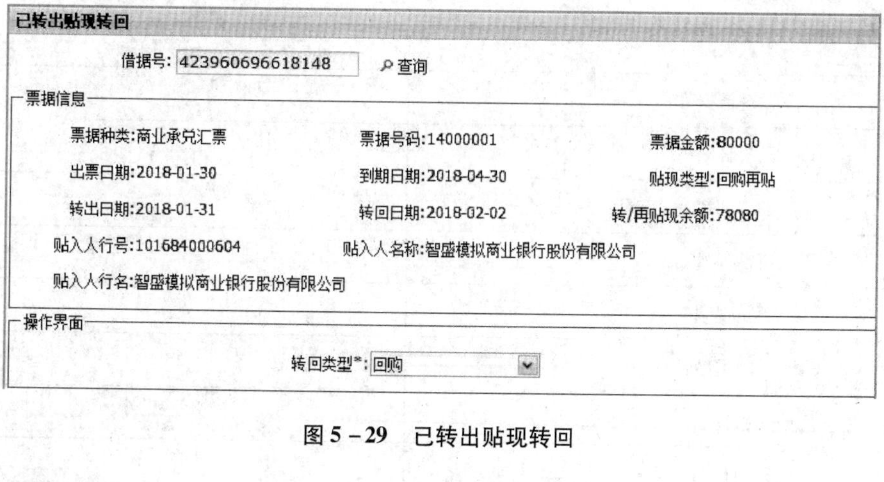

图5-29　已转出贴现转回

➢ 实训演练

根据案例完成系统操作，并将操作信息录入实训报告。

完成一张商业承兑汇票纸票需要进行承兑登记业务，出票人为深圳市领航者互联网股份有限公司，收款人为深圳市长天科技有限公司，承兑人为深圳市达士科技股份有限公司。票据金额80000元，期限3个月，承兑日期根据情况自行选择，合同号码201710120000001，发票号码20170002。

完成票据贴现业务，首先进行贴现登记，贴现利率为 6‰，贴现日期根据情况自行选择，登记之后，票据进行放款，放款日期根据情况自行选择，放款金额等于贴现余额。

因资金周转困难，再次将此张票据贴现给中国人民银行，再贴现利率为 8‰，再贴现日期根据情况自行选择。

再贴现登记之后的票据进行回购再贴，以及回购再贴之后的票据进行转回交易，我行首先为其办理贴现转出业务，其次办理已转出贴现转回业务，转回类型为回购，两次业务发生日期根据情况自行选择。

实训报告

商业承兑汇票编号	
票据金额	
出票日期	
到期日期	
承兑日期	
合同号	
发票号码	
承兑人类型	
承兑人账号	
出票人账号	
收款人账号	
贴现借据号	
贴现日期	
贴现利率	
再贴现日期	
再贴现利率	
贴现类型	
转出日期	
转回日期	
转回类型	

代 理 业 务

项目描述	本项目主要考核商业银行代理业务的基本操作。具体包括代收移动电话费、代发工资与养老金、代收罚款等业务操作。本项目将设立 3 项任务共计 6 项活动来介绍各种代理业务规定及柜台操作处理	
项目目标	知识目标	✧ 了解代理收费业务的基本知识 ✧ 了解代发工资业务的基本知识 ✧ 了解罚款代收业务的基本知识
	技能目标	✧ 能熟练办理各项代理收费业务 ✧ 能熟练办理代发工资业务 ✧ 能熟练办理罚款代收业务
项目任务·活动	**任务1　代理收费业务处理** 　　活动1　认识代收代付业务的含义 　　活动2　代理收费业务操作处理 　　活动3　批量代扣水费业务操作 **任务2　代发工资业务处理** 　　活动1　代发工资业务的流程及处理 　　活动2　代发工资业务操作 **任务3　罚款代收业务** 　　活动　罚款代收业务操作	

任务1　代理收费业务处理

活动1　认识代收代付业务的含义

➤ 活动目标

了解代收代付业务的基本概念，掌握代收代付业务的种类、特点，为下一步掌握具体的代收代付业务的操作处理奠定良好的理论基础。

➤ 基本知识

一、代收代付业务的概念

商业银行的代收业务是商业银行利用自身网点、人员等优势，接受行政管理部门、社会团体、企事业单位和个人的委托，代为办理指定范围收款和付款的商业银行中间业务。

二、代收代付业务的种类

目前，商业银行代收代付业务大致可分为以下两类：

一是代缴费业务。代缴费业务是商业银行代理收费单位（如供电、供气、供水、电信等部门）向其用户收取费用的一种转账结算业务。收费单位及用户均应在代理银行开立活期存款账户，银行定期在协议规定的收费日，从用户存款账户中按收费清单扣划给收费单位，客户也可持现金在银行柜台缴费。目前，商业银行已开办代缴费业务种类主要有代理移动、联通、电信、电费等缴费业务。

二是代发款业务。代发款业务是商业银行及其下属机构接受委托单位的委托，通过先进的电脑联网系统进行批量入账，再将有关款项自动转入储户在银行预先指定的储蓄账户中的业务。如代理企事业单位向该单位的职工发放奖金、工资等收入；代理社会保险经办机构发放养老金等。商业银行的代付业务主要是代发款业务。

三、代收代付业务的特点

一是时间的固定性。银行代收代付款项的时间一般是固定不变的。如每年的年初、每季度的某个月份、每周的某日等。

二是业务的经常性。代收代付合同签订之后，代收代付业务就成为商业银行的一项经常性业务活动。

三是金额少但范围广。每次代收代付的金额一般较少，但代收代付的范围广泛。

四是手续的统一性。收付款的内容简单统一，经办手续一致，审核方便。

四、代收代付业务的处理方式

（一）代收业务的处理方式

一般来讲，商业银行代收业务的处理方式主要有实时代缴与主机批量扣划两种方式。实时代缴方式是指商业银行利用收费单位与银行之间的计算机专线联网，及时传送标准统一的收费数据和收费结果，为缴款人提供"即缴即通"的服务。主机批量扣划方式是指商业银行接受缴款人委托，在其指定的账户上为其缴纳有关费用，并在指定日期将扣款通过收费单位提供的数据盘转至收款单位。

实时代缴方式的基本程序：收款单位和银行签订代收业务协议，并在银行开立账户；付款单位或个人（客户）主动通过代理银行柜台、自助终端设备、网上银行等方式缴费。主机批量扣划方式的基本程序：收款单位和付款单位或个人（客户）均在银行开立账户；收款单位、付款单位或个人与银行签订代扣代缴业务协议。银行在代扣代缴业务系统中建立扣费对应关系；收款单位按时将代收款数据传送至银行，银行核对代收款数据，正确无误后从付款单位或个人（客户）账户中直接扣划。

💡 **提示**

客户主动缴付方式中，柜台缴费可使用现金和银行卡缴费。银行自动扣划方式中，如果缴款人存款余额不足，银行需通过电话、信函等方式通知缴款人补足余额。

（二）代付业务的处理方式

商业银行代付业务的处理方式。商业银行代付业务常见的处理方式是批量托付方式。批量托付方式一般可分为"开户"与"批量托付"两个步骤。

开户又有两种可能的做法（以代发工资为例）：一是前台柜员逐笔手工开户。开户的交易类型选"工资"，其余同一般开户。开户的总笔数、总金额应当与单位数据清单相同。二是银行后台从文件导入批量明细，银行后台批量开户。图6-1为××银行个人客户综合签约代扣申请书。

××银行个人客户综合签约代扣申请书
（请您认真阅读"申请人须知后"填写）

申请人姓名_____ 身份证件类别_____ 号码_____
代扣账户/卡号_____
申请代扣项目（可多选）_____
水费户号_____
电费户号_____
天然气费户号_____
网通话费户号_____
电信话费户号_____
铁通话费户号_____
有线电视费户号_____
保险费保单号_____

居民养老费社保号_____

申请人须知：

1. 申请办理个人客户综合签约代扣服务须提供本人有效身份证件和本人在本银行开立的活期储蓄存折/储蓄卡/理财卡。

2. 本银行根据收费单位提供的扣款金额代扣相关费用，如您对代扣金额存在疑问，请到收费单位进行查询。

3. 本银行为您代扣费用，实行全额代扣。请在收费单位规定的缴费日期前，确定您的代扣账户/卡中预存有足够的资金。若资金不足以缴纳当期费用或账户因冻结、挂失等原因处于非正常状态时，我行将不予扣收。

4. 如您变更相关委托事项，请到原申请代扣机构办理书面撤销申请手续，并重新办理代扣手续。

5. 如您办理过户或不再委托我行代扣时，请到原申请代扣机构办理书面撤销申请手续。

6. 本行各网点均为您免费提供代理收费业务专用收据打印业务。

7. 若发生欠费，请按收费单位的相关规定办理。

8. 请认真填写此表，若填写错误造成无法代扣或错扣，损失由您自行承担。

本人已认真阅读《某银行个人客户综合签约代扣申请书》并知悉相关内容，统一委托某银行代扣相关费用，自即日起受上述条款约束。

申请人（签字）_____

申请日期　　年　月　日

图6-1　××银行个人客户综合签约代扣申请书

案例阅读

给老年人开设"绿色通道"

市民王先生反映，他前两天到盛京银行交纳电费，结果工作人员说，柜台不收小额缴费款项，需要他到自动机具上自行办理。王先生今年70岁，眼花耳聋，根本不懂如何在自动缴费机器上操作。……盛京银行营销部负责人向记者解释，银行代理了近20项小额缴费项目，客户量很大，像特殊业务如交警罚款、房屋维修基金，必须从柜台办理，其他业务如水、电费等，他们则建议客户尽量从自助机器上办理。

点评：银行开办代理收费业务，不能以业务窗口太忙而拒绝客户，客户有权选择从柜台或者从机器交纳，部分老年客户不适应机器交费，银行应该考虑到实际情况而给这些客户开一条"绿色通道"。

活动2　代理收费业务操作处理

➤ 活动目标

了解代理收费业务的含义，掌握代理收费业务的流程，能按照银行的工作过程正确地进行代理收费业务的操作处理。

➤ 业务流程

代理收费业务流程见图6-2。

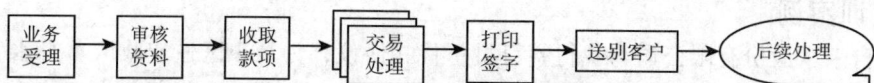

图6-2　代理收费业务流程

> **业务处理**

1. 业务受理。客户办理缴费业务申请时，经办柜员应提请客户提交客户本人的有效身份证件，并提请客户填写"代扣费业务协议"。

2. 审核单证。经办柜员应按规定对客户提交的相关资料进行审核。主要审核内容包括：

（1）审核客户的身份证件是否真实、有效；

（2）审核客户所填写"代扣费业务协议"的有关内容是否完整、正确、清晰。

提示

如果客户没有本银行的银行账户，需要提请客户开立银行账户；如果客户有银行账户，则要审核该账户是否为本行所受理的账户，是否为客户本人的账户等。

3. 收取款项。如果客户使用现金缴费，应清点客户交付的现金；如果客户使用存折、储蓄卡等缴费，则通过系统操作予以应扣划款项。

4. 交易处理。进入系统相关界面，录入代理交费申请交易代码以及客户信息等，确认后交易成功。

5. 打印签字。银行柜员打印业务受理单，交客户签字，并在"代扣费业务协议"、业务受理单上加盖业务公章和经办柜员名章。

6. 送别客户。银行柜员将"代扣费业务协议""业务受理单"的第二联，连同客户的银行账户、身份证件等一并交还客户，并送别客户。

7. 后续处理。银行柜员将"代扣费业务协议""业务受理单"的第一联留存，整理相关凭证，日终上交业务部门统一归档保管。

提示

客户办理代缴费业务申请时，可以持他人的有效身份证证件，替他人缴纳款项。但委托扣款的银行账户则必须是授权人本人的账户；若需中止授权，则需要本人出具中止授权委托书，送受理银行。银行在中止授权书的1个月后执行；开立授权书日即授权生效日。

活动3　批量代扣水费业务操作

> **活动目标**

掌握批量代扣水费业务的操作。

扫一扫
学操作

➢ **实训案例**

深兰自来水股份有限公司与我行签订批量代扣协议，为某小区住户收取本月水费。

模拟综合柜员办理企业对公开户并存入 500000 元、个人开借记卡 I 类账户并存入 500 元、代理业务办理代理合同录入、批量管理、批量明细录入程序，并代扣本月水费。

附件：

水费表			
张伟	身份证：440304199111222550	13577186300	23.10 元
楚歌	身份证：440304198806282856	13999090660	45.50 元

企业资料：注册名称：深兰自来水股份有限公司，商业客户，注册地：深圳市南山区深南大道 108 号，邮编：518000，法定代表人：王博闫，法人代表手机号：18871815500；注册资本：3000 万元，成立日期：2007 年 8 月 10 日，法人身份证号：440304196502240128，联系人：魏敏，联系人手机号 18655826060，营业执照编号：6406598013210654409。

➢ **实训步骤**

第一步　对公开户。

对公业务——对公账户管理——开对公客户号

录入"企业性质""行业类别""客户名称""证件类型""证件号码""注册日期""注册地址""注册资金""法人代表身份证编号""法人姓名""联系人"等信息，见图 6－3，执行后生成客户号，填入实训报告。

开对公客户号		
企业性质*：股份制	行业类别*：商业客户	
客户名称*：深兰自来水股份有限公司	证件类型*：营业执照	
证件号码*：6406598013210654409	注册日期*：2007-08-10	
注册地址*：深圳市南山区深南大道108号		
注册资金(万元)*：3000	法定代表人*：王博闫	
法定代表人身份证*：440304196502240128	法定代表人手机*：18871815500	
联系人*：魏敏	联系人手机*：18655826060	
贷款证号：	隶属集团：	
主管网点：	注册年限：0	

图 6－3　公司账户开对公客户号

对公业务——对公账户管理——开对公存款账号

录入"客户号"查询开户信息，再录入"账户类别""存期""账号标识"等信息，见图 6－4，执行后生成账号，填入实训报告。

对公业务——单位活期存款——现金存款

录入"账号"查询开户信息，确认无误后录入"金额"，见图 6－5，执行后完成存入操作。

第二步　个人开户。

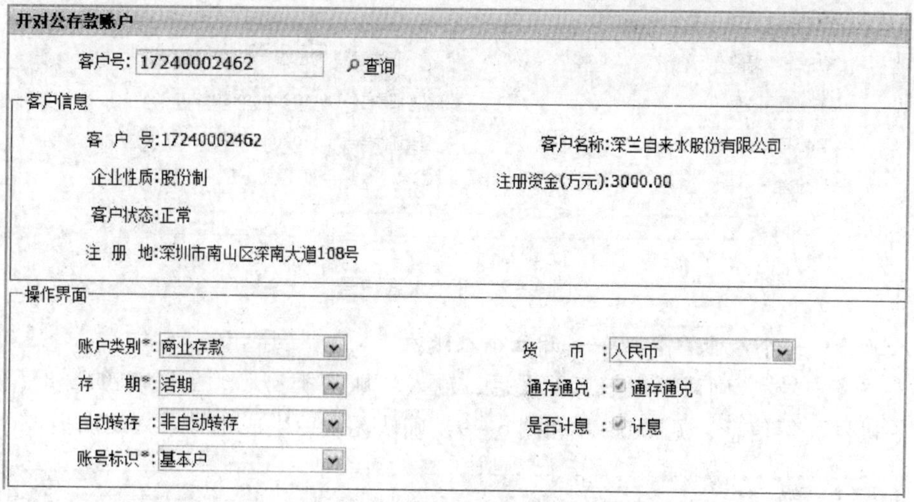

开对公存款账户

客户号：17240002462　🔍查询

客户信息

客　户　号:17240002462　　　　　　　　　客户名称:深兰自来水股份有限公司

企业性质:股份制　　　　　　　　　　　注册资金(万元):3000.00

客户状态:正常

注　册　地:深圳市南山区深南大道108号

操作界面

账户类别*:商业存款　▼　　　　　　　货　币:人民币　▼

存　期*:活期　▼　　　　　　　　通存通兑:☑ 通存通兑

自动转存:非自动转存　▼　　　　　　是否计息:☑ 计息

账号标识*:基本户　▼

图 6－4　公司账户开基本存款账号

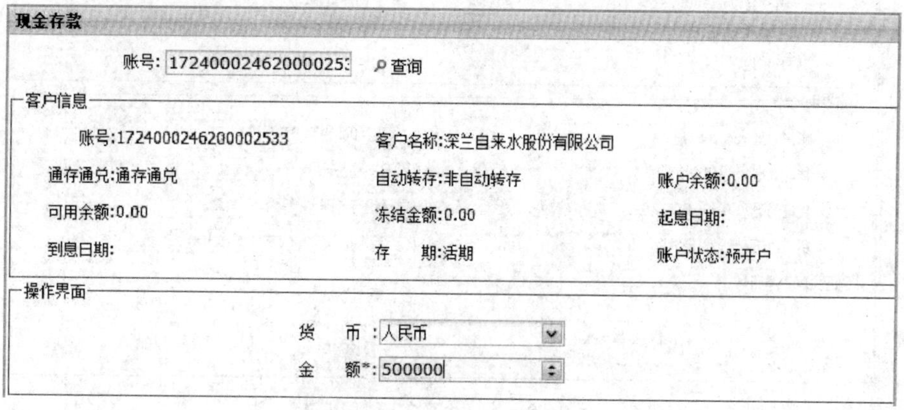

现金存款

账号:17240002462000025　🔍查询

客户信息

账号:17240002462000025533　　　　客户名称:深兰自来水股份有限公司

通存通兑:通存通兑　　　　　　自动转存:非自动转存　　　账户余额:0.00

可用余额:0.00　　　　　　　　冻结金额:0.00　　　　　　起息日期:

到息日期:　　　　　　　　　　存　期:活期　　　　　　　账户状态:预开户

操作界面

货　币:人民币　▼

金　额*:500000 ⬍

图 6－5　现金存款

个人业务——个人账户管理——开个人客户号

录入"客户名称""证件类型""证件号码"以及"手机号"等信息，见图 6－6 和图 6－7，执行后生成的客户号录入实训报告。

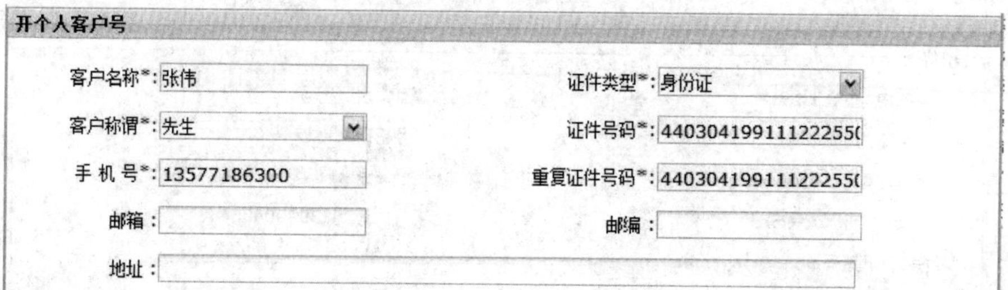

开个人客户号

客户名称*:张伟　　　　　　　　　　证件类型*:身份证　▼

客户称谓*:先生　▼　　　　　　　　证件号码*:44030419911122255(

手机号*:13577186300　　　　　　重复证件号码*:44030419911122255(

邮箱:　　　　　　　　　　　　　　邮编:

地址:

图 6－6　开个人客户号

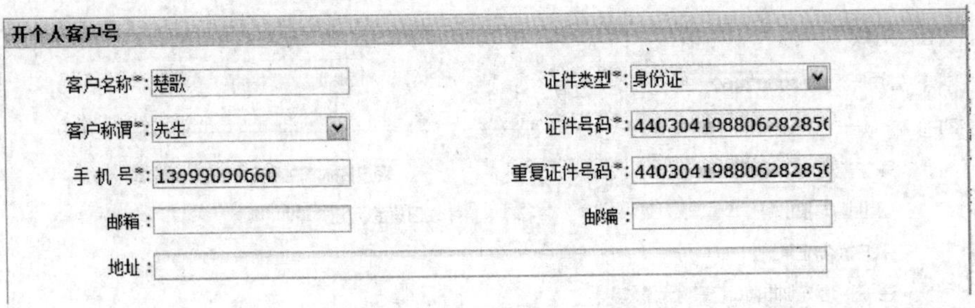

图6-7　开个人客户号

个人业务——个人账户管理——开立个人账户

录入"客户号"，确认开户信息无误后，输入"账户类型""凭证类型""凭证号码"以及"手机号"等信息，见图6-8和图6-9，确认无误后生成账号录入实训报告。

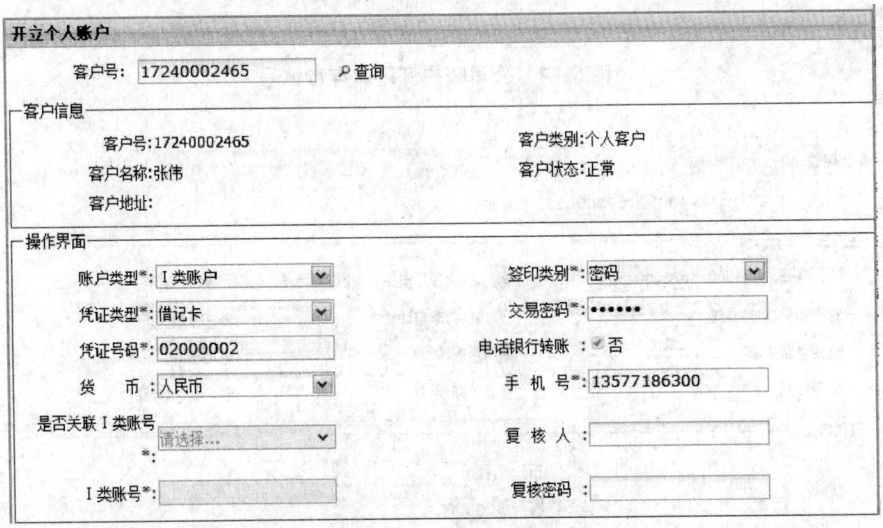

图6-8　开立个人账户

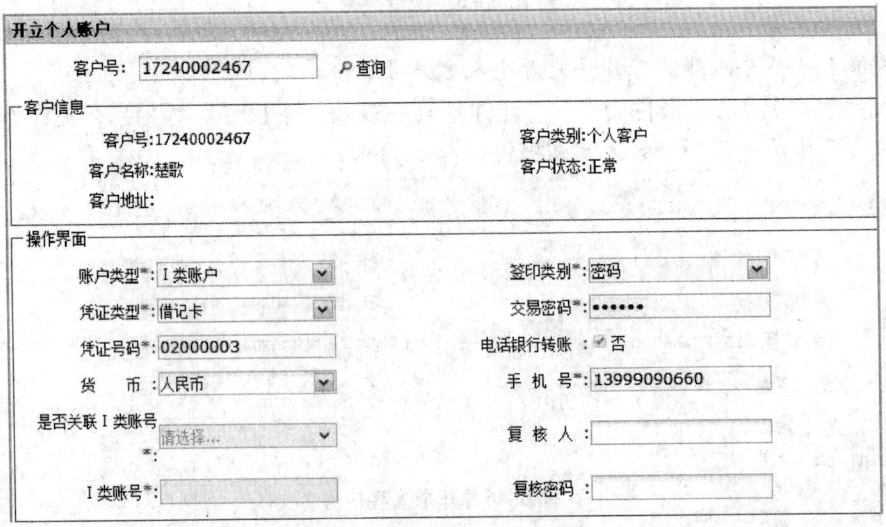

图6-9　开立个人账户

个人业务——活期储蓄——借记卡活期存款

录入"账号"查询开户信息，确认无误后录入"金额"，见图6-10和图6-11，执行后完成存入操作。

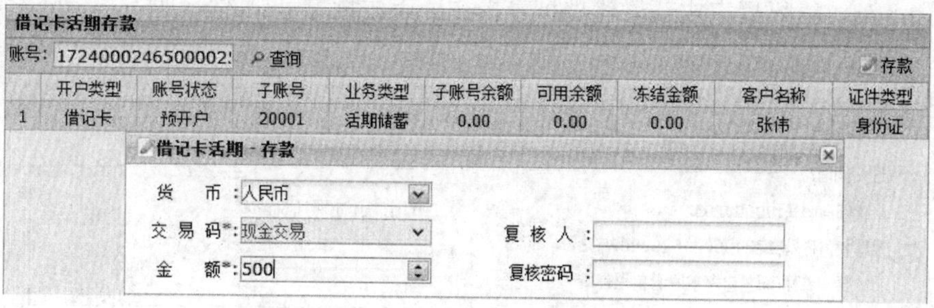

图6-10 借记卡活期存款

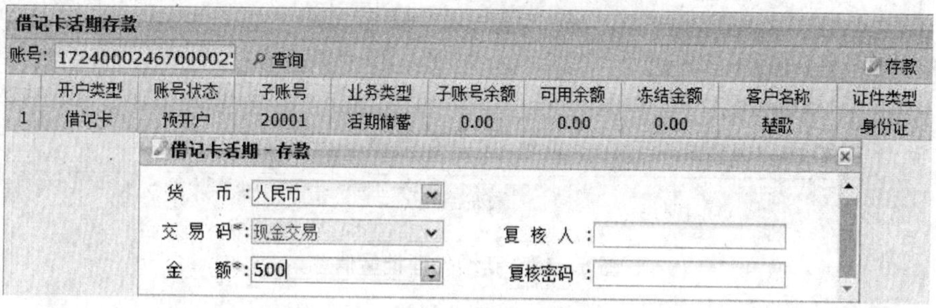

图6-11 借记卡活期存款

第三步 新建代理合同。

代理业务——代理合同管理——新增

录入"账号"查询代理收付账号信息，确认无误后选择"代理类别"，见图6-12，执行后完成新增代理合同操作，生成的合同号录入实训报告。

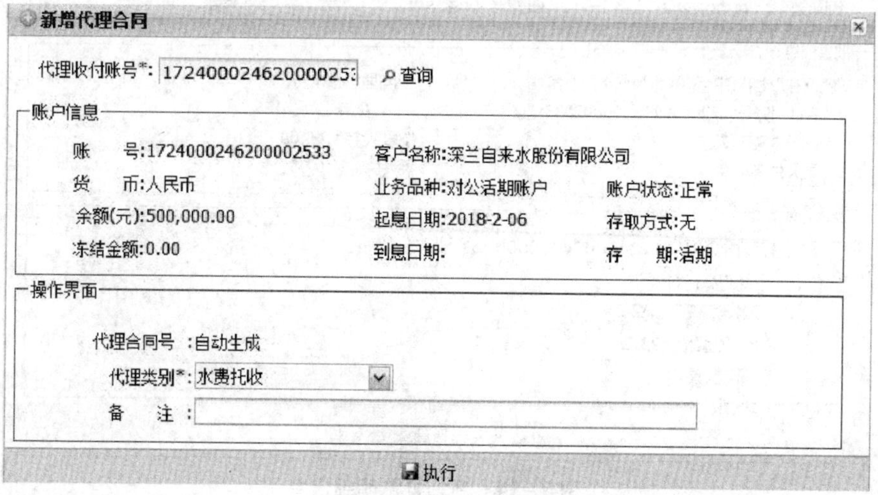

图6-12 新增水费托收合同

第四步　新增代理批量信息。

代理业务——代理批量管理——新增

　　录入"代理合同号"查询代理业务信息，确认无误后录入"总笔数""总金额"等信息，见图6-13，执行后完成新增代理批量操作，生成批量号录入实训报告。

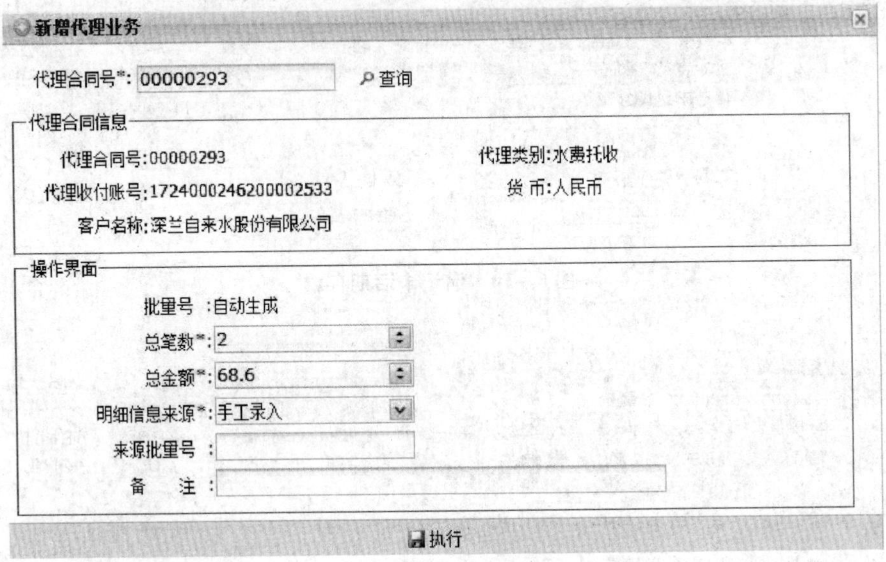

图6-13　新增代理批量信息

第五步　新增代理批量信息。

代理业务——批量明细管理——新增

　　录入"代理合同号""批量号"查询代理业务信息，确认无误后录入"涉及对象账户""涉及金额"等信息，见图6-14和图6-15，执行后完成新增代理批量操作。

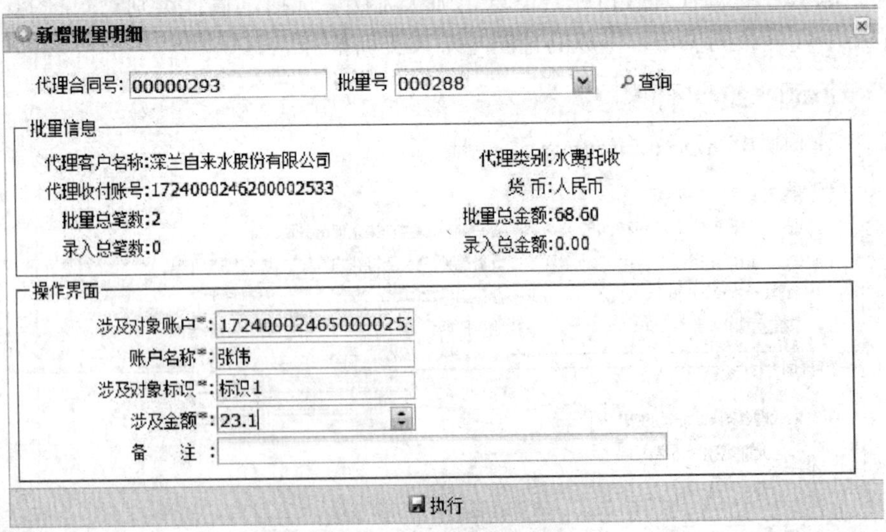

图6-14　新增批量明细信息

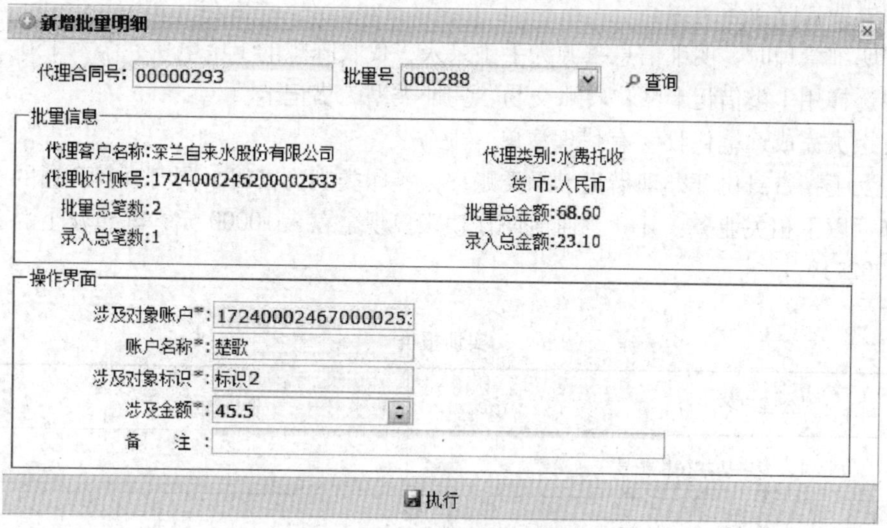

图 6 - 15 新增批量明细信息

第六步 批量代收（代扣）。

代理业务——批量代收（代扣）

录入"代理合同号"查询代理业务信息，确认无误后录入"批量号""总笔数""总金额"等信息，见图 6 - 16，执行后完成新增代理批量操作。

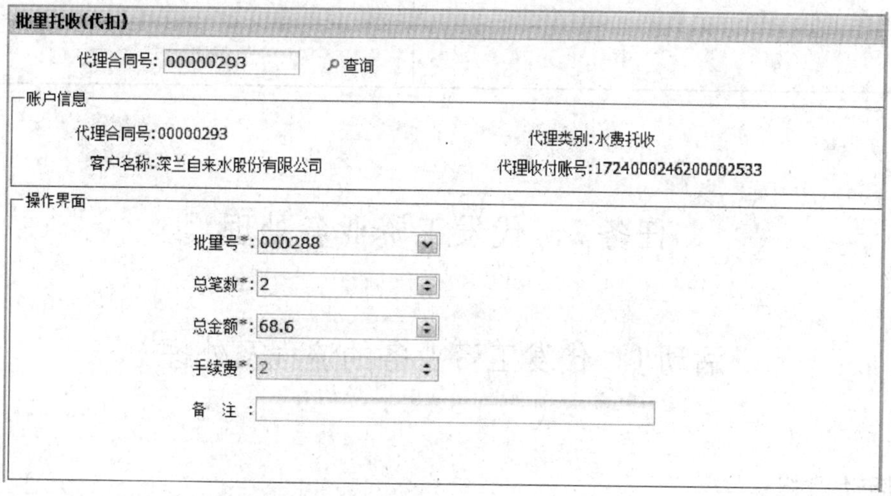

图 6 - 16 批量代收（代扣）

➤ 实训演练

南方电网深圳分公司（统一社会信用代码：91440300MA5K5DBW9A，企业性质：其他，行业类别：其他企业客户，成立日期：2001 年 10 月 20 日，注册资金 800 万元人民币，公司地址：深圳市罗湖区南湖街道南湖路 3005 号国贸商业大厦 1305，联系人花桦宜，手机号码 15975121579，法定代表人：范孝柏，身份证号码：440303198010221573，手机号码：13789651589）财务人员来我行办理开立单位其他存款活期基本户，开户存入现金 80000 元，并且办理电费代收业务。

代理明细管理时，明细信息来源为手工录入，代收陈想的 1 笔电费，金额 150.26 元。

陈想选择用 I 类借记卡账户转账交易，凭证类型为借记卡。

我行柜员完成逐笔代收（有代理清单）业务。

陈想女士携带身份证办理借记卡 I 类账户，签印类别为密码。同时为其开通的 I 类借记卡账户办理以下相关业务：开立普通活期存款账户现金存入 10000 元，陈想女士的手机号码为 13512292719。

实训报告

对公客户名	
对公客户基本存款账号	
个人客户名	
个人客户活期账号	
代理合同号	
批量号	
总笔数	
总金额	

任务 2　代发工资业务处理

活动 1　代发工资业务的流程及处理

➤ 活动目标

了解代发工资的含义，熟悉代发工资的业务流程，能按照银行的工作流程正确地进行代发工资的业务处理。

➤ 基础知识

一、代发工资的含义

代发工资是指银行受机关、企事业单位或其他经济组织的委托，通过转账方式，将其员工的薪金收入在约定的时间划转到员工在银行开立的银行卡或活期储蓄存款账户的一项中间业务。银行代发工资变"先用后存"为"先存后用"，员工无须领取工资后再到银行存款，既方便了委托单位和员工，又有利于银行揽储。

二、代发工资业务的特点

1. 操作方便，自主性强。企事业单位操作简单，并可自行掌握业务办理时间，随时随地享受银行方便、快捷的服务。

2. 批量处理，入账及时。企事业单位银行代发工资，可保证工资发放实时处理、及时到账。财务人员也可及时打印工资入户明细清单和银行处理结果。

3. 信息保密，安全性强。除企事业单位的财务经办人员之外的任何人员，都无法通过代发工资的过程了解工资发放金额，提升了工资信息的私密性和安全性。

4. 全国联网，取款便捷。员工可以在全国范围内的指定银行领取工资、奖金。既节省了流通费用，又可保障资金安全。

三、代发工资业务的环节

代发工资业务流程包括开立、代发和取款三个环节。

（一）开立账户流程

1. 委托单位与银行签订工资转存协议。协议内容包括双方的职责、操作程序、代理费用等。

2. 委托单位提供所有参加代发工资的员工的有效身份证件复印件。

3. 委托单位在银行开立基本存款账户，银行为委托单位员工开立账户。

（二）代发流程

1. 委托单位填写转账支票和进账单。送交当月工资清单、代发工资数据软盘。

2. 储蓄网点对代发工资数据软盘进行校验。送交代发工资数据软盘和支票。

3. 解答网点柜员反映的问题。送交代发工资数据软盘。

4. 分行批量入账（主机自动入账），次日返回支行入账及未入账清单。

（三）取款流程

1. 客户凭工资储蓄存折前来取款，先补登存折。

2. 按照活期储蓄存取手续办理取款。

四、代发工资的领款形式

按中国人民银行的规定，发放工资的资金必须从企业基本存款账户中划出。代发工资从领款形式上看，有活期存折、储蓄卡、信用卡三种形式。

五、代发工资业务的相关规定

1. 代理行应与发薪单位签订"委托银行代发工资协议书"。

2. 代理行按代发工资的实际金额向发薪单位收取一定的手续费。收费标准由双方商定并在协议中明确。

3. 如果用数据文件传输方式办理代发业务，则必须对发薪单位的数据文件格式加以规范化。

4. 代发工资实行"实名制"，个人有效身份证号码由发薪单位统一提供和确认。

5. 代理行营业网点不得为委托单位垫款。

➢ 业务流程

代发工资业务流程见图 6 – 17。

签订协议 → 开立账户 → 资金划拨 → 履约入账 → 客户取款

图 6 – 17 代发工资业务流程

➢ 业务处理

1. 签订协议。委托单位来银行申请办理代发工资，银行经办人员按规定就代发工资相关事宜与委托单位签订委托代理协议。

2. 开立账户。委托单位应按照现行银行实名制的要求提供员工信息（员工姓名、身份证号码等）资料，开户银行根据委托单位所提供的信息为其办理批量开户手续。办理批量开户手续后，委托单位要及时提醒员工及时更改银行存折（卡）的密码，注意保管银行存折（卡），严防密码泄露。

3. 资金划拨。发放工资时，委托单位按照协议规定的时间将代发工资资金足额划转到委托单位在开户行开立的指定账户；并向开户行提交书面的代发工资明细清单。

4. 履约入账。开户行按照约定以及委托单位提供的代发清单资料，将应发资金金额及时、足额转入每位员工的储蓄账户。

5. 客户取款。工资上账后，委托单位的职工即可自由办理取款业务。

活动 2 代发工资业务操作

➢ 活动目标

掌握代发工资业务的操作。

扫一扫
学操作

➢ 实训案例

深圳市飞恒多贸易有限公司（营业执照见图 6 – 18），为商业客户，注册资金 800 万元，公司联系人代穗，联系人手机：15569874569，法人代表身份证信息见图 6 – 19，法定代表人手机：15698785829。

财务人员崔雅涵前来银行柜台办理了商业存款活期基本户，存款 80000 元，并且签订代发工资合同，委托本银行代理深圳市飞恒多贸易有限公司每月 12 日代发 1 笔员工施杉直的工资业务；本月 12 日代发深圳市飞恒多贸易有限公司员工施杉直工资人民币 5300 元到借记卡账户，柜员根据客户代发合同完成代理业务处理。

图 6-18　企业营业执照

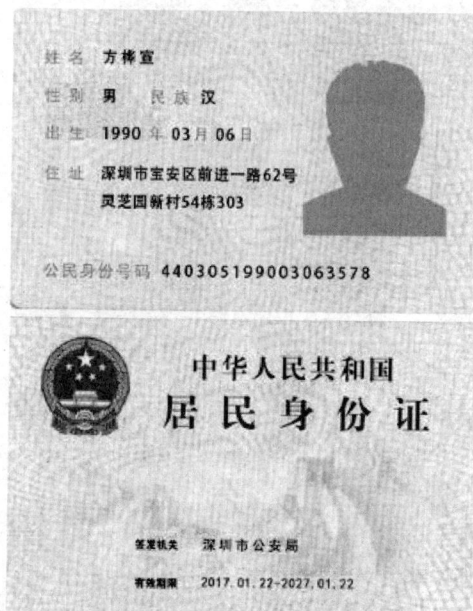

图 6-19　企业法人身份证件

➤ 实训步骤

第一步 开客户号。

对公业务——对公账户管理——开对公客户号

录入"企业性质""行业类别""客户名称""证件类型""证件号码""注册日期""注册地址""注册资金""法人代表身份证编号""法人姓名""联系人"等信息，见图6-20，执行后生成客户号，填入实训报告。

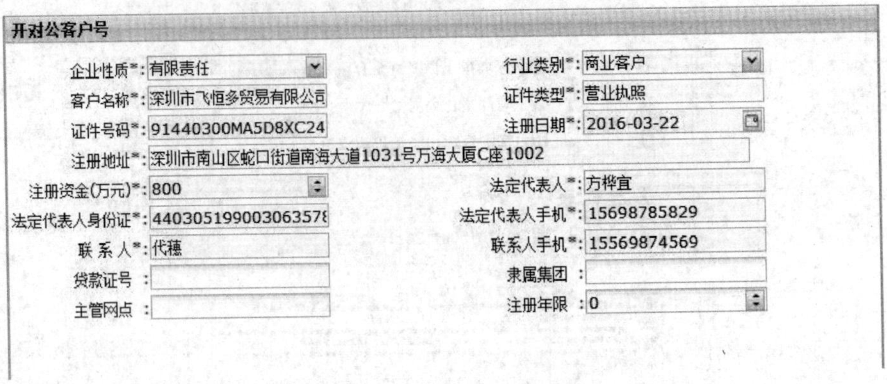

图6-20 公司账户开客户号

第二步 开对公存款账号。

对公业务——对公账户管理——开对公存款账号

录入"客户号"查询开户信息，再录入"账户类别""存期""账号标识"等信息，见图6-21，执行后生成账号，填入实训报告。

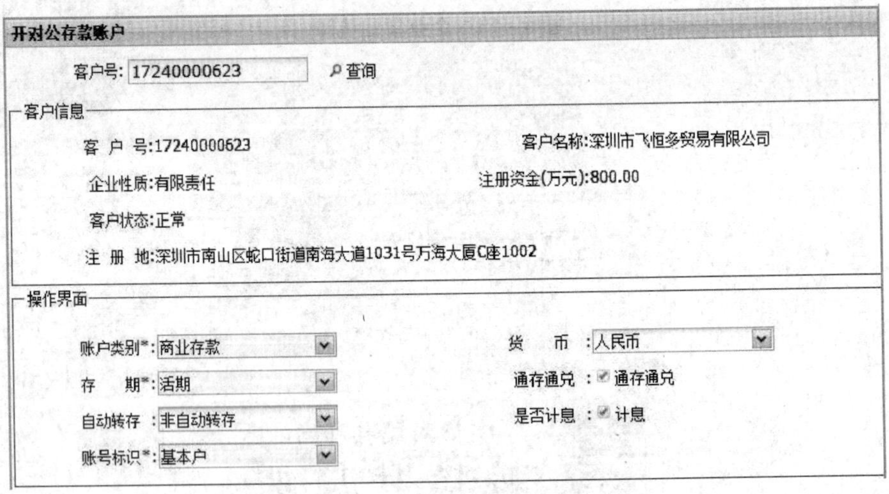

图6-21 公司账户开基本存款账号

第三步 现金存款。

对公业务——单位活期存款——现金存款

录入"账号"查询开户信息，确认无误后录入"金额"，见图6-22，执行后完成存入操作。

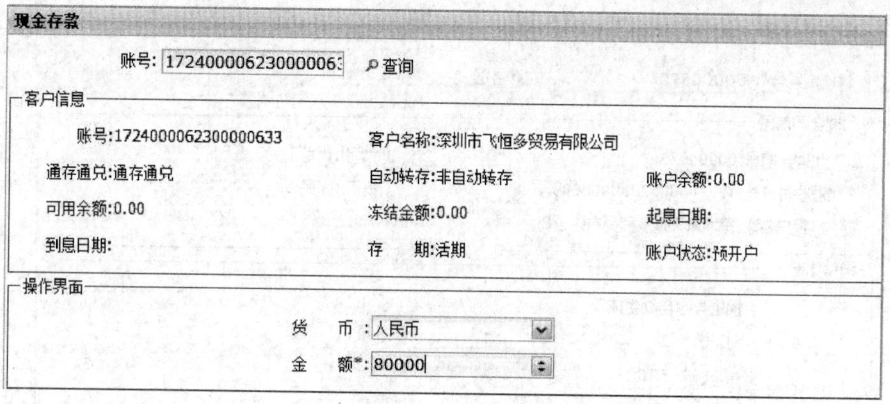

图 6 - 22　现金存款

第四步　新建代理合同。

代理业务——代理合同管理——新增

录入"账号"查询代理收付账号信息，确认无误后选择"代理类别"，见图 6 - 23，执行后完成新增代理合同操作。

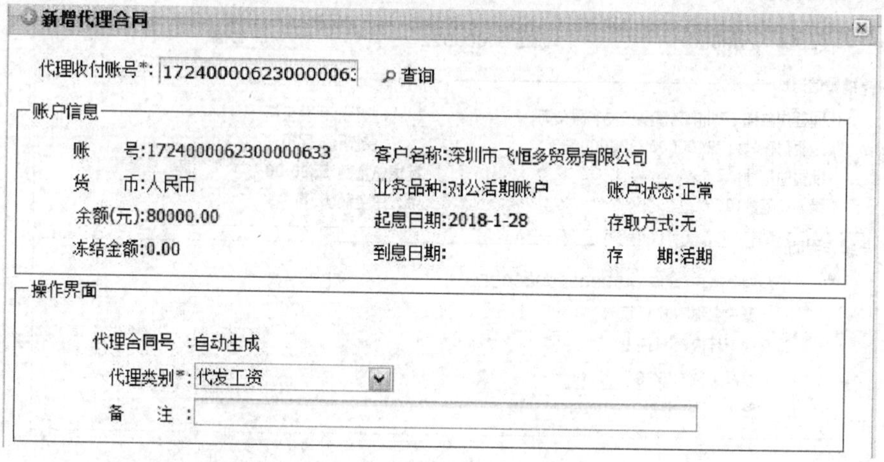

图 6 - 23　新增代发工资合同

第五步　新增代理批量信息。

代理业务——代理批量管理——新增

录入"代理合同号"查询代理业务信息，确认无误后录入"总笔数""总金额"等信息，见图 6 - 24，执行后完成新增代理批量操作。

第六步　新增代理批量信息。

代理业务——批量明细管理——新增

录入"代理合同号""批量号"查询代理业务信息，确认无误后录入"涉及对象账户""涉及金额"等信息，见图 6 - 25，执行后完成新增代理批量操作。

第七步　批量代收（代发）。

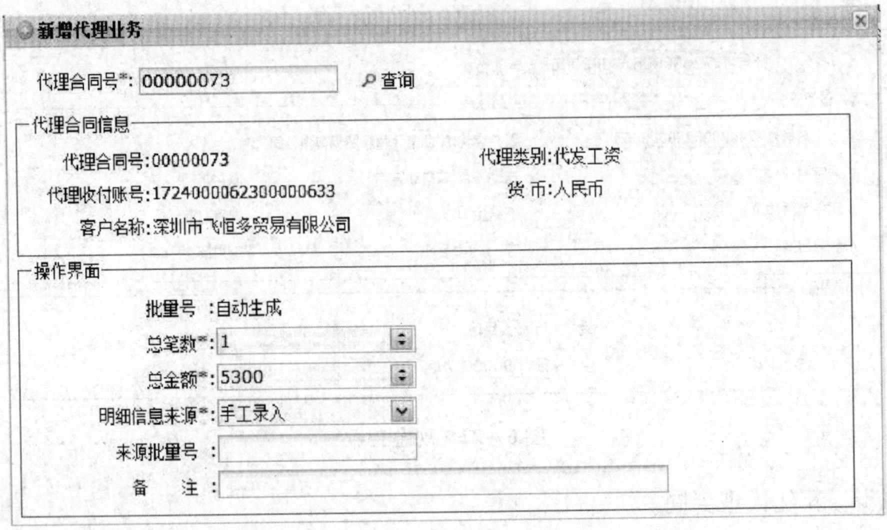

图 6-24　新增代理批量信息

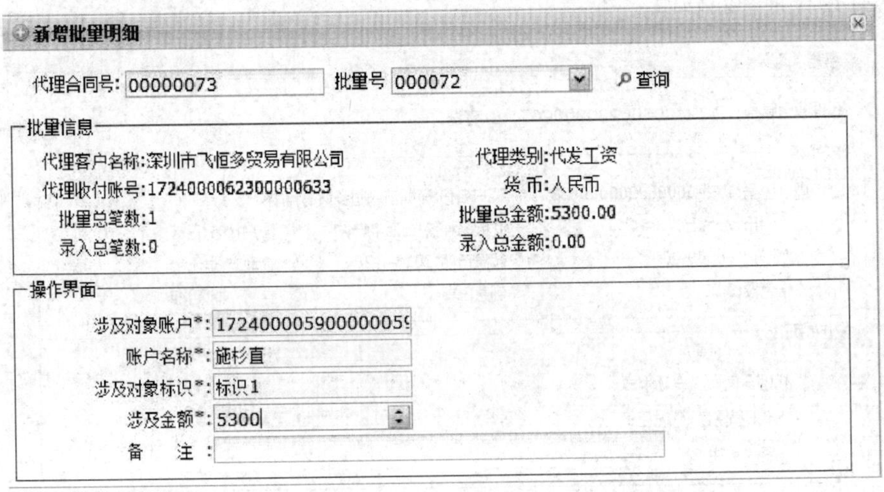

图 6-25　新增批量明细信息

代理业务——批量代收（代发）

录入"代理合同号"查询代理业务信息，确认无误后录入"批量号""总笔数""总金额"等信息，见图 6-26，执行后完成新增代理批量操作。

➤ **实训演练**

根据案例完成系统操作，并将操作信息录入实训报告。

深圳市卓越科技有限公司，为商业客户，注册资金 900 万元人民币，法定代表人手机号码 13569172915，联系人于春雨，联系人手机号码 13569752515，财务人员携带相关证件（见图 6-27 和图 6-28）来我行开立商业存款活期基本户一个，开户存入现金 120000 元。

深圳市卓越科技有限公司与我行签订代发工资合同，代发 1 笔蓝胤先生的工资 6895.89 元。本月 20 日，我行发放蓝胤先生 6895.89 元工资款项。

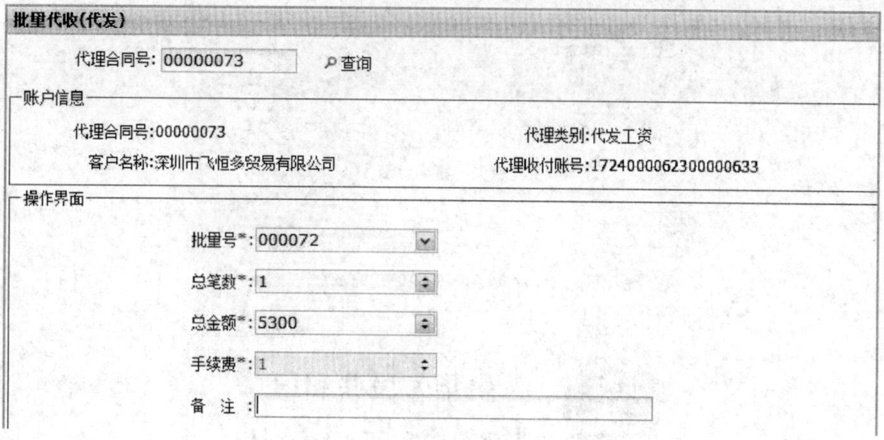

批量代收（代发）

代理合同号：00000073   🔍 查询

账户信息

代理合同号：00000073 代理类别：代发工资

客户名称：深圳市飞恒多贸易有限公司 代理收付账号：1724000062300000633

操作界面

批量号*：000072

总笔数*：1

总金额*：5300

手续费*：1

备注：

图 6 – 26 批量代收（代发）

营业执照

统一社会信用代码 91440300MA5DBTC54Q

名 称 深圳市卓越科技有限公司

主 体 类 型 有限责任公司

住 所 深圳市益田路3008号皇都广场A1201

法 定 代 表 人 胡雪风

成 立 日 期 2011年10月22日

重要提示 1．商事主体的经营范围由自行确定，经营范围涉及国家法律、法规规定实施许可批准的项目，取得许可审批文件后方可开展相关经营活动。
2．商事主体经营范围涉及许可和许可批准项目等有关事项及年报信息和其他应列信息，请登录深圳市市场和质量监督管理委员会商事主体信用信息公示平台（网址https://www.szcredit.com.cn）或扫描本照二维码查询。
3．商事主体须于每年1月1日～6月30日向商事登记机关提交上一年度的年度报告，商事主体应当按照《企业信息公示暂行条例》等规定向社会公示商事主体信息。

登记机关

2015 年 10 月 29 日

中华人民共和国国家工商行政管理总局监制

图 6 – 27 企业营业执照

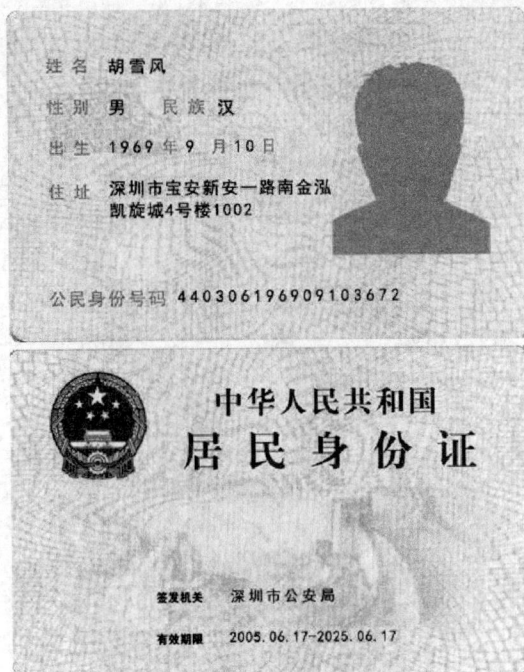

图 6-28 法人身份证

实训报告

对公客户名	
对公客户 基本存款账号	
个人客户名	
个人客户 活期账号	
代理合同号	
批量号	
总笔数	
总金额	

任务 3　罚款代收业务

活动　罚款代收业务操作

➤ 活动目标

掌握罚款代收业务的操作。

扫一扫
学操作

➤ 实训案例

深圳市公安局交警大队支队（统一社会信用代码：91440300MA1254M968，企业类型：集体所有制，行业类别：其他企业客户，成立日期：1996 年 10 月 20 日，注册资金 800 万元，公司地址：深圳市罗湖区人民北路 3146 – 2 号永通大厦 8 楼，联系人苗宁恬，手机号码：13969587582，法定代表人俞君杵，身份证号码：440306197503187531，手机号码：13978451265）财务人员来我行开立单位其他存款活期基本户一个，开户存入现金 169000 元，并且委托我行办理行政事业罚没基金代收业务。

代收施杉直之前欠缴的 1 笔交通违章罚款，现金 300 元。

施杉直用 I 类账户进行转账交易，凭证类型为普通存折，涉及对象标志为标识 1。

我行柜员完成逐笔代收（无代理清单）业务。

➤ 实训步骤

第一步　开客户号。

　　对公业务——对公账户管理——开对公客户号

录入"企业性质""行业类别""客户名称""证件类型""证件号码""注册日期""注册地址""注册资金""法人代表身份证编号""法人姓名""联系人"等信息，见图 6 – 29，执行后生成客户号，填入实训报告。

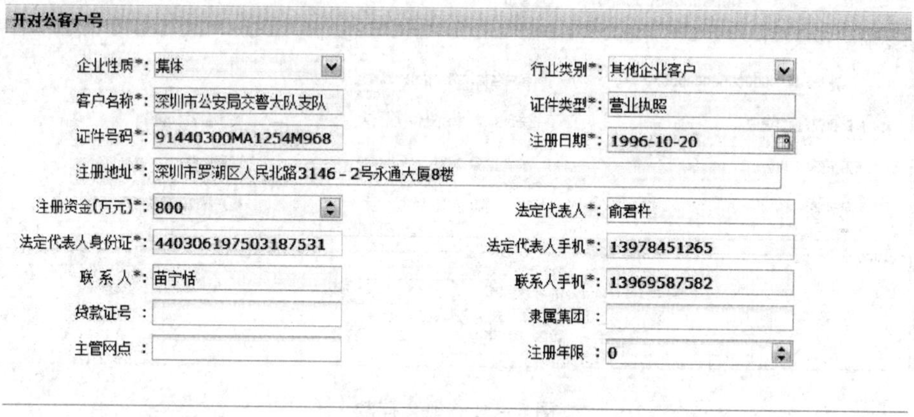

图 6 – 29　公司账户开客户号

第二步　开对公存款账号。

　　对公业务——对公账户管理——开对公存款账号

录入"客户号"查询开户信息，再录入"账户类别""存期""账号标识"等信息，见图 6 – 30，执行后生成账号，填入实训报告。

第三步　现金存款。

　　对公业务——单位活期存款——现金存款

录入"账号"查询开户信息，确认无误后录入"金额"，见图 6 – 31，执行后完成存入操作。

第四步　新建代理合同。

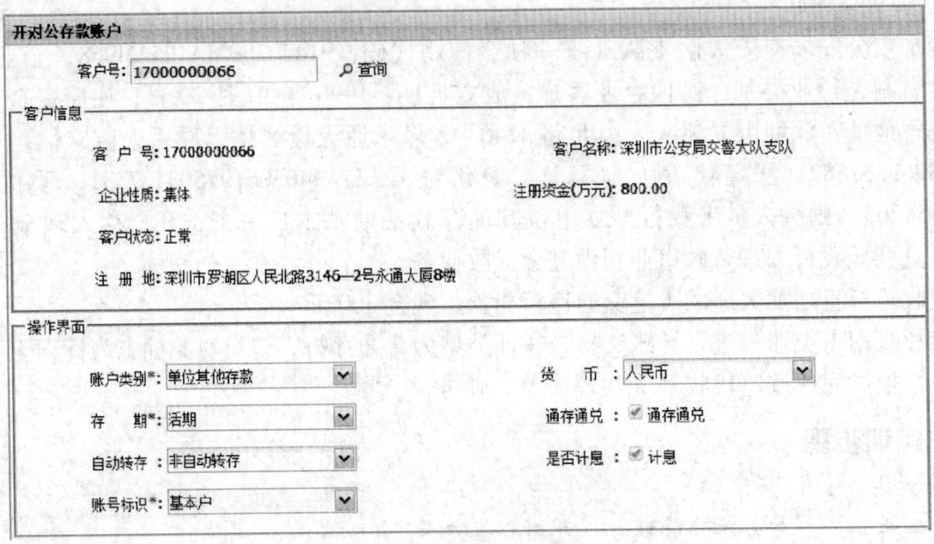

图 6 – 30　公司账户开基本存款账号

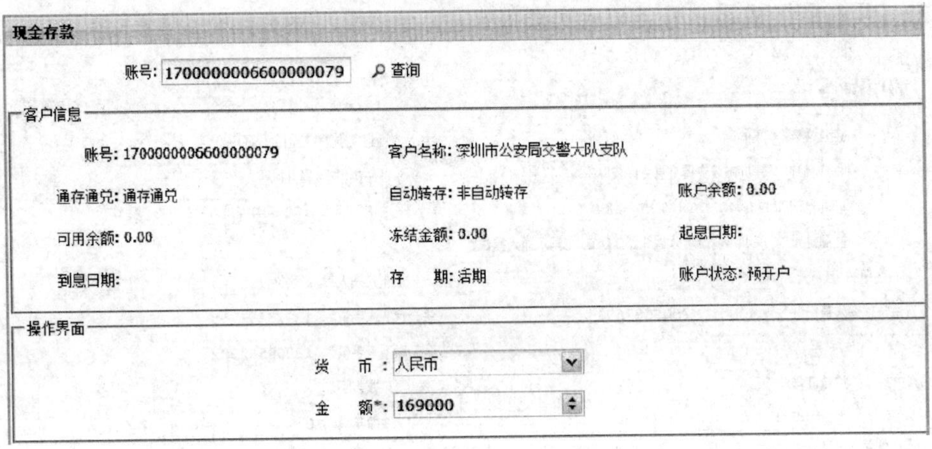

图 6 – 31　现金存款

代理业务——代理合同管理——新增

录入"账号"查询代理收付账号信息，确认无误后选择"代理类别"，见图 6 – 32，执行后完成新增代理合同操作。

第五步　逐笔代收（无清单）。

代理业务——逐笔代收（无清单）

录入"代理合同号"后确认客户信息，录入"涉及对象标识""凭证类型""交易码""转出账户""转出金额"等信息，见图 6 – 33，执行后完成逐笔代收操作。

➤ **实训演练**

根据案例完成系统操作，并将操作信息录入实训报告。

深圳市公安局交警大队支队（统一社会信用代码：91440300MA1254M968，企业类型：

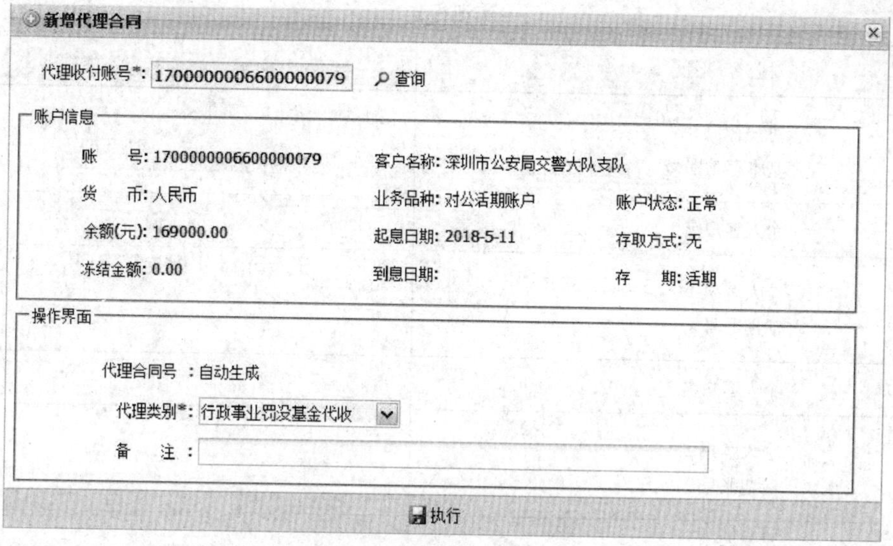

图 6-32 新增代发工资合同

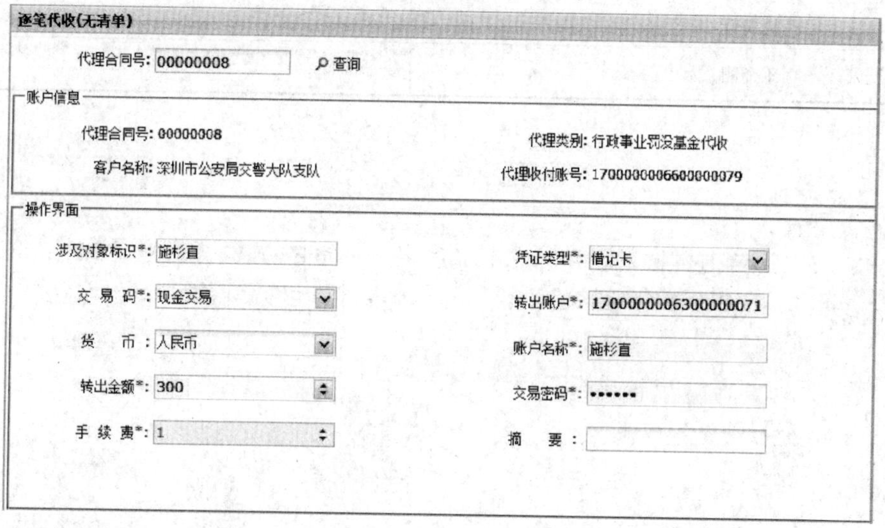

图 6-33 逐笔代收（无清单）

集体所有制，行业类别：其他企业客户，成立日期：1996 年 10 月 20 日，注册资金 800 万元，公司地址：深圳市罗湖区人民北路 3146-2 号永通大厦 8 楼，联系人苗宁恬，手机号码：13969587582，法定代表人俞君杵，身份证号码：440306197503187531，手机号码：13978451265）财务人员来我行开立单位其他存款活期基本户一个，开户存入现金 169000 元，并且委托我行办理行政事业罚没基金代收业务。

代收蓝胤之前欠缴的 1 笔交通违章罚款，现金 300 元。

蓝胤用 I 类账户进行转账交易，凭证类型为普通存折，涉及对象标志为标识 1。

我行柜员完成逐笔代收（无代理清单）业务。

实训报告

对公客户名	
对公客户 基本存款账号	
个人客户名 1	
个人客户 1 活期账号	
个人客户名 2	
个人客户 2 活期账号	
代理合同号	
批量号	
总笔数	
总金额	

支付结算业务

项目描述	支付结算业务是由商业银行的存款业务衍生出来的一种中间业务，是商业银行的日常经营中十分普及的业务，它涉及一系列的银行制度法规、操作技巧和业务知识。本项目将设立5项任务共计22项活动来介绍商业银行支付结算业务基本规定及柜台操作处理办法	
项目目标	知识目标	◇ 熟悉银行结算业务的基础理论知识 ◇ 熟悉银行结算业务的相关法规 ◇ 熟悉支付结算业务的基本规定
	技能目标	◇ 能够进行支票业务操作处理 ◇ 能够进行本票业务操作处理 ◇ 能够进行汇票操作处理 ◇ 能够进行大小额支付业务处理 ◇ 能够进行委托收款业务处理
项目任务·活动		**任务1　支票业务** 　活动1　现金支票业务知识及处理流程 　活动2　转账支票业务知识及处理流程 　活动3　现金支票提取备用金业务操作 　活动4　同城票据交换业务操作 　活动5　支票业务单据处理实训 **任务2　银行本票业务操作处理** 　活动1　银行本票签发 　活动2　银行本票兑付 　活动3　银行本票结清 　活动4　银行本票业务操作 　活动5　银行本票票据处理实训 **任务3　汇票业务操作处理** 　活动1　银行汇票的签发 　活动2　银行汇票的付款与结清 　活动3　银行汇票的核销与退款、挂失与解挂 　活动4　银行汇票票据处理实训 　活动5　银行汇票业务操作 　活动6　电子商业汇票业务操作 　活动7　纸质商业汇票业务操作 **任务4　大小额支付业务** 　活动1　大小额支付业务知识 　活动2　大小额支付业务操作 **任务5　委托收款业务处理** 　活动1　委托收款人开户行的处理 　活动2　付款人开户行的处理 　活动3　委托收款业务操作

任务 1　支票业务

活动 1　现金支票业务知识及处理流程

➤ 活动目标

了解现金支票相关知识，掌握现金支票业务的操作方法与基本要领，能按照银行的工作过程正确地进行现金支票的取款操作。

➤ 业务流程

现金支票取款业务流程见图 7－1。

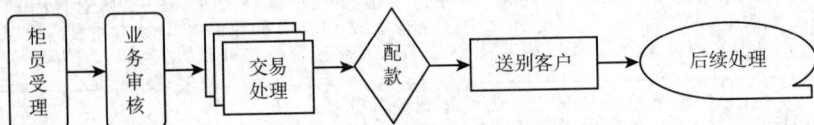

图 7－1　现金支票取款业务流程

➤ 业务处理

一、业务受理

柜员受理客户提交的用于支取现金的普通支票（见图 7－2）。

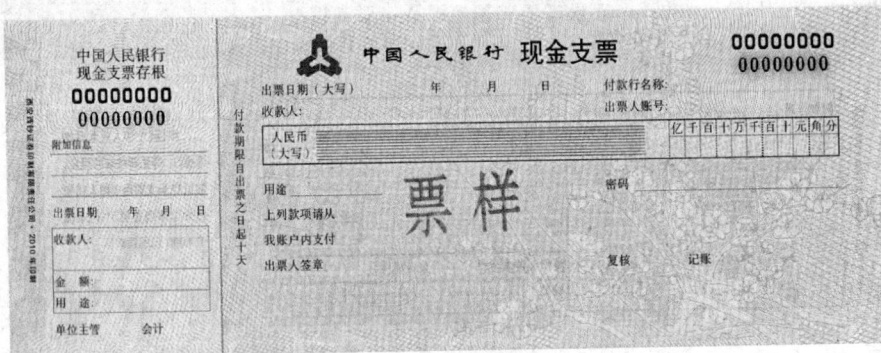

图 7－2　银行现金支票

二、业务审核

柜员在受理持票人提交的现金支票时应审查以下内容：

1. 现金支票的真实性。现金支票是否本银行按统一印制的凭证，核对支票号码是否与本银行出售给付款单位时单位领用的号码一致。

2. 现金支票记载的事项是否齐全，是否按要求用墨汁或碳素墨水填写。

3. 现金支票票面的有否涂改，出票日期、出票金额、收款人不能涂改，以上三项涂改该支票无效，票面的其他内容涂改是否有出票单位预留印鉴签章证明。

4. 现金支票的大小写金额是否一致，出票人的账户余额是否足够支付。

5. 现金支票的记载日期是否在有效期内，现金支票的付款期为自出票日 10 天内，若到期时为法定假日则顺延。

6. 现金支票的印鉴是否相符，会计员还须核对支票上的印鉴与该单位预留在银行的印鉴是否相符，一般采用折角核对的方式进行审核。

7. 现金支票支取的用途是否符合国家的现金管理规定。

8. 现金支票的背书人是否与支票的收款人姓名一致，是否按要求填写了收款人的身份证号码和身份证的发证机关。

三、交易处理

柜员审核无误后，将相关的信息输入电脑，进行账务处理，然后在现金支票记账处上盖上相关柜员私章，将身份证交还取款人并按金额由大到小逐位配款；如支票金额超过柜员的受理权限，将支票连同打印出来的付款信息交给授权人授权。授权人必须检查输入要素与现金支票是否相符，然后进行授权，并卡大数核对现金，无误后在现金支票加盖复核员名章。现金支票加盖业务处理讫章和经办员名章，附记账凭证后随当天传票装订、保管。

四、送别客户

柜员按照现金支票的金额复点现金无误后将款项交取款人，并提示客户当面点验。

五、后续处理

银行柜员整理相关的凭证，日终上缴业务部门统一归档保管。

知识拓展

2010 年版现金支票防伪要点见图 7－3。

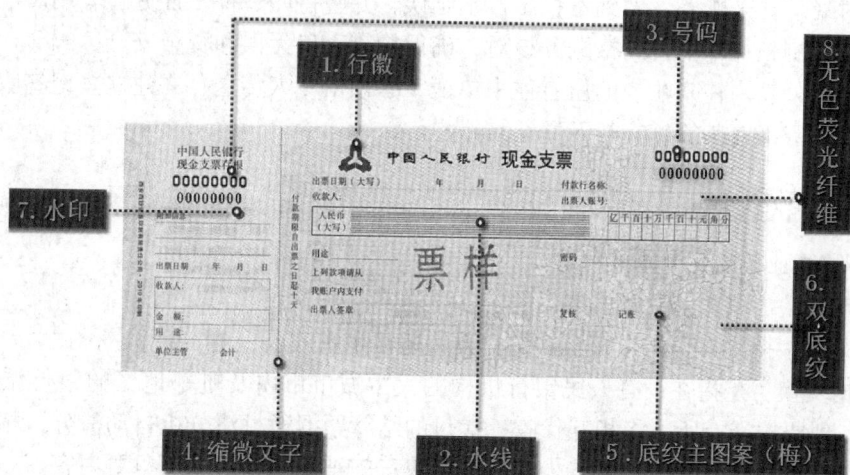

图 7－3 2010 年版现金支票防伪要点

活动2　转账支票业务知识及处理流程

➤ 活动目标

了解转账支票相关知识，掌握转账支票业务的操作方法与基本要领，能按照银行的工作过程正确地进行转账支票的业务处理。

➤ 基础知识

一、辖内往来

（一）辖内往来的含义

辖内往来是指一个清算行范围之内，经办行与经办行、经办行与清算行之间往来款项及资金清算情况，包括资金汇划业务辖内往来、系统内、同城交换辖内往来和通存通兑业务。

（二）辖内往来的基本做法

"相互往来，及时清算，集中对账，分级管理"。相互往来是指清算行及经办行资金汇划业务和同城行处之间的资金往来。及时清算是指清算行当日将辖属各经办行的辖内汇划资金往来差额进行清算。集中对账是指通过资金汇划系统汇划的款项、通过同城行处辖内往来划转的款项由市地行负责对账。分级管理是指辖内往来分别由省行、市地行、县区行负责管理和监督。省行负责辖内往来办法的制定，并对执行情况进行监督和管理；市地行负责对辖内往来办法的贯彻落实，办理辖内往来清算，对账和监督；支行负责辖属分理处、储蓄所之间往来账户的资金划拨及监督。

（三）辖内往来的基本要求

1. 认真执行换人复核制度。
2. 及时处理往来账务，做到不积压、不延误，并坚持印、押、证分管分用。
3. 严密控制核算环节，严格账务核对，确保核算正确无误和资金安全。
4. 同城行处辖内往来账户的所有往来单证，必须由专人传送，并建立登记签收手续。
5. 储蓄所只准在其管辖支行开立往来账户。

二、同城结算业务

（一）结算业务的几个基本概念

1. 出票人：出票人是指签发票据的一方，通常是付款人。
2. 持票人：持票人是指持有票据的一方，通常是收款人。
3. 票据交换：是指在设有人民银行机构的大中城市市内及毗邻地区的银行派出专人每日定时定点到票据交换所，将相互代收、代付的结算票据通过清分机自动清分，相互交换并清算收支、抵消存欠差额的金融行为，是商业银行间结算工作的一项重要内容。
4. 同城：既指狭义的同城，即同一城市；也指广义的同城，及规定的区域，如长三角区域，具体由各地人民银行规定。

5. 票据：是指支票、银行汇票、银行本票、进账单、信汇、托收凭证、特种转账凭证等遵循各地人民银行规定的允许参加同城交换业务的各种票据及凭证。

6. 借方传票、贷方传票：票据交换分为提出行和提入行两个系统。各行提出交换的票据可分为代收票据和代付票据两种。凡是由本行开户单位付款，他行开户单位收款的各种结算凭证，称为代收票据（贷方票据）；凡是由本行开户单位收款，他行开户单位付款的各种结算凭证，称为代付票据（借方票据）。

提出行提出代收票据则表示为本行应付款项，提出代付票据则表示为本行应收款项。提入行提入代收票据则表示为本行应收款项，提入代付票据则表示为本行应付款项。各行在每次交换中当场加计应收和应付款项，最后由票据交换所汇总轧平各行处的应收、应付差额，由中央银行办理转账，清算差额。

某一张票据，称之为代收票据或代付票据，是立足于本行的角度；在票据交换时，是立足于提出行的角度。比如"提出代收票据"指提出行提出该张代收票据，该张票据经过同城交换，被提入行提入，此时依然称之为"代收票据"，即提入行"提入代收票据"。因此代收票据在提出行作为代付传票，在提入行作为借方传票。

7. 票据交换所：票据交换所是指实施票据交换及清算职能的当地人民银行的执行机构，是各家商业银行完成实物票据交换的处理平台。

8. 资金清算：按当天交换场次提出提入轧差金额分别清算，结转到汇差账户。

9. 提出：是指将票据提交到人民银行清算中心进行跨行清算，分为提出借方和提出贷方。提出借方票据（譬如支票）收入资金，提出贷方（譬如电汇）付出资金。提出业务包括：（1）提出代付（他行支票、汇票等）；（2）提出代收（税单、电话费、进账单等）；（3）提出上场次提入代付的退票（基本行的支票退回）；（4）提出上次提入代收的退票（即本行收款凭证的退票）。

10. 提入：指银行将清算中心清分后的需本行处理的票据收回，也分为提入借方票据（付出资金）和提入贷方票据（收入资金）。提入业务包括：（1）提入代付（本行支票等）；（2）提入代收（本行收款凭证）；（3）提入上场次提出代付的退票（即他行支票退票）；（4）提入上场次提出代收的退票（即他行收款凭证的退票）。

（二）票据交换的原则

票据交换必须贯彻"先付后收、收妥抵用、银行不垫付"的原则。"先付后收、收妥抵用"是指收、付款人之间受理票据（一般指支票、本票），在提交开户银行以后要等银行通过内部账务处理（或票据清算）将款项从付款单位账户付出，并收入收款单位账户后，才能支用。凡约时进账的提出代付凭证，先转入过渡性科目，退票时限过后再转入单位结算账户，提入的票据需要退票时，应在规定的时限内通知对方行。

（三）票据交换的场次

除了星期六、日及法定假日外，同城交换的场次全天共有两场交换，分为一交和二交。一场完整的交换以切换场次为准，切换前做该场次的提出业务，切换后做该场次的提入业务。例如一交的全过程包括：前一天下午的提出票据处理、晚上切换场次、第二天早上的提入票据处理，第一场资金清算完毕。具体来说：

（1）上一日晚上17：00~18：00第一场提出票据（外币票据只参加此场）；

（2）早上 8：30～9：00，第一场提入票据；

（3）中午 11：00～11：30 第二场提出票据（办理第一场退票、加急的借方票据提出、粤港票据交换在此场提出）；

（4）下午 14：00～14：30 第二场提入票据。

（四）票据交换的业务审查内容

1. 提出时，支票磁码域是否清晰，不清晰的是否装专用信封；支票和进账单的金额是否相符，输入磁码的交易码是否正确。

2. 提入时，提出行的交换专用章、业务专用章（收方章）是否齐全，提入的退票是否有本行的交换专用章。

票据交换中，提入行对提出行的票据因大小写金额不符、账户户名不符、票据内容涂改、票据过期、印鉴不符、付款人金额不足等，应按规定在下一场将票据退回原提出行，其中，对于印鉴不符、付款人余额不足的，在退票的同时还需按票面金额的 5%，但不少于1000 元对付款人进行罚款。

（五）票据交换的岗位分工

1. 票据交换章应指定专人妥善保管，票据交换员不得保管票据换章及兼管其他用于票据交换的印章，不得保管空白凭证。

2. 票据交换员不得兼任记账员、复核员和账务核对工作。

3. 票据清算人员不得兼任票据交换员之职，票据清算员对提出他行票据要加强复核，对支票和进账单的收款人、账号及审核人签章等要进行全面复核，不能只核对金额。

4. 未经票据清算员复核清点的票据，不得提出交换和办理入账。

5. 提出行对提出的借方票据按"收妥抵用"原则采取隔场入账方式处理。

6. 磁码机必须指定专人保管使用。

7. 办理交换退票时，必须填制一式三联"退票理由书"（或退票通知书）并加盖"票据交换章"；无票据交换章的网点则加盖"业务用公章"，并由其交换集中点加盖"票据交换章"。

8. 电子同城录入员、复核员、发送员不得混岗。如当地人民银行另有规定的，则按人民银行规定的执行。

三、票据的流通转让

流通票据在不同持有人间的转移，其本质是持票人或收款人的变更。根据英美票据法，可流通转让的票据是指具备下列条件的票据：

1. 出票人或背书人没有在票据上作相反的记载，例如"不准转让"等；

2. 受让人已给予付对价，即票据的取得是以商品、劳务、偿债等为交换；

3. 受让人以善意行事，即按诚信原则取得票据，并不知出让人的权利有何瑕疵；

4. 票据在转让时，宏观世界的记载事项完全正常；

5. 票据处于可交付的状态，即指示式票据已经办妥背书。

可流通转让的票据凭交付而转让，只要受让人符合上述条件，其权利可受票据法的保护，所以可流通转让票据的受让人如果是正当持票人，其权利优于前手。

想一想

转账支票能用于异地支付吗?

➤ **业务流程**

转账支票取款业务流程见图7-4。

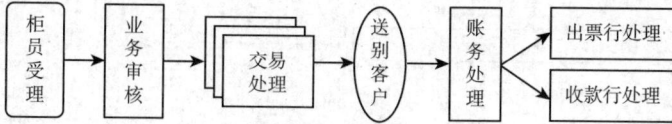

图7-4　转账支票取款业务流程

➤ **业务处理**

一、业务受理

柜员受理持票人提交的转账支票（见图7-5和图7-6），出票人应按照支付结算办法的规定签发支票，同时填写进账单（见图7-7），送交银行会计柜台。

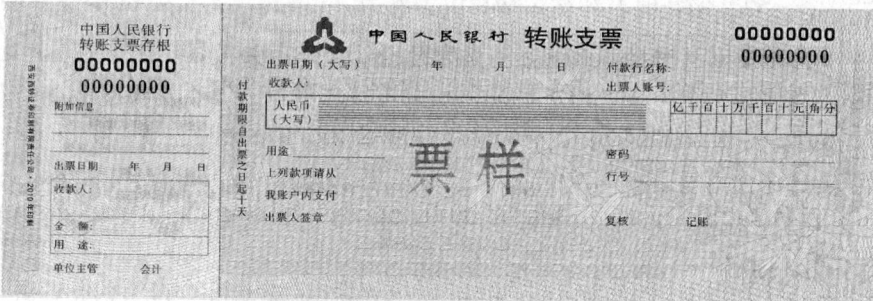

图7-5　银行转账支票（正面）

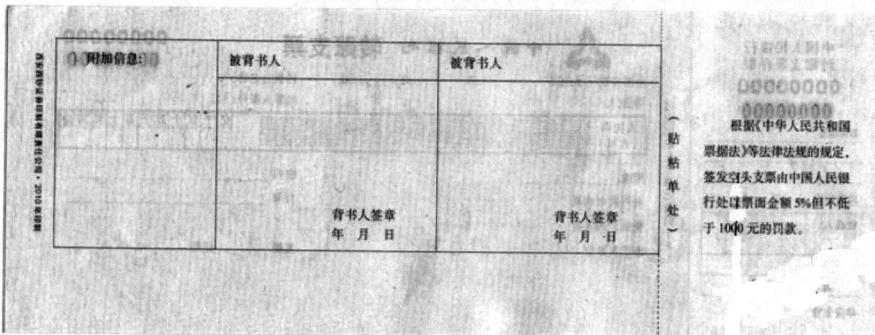

图7-6　银行转账支票（背面）

桂序 1013

中国银行　**进账单**（回　单）　1　№ 01713501

年　月　日

出票人	全称		收款人	全称	
	账号			账号	
	开户银行			开户银行	

| 金额 | 人民币（大写） | | | 亿 | 千 | 百 | 十 | 万 | 千 | 百 | 十 | 元 | 角 | 分 |

| 票据种类 | | 票据张数 | |
| 票据号码 | | |

复核　　记账

开户银行签章

此联是开户银行交给持票人的回单

图 7-7　银行进账单

二、审核凭证

柜员在受理持票人提交的转账支票时应审查以下内容：

1. 转账支票的真实性。转账支票是否本银行按统一印制的凭证，核对转账支票号码是否与本银行出售给付款单位时单位领用的号码一致。

2. 转账支票记载的事项是否齐全，是否按要求用墨汁或碳素墨水填写。

3. 转账支票票面有无涂改，出票日期、出票金额、收款人不能涂改，以上三项涂改该支票无效，票面的其他内容涂改是否有出票单位预留印鉴签章证明。

4. 转账支票的大小写金额是否一致，出票人的账户余额是否足够支付。

5. 转账支票的记载日期是否在有效期内，转账支票的付款期为自出票日 10 天内，若到期时为法定假日则顺延。

6. 转账支票的印鉴是否相符，会计员还须核对支票上的印鉴与该单位预留在银行的印鉴是否相符，一般采用折角核对的方式进行审核。

7. 转账支票的用途是否符合银行支付结算办法的规定。

8. 转账支票是否有背书。如是出票人直接向开户银行提交的，无须背书。如属背书转让的，其背书转让是否连续性有效，签章是否符合规定，使用粘单的粘贴处是否按规定签章。

9. 转账支票要素是否与进账单相符。仔细审核进账单上的付款人相关信息及金额是否与转账支票上一致。

三、交易处理

柜员按以上要求审核无误后，在系统内选择相应交易项目办理转账，并在转账支票记账处上加盖私章，转账支票和对账单一起保管，待后进行账务处理。如支票金额超过柜员的受理权限，将支票连同打印出来的付款信息交给授权人授权。

柜员交易成功后打印记账凭证，在三联进账单和支票加盖业务处理讫章和经办人名章，第二联进账单、支票附相关记账凭证后。如出票人送交支票的，进账单第一联交出票人，第三联作收账通知交收款人；如持票人送交支票的，第三联进账单交持票人，第一联作废。

四、账务处理

以上审核无误后在转账支票复核处盖上私章，并在进账单第一联上加盖业务受理章后交还给持票人回单位入账，转账支票和对账单一起交还经办员保管，待后进行账务处理。

（一）出票行账务处理

1. 银行内部转账，即付款人（出票人）和收款人在同一银行开户的。

（1）在转账支票上加盖转讫章，作为出票人的转账借方传票，扣减出票人在该行存款账户上的款项。

（2）进账单（第二、第三联）加盖转讫章，第二联作为转账贷方传票办理入账，账款转入在该银行开户的收款人账户内。

（3）第三联作为入账通知，由银行代为保管，待收款人前来办理业务时，交收款人签收对账。

2. 辖内往来，即付款人（出票人）和收款人在同一系统银行开户，但不在同一分理处或支行的。

（1）在转账支票上加盖转讫章，作为出票人的转账借方传票，扣减出票人在该行存款账户上的款项。

（2）进账单第二、第三联暂存，在规定的时间内通过银行辖内往来进行账务处理，转入收款人所在开户行入账。

3. 同城转账，即付款人（出票人）和收款人不在同一系统银行开户的。

（1）在转账支票上加盖转讫章，作为出票人的转账借方传票，扣减出票人在该行存款账户上的款项。

（2）进账单第二、第三联暂存，在规定的时间内通过银行同城往来进行账务处理，在人民银行票据交换中心进行票据交换，转入收款人所在银行的开户行入账。

（二）收款行账务处理

1. 收款行收到交换来的进账单后，在进账单（第二、第三联）加盖转讫章，第二联作为转账贷方传票办理入账，账款转入在该银行开户的收款人账户内；

2. 第三联作为入账通知，由银行代为保管，待收款人前来办理业务时，交收款人签收对账。

知识拓展

2010 年版转账支票防伪特点见图 7-8。

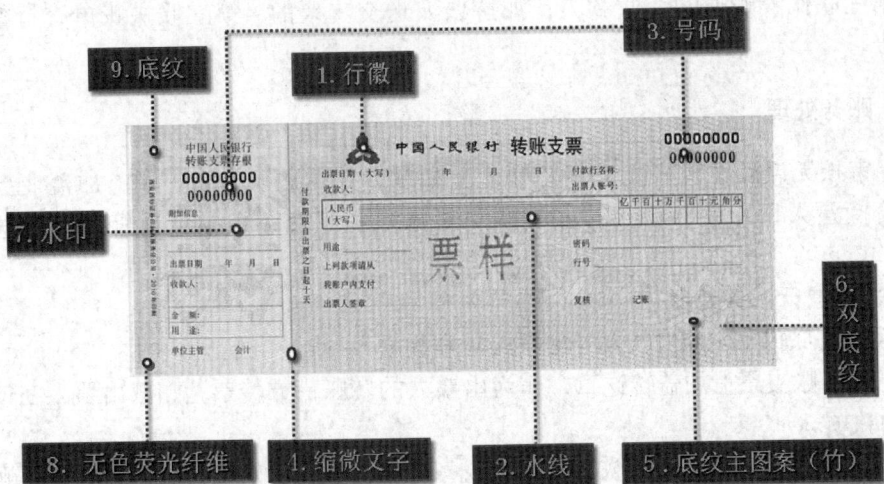

图 7-8　转账支票防伪特点

活动 3　现金支票提取备用金业务操作

➢ **活动目标**

掌握现金支票提取备用金业务的操作。

扫一扫
学操作

➢ **实训案例**

2017 年 9 月 12 日，深圳智达有限公司财务人员张莉（证件见图 7-9 和图 7-10）向其开户银行购买一本现金支票，当日，深圳智达有限公司签发了 1 张金额为 50000 元的现金支票并从其开户银行提取备用金，密码是 2017091209041234，银行柜员孙小样为其办理业务。

图 7-9　财务人员身份证

图 7 – 10 财务人员身份证

➢ **实训步骤**

第一步 企业申请购买现金支票。

支票业务处理——切换角色

选择对应的角色见图 7 – 11。

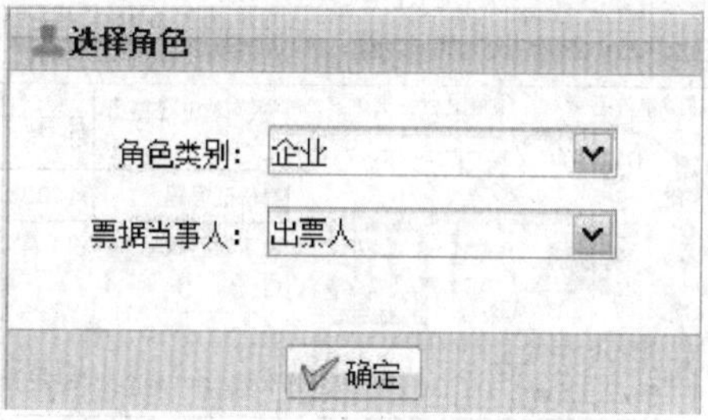

图 7 – 11 角色切换为出票企业

支票业务处理——现金支票——领购

根据案例条件填写现金支票领购单（见图 7 – 12）并加盖在银行的预留印鉴。

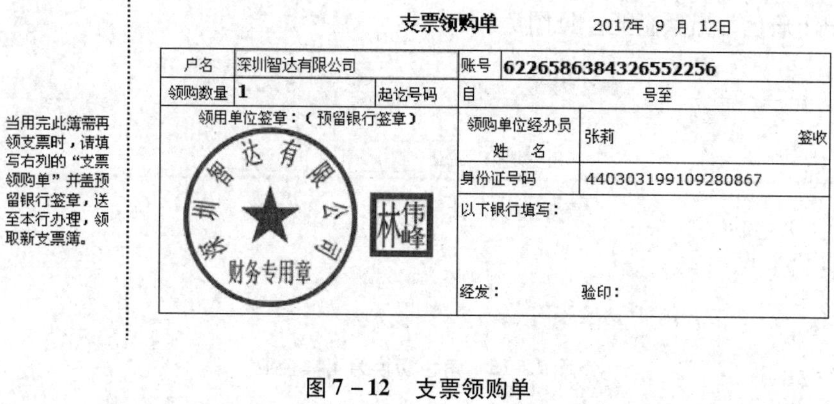

支票领购单　　　　　　　2017年 9 月 12日

户名	深圳智达有限公司		账号	**6226586384326552256**	
领购数量	**1**	起讫号码	自		号至
领购单位签章：（预留银行签章）			领购单位经办员姓　名	张莉	签收
			身份证号码	440303199109280867	
			以下银行填写：		
			经发：	验印：	

当用完此簿需再领支票时，请填写右列的"支票领购单"并盖预留银行签章，送至本行办理，领取新支票簿。

图 7 – 12 支票领购单

第二步 银行审核支票领购单。

支票业务处理——切换角色

切换操作角色为付款人银行，见图7-13。

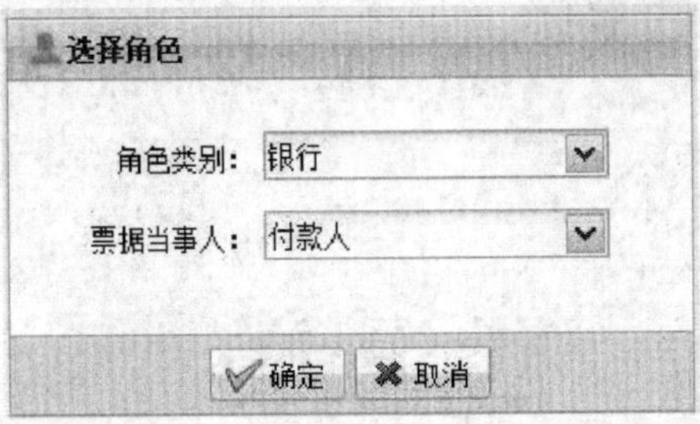

图7-13　角色切换为付款人银行

支票业务处理——现金支票——领购

银行根据企业填写的支票领购单，审核无误后，在支票领购单上填写支票的起止编号（见图7-14），经办人员签名，完成支票出售。

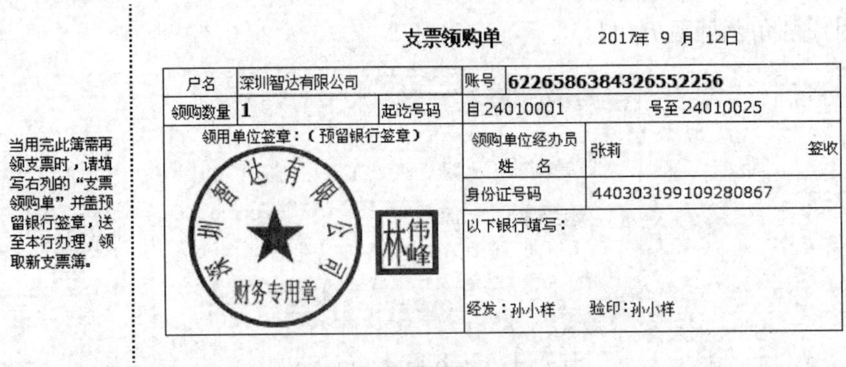

图7-14　银行审核支票领购单

第三步　企业出票。

支票业务处理——切换角色

切换操作角色为出票企业，见图7-15。

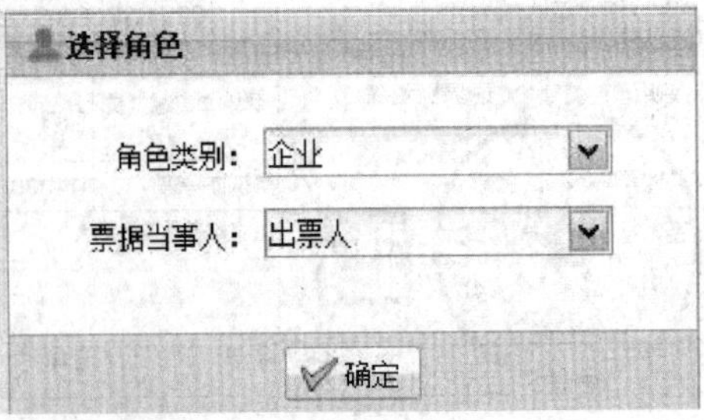

图7-15　角色切换为出票企业

支票业务处理——现金支票——出票

根据案例内容填写支票，并完成出票操作，见图7-16。

注意事项：支票填写出票日期时：填写月、日时，月为壹、贰和壹拾的，日为壹至玖和壹拾、贰拾和叁拾的，应在其前面加"零"，日为拾壹至拾玖的，应在其前面加"壹"。

图 7-16　现金支票出票

第四步　企业用现金支票提取备用金。

支票业务处理——切换角色

切换操作角色为企业收款人，见图 7-17。

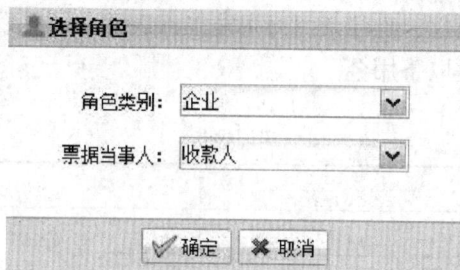

图 7-17　切换操作角色为企业收款人

支票业务处理——现金支票——兑现

在现金支票背面的背书人框加盖收款人的银行预留印鉴（见图 7-18）后，向银行申请兑付现金支票。

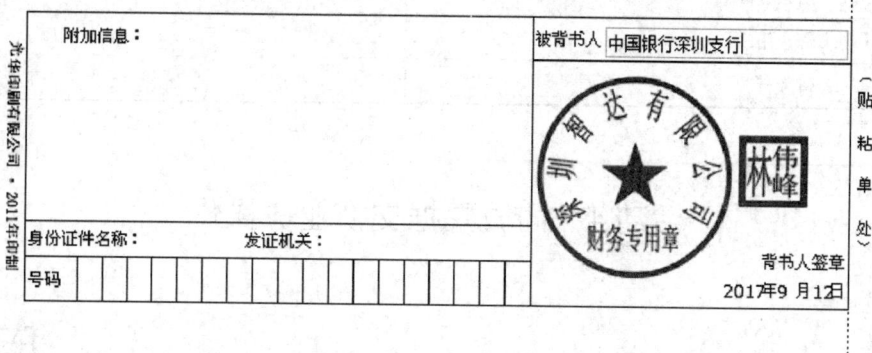

图 7-18　收款人申请兑付

第五步　银行为客户办理提取备用金业务。

支票业务处理——切换角色

切换操作角色为付款人银行，见图 7 – 19。

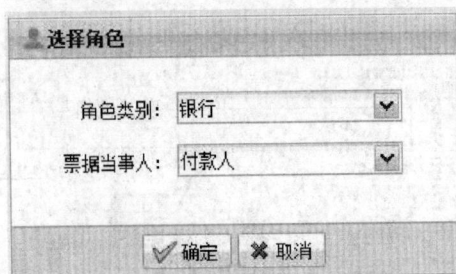

图 7 – 19　角色切换为付款人银行

支票业务处理——现金支票——兑现

银行审核无误后兑付支票，审核发现问题选择退票。

➢ 实训演练

2017 年 3 月 20 日，临淄市图博智能工程有限公司（中国农业银行临淄支行）向其开户银行购买一本现金支票，当日，临淄市图博智能工程有限公司签发了一张金额为 50000 元的现金支票并从其开户银行提取备用金。

实训报告

出票人	
出票人账号	
财务人员	
财务人员证件号	
现金支票起止编号	
出票日期（大写）	
收款人	
出票金额	
资金用途	
付款行	

活动 4　同城票据交换业务操作

➢ 活动目标

掌握同城票据交换业务的操作。

扫一扫
学操作

➤ 实训案例

☞**案例1 同城提出借方交易**

深圳市锐扬创科技股份有限公司持有一张付款人为深圳市和乐光电科技有限公司开出的票面金额为15000元的转账支票，我行通过"同城提出借方交易"为持票人深圳市锐扬创科技股份有限公司通过进账单办理支票进账手续，对方交换号为103584000324，录入之后进行复核。

☞**案例2 同城提出贷方交易**

深圳市和乐光电科技有限公司开出一张票面金额为12000元的转账支票给深圳市锐扬创科技股份有限公司，深圳市锐扬创科技股份有限公司财务人员持该支票到本行办理进账手续。经票据交换中心交换后再传递到本支行网点，本行通过"同城提出贷方交易"按票面金额从深圳市和乐光电科技有限公司账户中扣除对应金额，对方交换号为102584009198，录入之后进行复核。

➤ 实训步骤

☞**案例1 同城提出借方交易**

第一步 进账单出库。

钱箱管理——凭证出库

选择"凭证类型"，输入"开始号码""结束号码"以及"金额"等信息，见图7-20，执行后完成进账单出库。

凭证出库	
凭证类型*	进账单
开始号码*	18000001
结束号码*	18000010
货 币	人民币
金 额*	10

图7-20 进账单出库

第二步 转账支票出售。

凭证管理——支票出售

选择"账户类型"，输入"账号"查询并确认相关信息，确认无误后，输入"证件类型""证件号码""凭证类型""开始号码"以及"结束号码"等信息，见图7-21，执行后完成支票出售，相关信息录入实训报告。

第三步 同城提出借方交易。

支付结算——同城票据纸质交换——同城提出借方交易——录入

录入"收款人账号""收款人凭证种类""收款人凭证号码""对方交换号""付款人账号""付款人凭证种类""付款人凭证号码"以及"金额"等信息，见图7-22，执行后完成录入操作。

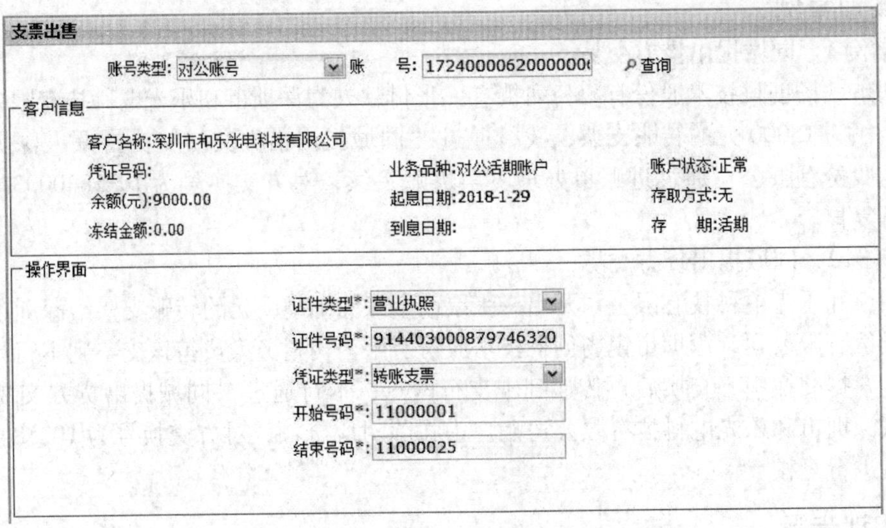

图7-21 支票出售

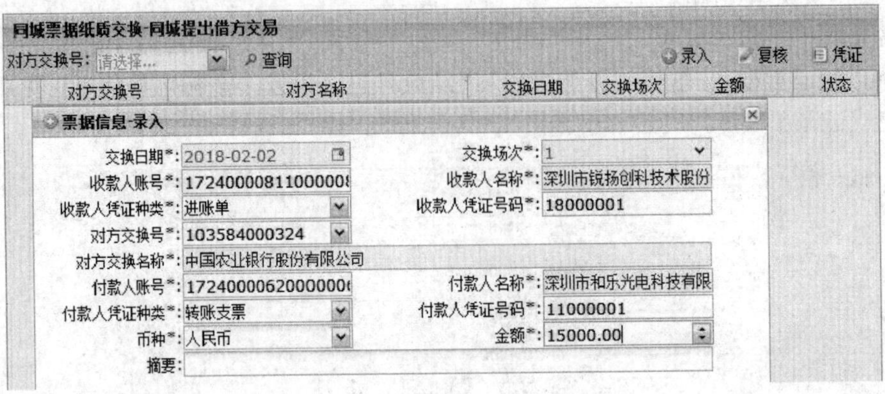

图7-22 同城提出借方交易录入

支付结算——同城票据纸质交换——同城提出借方交易——复核

录入"对方交换账号"查询交易信息，确认无误后，完成复核，见图7-23，并对应业务凭证进账单见图7-24。

☞**案例2 同城提出贷方交易**

支付结算——同城票据纸质交换——同城提出贷方交易——录入

录入"付款人账号""付款人凭证种类""付款人凭证号码""对方交换号""收款人账号""收款人凭证种类""收款人凭证号码"以及"金额"等信息，见图7-25，执行后完成录入操作。

支付结算——同城票据纸质交换——同城提出贷方交易——复核

录入"对方交换账号"查询交易信息，确认无误后，完成复核，见图7-26，并对应业务凭证转账支票见图7-27。

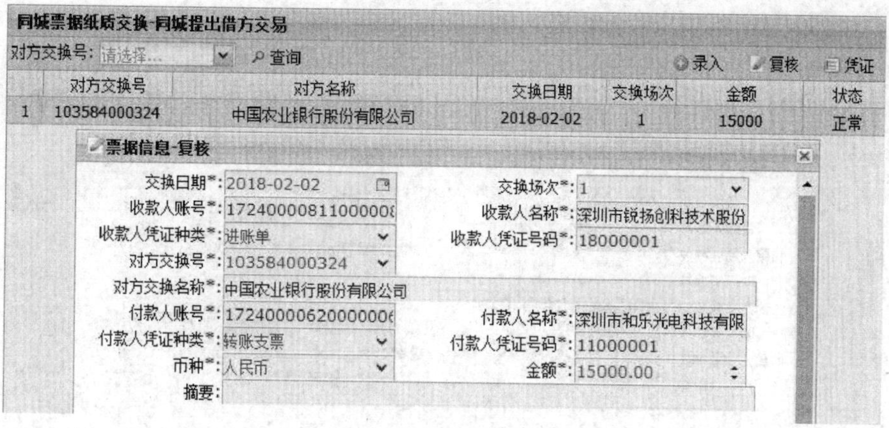

图 7-23　同城提出借方交易复核

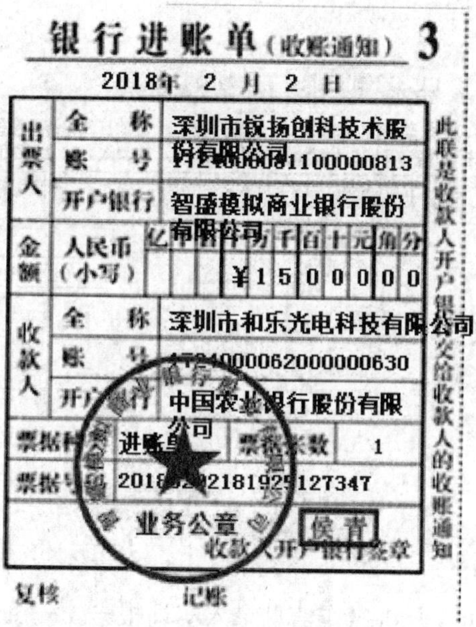

图 7-24　银行进账单

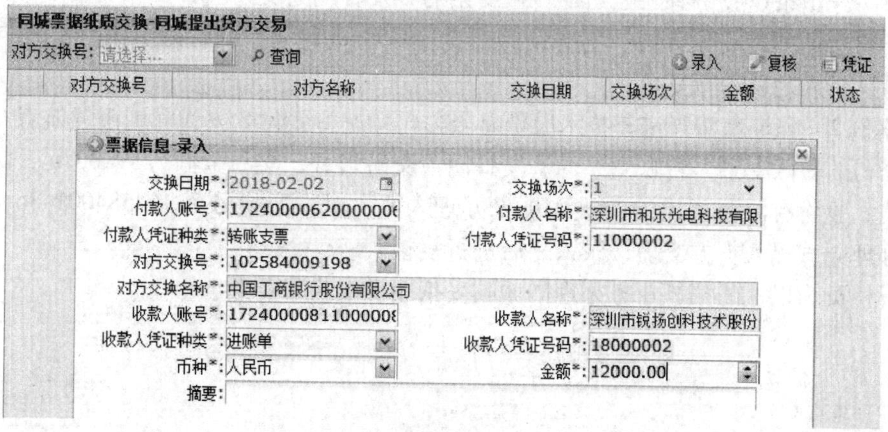

图 7-25　同城提出贷方交易录入

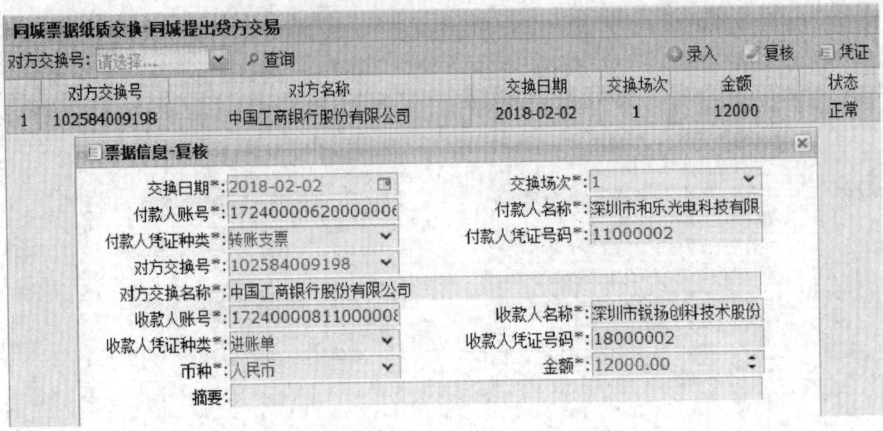

图 7－26　同城提出贷方交易复核

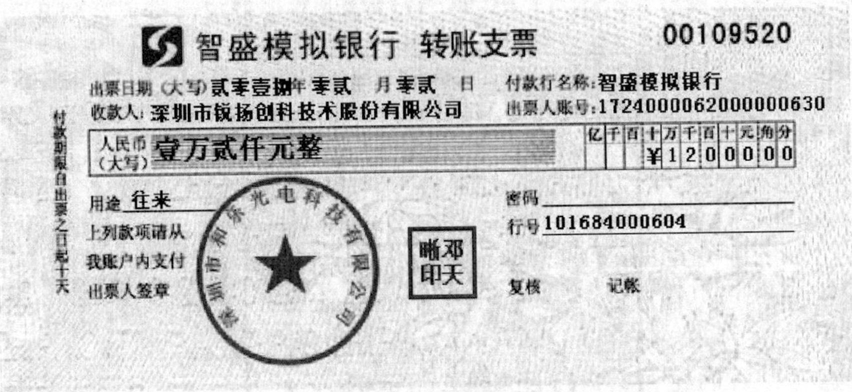

图 7－27　转账支票

> **实训演练**

根据案例完成系统操作，并将操作信息录入实训报告。

☞**案例 1**　深圳市领航者互联网股份有限公司开出一张票面金额为 10000 元的转账支票给深圳市一号山茶业股份有限公司，转账支票的签发日期为交易当日，深圳市一号山茶业股份有限公司出纳办理支票入账，对方交换号为 104584001436，我行柜员为其办理同城提入借方交易，录入之后进行复核。

☞**案例 2**　深圳市浩兴汽车技术股份有限公司持有一张付款人为深圳市领航者互联网股份有限公司的转账支票，转账支票的签发日期为交易当日，交易金额为 39000 元，深圳市浩兴汽车技术股份有限公司出纳持进账单来办理入账，对方交换号为 104584001436，我行柜员为其办理同城提入贷方交易，录入之后进行复核。

我行柜员为以上的两笔业务办理同城收妥抵用批次入账业务。

实训报告

案例1

收款人账号	
收款人凭证种类	
收款人凭证号码	
对方交换号	
付款人账号	
付款人凭证种类	
付款人凭证号码	
金额	

案例2

付款人账号	
付款人凭证种类	
付款人凭证号码	
对方交换号	
收款人账号	
收款人凭证种类	
收款人凭证号码	
金额	

活动5 支票业务单据处理实训

➤ 活动目标

掌握支票业务单据处理的操作。

➤ 实训演练

☞ 案例1 同网点支票业务实训

2017年5月22日,本行客户深圳创思电子科技有限公司持有同网点客户深圳瑞信科技公司(基本存款账号:525030144710315,法人:李思)当天开出的票面金额为12000元用于支付货款的转账支票,深圳创思电子科技有限公司出纳持该支票到本支行办理支票入账。

深圳创思电子科技有限公司（该公司于2000年1月19日在深圳市成立，注册资金200万元人民币，公司股份制，营业执照号码：SSSS1635461××，邮政编码518000，公司位于深圳市罗湖区罗沙路东方大厦1108室，法人代表：张姗，法人身份证号码：424148197601170020，联系人：陆力，联系电话：0755－6541208）已在我行开立基本存款账户，账户存入12450000元。

☞案例2　辖内通兑支票业务实训

2017年8月10日，本行客户深圳创思电子科技有限公司持有2400网点深圳凯悦科技公司（开户行：2400，账号：524001704310115，法人：吴起）当天开出的票面金额为470000元的转账支票，深圳创思电子科技有限公司出纳持该支票到本支行办理支票入账。

☞案例3　同城支票业务实训

2017年12月11日，本行客户深圳创思电子科技有限公司持有深圳顺联科技公司（开户行：中国银行深圳市分行福田支行，账号：394729900028732，法人：刘沁）当天开出的票面金额为260000元的转账支票，深圳创思电子科技有限公司出纳持该支票到本支行办理支票入账。

➢ 实训步骤

☞案例1　同网点支票业务实训

1. 支票填写。

根据案例1中信息完成转账支票正面（见图7－28）以及背面（见图7－29）的填制。

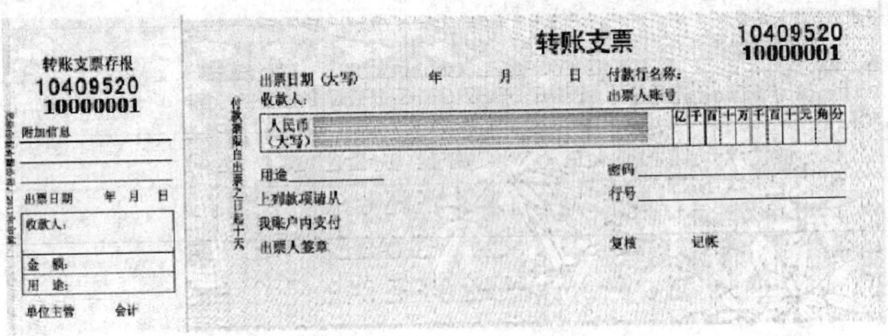

转账支票存根
10409520
10000001
附加信息
出票日期　年　月　日
收款人：
金　额：
用　途：
单位主管　会计

转账支票　10409520 10000001
出票日期（大写）　年　月　日　付款行名称：
收款人：　出票人账号
人民币（大写）　亿 千 百 十 万 千 百 十 元 角 分
付款期限自出票之日起十天
用途
上列款项请从
我账户内支付
出票人签章
密码
行号
复核　记账

图7－28　转账支票（正面）

被背书人	被背书人	
背书人签章 年　月　日	背书人签章 年　月　日	粘贴单处

图7－29　转账支票（背面）

2. 填写进账单。

根据案例信息完成进账单（见图7－30）的填制。

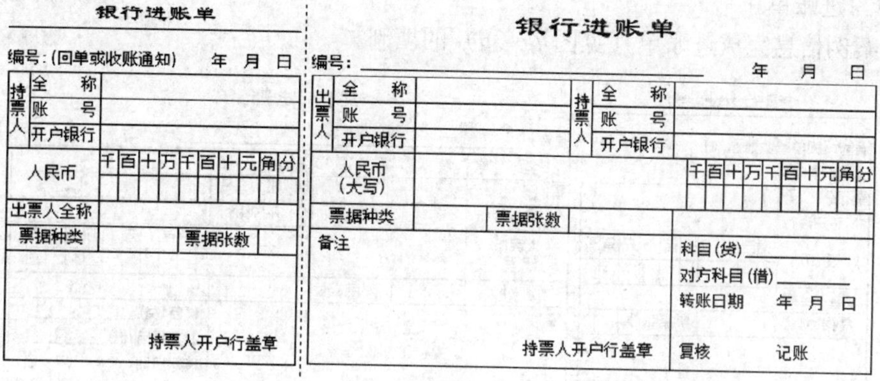

图 7 - 30 银行进账单

3. 交叉审核填制的转账支票以及进账单。

？思考：转账支票的审核要点？

进账单的审核要点？

4. 转账交易处理。

对公存贷——一般活期及临时存款——账户转账

录入"转出账号""转入账号""凭证号码"及"交易金额"等信息，执行后信息录入实训报告。

？思考：1. 转账支票上加盖什么业务印章？

2. 进账单的回单联加盖什么业务印章？第二联呢？

☞**案例2 辖内支票业务处理**

1. 根据案例 2 中信息完成转账支票正面（见图 7 - 31）以及背面（见图 7 - 32）的填制。

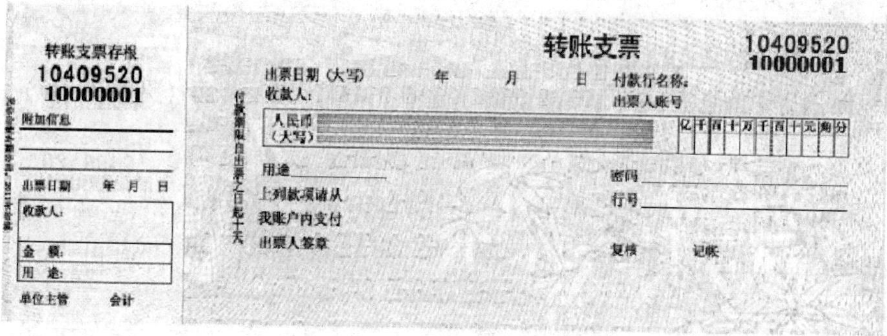

图 7 - 31 转账支票（正面）

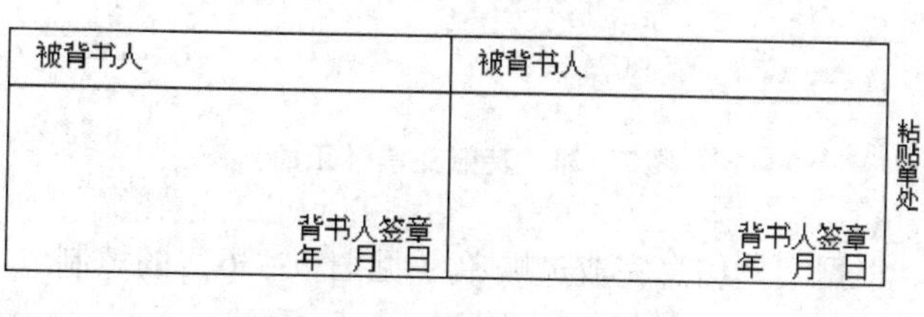

图 7 - 32 转账支票（背面）

2. 填写进账单。

根据案例信息完成进账单（见图7-33）的填制。

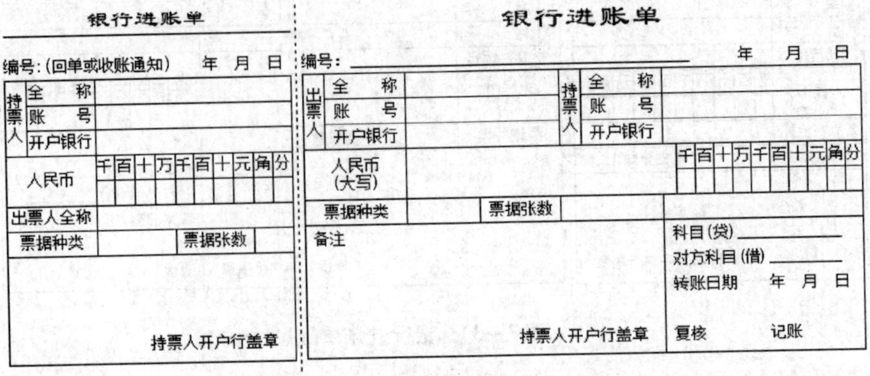

图7-33 银行进账单

3. 交叉审核填制的转账支票以及进账单。

❓**思考：** 以下哪个转账支票的出票日期的书写是正确的？（　　　）

A. 2017年8月10日　　　　　　　　　B. 二零一七年八月十日

C. 贰零壹柒年捌月零壹拾日　　　　　D. 贰零壹柒年零捌月拾日

4. 转账交易处理。

（1）结算业务——辖内通兑业务——转账通兑录入。

（2）结算业务——辖内通兑业务——转账通兑复核。

⚠**注意：** 必须由另一个柜员完成复核。

5. 处理转账支票及进账单。

❓**思考：** 同时转账支票，辖内转账通兑与网点内账户转账的系统操作以及单据处理有何不同？

☞案例3　同城转账支票业务处理

1. 根据案例2中信息完成转账支票正面（见图7-34）以及背面（见图7-35）的填制。

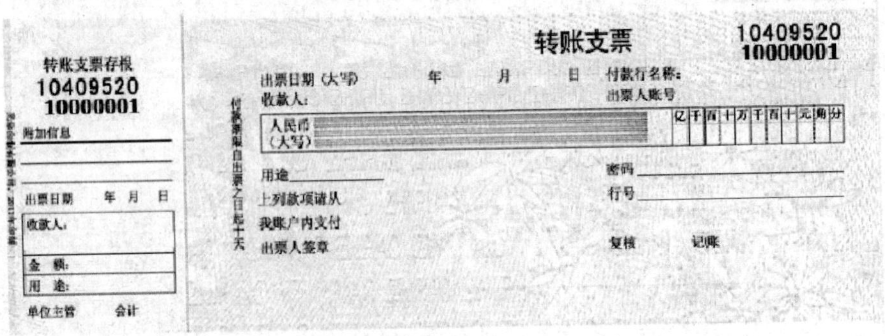

图7-34 转账支票（正面）

2. 填写进账单。根据案例信息完成进账单（见图7-36）的填制。

3. 交叉审核填制的转账支票以及进账单。

图 7-35 转账支票（背面）

图 7-36 银行进账单

思考： 以下哪个收款人信息的书写是正确的？（　　　）

A. 深圳创思电子科技有限公司　　　　B. 深圳顺联科技公司

C. 林珊　　　　　　　　　　　　　　D. 李明凌

4. 转账交易处理。

（1）结算业务——同城提出票据——提出代付录入。录入"收款人账号""提入行行号""凭证号码"以及"交易金额"等信息，执行后信息录入实训报告。

（2）结算业务——同城提出票据——提出代付复核。另一柜员在复核界面找到该笔交易，将前一柜员录入信息与转账支票、进账单信息相核对，确认无误后，该笔交易提出同城交换。

5. 处理转账支票及进账单。

思考： 同城代付录入和复核操作完成后，收款人是否已经完成收款？

任务2　银行本票业务操作处理

活动1　银行本票签发

➤ 活动目标

熟悉银行本票的签发业务，掌握银行本票签发的操作方法与基本要领，能按照银行的工作过程正确地进行银行本票签发的业务处理。

➢ **基础知识**

一、银行本票的含义

银行本票是申请人将款项交存银行，由银行签发的承诺自己在见票时无条件支付确定的金额给收款人或持票人的票据。银行本票按照其金额是否固定可分为定额本票和不定额本票两种。定额银行本票是指凭证上预先印有固定面额的银行本票，其提示付款期限自出票日起最长不得超过2个月。不定额银行本票是指凭证上金额栏是空白的，签发时根据实际需要填写金额，并用压数机压印金额的银行本票。

二、银行本票的基本规定

1. 单位和个人在同一票据交换区域需要支付各种款项时，均可以使用银行本票。
2. 银行本票可以用于转账；注明"现金"字样的银行本票可以使用于支取现金。
3. 银行本票可分为定额本票和不定额本票两种，定额本票的面额分为1000元、5000元、10000元、50000元四种。
4. 银行本票的出票人为经中国人民银行当地分支行批准办理银行本票业务的银行机构。
5. 签发银行本票必须记载下列事项：
（1）标明"银行本票"的字样；
（2）无条件支付的承诺；
（3）确定的金额；
（4）收款人名称；
（5）出票日期；
（6）出票人签章。

💡 **提示**

欠缺记载上列事项之一的，银行本票无效。

6. 银行本票的提示付款期限自出票日起最长不得超过2个月。持票人超过付款期限提示付款的，代理付款人不予受理。
7. 申请人使用银行本票，应向银行填写"银行本票申请书"（见图7-37）填明收款人名称、申请人名称、支付金额、申请日期等事项并签章。申请人和收款人均为个人需要支取现金的，应在"支付金额"栏填写"现金"字样，后填写支付金额。申请人和收款人为单位的，不得申请签发现金银行本票。
8. 出票银行受理银行本票申请书，收妥款项签发银行本票。用于转账的，在银行本票上划出"现金"字样；申请人和收款人均为个人需要支取现金的，在银行本票上划去"转账"字样。不定额银行本票用压数机压印出票金额。出票银行在银行本票上签章后交给申请人。申请人和收款人为单位的，银行不得为其签发现金银行本票。
9. 申请人应将银行本票交付给本票上记明的收款人。收款人受理银行本票时，应审查下列事项：
（1）收款人是否确为本单位或个人；

商业银行本票申请书（存　根）　　第　号

申请日期　　年　　月　　日　　NO

申请人		收款人											
申请人账号或住址													
本票金额	人民币（大写）			千	百	十	万	千	百	十	元	角	分

第一联 申请人保留

备注	科目＿＿＿＿ 对方科目＿＿＿＿ 财务主管　复核　经办

图7－37　银行本票申请书

（2）银行本票上签章是否在提示付款日期限内；

（3）必须记载的事项是否齐全；

（4）出票人签章是否符合规定，不定额银行本票是否有压数机压印的出票金额，并与大写出票金额一致；

（5）出票金额、出票日期、收款人名称是否更改，更改为其他记载事项是否由原记载人签章证明。

10. 收款人可以将银行本票背书转让给被背书人。被背书人受理银行本票时，除按照上述规定审核外，还应审核下列事项：

（1）背书是否连续，背书人签章是否符合规定，背书使用粘单的是否符合规定签章；

（2）背书人为个人的身份证件。

11. 银行本票见票即付。跨系统银行本票的兑付，持票人开户银行可根据中国人民银行规定的金融机构同业往来利率向出票银行收取利息。

12. 在银行开立存款账户的持票人向开户银行提示付款时，应在银行本票背面“持票人向银行提示付款签章”处签章，签章必须与预留银行签章相同，并将银行本票、进账单送交开户银行。银行审核无误后办理转账。

13. 未在银行开立存款账户的个人持票人，凭注明“现金”字样的银行本票向出票银行支取现金的，应在银行本票背面签章，记载本人身份证件名称、号码及发证机关，并交验本人身份证及其复印件。持票人对注明“现金”字样的银行本票需要委托他人向出票银行提示付款的应在银行本票背面“持票人向银行提示付款签章”处签章，记载“委托收款”字样、被委托人姓名和背书日期以及委托人身份证件名称、号码、发证机关。被委托人向出票银行提示付款时，也应在银行本票背面“持票人向银行提示付款签章”处签章，记载证件名称、号码及发证机关，并同时交验委托人和被委托人身份证件及其复印件。

14. 持票人超过提示付款期限不能获得付款的，在票据权利时效内向出票银行做出说明，并提供本人身份证件或单位证明，可以持银行本票向出票银行请求付款。

15. 申请人因银行本票超过提示付款期限或其他原因要求退款时，应将银行本票提交到出票银行，申请人为单位的，应出具该单位的证明；申请人为个人的，应出具本人身份证件。出票银行对于在本行开立存款账户的申请人，只能将款项转入原申请人账户；对于现金银行本票和未在本行开立存款账户的申请人，才能退付现金。

16. 银行本票丧失，失票人可以凭人民法院出具的其享有票据权利的证明，向出票银行请求付款或退款。

➤ 业务流程

银行本票业务签发业务流程见图 7 - 38。

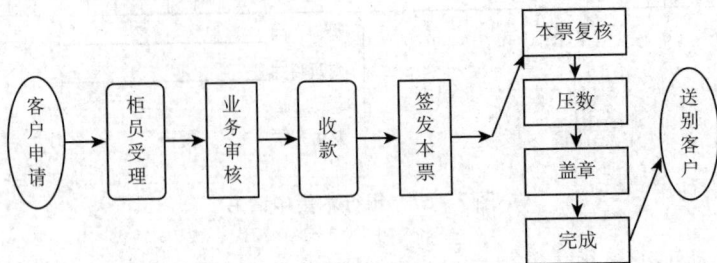

图 7 - 38　银行本票业务签发业务流程

➤ 业务处理

一、客户提出申请

客户申请办理银行本票（见图 7 - 39）签发业务时，需向银行提出申请，领取一式三联的"银行本票申请书"。

图 7 - 39　银行本票

💡 提示

填写银行本票申请书，并按规定加盖银行预留印鉴，银行本票是否可转让，可由申请人提出要求，如不可转让的须在银行本票申请书备注栏中注明"不得转让"字样。

二、业务受理

柜员受理持票人提交的银行本票，同时持票人还需将身份证一并交给柜员。

三、审核凭证

柜员在受理持票人提交的银行本票申请书时应审查以下内容：

1. 银行本票申请书填写的要素是否齐全、准确，书写是否清晰，有无涂改。

2. 银行本票申请书的印鉴是否相符，本票申请书上的印鉴与该单位预留在银行的印鉴是否相符，一般采用折角核对的方式进行审核。

3. 银行本票申请书的大小写金额是否一致，出票人的账户余额是否足够支付。

4. 银行本票的支取方式，所申请的银行本票是转账还是现金，如申请书注明是现金的，申请人和收款人均需为个人。

5. 银行本票的转让方式，如申请人要求本票只限收款人解付，需在备注栏内注明"不得转让"字样。

四、办理转账或收取现金

支付银行本票的款项方式有两种，一是从出票人账上支付，二是申请人缴纳现金。

五、签发银行本票

在办理好转账或收妥现金后，根据申请书填写的内容，按下列要求签发银行本票。

1. 银行本票的出票日期和出票金额必须大写。

2. 票面必须保持清洁，不能更改，填写错误的必须作废重新填制。

3. 用于转账的银行本票，必须在本票上划去"现金"字样，反之亦然。

4. 在申请书备注栏注明"不得转让"字样的，出票行应在银行本票备注栏注明。

六、复核并完成银行本票制作

经办人签发银行本票后，须交联行人员复核，并压数盖章。

1. 填写的银行本票经复核无误后，不定额本票应使用银行专用压数机在本票"人民币（大写）"栏右端压印小写金额。

2. 编制密押。由银行联行密押专管员编制密押，记载在本票中"出纳 复核 经办"栏内。

3. 授权人签章。银行本票上需由授权经办的经办人签名或盖章。

4. 加盖银行本票专用章。银行本票须盖有签发人的银行本票专用章方可生效，交申请人。

七、银行账务处理

1. 支付的款项从申请人账上支付的，银行柜员将申请书的第二联作为银行借方付出凭证，第三联作为银行贷方凭证，第一联加盖转讫章后退还给申请人。

2. 申请人缴纳现金办理银行本票的，银行柜员清点好款项后，将申请书的第一联加盖现金收讫章后退还给申请人，登记现金日记账，以申请书的第三联作为贷方记账凭证，申请人所填写的现金缴款单和申请书和第二联做货方记账凭证的附件。

3. 银行本票的存根联须加盖经办、授权人的名章后留存，并设专夹保管。同时登记"开出本票登记簿""重要空白凭证登记簿"" 重要空白凭证使用登记簿"等。

4. 录入业务处理系统。根据中国人民银行依托小额支付系统办理银行本票业务的相关规定，出票银行出票后应将银行本票出票信息及时录入本行的业务系统。

活动 2   银行本票兑付

➤ 活动目标

掌握银行本票兑付业务的基本操作方法，能按照银行的工作过程正确地进行银行本票兑付的业务处理。

➤ 业务流程

银行本票兑付业务操作流程见图7-40。

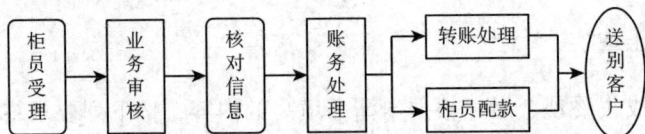

图7-40   银行本票兑付业务操作流程

➤ 业务处理

一、业务受理

客户将银行本票及相关证件提交给付款行柜员。

二、审核凭证

柜员在审查持票人提交的银行本票时应审查以下内容：

1. 银行本票是否按统一规定印制的凭证，是否真实，是否在提示付款期限内。

2. 银行本票填明的持票人是否在本行开户，实际持票人与银行本票上的持票人是否一致，与进账单上的名称是否相同。

3. 银行本票出票行的签章是否为有权签字人，所加盖的本票专用章是否与印模相符，所签署的密押是否正确。

4. 银行本票压数机的压印金额是否正确，大小写金额是否相符。

5. 银行本票必须记载的要素是否齐全，出票金额、日期、收款人姓名是否更改，其他记载的事项如有更改，是否有原记载人的签章证明。

6. 持票人是否在本票背面签章，背书转让的本票是否按规定的范围转让，其背书是否连续，签章是否符合规定，背书使用的粘单是否按规定在粘结处签章。

三、信息核对

审查无误后，代理付款行将本票信息录入计算机系统，通过小额支付系统与出票行进行电子信息确认，收到确认信息并打印业务回执方可办理解付手续。

四、转账或领取现金

办理转账或领取现金，收票行根据银行本票提示信息进行解付。

1. 转账支付的，银行业务员在进账单回单联上加盖转讫章作为收账通知交持票人入账。

2. 现金银行本票需要到出票行或其系统内营业机构直接兑付现金，银行业务员收到注明"现金"字样的银行本票时，抽出专夹保管的本票卡片进行核对，或通过小额支付系统进行本票信息的进行对比，经核对银行本票相关信息后，银行会计柜员将银行本票交予出纳柜台办理相关付款手续。

五、银行账务处理

1. 银行本票属转账解付的，在进账单第二联加盖转讫章，以此作为贷方传票办理入账，然后通过小额支付系统进行银行本票的资金清算，代理付款行内系统收到小额支付系统发来的已清算通知后进行账务处理。

2. 属现金方式解付的银行本票，本票作为借方凭证，本票的卡片作附件，做相应账务处理。

活动3 银行本票结清

➤ 活动目标

掌握银行本票结清的基本操作方法，能按照银行的工作过程正确地处理银行本票兑付的业务。

➤ 业务流程

银行本票结清业务流程见图7-41。

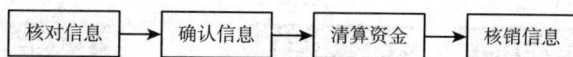

核对信息 → 确认信息 → 清算资金 → 核销信息

图7-41 银行本票结清业务流程

➤ 业务处理

一、核对解付信息

当银行本票开户行经办员收到小额支付系统发来的解付本行所开出的银行本票电子信息

时，出票行将该信息与行内业务处理系统中存储的本票信息进行自动核对。

二、确认银行本票信息

在收到核对信息后，经系统确认无误后发回应答信息。

三、核销银行本票信息

出票行经核对相符，属本行出票的，打印业务回单，同时核销本行内业务处理系统中的本票信息。

四、清算资金

在小额支付系统中对业务回执轧差成功的，出票行在收到小额支付系统已清算通知时进行账务处理，冲减所暂挂的待清算支付款项。

五、银行本票的装订

解付行在银行本票等相关记账凭证上加盖转讫章及经办人员的名章，与当日的传票一起装订保管。

知识拓展

2010 年版银行本票防伪特点见图 7-42。

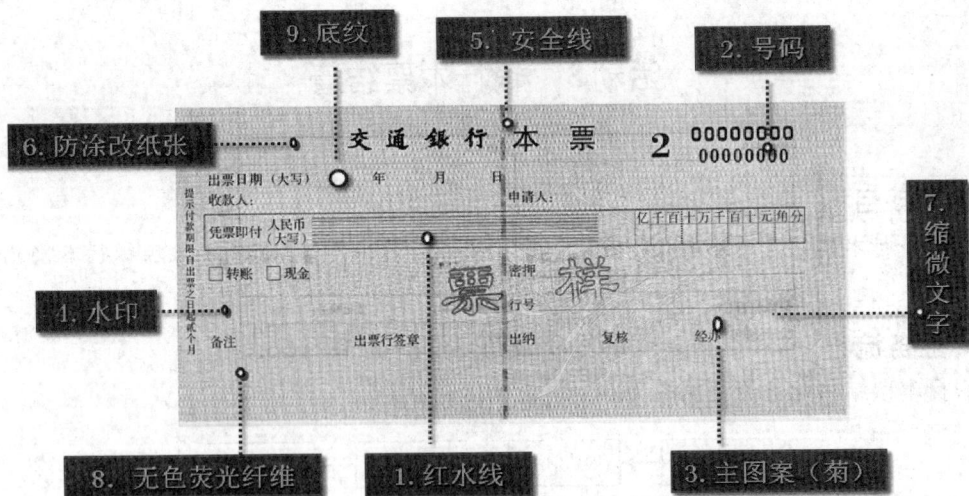

图 7-42 银行本票防伪特点

活动 4　银行本票业务操作

➤ 活动目标

掌握银行本票业务的操作。

扫一扫
学操作

➤ 实训案例

深圳市飞恒多贸易有限公司签发了一张可再转让的本票，现转标识为转账，付款人为深圳市飞恒多贸易有限公司，付款类型为有卡折支付，收款人为深圳市锐扬创科技术股份有限公司，出票金额为 60000 元，手续费收费方式为现金。

深圳市锐扬创科技术股份有限公司财务人员来我行兑付本票，持票人为深圳市锐扬创科技术股份有限公司，提示付款日期为出票日之后的第 15 天，兑付类型为正常兑付。

➤ 实训步骤

钱箱管理——凭证出库

出库"本票"10 张，见图 7 - 43。

凭证出库	
凭证类型*：	本票
开始号码*：	16000001
结束号码*：	16000010
货　币：	人民币
金　额*：	10

图 7 - 43　本票出库

☞ 案例　本票业务

支付结算——本票汇票——本票签发

录入"票据号码""出票金额""出票日期""出票金额""现转标识""转让标识""代理付款行号""付款类型""付款账号""收款人账号""手续收费方式"等信息，见图 7 - 44，执行后完成操作。

支付结算——本票汇票——本票兑付

录入"票据号码"查询票据信息，确认录入信息无误后，录入"兑付类型""持票人账号""提示付款日期"以及"原收款人姓名"，见图 7 - 45，执行后完成本票兑付操作。

➤ 实训演练

根据案例完成系统操作，并将操作信息录入实训报告。

我行给蓝胤签发了一张可再转让的本票，现转标识为转账，付款人为蓝胤，付款类型为有卡折支付，收款人为卢松，出票金额为 10250 元，手续费现金收取，代理付款行号为 104584001436。

本票签发

基础信息

票据类型*:	本票	币种*:	人民币
票据号码*:	16000002	出票金额*:	60000
出票日期*:	2018-02-01	转让标识*:	可再转让
现转标识*:	转账		
代理付款行号:	104584001436 ×	代理付款行名:	中国银行股份有限公司
票据用途:			

付款人信息

付款类型*:	有卡折	付款账号*:	17240000623000006
付款账户名称*:	深圳市飞恒多贸易有限公司		

收款人信息

收款人账号*:	17240000811000008	收款人名称*:	深圳市锐扬创科技术股份有

其他信息

手续收费方式*:	现金	手续费总额*:	1

图 7 – 44　本票签发

本票兑付

票据号码:	16000002 　🔍 查询

票据信息

票据类型:	本票	币种:	人民币
现转标识:	转账	转让标识:	可再转让
出票日期:	2018-02-01	出票金额:	60000
出票行行号:	101684000604	出票行行名:	中国智盛商业银行股份有限
代理付款行号:	104584001436 ×	代理付款行名:	中国银行股份有限公司

兑付信息

签发标识:	本行签发	兑付类型*:	正常兑付
持票人账号*:	17240000811000008		
持票人名称*:	深圳市锐扬创科技术股份有限公司		
提示付款日期*:	2018-02-16	挂失止付编号:	
原收款人名称*:	深圳市锐扬创科技术股份有限公司		
备注:			

图 7 – 45　本票兑付

实训报告

票据号码	
出票金额	
出票日期	
出票金额	
现转标识	
转让标识	
代理付款行号	
付款类型	

续表

付款账号	
收款人账号	
手续收费方式	
兑付类型	
持票人账号	
提示付款日期	
原收款人姓名	

活动5 银行本票票据处理实训

➤ 活动目标

了解银行本票业务的业务程序,掌握银行本票的出票、兑付、结清的单据处理操作。

➤ 实训案例

☞ 案例1 申请签发银行本票

2017年6月20日,本行客户深圳创思电子科技有限公司(法人代表:李思)申请签发一张金额为26541.75元的银行本票给客户深圳顺联科技公司(开户行:中国银行深圳市分行福田支行,账号:394729900028732,法人:刘沁)用于结算货款,银行本票款项从基本存款账户转账扣除。本行业务负责人:王传俊。

☞ 案例2 代理付款行兑付银行本票

2017年7月15日,深圳顺联科技公司财务人员在自己的开户行申请兑付了这张银行本票,模拟代理付款行处理该业务。

☞ 案例3 出票行结清银行本票

出票行收到经票据交换提入的银行本票,核对相应信息,完成银行本票的结清操作。

➤ 实训步骤

☞ 案例1 申请签发银行本票

第一步 填写本票申请书。

根据案例1提供的信息填制本票申请书见图7-46、图7-47以及图7-48(一式三联,实际工作中需套写),并在第二联加盖企业在银行的预留印鉴。

第二步 审核并处理本票申请书。

审核确认无误后,对本票申请书进行处理,申请书第一联加盖转讫章后退申请人,第二联做借方凭证,第三联做贷方凭证。

商业银行 本票申请书（存　　根）　　第　号

申请日期	年	月	日	NO	

申请人		收款人	

申请人账号或住址	

本票金额	人民币（大写）		千百十万千百十元角分

备注	科　目＿＿＿＿＿＿＿

对方科目＿＿＿＿＿＿＿

财务主管　　复核　　经办

第一联 申请人保留

图7-46　本票申请书（第一联）

商业银行 本票申请书（借方凭证）　　第　号

申请日期	年	月	日	NO	

申请人		收款人	

申请人账号或住址	

本票金额	人民币（大写）		千百十万千百十元角分

上述款项请从我账户内支付

（申请人盖章）

科　目(借)＿＿＿＿＿＿＿

对方科目(贷)＿＿＿＿＿＿＿

转账日期　　年　月　日

复核　　记账

第二联 本票的借方凭证 签发行办理

图7-47　本票申请书（第二联）

商业银行 本票申请书（贷方凭证）　　第　号

申请日期	年	月	日	NO	

申请人		收款人	

申请人账号或住址	

本票金额	人民币（大写）		千百十万千百十元角分

备注	科　目(贷)＿＿＿＿＿＿＿

对方科目(借)＿＿＿＿＿＿＿

转账日期　　年　月　日

财务主管　　复核　　经办

第三联 本票科目贷方凭证 第二联签发行

图7-48　本票申请书（第三联）

❓**思考：**本票申请书的审核要点有哪些？

第三步 签发银行本票。

柜员填制银行本票（一式两联，实际工作中需套写）见图 7－49 和图 7－50，并完成签发银行本票操作。

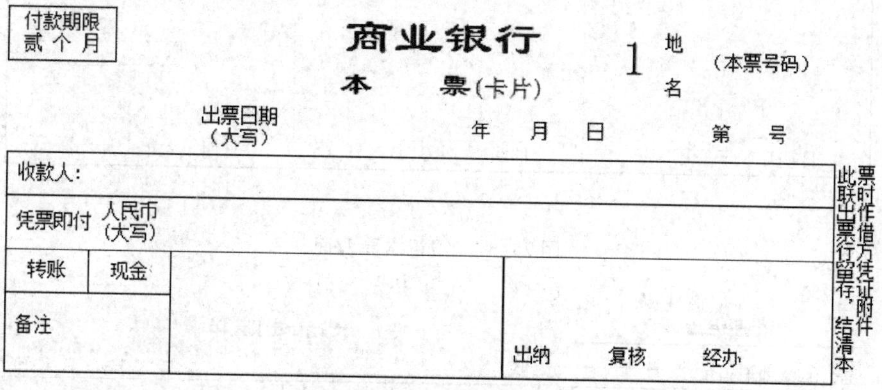
付款期限 贰 个 月
商业银行 本 票(卡片) 1 地名 (本票号码)
出票日期（大写） 年 月 日 第 号
收款人：
凭票即付 人民币（大写）
转账 现金
备注
出纳 复核 经办
此联出票行留存，结清本票时作借方凭证附件

图 7－49 银行本票（第一联）

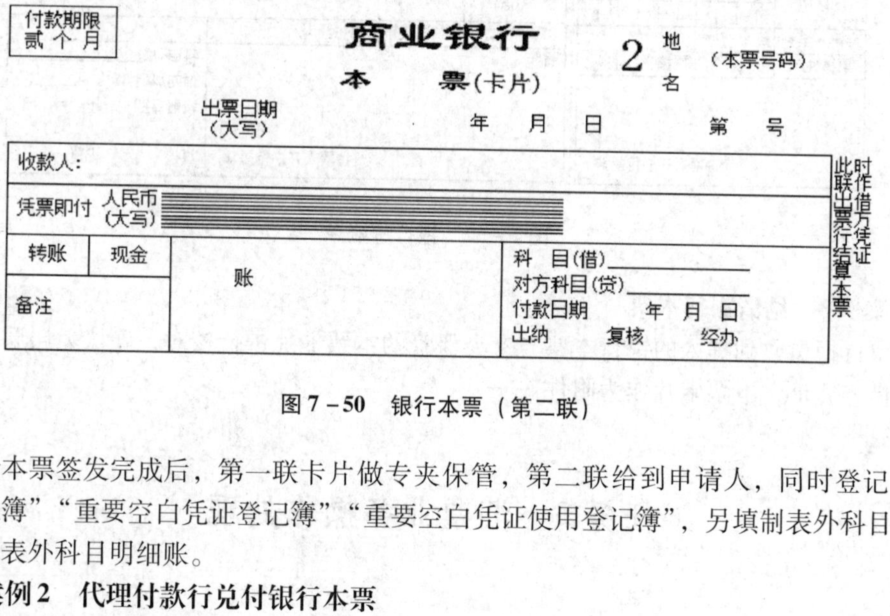
付款期限 贰 个 月
商业银行 本 票(卡片) 2 地名 (本票号码)
出票日期（大写） 年 月 日 第 号
收款人：
凭票即付 人民币（大写）
转账 现金
备注
账
科 目(借)
对方科目(贷)
付款日期 年 月 日
出纳 复核 经办
此联出票行结算本票时作借方凭证

图 7－50 银行本票（第二联）

银行本票签发完成后，第一联卡片做专夹保管，第二联给到申请人，同时登记“开出本票登记簿”“重要空白凭证登记簿”“重要空白凭证使用登记簿”，另填制表外科目付出凭证，登记表外科目明细账。

☞ **案例 2 代理付款行兑付银行本票**

第一步 提示付款签章。

持票人在申请兑付银行本票之前需要在票据背面的加盖提示付款签章，在图 7－51 中完成对应操作，再根据本票信息填制进账单，见图 7－52。

第二步 代理付款行审核及处理单据。

审核银行本票以及进账单的相应信息，确认无误后，第二联进账单作为贷方凭证，第一联进账单加盖转讫章作为收账通知给予持票人，银行本票加盖转讫章，提交票据交换。

注 意 事 项

一、本票在指定的城市范围使用。

二、本票经背书可以转让。

被背书人	被背书人	被背书人
背书人 日期 年 月 日	背书人 日期 年 月 日	背书人 日期 年 月 日

图 7－51 银行本票背面

银行进账单

编号：(回单或收账通知) 年 月 日

持票人	全 称											
	账 号											
	开户银行											
人民币		千	百	十	万	千	百	十	元	角	分	
出票人全称												
票据种类			票据张数									
持票人开户行盖章												

银行进账单

编号： 年 月 日

出票人	全 称		持票人	全 称	
	账 号			账 号	
	开户银行			开户银行	
人民币（大写）				千 百 十 万 千 百 十 元 角 分	
票据种类		票据张数			
备注 持票人开户行盖章				科目（贷）______ 对方科目（借）______ 转账日期 年 月 日 复核 记账	

图 7－52 银行进账单

☞案例 3 结清银行本票

出票行柜员收到提入的银行本票与专夹保管的本票卡片进行核对，确认无误后，银行本票作为借方凭证，本票卡片作为附件。

任务 3 汇票业务操作处理

活动 1 银行汇票的签发

➢ 活动目标

熟悉银行汇票的签发业务，掌握银行汇票签发的操作方法与基本要领，能按照银行的工作流程正确地进行银行汇票签发的业务处理。

➢ 基础知识

一、银行汇票的含义

银行汇票是指由出票银行签发的，由其在见票时按照实际结算金额无条件付给收款人或者持票人的票据。银行汇票的出票银行为银行汇票的付款人。汇票人使用银行汇票结算时，须将款项交给当地银行，由银行签发给汇款人持往异地办理结算。银行汇票的出票人为经中国人民银行批准有权办理该类业务的银行，银行汇票的出票行即为银行汇票的付款人。银行汇票具有使用灵活、票随人到、兑现性强等特点，适用于先收款后发货或钱货两清的商品交易，特别适用于派人异地采购的交易方式。

二、银行汇票格式

银行汇票一式四联，第一联为卡片，由出票行结清汇票时做汇出汇款借方凭证；第二联为银行汇票（见图7－53），与第三联解讫通知一并由汇款人自带，在兑付行兑付汇票后此联作联行往来账付出传票；第三联解讫通知，在兑付行兑付后由签发行作余款收入传票；第四联是多余款通知，并在签发行结清后交汇款人。

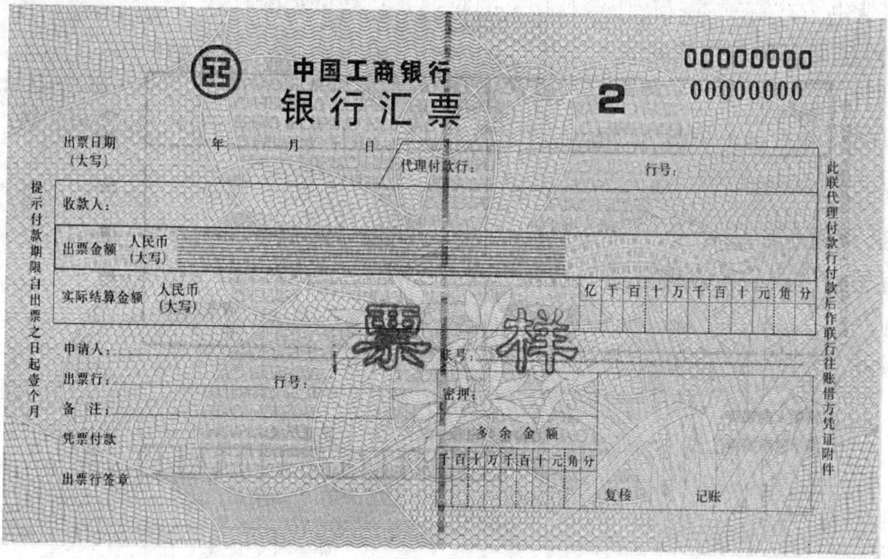
中国工商银行
银行汇票　2
00000000
00000000
出票日期（大写）　年　月　日
代理付款行：　行号：
提示付款期限自出票之日起壹个月
收款人：
出票金额　人民币（大写）
实际结算金额　人民币（大写）
亿 千 百 十 万 千 百 十 元 角 分
票样
申请人：　账号：
出票行：　行号：
备　注：　密押：
凭票付款
多余金额
千 百 十 万 千 百 十 元 角 分
出票行签章　复核　记账
此联代理付款行付款后作联行往账借方凭证附件

图7－53　银行汇票

单位和个人各种款项的结算，均可使用银行汇票。银行汇票可以用于转账，填明“现金”字样的银行汇票，也可以用于支取现金。申请人或者收款人为单位的，不得在银行汇票申请书上填明“现金”字样。

想一想

银行汇票持有者可以领取现金吗？

提示

银行汇票必须记载以下事项：表明"银行汇票"的字样、无条件支付的承诺、出票金额、收付款人名称、出票日期及出票人签章。欠缺记载上列事项之一的，银行汇票无效。

三、银行汇票的基本规定

（一）银行汇票的签发和解付

银行汇票的签发和解付，只能由中国人民银行和商业银行参加"全国联行往来"的银行机构办理。跨系统银行签发的转账银行汇票的解付，应通过同城票据交换将银行汇票和解讫通知提交同城的有关银行审核支付后抵用。省、自治区、直辖市内和跨省、市的经济区域内，按照有关规定办理。在不能签发银行汇票的银行开户的汇款人需要使用银行汇票时，应将款项转交附近能签发银行汇票银行办理。

（二）银行汇票一律记名

所谓记名是指在汇票中指定某一特定人为收款人，其他任何人都无权领款；但如果指定收款人以背书方式将领款权转让给其指定的收款人，其指定的收款人有领款权。

（三）银行汇票的付款期为1个月

这里所说的付款期，是指从签发之日起到办理兑付之日止的时期。这里所说的1个月，是指从签发日开始，不论月大月小，统一到下月对应日期止的1个月。逾期的汇票，兑付银行将不予办理。

➤ **业务流程**

签发银行汇票业务流程见图7-54。

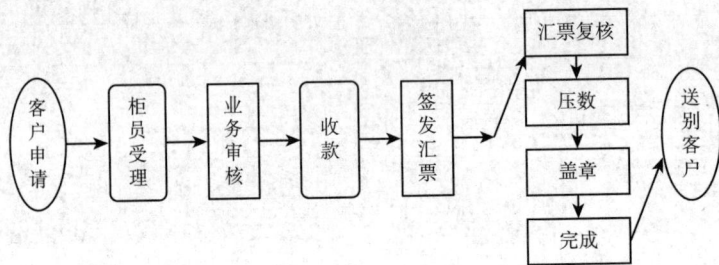

图7-54 签发银行汇票业务流程

➤ **业务处理**

一、客户提出申请

客户申请办理银行汇票签发业务时，需向银行提出申请，领取一式三联的"银行汇票申请书"（见图7-55）。

商业银行汇票申请书（借方凭证） 2

申请日期　年　月　日　　　NO：

申请人		收款人		此联出票系行作借方凭证
账　号或住址		账　号或住址		
用　途		代　理付款行		

汇票金额	人民币（大写）		千百十万千百十元角分

上列款项请从我账户内支付

申请人盖章

　支付密码 ⌐⌐⌐⌐⌐⌐⌐⌐⌐⌐⌐⌐⌐

科　目(借)_____

对方科目(贷)_____

转账日期　　年　月　日

复核　　　记账

图 7 - 55 银行汇票申请书

🔦 **提示**

详细填写银行汇票申请书，并按规定加盖银行预留印鉴。

二、业务受理

客户填写好银行汇票申请书后提交给出票银行柜员。

三、审核凭证

柜员在受理持票人提交的银行汇票申请书时应审查以下内容：

1. 银行汇票申请书填写的要素是否齐全、准确，书写是否清晰，有无涂改。

2. 银行汇票申请书的印鉴是否相符，汇票申请书上的印鉴与该单位预留在银行的印鉴是否相符，一般采用折角核对的方式进行审核。

3. 银行汇票申请书的大小写金额是否一致，出票人的账户余额是否足够支付。

4. 银行汇票的支取方式，所申请的银行汇票是转账还是现金，如申请书注明是现金的，申请人和收款人均须为个人，申请人或收款人为单位的，银行不予签发现金的银行汇票。支付银行汇票的款项方式有两种，一是从出票人账上支付，二是申请人缴纳现金。

四、签发银行汇票

银行柜员在办理好转账或收妥现金后，根据申请书填写的内容，签发银行汇票，所签发的银行汇票必须具备下列要素：

1. 表明"银行汇票"的字样；

2. 无条件支付的承诺；

3. 银行汇票的出票日期和出票金额必须大写；

4. 收款人、付款人的名称；

5. 票面必须保持清洁，不能更改，填写错误的必须作废重新填制；

6. 银行汇票的解付形式，如是开立现金银行汇票的，须在汇票大写金额前注明的"现金"字样，并在代理付款行名称栏填明代理付款行名称。

五、复核并完成银行汇票制作

经办人填写完银行汇票后，须交联行人员复核，并压数盖章。

1. 填写的银行汇票经复核无误后，应使用银行专用压数机在汇票"人民币（大写）"栏右端压印小写金额。

2. 编制密押。由银行联行密押专管员编制密押，记载在银行汇票相应栏内。

3. 授权人签章。银行汇票上需由授权经办的经办人签名或盖章。

4. 加盖银行汇票专用章。银行汇票须盖有签发人的银行汇票专用章方可生效，并将银行汇票交予申请人。

六、银行账务处理

1. 支付的款项从申请人账上支付的，银行柜员将申请书的第二联作为银行借方付出凭证，第三联作为银行贷方凭证，第一联加盖转讫章后退还给申请人。

2. 申请人缴纳现金办理银行汇票的，银行出纳员清点好款项后，将申请书的第一联加盖现金收讫章后退还给申请人，登记现金日记账，以申请书的第三联作为贷方记账凭证，申请人所填写的现金缴款单和申请书的第二联做贷方记账凭证的附件。

3. 银行汇票的存根联须加盖经办人、复核人的名章后留存，并设专夹保管。同时登记"开出汇票登记簿""重要空白凭证登记簿""重要空白凭证使用登记簿"等。

4. 登记"汇出汇款"分户账，录入业务处理系统。根据中国人民银行依托小额支付系统办理银行汇票业务的相关规定，出票银行出票后应将银行汇票出票信息及时录入本行的业务系统。

活动2　银行汇票的付款与结清

➤ 活动目标

掌握银行汇票付款和结清业务的基本操作方法，能按照银行的工作过程正确地进行银行汇票兑付的业务处理。

➤ 业务流程

银行汇票付款与结清业务操作流程见图7-56。

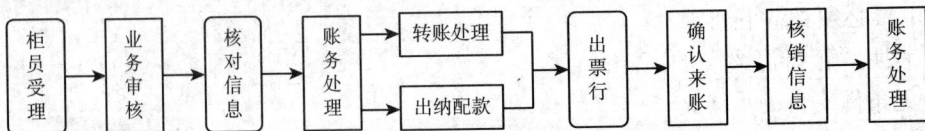

图7-56　银行汇票付款与结清业务操作流程

➢ 业务处理

一、持票人提出付款申请

在银行汇票的提示付款期内向银行提出付款申请。

提示

收款人为单位的，需背书并加盖单位印鉴；收款人为个人的，需背书签名并按要求填写身份证信息，同时还需提交身份证复印件一份。

二、业务受理

客户将银行汇票、解讫通知（见图 7－57）和进账单及相关证件提交给付款行经办员。

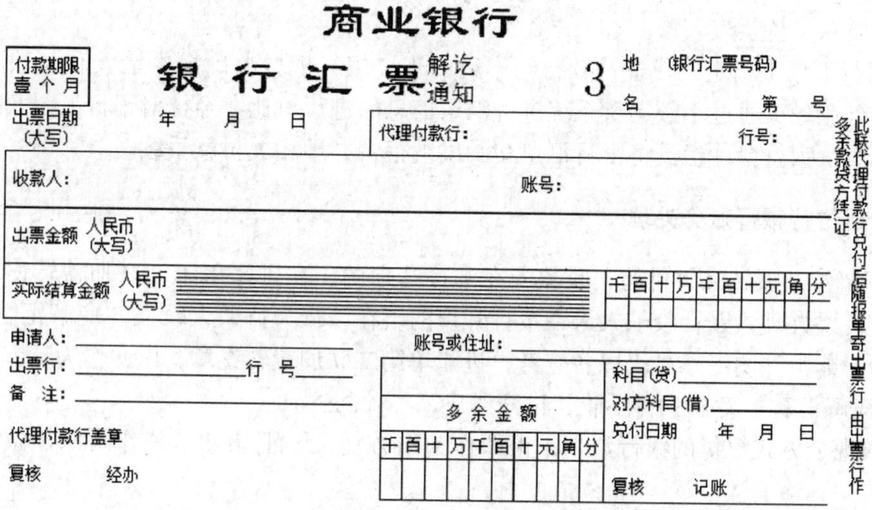

商业银行

付款期限 壹个月

银行汇票 解讫通知 3

地名 （银行汇票号码） 第 号

出票日期（大写） 年 月 日

代理付款行： 行号：

收款人： 账号：

出票金额 人民币（大写）

实际结算金额 人民币（大写） 千 百 十 万 千 百 十 元 角 分

申请人： 账号或住址：

出票行： 行 号

备 注：

多余金额 千 百 十 万 千 百 十 元 角 分

科目(贷)

对方科目(借)

兑付日期 年 月 日

代理付款行盖章

复核 经办

复核 记账

此联代理付款行兑付后随报单寄出票行，由出票行作多余款贷方凭证

图 7－57 银行汇票解讫通知

三、审核凭证

会计柜员在审查持票人提交的银行汇票时应审查以下内容：

1. 汇票和解讫通知的号码、内容是否一致。

2. 银行汇票是否按统一规定印制凭证，是否真实，是否在提示付款期限内。

3. 银行汇票填明的收款人是否在本行开户，与进账单上名称是否相同。

4. 银行汇票必须记载的要素是否齐全，出票金额、日期、收款人姓名是否更改，其他记载的事项如有更改是否有原记载人的签章证明。

5. 银行汇票压数机的压印是否使用统一的压数机印压，金额是否正确，大小写金额是否相符。

6. 银行汇票的出票行签章是否为有权签字人，所加盖的汇票专用章是否与印模相符，所签署的密押是否正确。

7. 持票人是否在汇票背面签章，背书转让是否连续，签章是否符合规定，背书使用粘单是否按规定在粘结处签章。

8. 汇票的实际结算金额是否在出票金额以内，与进账单金额是否一致，多余金额计结是否正确。

四、信息核对

审查无误后，代理付款行将汇票信息录入计算机系统，通过小额支付系统与出票行进行电子信息确认，收到确认信息并打印业务回执方可办理解付手续。

五、转账或领取现金

办理转账或领取现金，收票行根据银行本票提示信息进行解付。

1. 持票人办理转账解付的，经审查无误后，银行业务员在进账单回单联上加盖转讫章作为收账通知交持票人入账。

2. 银行汇票上指定的代理付款行为本行的现金银行汇票，确定申请人和收款人确为个人的，银行业务员通过小额支付系统进行汇票信息的进行对比，经核对银行汇票及持票人的相关信息后，银行会计柜员将银行汇票交予出纳柜台办理相关付款手续。

六、解付行银行账务处理

1. 银行汇票属转账解付的，收款人在本行开户的，在进账单第二联加盖转讫章，以此作为贷方传票办理入账；收款人未在本行开户的，在该行为持票人设立"应解汇款"专户，并在该分户账上注明汇票号码以备查考，进账单第二联加盖转讫章，以此作为贷方传票办理入账。"应解汇款"专户只付不收，付完清户，不计利息。

2. 属现金方式解付的银行汇票，汇票作为借方凭证，汇票的卡片作附件，做相应账务处理。

七、签发行汇票结清处理

1. 确认来账。银行汇票出票行收到代理付款行发来的银行汇票兑付的电子信息，经审核无误后打印补充报单。

2. 核销银行汇票信息。出票行根据打印出来的补充报单，抽出专夹保管的汇票卡，经核对属本行签发的，报单金额与实际结算金额相符，多余金额结计正确无误后，按不同的解付情况分别处理。

3. 账务处理。

（1）汇票款项全额解付的。出票行的经办员在汇票卡片的实际结算金额栏填写"—0—"，汇票卡片作借方凭证，销记银行"汇出汇款"科目账户。

（2）汇票金额部分解付的。出票行的经办员在汇票卡片的实际结算金额栏填写实际结算金额，将多余金额填写在多余收账通知的多余金额栏内，汇票卡片作借方凭证，补充报单或解讫通知作多余款项转账的贷方凭证，转入出票人账户。如果申请出票人账户未在出票银行开立，多余金额应先转入其他应收款科目暂存，然后通知申请人持申请书存根及申请人本人身份证来开票行办理相关取款手续，销记银行"汇出汇款"科目账户。

4. 凭证保管。银行柜员在相关记账凭证上加盖转讫章及各组长经办员私章，与当天银行的其他凭证一起装订保管。

活动 3　银行汇票的核销与退款、挂失与解挂

➤ 活动目标
掌握银行汇票核销与退款、挂失与解挂业务的基本操作方法，能按照银行的工作过程正确地进行银行汇票核销与退款、挂失与解挂的业务处理。

➤ 业务流程
银行汇票核销与退款、挂失与解挂业务操作流程见图 7 - 58。

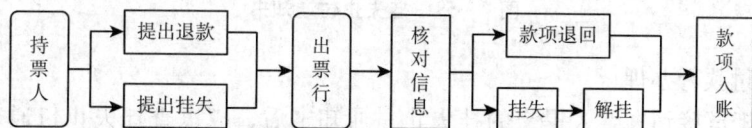

图 7 - 58　银行汇票核销与退款、挂失与解挂业务操作流程

➤ 业务处理

一、银行汇票核销与退款

（一）提出退款
持票人由于银行汇票超过付款期限或其他原因要求退款，向出票行交回汇票和解讫通知，并向出票行提交证明或身份证件。

（二）核对信息
银行柜员接到持票人提交的材料后，抽出原专夹保管的汇票卡片进行核对。

（三）退回款项
经核对无误后，在银行汇票和解讫通知的实际结算金额大写栏"未用退回"字样，汇票卡片作附件，解讫通知做贷方凭证办理转账，如是现金汇票的，则按规定退回现金，同时销记银行"汇出汇款"科目账户。

二、银行汇票挂失与解挂

（一）提出挂失
持票人由于银行汇票确系遗失的，向出票行或代理付款行提出挂失申请，填制三联挂失止付通知书（见图 7 - 59），并向出票行提交证明或身份证件。

（二）核对信息并办理挂失
出票行或代理付款行接到挂失止付通知书时，应按下列程序办理：

商业银行挂失止付通知书　　1

填写日期　　　年　月　日

挂失止付人：			丧失票据记载的主要内容	票据种类		第一联：银行给挂失止付人的受理回单
票据丧失时间：				号　码		
票据丧失地点：				金　额		
	年　月　日			付款人		
票据丧失事由				收款人		
				出票日期		
				付款日期		
			挂失止付人联系地址（电话）：			
	失票人签章 年　月　日					

图 7-59　挂失止付通知书

1. 在代理付款行办理。

（1）银行柜员接到失票人提交的挂失止付通知书后，应审查挂失止付通知书的填写是否符合要求，是否属本行代理付款的汇票，并在查明确未付款时方可受理。

（2）在挂失止付通知书第一联上加盖业务公章作为回单退申请人，第二、第三联在登记挂失登记簿后专夹保管。

（3）如失票人委托代理付款行通知出票行挂失的，代理付款行应立即向出票行发出挂失通知。

（4）出票行在接到代理付款行发来的挂失通知后，应抽出原专夹保管的汇票卡片进行核对并另行保管，以便控制付款和退款。

2. 出票行受理挂失。

（1）银行柜员接到失票人提交的挂失止付通知书后，应审查挂失止付通知书的填写是否符合要求。

（2）出票行银行柜员认真核对汇出汇款账和汇票卡片，如是现金汇票的还要与指定的代理付款联系确定尚未付款的才可受理。

（3）银行柜员在挂失止付通知书第一联上加盖业务公章作为回单退申请人，第二、第三联在登记挂失登记簿后专夹保管。

（4）挂失止付通知书与原汇票卡片一并保管，以便控制付款和退款。

（5）如失票人委托出票行通知代理付款行挂失的，出票行应立即向代理付款行发出挂失通知。

3. 汇票的解挂。银行汇票付款期满后 1 个月没有发生问题的，即可通知挂失申请人前来办理退款手续。

活动4 银行汇票票据处理实训

➤ 活动目标

了解银行汇票业务的业务程序，掌握银行汇票的出票、兑付、结清的单据处理操作。

➤ 实训案例

☞ 案例1 申请签发银行汇票

2017年8月11日，本行客户深圳创思电子科技有限公司（本行行号：SSSS；法人代表：李思）申请签发一张金额为250000元的银行汇票给客户深圳顺联科技公司（开户行：中国银行深圳市分行福田支行；账号：394729900028732；法人：刘沁；行号：39472）用于结算货款，银行汇票款项从基本存款账户转账扣除。本行业务负责人：王传俊。

☞ 案例2 代理付款行兑付银行汇票

2017年8月27日，深圳顺联科技公司财务人员在自己的开户行申请全额兑付这张银行汇票，模拟代理付款行处理该业务。

☞ 案例3 出票行结清银行汇票

出票行实时接收清算系统信息，核对相应信息，完成银行汇票的结清操作。

➤ 实训步骤

☞ 案例1 申请签发银行汇票

第一步 填写汇票申请书。

根据案例1提供的信息填制汇票申请书图7-60、图7-61以及图7-62（一式三联，实际工作中需套写），并在第二联加盖企业在银行的预留印鉴。

商业银行汇票申请书（存 根）		**1**
申请日期 年 月 日		**N O：**

申请人		收款人		此联申请人留存
账号或住址		账号或住址		
用途		代理付款行		
汇票金额	人民币（大写）		千百十万千百十元角分	
备注		科目_____ 对方科目_____		
		财务主管 复核 经办		

图7-60 汇票申请书（第一联）

商业银行 汇票申请书（借方凭证） 2

NO：

申请日期	年	月	日	

此联出票行作借方凭证

申请人		收款人	
账 号或住址		账 号或住址	
用 途		代 理付款行	

汇票金额	人民币（大写）	千 百 十 万 千 百 十 元 角 分

上列款项请从我账户内支付

申请人盖章

支付密码 ☐☐☐☐☐☐☐☐☐

科 目（借）_____

对方科目（贷）_____

转账日期　　年　月　日

复核　　记账

图 7-61　汇票申请书（第二联）

商业银行 汇票申请书（贷方凭证） 3

NO：

申请日期	年	月	日	

此联出票行作汇出汇款贷方凭证

申请人		收款人	
账 号或住址		账 号或住址	
用 途		代 理付款行	

汇票金额	人民币（大写）	千 百 十 万 千 百 十 元 角 分

备 注

科 目（贷）_____

对方科目（借）_____

转账日期　　年　月　日

复核　　记账　　出纳

图 7-62　汇票申请书（第三联）

第二步　审核并处理汇票申请书。

审核确认无误后，对汇票申请书进行处理，申请书第一联加盖转讫章后退申请人，第二联做借方凭证，第三联做贷方凭证。

❓思考：汇票申请书的审核要点有哪些？

第三步　系统处理汇票信息。

1. 签发录入。在汇票交易中，录入汇票申请书中相应信息，第三联汇票申请书摘录汇票签发业务流水号。

2. 签发复核。复核柜员根据第三联汇票申请书上的流水号，调出复核报文，对"兑付行行号""收款人账号""付款人账号""金额"等内容，确认无误后提交。

3. 签发授权。授权柜员调出"特授权"报文，核对无误后授权。

第四步　汇票打印、加押以及出票。

1. 柜员填制银行汇票图 7－63、图 7－64、图 7－65 以及图 7－66（银行汇票一式四联，实际工作中需套写）。

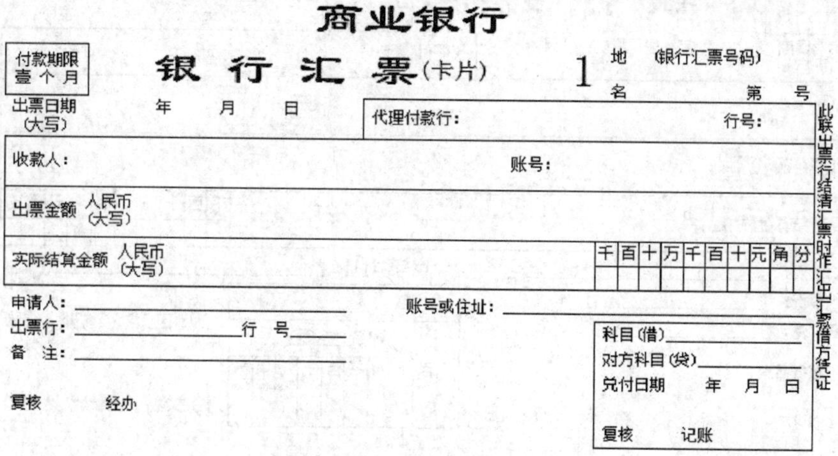
商业银行
付款期限 壹个月
银行汇票（卡片）　1　地名 （银行汇票号码） 第　号
出票日期（大写）　年　月　日　代理付款行：　行号：
收款人：　账号：
出票金额 人民币（大写）
实际结算金额 人民币（大写）　千 百 十 万 千 百 十 元 角 分
申请人：　账号或住址：
出票行：　行号
备注：
科目（借）
对方科目（贷）
兑付日期　年　月　日
复核　经办
复核　记账
此联出票行结清汇票时作汇出汇款借方凭证

图 7－63　银行汇票卡片

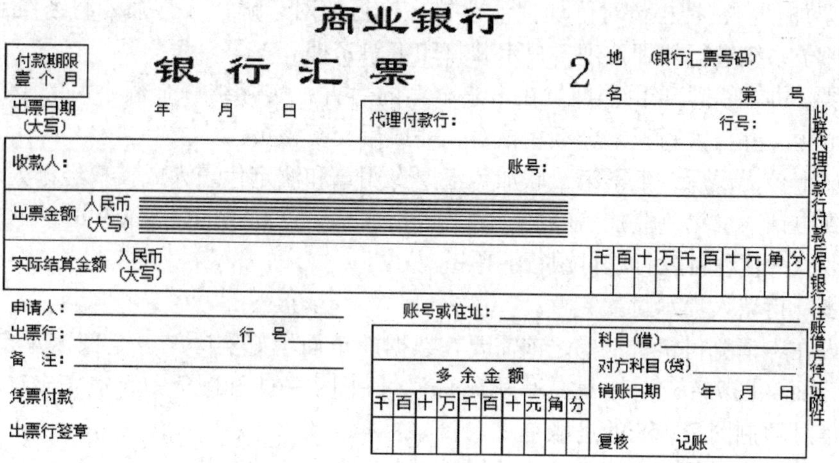
商业银行
付款期限 壹个月
银行汇票　2　地名 （银行汇票号码） 第　号
出票日期（大写）　年　月　日　代理付款行：　行号：
收款人：　账号：
出票金额 人民币（大写）
实际结算金额 人民币（大写）　千 百 十 万 千 百 十 元 角 分
申请人：　账号或住址：
出票行：　行号
备注：
多余金额　千 百 十 万 千 百 十 元 角 分
科目（借）
对方科目（贷）
销账日期　年　月　日
凭票付款
出票行签章
复核　记账
此联代理付款行付款后作银行往账借方凭证附件

图 7－64　银行汇票第二联

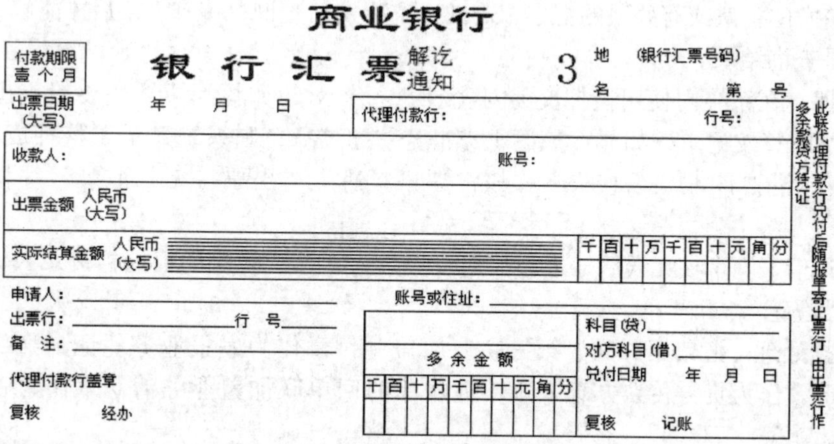
商业银行
付款期限 壹个月
银行汇票 解讫通知　3　地名 （银行汇票号码） 第　号
出票日期（大写）　年　月　日　代理付款行：　行号：
收款人：　账号：
出票金额 人民币（大写）
实际结算金额 人民币（大写）　千 百 十 万 千 百 十 元 角 分
申请人：　账号或住址：
出票行：　行号
备注：
多余金额　千 百 十 万 千 百 十 元 角 分
科目（贷）
对方科目（借）
兑付日期　年　月　日
代理付款行盖章
复核　经办
复核　记账
此联代理付款行兑付后随报单寄出票行 由出票行作多余款贷方凭证

图 7－65　银行汇票解讫通知

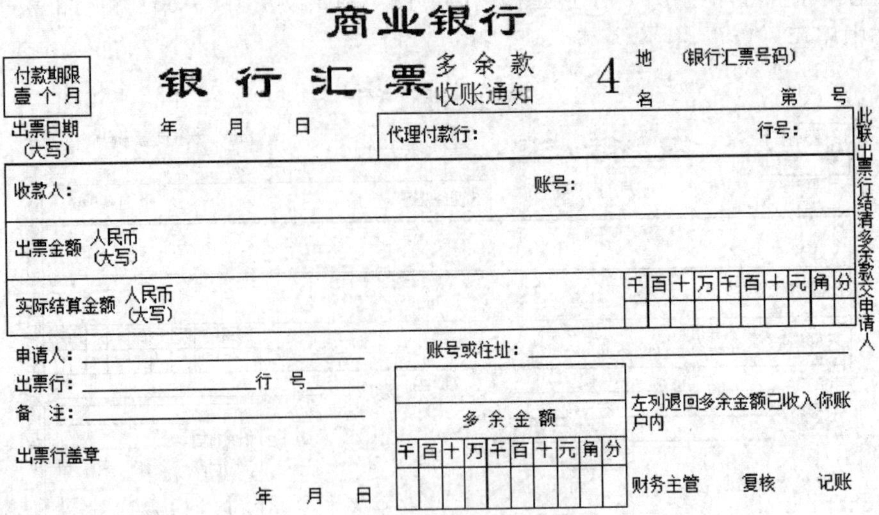

商业银行

付款期限 壹个月

银行汇票 多余款收账通知 4

地名（银行汇票号码） 第 号

出票日期（大写） 年 月 日

代理付款行： 行号：

收款人： 账号：

出票金额 人民币（大写）

实际结算金额 人民币（大写） 千 百 十 万 千 百 十 元 角 分

申请人： 账号或住址：

出票行： 行 号

备 注：

出票行盖章

年 月 日

多余金额 千 百 十 万 千 百 十 元 角 分

左列退回多余金额已收入你账户内

财务主管 复核 记账

此联出票行结清多余款交申请人

图7-66 银行汇票多余款收账通知

2. 汇票加押。密押柜员对待加押汇票报文进行核对，确认无误后，将系统自动报送主机汇划密押子系统进行加押处理，提示并打印汇票密押。

3. 出票。加押完毕，由密押员在出票金额的后方，实际结算金额小写的上端用压数机压印出票金额，并与大写汇票金额相核对，完成后交复核员。

复核员审核无误后，汇票第二联加盖汇票专用章和法定代表人或授权经办人名章，连同第三联给到申请人。第一联加盖经办、复核人员名章，连同第四联专夹保管。

☞案例2 代理付款行兑付银行汇票

第一步 持票人提示付款签章。

持票人在申请兑付银行汇票之前需要在票据的正面填好实际结算金额以及多余款金额，在汇票的背面（图7-67）加盖提示付款签章，在图7-64和图7-65中完成对应操作，再根据汇票信息填制图7-68的进账单。

第二步 代理付款行审核及处理单据。

1. 汇票审核。对提交的银行汇票、进账单上各项要素进行仔细审核，如遇大额银行汇票、手工签发的汇票或有残缺的汇票，需向出票行发出查询，待查无误后才能解付入账，同时准确记录查询结果。

2. 核押。在系统内使用核押交易对密押进行核对，如核押成功还要检查出票行是否有该笔汇票的签发记录，如显示该笔汇票状态“正常”，则系统显示“核押成功”，否则做“密押有误”“该汇票已挂失”“该汇票已核押”“出票行无此汇票”等相应的错误提示。

3. 发送借报。审核无误后，进行汇划发报录入，系统将自动根据柜员录入信息检查收报行的汇票登记簿。

4. 单据处理。汇票第二联、第三联上加盖兑付章作为发报业务凭证，第二联进账单加盖转讫章，作为贷方传票办理入账，进账单的回单联加盖业务清讫章作为收账通知交由持票人。

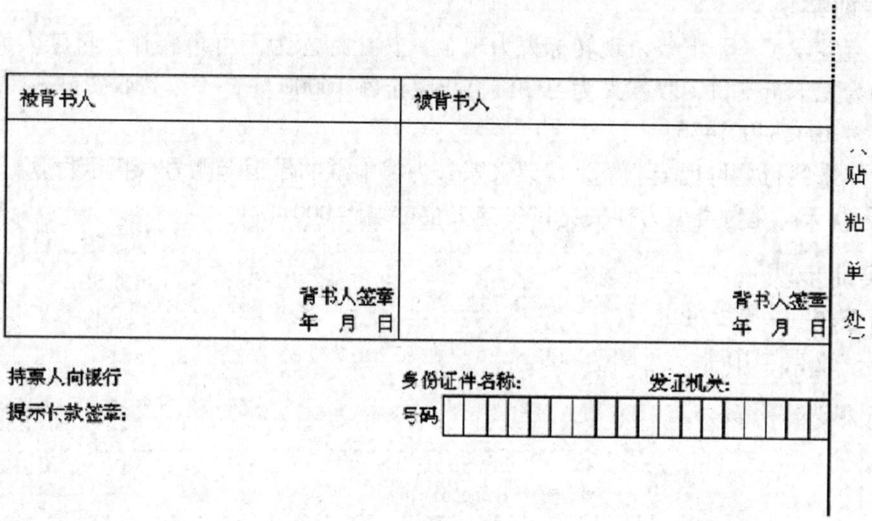

图 7-67　银行汇票第二联 背面

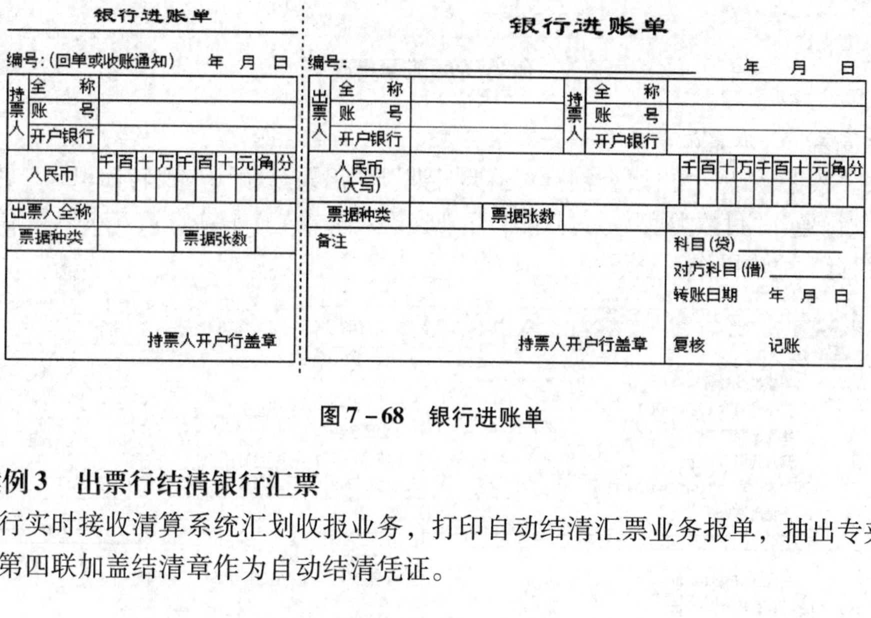

图 7-68　银行进账单

☞ **案例3　出票行结清银行汇票**

出票行实时接收清算系统汇划收报业务，打印自动结清汇票业务报单，抽出专夹保管的第一联、第四联加盖结清章作为自动结清凭证。

活动 5　银行汇票业务操作

▷ **活动目标**

掌握银行汇票业务的操作。

扫一扫
学操作

➤ 实训案例

施杉直签发了一张汇票，现转标识为现金，转让标志为不可再转让，付款人为施杉直，付款类型为无卡折支付，收款人为习中继。出票金额 10000 元，手续费收费方式为转账，代理付款行号 104584001436；

习中继来我行兑付现金汇票，持票人账号为习中继的借记卡账号，提示付款日期为出票日之后第 30 天，兑付类型为挂失兑付，挂失止付编码 0001。

➤ 实训步骤

钱箱管理——凭证出库

出库"汇票"10 张，见图 7 - 69。

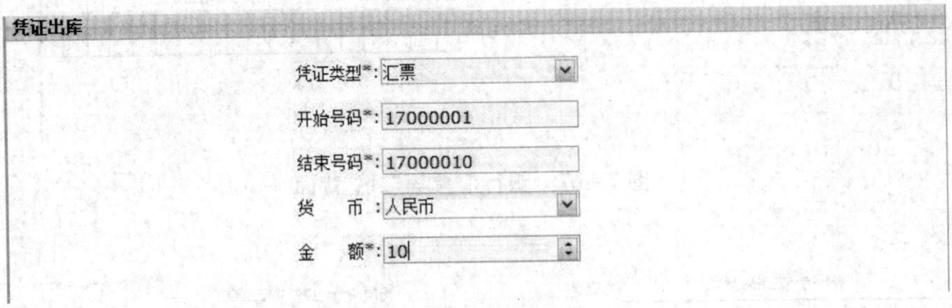

图 7 - 69　汇票出库

支付结算——本票汇票业务——汇票签发

录入"票据号码""出票金额""出票日期""出票金额""现转标识""转让标识""代理付款行号""付款类型""付款账号""收款人账号""手续收费方式"等信息，见图 7 - 70，执行后完成操作。

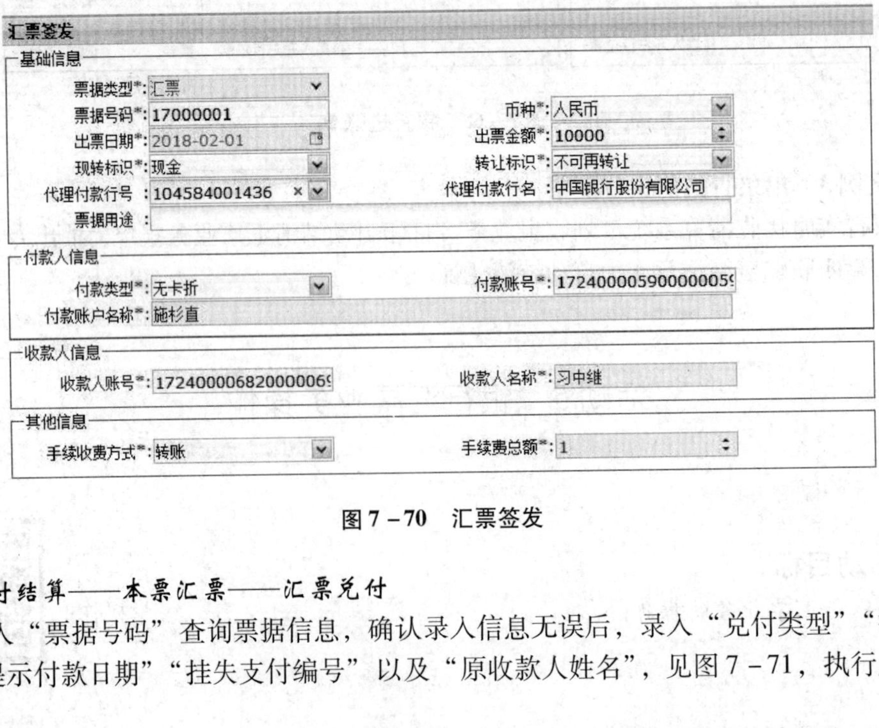

图 7 - 70　汇票签发

支付结算——本票汇票——汇票兑付

录入"票据号码"查询票据信息，确认录入信息无误后，录入"兑付类型""持票人账号""提示付款日期""挂失支付编号"以及"原收款人姓名"，见图 7 - 71，执行后完成本票兑付操作。

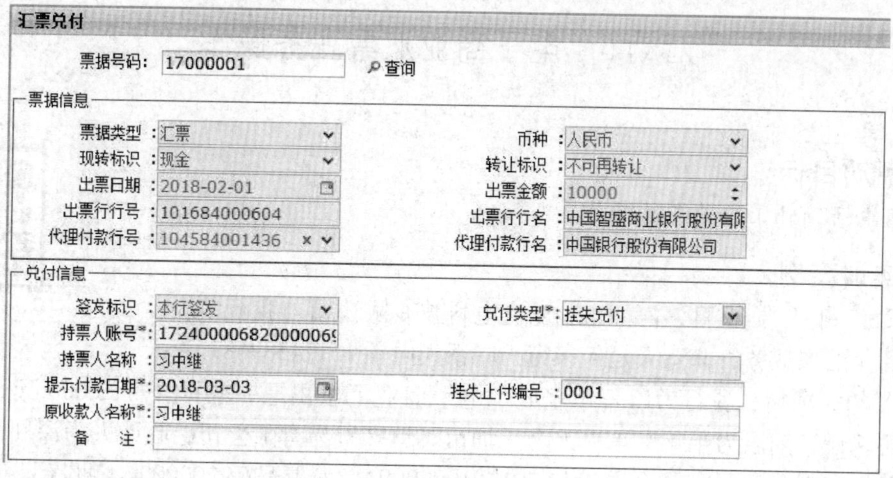

图 7 - 71　汇票兑付

➤ 实训演练

根据案例完成系统操作，并将操作信息录入实训报告。

蓝胤签发了一张不可再转让的汇票，现转标识为现金，付款人蓝胤，付款类型为有卡折支付，收款人为卢松，出票金额 50000 元，转账收取手续费，代理付款行号 104584001436。

实训报告

票据号码	
出票金额	
出票日期	
出票金额	
现转标识	
转让标识	
代理付款行号	
付款类型	
付款账号	
收款人账号	
手续收费方式	
兑付类型	
持票人账号	
提示付款日期	
原收款人姓名	
挂失支付编号	

活动6　电子商业汇票业务操作

➤ 活动目标
掌握电子商业汇票业务的操作。

➤ 实训案例
1. 2017年4月15日，深圳市和乐光电科技有限公司与我行签约电子商业汇票业务，联系人是何宰宛，联系人电话15124589687。

2. 签约完成后，我行为该公司完成了电子商业汇票出票，票据金额60000元，转让标记为可再转让，期限为半年，承兑人为深圳市飞恒多贸易有限公司，收票人为深圳市锐扬创科技术股份有限公司，交易合同编号2017010000001，发票号码2000001，批次号0001。出票完成之后，依次办理提示承兑申请、提示收票申请、提示付款申请、撤销、追索通知相关业务（相关信息自行填写）。

➤ 实训步骤
第一步　客户签约。

支付结算——电子商业汇票业务——客户签约

录入"签约账号"查询账户信息，登记"联系人""联系人电话"等信息，见图7-72。

电子商业汇票-客户签约

基础信息

签约账号*：17240000620000006	签约客户号*：17240000620
营业执照*：914403000879746320	签约类别*：集体
签约户名*：深圳市和乐光电科技有限公司	
开户机构号*：101684000604	开户机构名*：智盛模拟商业银行股份有限

联系信息

联系人1*：何宰宛	联系电话1*：15224589687
联系人2：	联系电话2：
联系人3：	联系电话3：

图7-72　客户签约电子商业汇票

第二步　电子商业汇票出票。

支付结算——电子商业汇票业务——出票信息登记

录入"票据金额""转让标记""出票日期""到期日期""出票人账号""承兑人账号""收票人账号"等信息，见图7-73，执行后生成汇票编号录入实训报告。

第三步　提示承兑申请。

支付结算——电子商业汇票业务——提示承兑申请

录入"票据号码""交易合同编号""发票编号""批次号"等信息，见图7-74，执行后"确认签收"。

电子商业汇票-出票信息登记
┌─票据基本信息─────────────────────────────────
　票据种类*：商业承兑汇票　　　　　　票据金额*：600000
　转让标记*：可再转让　　　　　　　　出票日期*：2018-01-30
　到期日期*：2018-07-30
　　　备注：

┌─出票人信息─────────────────────────────────
　出票人账号*：17240000620000006　　　出票人类别*：集体
　出票人名称*：深圳市和乐光电科技有限公司
　　营业执照*：91440300087974632C　　出票人开户行*：101684000604
出票人开户行名*：智盛模拟商业银行股份有限公司
出票人信用等级：请选择...　　　　　　出票人评级到期：
出票人评级机构：

┌─承兑人信息─────────────────────────────────
　承兑人账号*：17240000623000006　　　承兑人开户行*：101684000604
　承兑人名称*：深圳市飞恒多贸易有限公司
承兑人开户行名*：智盛模拟商业银行股份有限公司

┌─收票人信息─────────────────────────────────
　收票人账号*：17240000811000008　　　收票人开户行*：101684000604
　收票人名称*：深圳市锐扬创科技术股份有限公司
收票人开户行名*：智盛模拟商业银行股份有限公司

图 7 – 73　出票信息登记

电子商业汇票-提示承兑申请
┌─票据基本信息─────────────────────────────────
　票据号码*：51153612　　　　　　　　票据金额*：600000

┌─出票人信息─────────────────────────────────
　出票人账号*：17240000620000006　　　出票人类别*：集体
　出票人名称*：深圳市和乐光电科技有限公司
　　营业执照*：91440300087974632C　　出票人开户行*：101684000604
出票人开户行名*：智盛模拟商业银行股份有限公司

┌─承兑人信息─────────────────────────────────
　承兑人账号*：17240000623000006
　承兑人名称*：深圳市飞恒多贸易有限公司
　承兑人开户行*：101684000604　　　　承兑人开户行名*：智盛模拟商业银行股份有限

┌─其他信息录入─────────────────────────────────
到期无条件支付*：含委托/承诺兑付　　　交易合同编号*：201710130000001
　发票号码*：20000001　　　　　　　　批次号*：0001

图 7 – 74　提示承兑申请

第四步　提示收票申请。

录入"票据号码"等信息，见图 7－75，执行后完成操作，执行后"确认签收"。

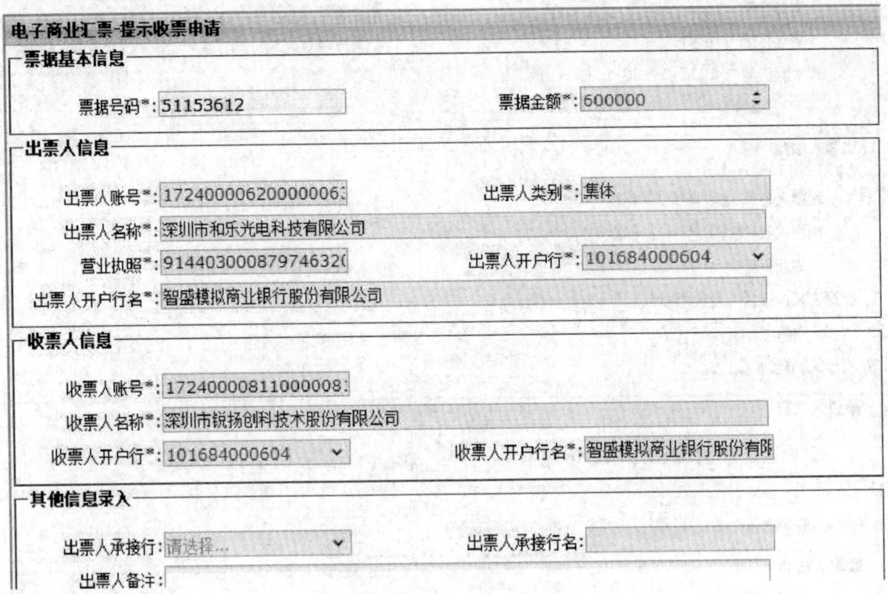

图 7－75　提示收票申请

第五步　提示付款申请。

录入"票据号码""持票人申请日期"以及"代理申请标识"等信息，见图 7－76，执行后完成操作。

注意事项：此处"不确认签收"。

图 7－76　提示付款申请

第六步 撤销。

录入"票据号码"等信息，见图7-77，执行后完成操作。

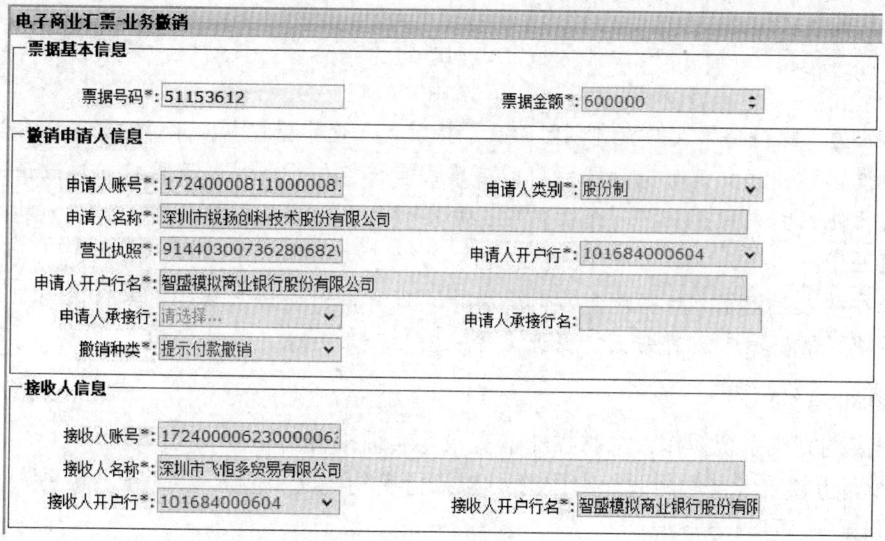

图7-77 撤销

第七步 追索通知。

录入"票据号码"，见图7-78，执行后完成操作。

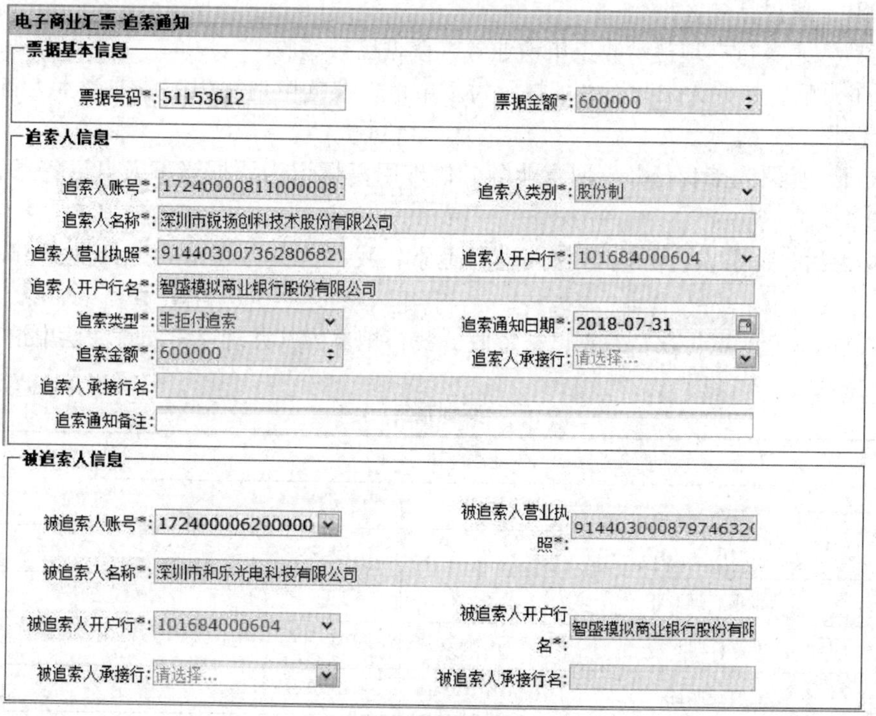

图7-78 追索通知

知识拓展

追索权是汇票本身具有的一种权利，在汇票得不到承兑、付款时，持票人就可以行使追索权。

票据法为了保持持票人的权利，因而赋予持票人双重票据权利，即付款请求权和追索权。

应该说这两种权利是有先后区别的，持票人应该首先行使付款请求权。付款请求权主要向付款人行使，如果付款人按时足额付款，那么付款人的责任就解除了，持票人的追索权也就自动消灭了。

如果付款人拒绝承兑或拒绝付款时，持票人就可以行使追索权。追索权主要向票据上次债务人行使，即出票人、背书人、保证人等。

➤ 实训演练

根据案例完成系统操作，并将操作信息录入实训报告。

1. 深圳市领航者互联网股份有限公司与我行签约电子商业汇票业务，联系人宋轶，联系人手机号码 15548173535。

2. 签约完成后，我行为深圳市领航者互联网股份有限公司发一张不可再转让的电子商业汇票，票据金额 105800 元，期限为 1 年，承兑账号为该公司基本户，收票人为深圳市一号山茶业股份有限公司。

3. 持票人来我行办理提示承兑申请业务，交易合同编号为 201711080000001，发票号码为 20170001，票据已被签收。

4. 持票人来我行办理提示收票申请业务，票据已被签收。

5. 1 个月后，持票人来我行办理提示付款申请，票据申请标识为票据当事人自己签章，票据未被签收。

6. 次日，持票人来我行办理回复业务，代理回复标识为票据当事人自己签章，票据被拒绝签收。

7. 10 天后，持票人持票向付款人进行追索，我行为其办理追索通知业务，追索已被签收。

次日，付款人同意付款，票据已被签收，我行柜员为其办理追索同意清偿申请。

实训报告

出票人	
承兑人	
收款人	
商业汇票编号	
出票日期	
汇票到期日	
被追索人账号	

活动 7　纸质商业汇票业务操作

➤ 活动目标

掌握纸质商业汇票业务的操作。

扫一扫
学操作

➤ 实训案例

1. 完成一张商业承兑汇票纸票需要进行承兑登记业务，出票人为深圳市和乐光电科技有限公司，收款人为深圳市锐扬创科技术股份有限公司，承兑人为深圳市飞恒多贸易有限公司。票据金额 80000 元，期限 3 个月，填写承兑日期（根据情况自行选择），合同号码 201710120000001，发票号码 20170002。

2. 完成票据贴现业务，首先进行贴现登记，贴现利率为 6‰，贴现日期（根据情况自行选择），登记之后，票据进行放款，填写放款日期（根据情况自行选择），放款金额等于贴现余额。

3. 因资金周转困难，再次将此张票据贴现给中国人民银行，再贴现利率为 8‰，填写再贴现日期（根据情况自行选择）。

4. 再贴现登记之后的票据进行回购再贴，以及回购再贴之后的票据进行转回交易，我行首先为其办理贴现转出业务，其次办理已转出贴现转回业务，转回类型为回购，且两次业务发生日期根据情况自行选择。

5. 票据进行委托收款之后，我行进行委托收款登记，填写委托收款日期（根据情况自行选择）。

6. 因承兑人拒绝付款，票据进行拒付登记，填写拒付日期（根据情况自行选择）。

➤ 实训步骤

第一步　出库商业承兑汇票。

钱箱管理——凭证出库

选择"凭证类型"，输入出库金额，见图 7-79。

凭证出库	
凭证类型*	商业承兑汇票
开始号码*	14000001
结束号码*	14000010
货　币	人民币
金　额*	10

图 7-79　商业承兑汇票出库

第二步 纸质承兑登记。

支付结算——纸质商业汇票业务——纸质承兑登记

输入"票据种类""票据号码""票据金额""出票日期""到期日期"承兑日期""合同号""发票号码""承兑人类型""承兑人账号""出票人账号"以及"收款人账号"等信息，见图7-80，执行后生成借据号录入实训报告。

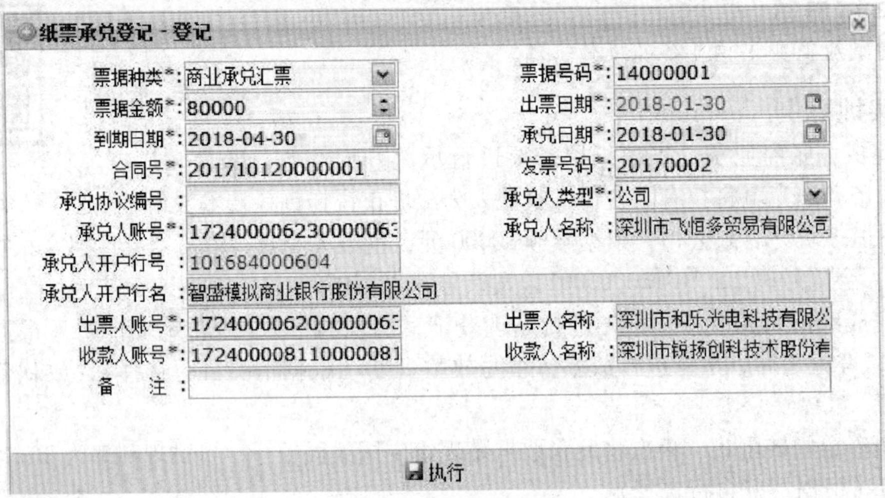

图7-80 支票承兑登记

第三步 支票贴现登记及放款。

支付结算——纸质商业汇票业务——纸票贴现登记

输入"票据号码"确认票据信息，确认无误后，输入"贴现日期""贴现利率""合同号"以及"发票号码"等信息，见图7-81，执行后生成贴现借据号录入实训报告。

图7-81 支票贴现登记

贷款业务——票据贴现——贴现放款

输入"借据号"查询贴现信息，确认无误后，输入贴现放款金额，见图7-82，执行后完成放款操作。

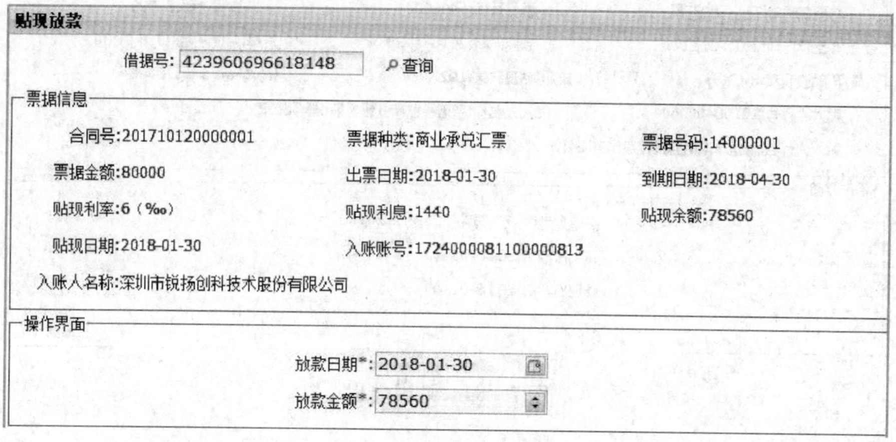

图7-82 贴现放款

第四步 再贴现登记。

支付结算——纸质商业汇票——再贴现登记

输入"票据号码"查询票据信息，确认无误后输入"再贴现日期"和"再贴现利率"，见图7-83，执行后完成操作。

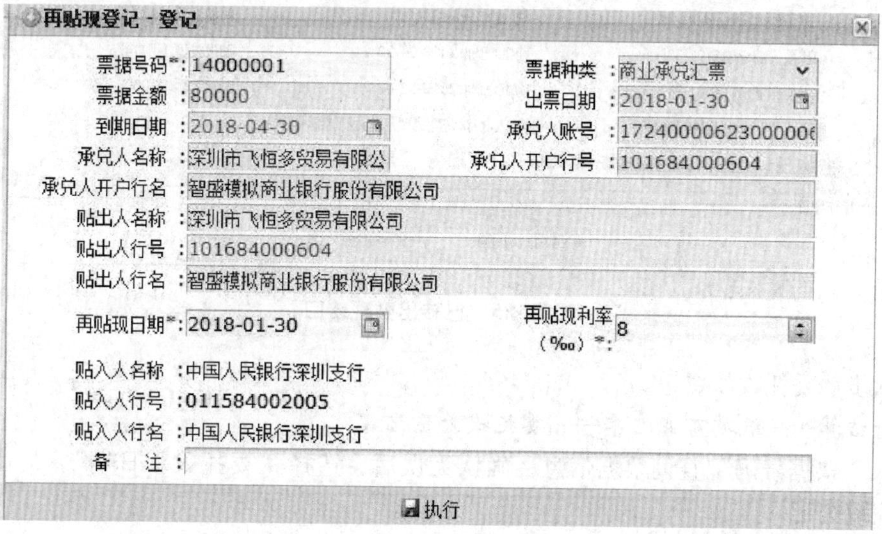

图7-83 再贴现登记

第五步 贴现转出以及已转出贴现转回业务。

贷款业务——票据贴现——贴现转出

输入"借据号"查询贴现业务信息，确认无误后，输入"贴现类型""转出日期"以及"转回日期"等信息，见图7-84，执行后完成操作。

图 7 – 84　贴现转出

贷款业务——票据贴现——已转出贴现转回

输入"借据号"查询贴现业务信息，确认无误后，输入"转回类型"等信息，见图 7 – 85，执行后完成操作。

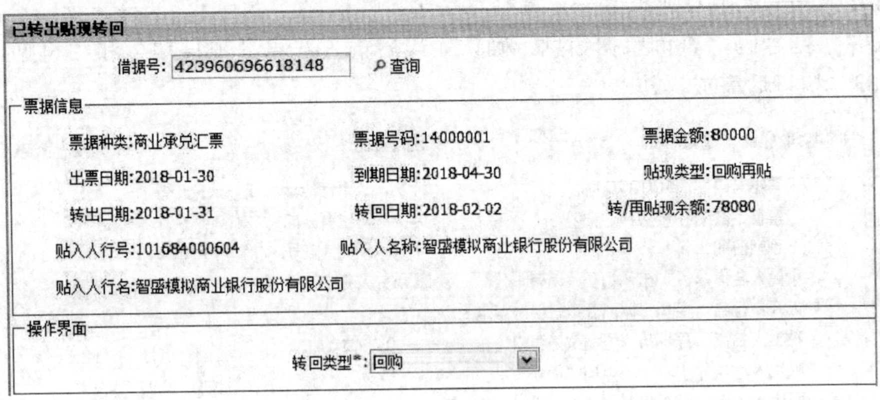

图 7 – 85　已转出贴现转回

第六步　委托收款登记。

支付结算——纸质商业汇票——委托收款登记

输入"票据号码"查询票据信息，确认无误后，选择"委托收款日期"，见图 7 – 86，执行后完成登记。

第七步　拒付登记。

输入"票据号码"查询票据信息，确认无误后，选择"拒付日期"，见图 7 – 87，执行后完成登记。

注意：拒付日期应在委托收款日期之后，汇票到期日之前。

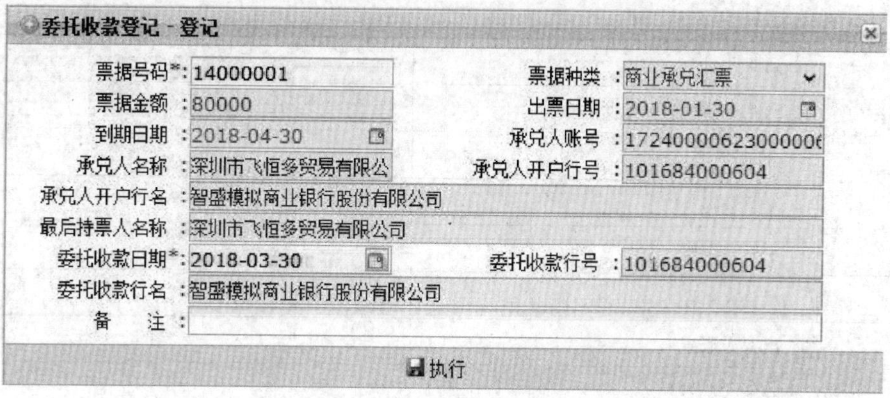

图 7-86 委托收款登记

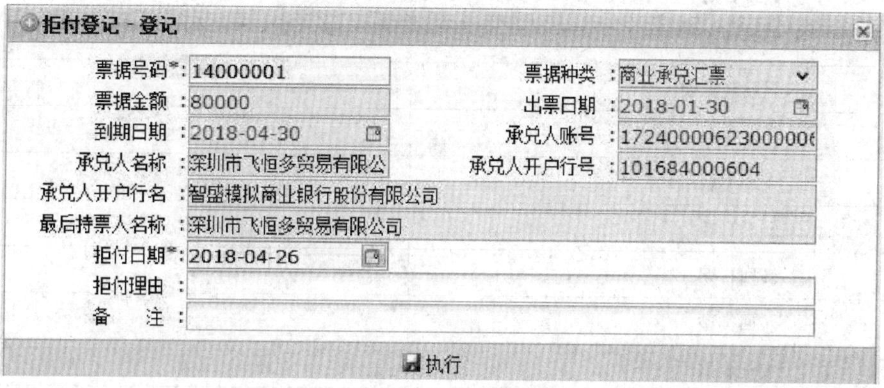

图 7-87 拒付登记

➤ 实训演练

根据案例完成系统操作，并将操作信息录入实训报告。

1. 现有一张银行承兑汇票来我行办理纸票承兑登记。出票金额 116800 元，期限 3 个月，出票 1 个月后承兑，合同号码为 201711080000002，发票号码 20170002，出票人为深圳市领航者互联网股份有限公司，承兑人为深圳市中正财务有限公司，收款人为深圳市一号山茶业股份有限公司。

2. 到期日当天，持票人来我行办理委托收款业务；我行柜员为其办理委托收款登记业务。

3. 当天，付款人因资金周转原因，拒绝支付银行承兑汇票，我行为其办理拒付登记业务。

实训报告

商业承兑汇票编号	
票据金额	
出票日期	

续表

到期日期	
承兑日期	
合同号	
发票号码	
承兑人类型	
承兑人账号	
出票人账号	
收款人账号	
贴现借据号	
贴现日期	
贴现利率	
再贴现日期	
再贴现利率	
贴现类型	
转出日期	
转回日期	
转回类型	
委托收款日期	
拒付日期	

任务 4　大小额支付业务

活动 1　大小额支付业务知识

> **活动目标**

掌握大小额支付业务的概念、业务类型等基础知识。

> **基础知识**

一、大小额支付业务的概念

大小额支付系统指大额支付系统和小额支付系统，其中前者指中国人民银行现代化支付系统的接入系统，是以电子方式实时全额处理跨行及跨区支付业务的应用系统，大额支付系统指令逐笔实时发送，全额清算资金；后者是中国人民银行现代化支付系统的重要组成部分，主要处理跨行同城、异城纸质凭证截留的借记支付业务以及金额在规定起点以下的小额贷记支付业务（目前人行暂定为5万元〈含〉限额以下），实现不同地区、不同银行营业网点的资源共享。

二、大小额支付的业务种类

（一）大额支付系统

大额支付系统包括汇兑、委托收款划回、托收承付划回、中央银行和国库部门办理的资金汇划、承兑汇票查询等。

（二）小额支付系统

小额支付系统包括普通贷记业务（汇兑、委托收款、划回）、托收承付、定期贷记业务（代发工资、保险金等）、普通借记业务、定期借记业务（代收水费、电费、煤气费等）、实时贷记业务（跨行通存、实时缴税等）、实时借记业务（跨行通兑、实时缴税等）、清算组织发起的代收付业务、同城轧差净额清算业务、国库相关业务、通兑业务、支票圈存业务、支票截留业务、信息服务业务。

大额支付系统只处理贷记支付业务；小额支付系统主要面向消费支付（借贷记）。

三、大小额支付的支付机制

大额支付系统按照国家法定工作日运行。系统将每一个工作日分为日间业务处理时间，清算窗口时间、日终/年终业务处理时间营业准备时间段。受理业务时间：8：00~17：00。

小额支付系统实行7天×24小时连续不间断运行。每日16：00进行日切处理，即前一日16：00至当日16：00为小额支付系统的一个工作日，小额支付系统资金清算时间为大额支付系统的工作时间。

小额支付系统日切后仍可正常接受小额业务，部分小额业务不再纳入当日清算，自动纳入次日第一场轧差清算（遇节假日顺延至节假日后的第一个工作日）。

活动2　大小额支付业务操作

➤ 活动目标
掌握大小额支付业务的操作。

扫一扫
学操作

➤ 实训案例
☞案例1　小额普通借记业务
客户深圳市和乐光电科技有限公司来我行办理小额普通借记业务，业务类型为普通借记，业务种类为支票截留业务，支付给深圳市锐扬创科技术股份有限公司一笔30000元往来款，付款人深圳市和乐光电科技有限公司，账户类型为有卡支付，接收行号101684000604。

☞**案例2 小额定期贷记业务**

客户深圳市飞恒多贸易有限公司来我行办理小额定期贷记业务，业务类型定期贷记，支付两笔工资给施杉直和习中继，总金额 15000 元，付款人账户类型为有卡支付，通过转账的方式支付手续费。其中施杉直涉及金额 8000 元，习中继为 7000 元，且两人的接收行号均为 101684000604。

☞**案例3 小额定期借记业务**

客户深圳市飞恒多贸易有限公司来我行办理小额定期借记业务，业务类型为定期借记，收入电费 1 笔，金额 1000 元，收款人账户类型为无卡支付，付款单位为深圳市和乐光电科技有限公司，接收行号为 101684000604。

➢ **实训步骤**

☞**案例1 小额普通借记业务**

支付结算——大小额支付业务——小额普通借记业务——录入

录入"业务类型""业务种类""付款人账号""交易金额""接收行行号""收款人账号"等信息，见图 7-88，执行后完成录入操作。

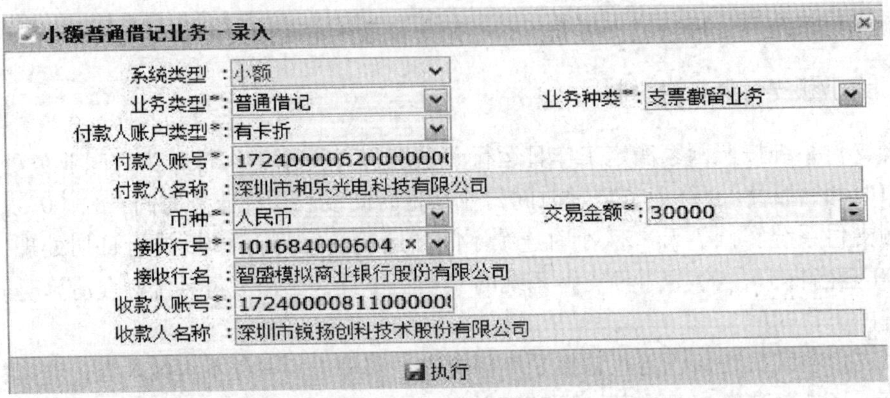

图 7-88 小额普通借记业务录入

支付结算——大小额支付业务——小额普通借记业务——复核

选择录入的交易，点击"复核"，输入复核员信息，见图 7-89，完成复核操作。

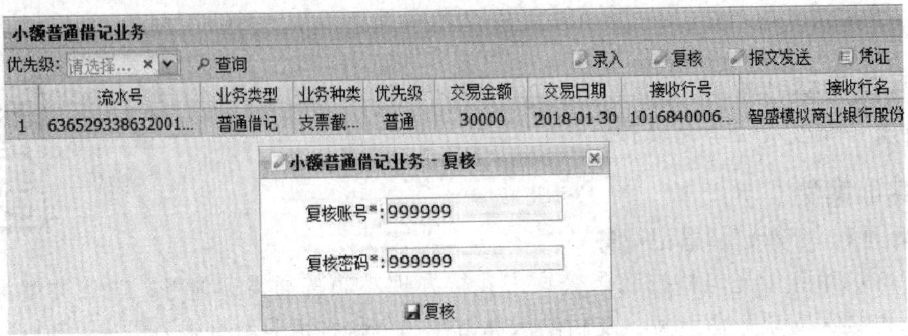

图 7-89 小额普通借记业务复核

支付结算——大小额支付业务——小额普通借记业务——报文发送

选择录入的交易，点击"报文发送"，见图 7-90，完成报文发送操作，处理后凭证见图 7-91。

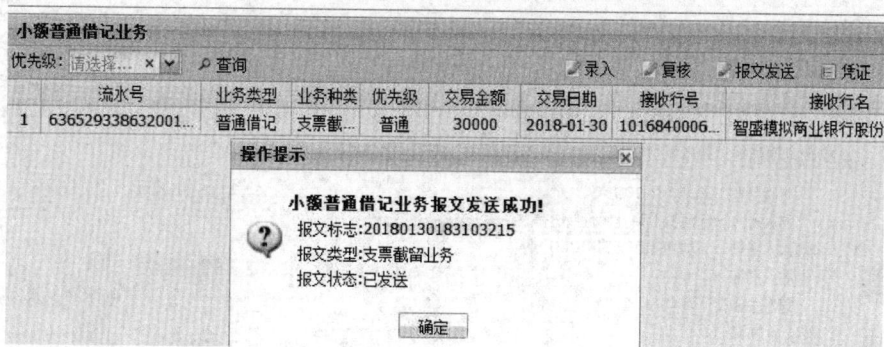

图 7-90 报文发送

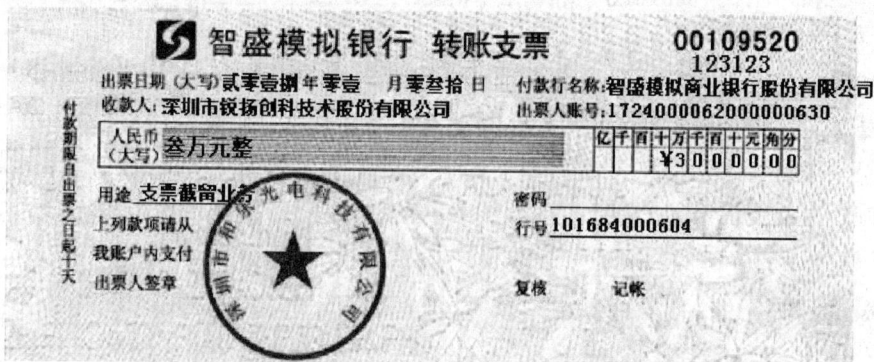

图 7-91 凭证

☞案例2 小额定期贷记业务

支付结算——大小额支付系统——小额定期贷记业务——录入

根据案例信息录入"业务类型""业务种类""付款人账户类型""付款人账号""付款总金额""手续费支付方式"等信息，见图 7-92。

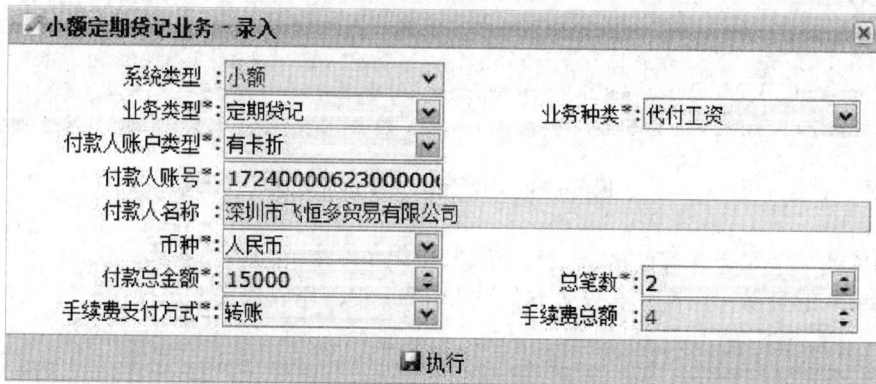

图 7-92 小额定期贷记业务录入

支付结算——大小额支付系统——小额定期贷记业务——新增明细

录入两笔明细信息，输入"接收行号""收款人账号"以及"交易金额"等信息，见图 7 - 93。

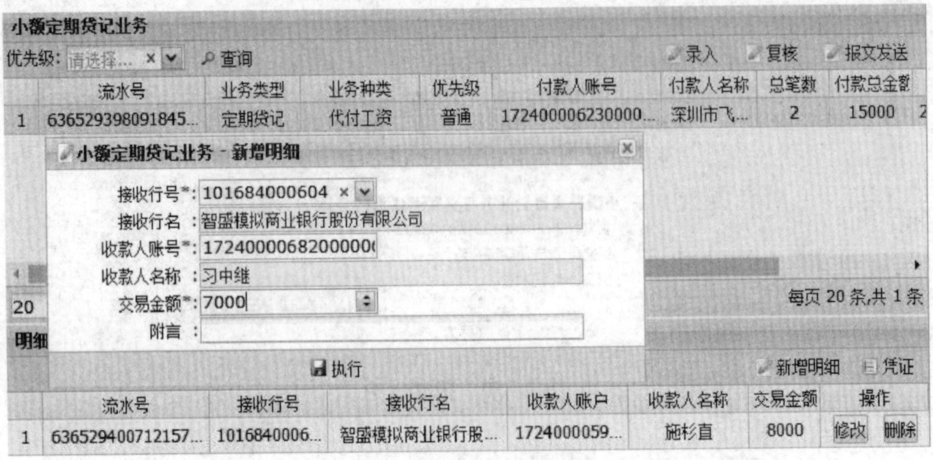

图 7 - 93　小额定期贷记业务新增明细

支付结算——大小额支付系统——小额定期贷记业务——复核

选中录入项目，确认信息无误后，录入复核员信息，见图 7 - 94，执行后完成复核操作，客户施杉直的凭证信息见图 7 - 95 和图 7 - 96，客户习中继的凭证信息见图 7 - 97 和图 7 - 98。

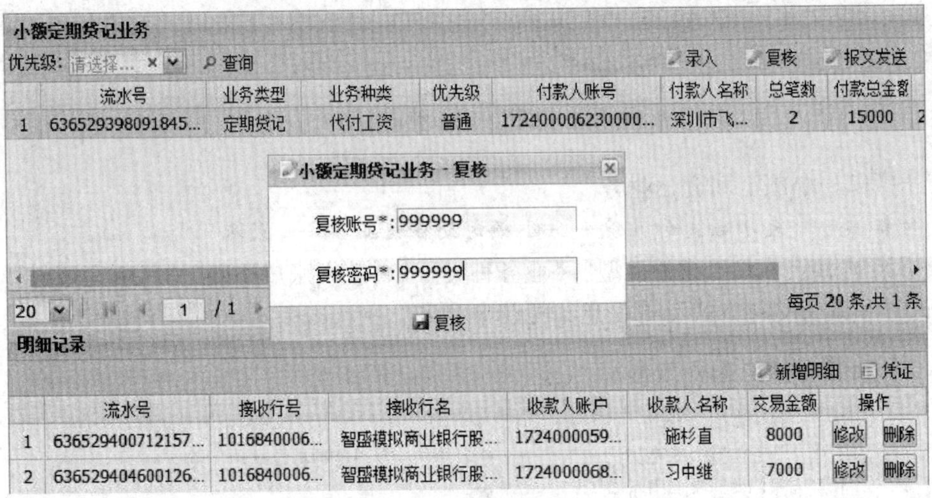

图 7 - 94　小额定期贷记业务复核

支付结算——大小额支付业务——小额定期贷记业务——报文发送

选择录入的交易，点击"报文发送"，见图 7 - 99，完成报文发送操作。

智盛模拟银行　实时汇兑贷方凭证

日期：2018-01-30　　　收款机构：101684000604　　　报单号：

汇出行机构：101684000604	汇出行机构名称：智盛模拟商业银行股份有限公司
付款人账号：1724000062300000	付款人行名：智盛模拟商业银行股份有限公司
付款人名称：深圳市飞恒多贸易有限公司	
收款人账号：1724000059000000	收款人行名：智盛模拟商业银行股份有限公司
收款人名称：施杉直	
金额：捌仟元整	CNY：8000.00
币种：人民币	业务种类：代付工资　凭证号码：
操作员：S17240029	打印日期：2018-01-30　流水号：636529400712157578

监督：　　　会计：　　　复核：　　　经办：　　**侯峰**

图 7-95　客户实时汇兑贷方凭证

托收凭证（受理回单）

委托日期　2018 年 1 月 30 日

业务类型	委托收款（ 邮划、 电划） 托收承付（ 邮划、 电划）											
付款人	全称	深圳市飞恒多贸易有限公司	收款人	全称	施杉直							
	账号	1724000062300000633		账号	1724000059000000597							
	地址	开户行　智盛模拟商业银行股份有限公司		地址	开户行　智盛模拟商业银行股份有限公司							
金额	人民币（大写）	捌仟元整			亿 千 百 十 万 千 百 十 元 角 分 ￥ 8 0 0 0 0 0							
款项内容	代付工资		托收凭据名称									
商品发运情况				合同名称								
备注		款项收妥日期										
复核	记账		2018 年 1 月 30 日				业务公章 **侯青** 2018 年 1 月 30 日					

图 7-96　托收凭证

智盛模拟银行　实时汇兑贷方凭证

日期：2018-01-30　　　收款机构：101684000604　　　报单号：

汇出行机构：101684000604	汇出行机构名称：智盛模拟商业银行股份有限公司
付款人账号：1724000062300000	付款人行名：智盛模拟商业银行股份有限公司
付款人名称：深圳市飞恒多贸易有限公司	
收款人账号：1724000068200000	收款人行名：智盛模拟商业银行股份有限公司
收款人名称：习中维	
金额：柒仟元整	CNY：7000.00
币种：人民币	业务种类：代付工资　凭证号码：
操作员：S17240029	打印日期：2018-01-30　流水号：636529404600126328

监督：　　　会计：　　　复核：　　　经办：　　**侯峰**

图 7-97　客户实时汇兑贷方凭证

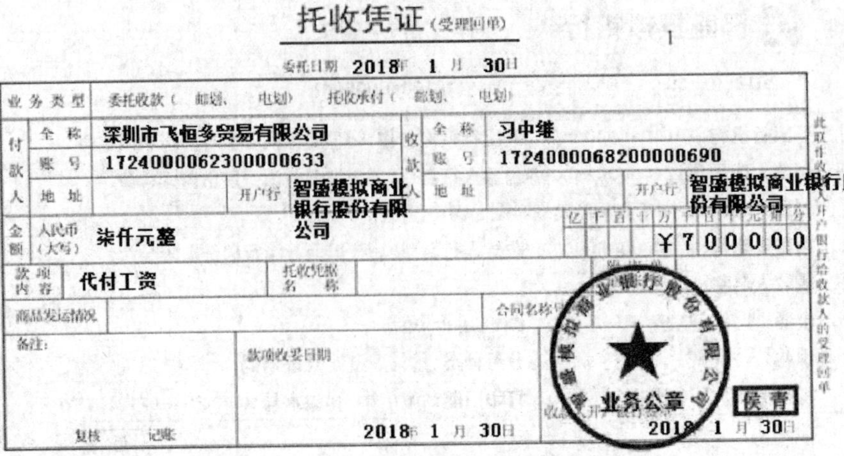

图 7 – 98　托收凭证

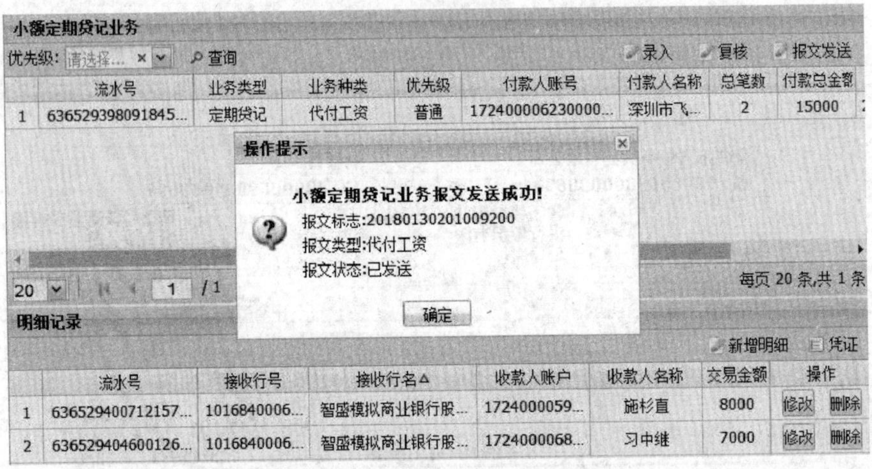

图 7 – 99　报文发送

☞案例 3　小额定期借记业务

支付结算——大小额支付业务——小额定期借记业务——录入

录入"业务类型""业务种类""收款人账户类型""收款人账号""收款总金额"等信息，见图 7 – 100，执行后完成操作。

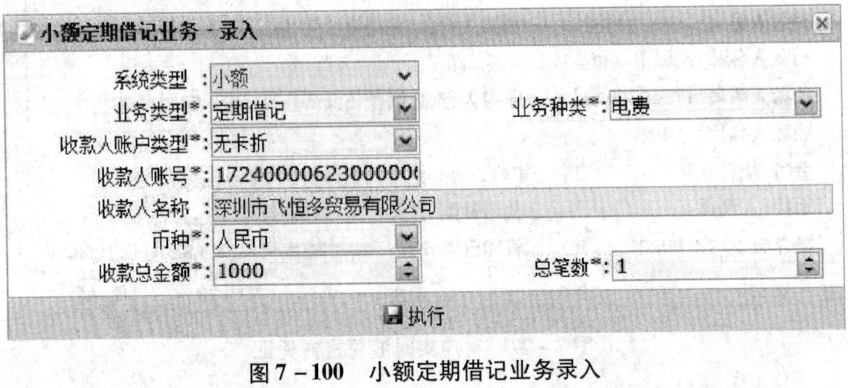

图 7 – 100　小额定期借记业务录入

支付结算——大小额支付业务——小额定期借记业务——新增明细

录入"接收行号""付款人账号"以及"交易金额"等信息，见图 7-101，执行后可查看业务凭证，见图 7-102。

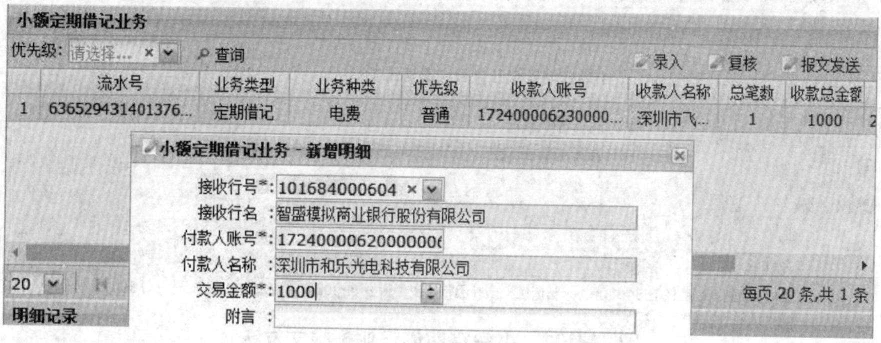

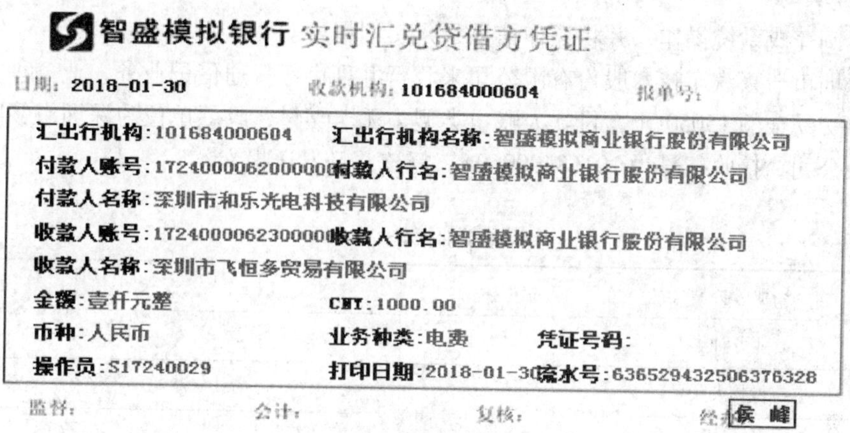

图 7-101 小额定期借记业务新增明细

图 7-102 实时汇兑贷借方凭证

支付结算——大小额支付业务——小额定期借记业务——复核

确认录入的所有业务信息无误后，录入复核员信息完成复核操作，见图 7-103。

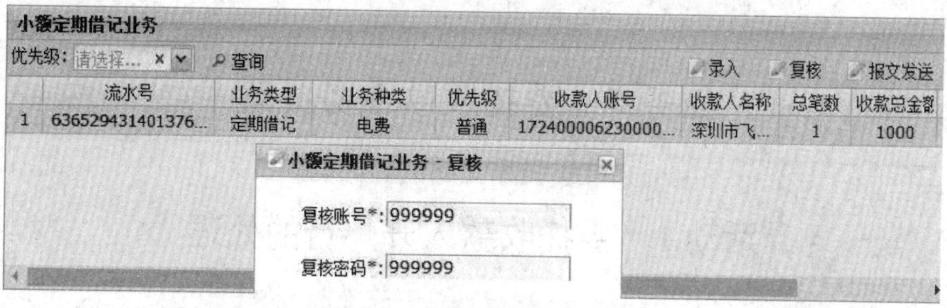

图 7-103 小额定期借记业务复核

支付结算——大小额支付业务——小额定期借记业务——报文发送

复核员完成复核后，点击报文发送，见图 7-104。

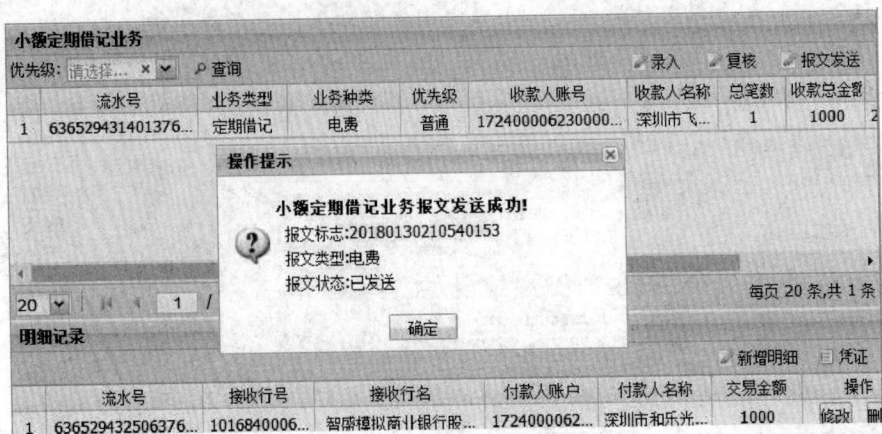

图 7 – 104　小额定期借记业务报文发送

> **实训演练**

根据案例完成系统操作，并将操作信息录入实训报告。

客户深圳市浩兴汽车技术股份有限公司来我行办理小额普通借记业务，业务种类为支票截留业务，交易金额 15050 元，付款人账户类型为无卡支付，收款单位为深圳市领航者互联网股份有限公司，接收行号为 101684000604，复核并且发送报文。

实训报告

业务类型	
业务种类	
付款人账号	
交易金额	
接收行行号	
收款人账号	

任务5　委托收款业务处理

活动1　委托收款人开户行的处理

> **活动目标**

掌握办理委托收款业务时，委托收款人开户行的业务处理，能按照银行的工作流程正确地处理委托收款人开户行的业务。

➤ 基础知识

一、委托收款结算的概念

委托收款结算简称委托收款，委托收款是收款人委托银行向付款人收取款项的结算方式。委托收款具有方便灵活、适用面广、不受金额起点限制等特点，无论单位还是个人都可凭已承兑的商业汇票、债券、存单等付款人债务证明，使用这种方式。委托收款在同城、异地均可办理。同城特约委托收款适用于水费、电费、电话费等付款人众多及分散的公用事业性收费。

二、委托收款的种类

委托收款分邮划和电划两种，由收款人自行选用。邮划是指收款人委托银行通过邮寄方式将款项划转给收款人的结算方式。电划是指收款人委托银行通过电信和传真将款项划转给收款人的结算方式。

三、委托收款结算方式的规定

1. 收款人办理委托收款应向开户银行填写邮划或电划收款凭证，提供收款依据。委托收款不受金额起点的限制。

2. 以银行为付款人时，付款银行应在凭证收到当天将款项主动支付给收款人。以单位为付款人时，付款人的付款期限为 3 天，从付款人开户银行发出付款通知的次日起算，付款人在付款期限内未向银行提出异议，银行视作同意付款。

3. 付款人拒付时，应在付款期内向开户银行提交拒付理由书。银行不负责审查拒付理由，只将拒付理由书和有关凭证级单位寄给收款人开户银行转交收款人。

4. 在银行或其他金融机构开立账户的单位和个体工商户的商品交易、劳务款项和其他应收款项的结算，均可使用委托收款结算方式。委托收款在同城和异地均可使用。

➤ 业务流程

委托收款人开户行业务流程见图 7 - 105。

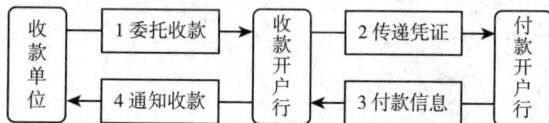

图 7 - 105　委托收款人开户行业务流程

➤ 业务处理

一、委托开户银行收款，填制委托收款凭证

收款人办理委托收款时，应填写银行印制的委托收款凭证（见图 7 - 106）和有关的债务证明。邮划或电划委托收款凭证一式五联：第一联为回单，第二联为收款凭证，第三联为支款凭证，第四联为收账通知（或发电依据），第五联为付款通知。签发委托收款凭证必须

委电 　　**委托收款** 凭证(贷方凭证) 2 委托号码：　　第　号

委托日期　　年　月　日

付款人	全　　称		收款人	全　　称										
	账　号或地址			账　号										
	开户银行			开户银行		行号								
委收金额	人民币(大写)					千	百	十	万	千	百	十	元	角	分
款项内容		委托收款凭据名称		附寄单证张数										
备注：	电划		本委托收款随附有关债务证明，请予以办理收款　　收款人签章	科目(贷)_____　对方科目(借)_____　转帐　年　月　日　复核　　记账										

此联收款人开户行作贷方凭证

收款人开户银行收到日期　　年　月　日

图7-106　委托收款凭证

记载下列事项：

1. 表明"委托收款"的字样。
2. 确定的金额、委托日期、收款人签章。
3. 付款人的名称、收款人的名称。
4. 委托收款凭据名称及附寄单证张数。

二、受理委托收款，传递委托收款凭证

填妥凭证后，收款人在委托凭证的第二联加盖单位印章或个人签章后，将结算凭证和债务证明提交开户银行。开户银行按照委托收款凭证的填写要求审查无误后，比照托收承付结算的处理方法，向付款人开户银行发出委托收款凭证，或通过同城票据交换提出委托收款凭证，将委托收款凭证寄交付款人开户银行，由付款人开户银行审核，并通知付款人。

三、接收付款信息，通知收款单位

（一）付款人付款

收款人开户行收到划款的凭证或电报，将原留存保管的第二联委托收款凭证抽出核对无误后办理转账，第二联委托收款凭证作贷方凭证贷记收款人账户，第四联委托收款凭证加盖转讫章，作为收账通知交收款人，并销记委托收款凭证登记簿。

（二）付款人无款支付

收款人开户行接到第四联委托收款凭证和第二、第三联付款人未付款项通知书以及付款人开户行留存债务证明，抽出第二联委托收款凭证，并在该联凭证"备注"栏注明"无款支付"字样，销记发出委托收款凭证登记簿，然后将第四联委托收款凭证及第一联未付款通知书及收到的债务证明退给收款人。收款人在未付款项通知书上签收后，收款人开户行将第一联未付款项通知书连同第二联委托收款凭证一并保管备查。

（三）付款人拒绝付款

收款人开户行接到第四、第五联委托收款凭证及有关债务证明第三、第四联拒绝付款理由书（见图7-107），经审查无误后，抽出第二联委托收款凭证，并在该联凭证备注栏说明"拒绝付款"字样。

图7-107 拒付理由书

销记发出委托收款凭证登记簿。然后将第四、第五联委托收款凭证及有关债务证明和第四联拒付理由一并退给收款人。收款人在第三联拒付理由书上签收后，收款人开户行将第三联拒付理由书连同第二联委托收款凭证一并保管备查。

活动2 付款人开户行的处理

> **活动目标**

掌握办理委托收款业务时付款人开户行的业务处理的基本操作方法，能按照银行的工作过程正确地处理委托收款付款人开户行的业务。

> **业务流程**

委托收款业务中付款人开户行业务流程见图7-108。

图7-108 委托收款业务中付款人开户行业务流程

➤ **业务处理**

一、通知付款人付款

付款人开户银行收到收款人开户银行寄来的委托收款凭证第三联、第四联、第五联及有关债务证明，经审查无误后，在凭证上注明收到日期。付款人开户银行根据第三联、第四联凭证逐笔登记"收到委托收款凭证登记簿"。付款人为单位的，付款人开户银行将第五联凭证加盖业务公章，连同其他有关单证一并交付款人签收。

二、付款人付款

银行为付款人的，付款银行应在当天将款支付给收款人，并以委托收款凭证第三联做借方凭证。付款人为单位的，付款人收到银行交给的委托收款凭证及有关的债务证明，应签收并在 3 日之内审查债务证明是否真实，确认之后通知银行付款。付款人应在收到委托收款凭证通知次日起 3 日内，主动通知银行。如果不通知银行，银行视同付款人同意付款并在第 4 日从付款人账户中划出此笔委托收款款项。

三、付款人无款支付

付款人再付款期满时，账户上如果没有足够的资金支付全部款项，银行应索回全部单证并填写付款人未付款通知书，连同第四联委托收款凭证一并退回收款人开户银行。

四、付款人拒付

付款人为单位的，付款人在 3 日内审查有关债务证明后，认为债务证明或与此有关的事项符合拒绝付款的规定，应出具拒绝付款理由书（全部或部分拒付）和委托收款凭证第五联及持有的债务证明，向银行提出拒绝付款，有银行转交收款人开户银行。付款人开户银行不负责审查拒付理由，对部分支付的款项安全恶化的手续处理。银行未付款人的，比照上述付款人为单位的拒绝付款手续处理。

活动 3 委托收款业务操作

➤ **活动目标**

掌握委托收款业务的操作。

➤ **实训案例**

扫一扫
学操作

1. 深圳市锐扬创科技术股份有限公司作为收款人发出银行承兑汇票委托收款登记，期限为 1 个月，深圳市飞恒多贸易有限公司为付款人，委托收款金额为 70000 元，现金收取手续费，附寄张数 1 张，合同号码 20171001000002，到期日当天进行托收。

2. 深圳市飞恒多贸易有限公司全额支付了这笔款项，接收行号为 104584001436。

3. 银行对此笔大额委托收款进行复核。

4. 银行根据此笔委托收款操作划回业务。

➢ 实训步骤

支付结算业务——委托收款——委托收款登记

录入“交易类型”“凭证类型”“凭证号码”“到期日期”“托收日期”“收款人账号”“付款人账号”“合同号码”“收款金额”等信息，见图7－109，执行后完成登记操作，委托收款凭证如图7－110。

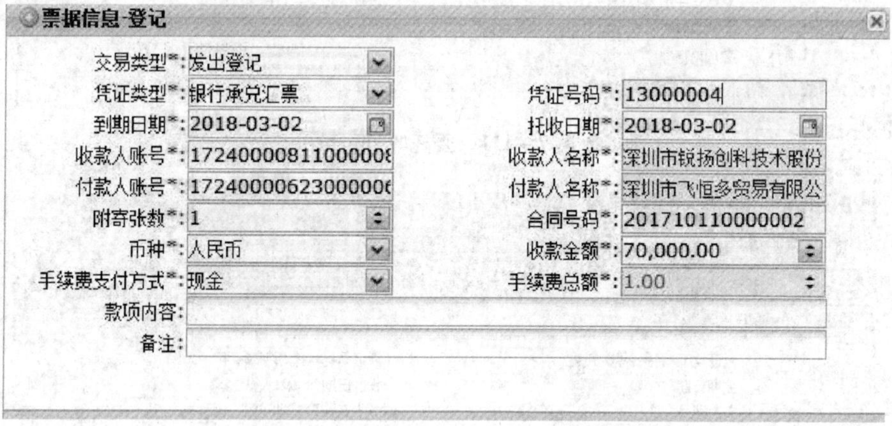

票据信息-登记

交易类型*:	发出登记		
凭证类型*:	银行承兑汇票	凭证号码*:	13000004
到期日期*:	2018-03-02	托收日期*:	2018-03-02
收款人账号*:	17240000811000008	收款人名称*:	深圳市锐扬创科技术股份
付款人账号*:	17240000623000006	付款人名称*:	深圳市飞恒多贸易有限公
附寄张数*:	1	合同号码*:	201710110000002
币种*:	人民币	收款金额*:	70,000.00
手续费支付方式*:	现金	手续费总额*:	1.00
款项内容:			
备注:			

图7－109　委托收款登记

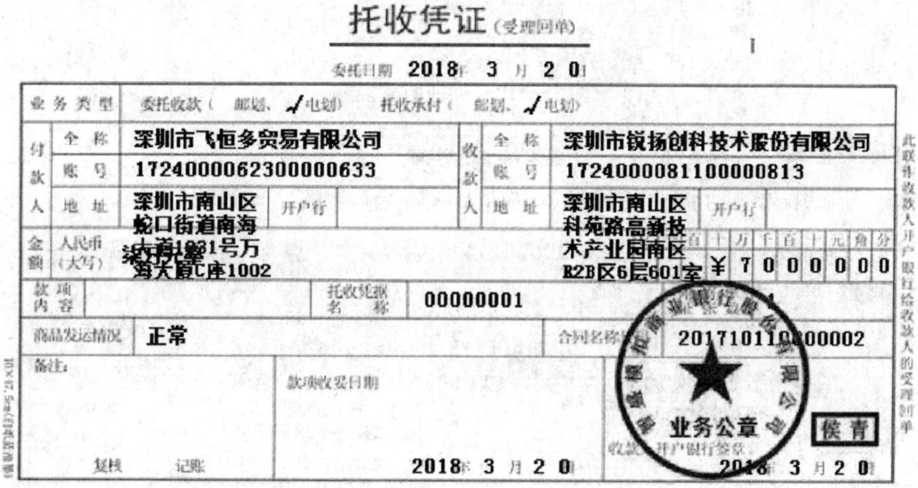

托收凭证（受理回单）

委托日期 2018年 3 月 2 0日

业务类型	委托收款（ 邮划、✓电划） 托收承付（ 邮划、✓电划）					
付款人 全称	深圳市飞恒多贸易有限公司		收款人 全称	深圳市锐扬创科技术股份有限公司		
付款人 账号	17240000623000000633		收款人 账号	17240000811000000813		
付款人 地址	深圳市南山区蛇口街道南海大道1031号万海大厦C座1002	开户行	收款人 地址	深圳市南山区科苑路高新技术产业园南区R2B区6层601室	开户行	
金额 人民币（大写）						¥7000000
款项内容		托收凭据名称	00000001	附寄单证张数	1	
商品发运情况	正常		合同名称号码	201710110000002		
备注： 复核 记账	款项收妥日期 2018年 3 月 2 0日		收款人开户银行签章 2018年 3 月 2 0日			

此联作收款人开户银行给收款人的受理回单

图7－110　委托收款凭证

支付结算业务——委托收款——委托收款付款

录入“托收编号”查询业务信息，确认无误后执行操作，见图7－111。

支付结算业务——委托收款——委托收款复核

录入“托收编号”查询业务信息，确认无误后执行操作，见图7－112。

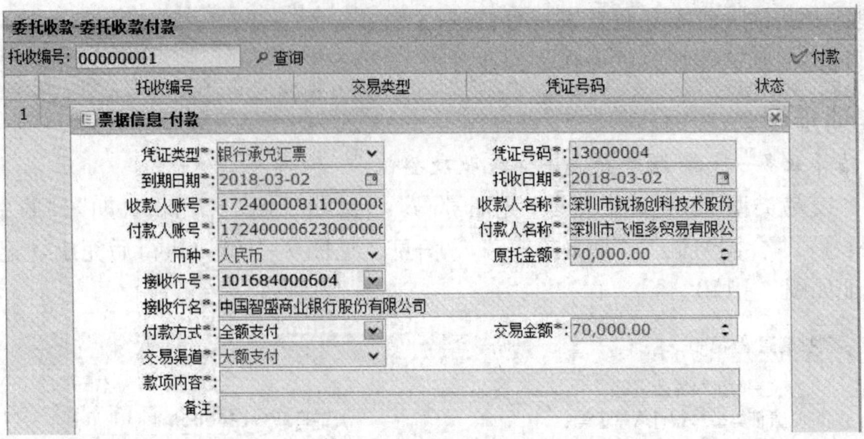

图 7 – 111　委托收款付款

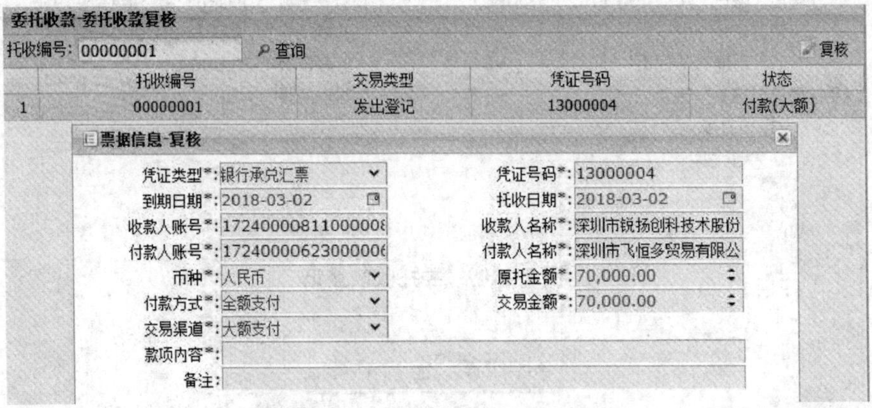

图 7 – 112　委托收款复核

支付结算业务──委托收款──委托收款划回

录入"托收编号"查询业务信息，确认无误后执行操作，见图 7 – 113。

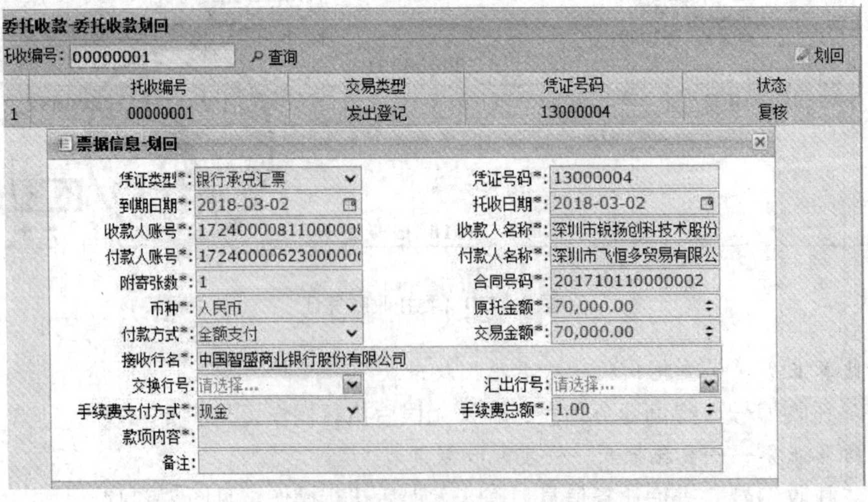

图 7 – 113　委托收款划回

> **实训演练**

根据案例完成系统操作，并将操作信息录入实训报告。

1. 现有一笔委托收款业务，收款金额 60000 元，交易类型为发出委托收款，凭证类型为商业承兑汇票，期限 1 个月，深圳市浩兴汽车技术股份有限公司为付款人，深圳市领航者互联网股份有限公司为收款人，附寄张数 1 张，合同号 201711080000004，现金支付手续费，到期日进行托收。

2. 我行按照票据要求为客户办理委托收款付款业务，付款方式为全额支付，接收行号 104584001436。

3. 交易完成，我行为此笔委托收款办理委托收款划回。

实训报告

交易类型	
凭证类型	
凭证号码	
到期日期	
托收日期	
收款人账号	
付款人账号	
合同号码	
收款金额	

考核要点

1. 什么是银行支付结算业务？银行的支付结算业务是如何分类的？
2. 银行支付结算业务的原则是什么？
3. 辖内往来的基本做法有哪些？
4. 支票业务的操作程序是什么？
5. 银行汇票的特点及其基本规定是什么？
6. 简述委托收款的含义及种类？
7. 收款人具备什么条件才能办理托收？
8. 汇票业务的操作规程是什么？
9. 本票业务的操作规程是什么？
10. 大小额支付业务操作规程是什么？
11. 委托收款业务操作规程是什么？

项目八

表 外 业 务

项目描述	本项目主要考核商业银行表外业务的基本操作。具体包括银行资信业务、银行承兑汇票业务、银行保函操作。本项目将设立3项任务共计7项活动来介绍各种表外业务规定及柜台操作处理	
项目目标	**知识目标**	✧ 了解银行资信业务的基本知识 ✧ 了解银行承兑汇票业务的基本知识 ✧ 了解银行保函业务的基本知识
	技能目标	✧ 能熟练办理各项银行资信业务 ✧ 能熟练办理银行承兑汇票业务 ✧ 能熟练办理银行保函业务
项目任务·活动	**任务1　银行资信业务** 　　活动1　银行资信业务知识以及办理流程 　　活动2　银行资信业务操作 **任务2　银行承兑汇票业务** 　　活动1　银行承兑汇票知识及办理流程 　　活动2　银行承兑汇票操作 　　活动3　银行承兑汇票票据处理 **任务3　银行保函业务** 　　活动1　银行保函业务知识及办理流程 　　活动2　银行保函业务操作	

任务 1 银行资信业务

活动 1 银行资信业务知识以及办理流程

➤ 活动目标
掌握银行资信业务的基础知识和办理流程。

➤ 基础知识

一、银行资信业务的概念及种类

资信证明是指由银行或其他金融机构出具的足以证明他人资产、信用状况的各种文件、凭证等。

资信证明业务指银行接受客户申请，在银行记录资料的范围内，通过对客户的资金运动记录及相关信息的收集整理，以对外出具资信证明函件的形式，证明客户信誉状况的一种咨询见证类中间业务。

资信证明业务主要有单位存款证明、单位信用证明以及个人存款证明等。

单位存款证明仅限单位客户存贷款账户历史时期日终余额。

单位信用证明包括在开立信贷业务有无逾期（垫款）和欠息纪录的信贷资产信用证明、在开立的单位结算账户有无签发空头支票和印鉴不符的情况的结算信用证明。

个人存款证明指应申请人（包括境内居民和非居民，含外国人、华侨及港澳台同胞等）申请，为其存于本行的个人储蓄存款所提供的证明。

二、银行资信业务相关规定

1. 开立资信证明应按行按客户实际账面的货币种类开具存款证明，不能折算成另一种货币开具存款证明。

2. 已被司法部门或有权机关冻结止付和已用于质押的单位存款出具单位存款证明和单位信用证明时，须说明存款目前已被冻结或被质押。

3. 申请人要求出具资信证明应向其开户行提出申请，单位提出申请的应加盖单位公章，个人提出申请的应由本人签名，并明确出具资信证明的目的和种类。

4. 单位存款证明和单位资信证明应由单位法人或法人授权人员申请办理，法人办理须提供本人有效身份证件，授权人员办理须同时提交本人、法人的有效身份证件和法人授权书。个人存款证明可以由申请人以外的其他人（以下称代理人）代为办理和领取。代理人代他人办理个人存款证明或领取存款证明书时，需同时出具申请人及代理人的有效身份证件和申请人的授权书。

5. 申请人申请出具的资信证明中的存贷款余额不得高于在开立账户的存贷款账户余额。

6. 以下三种储蓄存款不能办理个人存款证明：（1）已被司法部门或其他有权部门冻结止付的；（2）已用于质押的；（3）存款人死亡后，申请人未按规定要求办理继承过户手续的。

7. 对公客户开立单位存款证明和单位信用证明每户收取200元手续费，对私客户开立存个人存款证明每份收取20元手续费。

8. 个人存款证明由运营管理部负责开具，统一加盖"存款证明专用章"。

三、银行资信业务办理流程

（一）公司资信证明业务流程

1. 业务申请。

客户申请开立资信证明，应向开户行出具加盖单位公章的纸质申请，同时提交法人有效身份证件，代理办理还须提供代理人有效身份证件和法人授权书。

2. 业务审核。

开户行审核申请人提供有效身份证件、申请书的真实性、合性、规范性和一致性无误。

3. 业务处理。

（1）出具信贷资产信用证明。工作人员应通过信贷管理系统核实该客户是否开立信贷业务、开立的信贷业务有无逾期（垫款）和欠息记录，然后按核实情况如实填写一式二份"商业银行单位信贷资产证明书"并加盖私章，并交由部门经理或副经理进行复核，复核人复核无误后在"商业银行单位信贷资产证明书"加盖私章，并填写《商业银行公章（印章）使用审核表》。

（2）出具结算信用证明。营业网点综合柜员应根据中国人民银行下发的信用黑名单和解除信用黑名单或致电当地人民银行透支罚款窗口，然后根据查询结果如实填写"商业银行单位结算信用证明书"并签章，交由运营主管进行复审，核对无误后由运营主管在"商业银行单位结算信用证明书"加盖私章，并填写《商业银行公章（印章）使用审核表》。

（3）出具单位存款证明。客户要求出具账户状况证明的，营业网点综合柜员应通过"存款静态信息查询交易"和"贷款账户静态信息查询交易"查询存款/贷款账户状况并打印查询结果，以核实账户有无销户、冻结、止付、质押和出具过存款证明，然后根据查询结果如实填写"商业银行单位存款证明书"并签章，交由运营主管进行复审，复审时需进入查询画面进行核对，核对无误后由运营主管在"商业银行单位存款证明书"加盖私章，并填写《商业银行公章（印章）使用审核表》。

4. 业务收费。

营业网点综合柜员凭借"商业银行单位信贷资产证明书""商业银行单位结算信用证明书"或"商业银行单位存款证明书"和客户申请通过综合业务系统"公共收费"交易按每户收取200元结算手续费。交易成功后，按现金或转账收费方式打印一式二联现金收入传票或转账借贷方传票，柜员加盖清讫章后，一联作为客户回单交给客户，另一联放入柜员当日需钩对传票进行踏号，次日传递至后督中心。

5. 出具证明。

营业网点人员持经一类行行长签字的《商业银行公章（印章）使用审核表》，向总部法律合规部申请加盖公章，法律合规部总经理同意后方能加盖公章。加盖公章后"商业银行单位信贷资产证明书"或"商业银行单位结算信用证明书"一式两联交给客户，另一联由支行随同客户申请、收费凭证复印件由运营主管进行保管，按年装订。

（二）个人存款证明

1. 业务申请。

客户申请开立个人存款证明，应填写一式二份《商业银行出具个人存款证明申请书》，同时提交存单（折、卡）、个人身份证件原件，向其开户银行提出申请。

2. 业务审核。

经办柜员审核存单（折、卡）、申请人有效身份证件、《商业银行出具个人存款证明申请书》的真实性、合法性、规范性和一致性无误。

3. 业务处理。

在综合业务系统"开立存款证明"交易经运营主管授权后进行操作，将存款账户置为冻结状态，完成个人存款证明登记在《商业银行出具个人存款证明申请书》）进行签章后，交由运营主管进行复审，核对无误后由运营主管和行政主管在《商业银行出具个人存款证明申请书》加盖私章，登记《商业银行会计印章保管使用登记簿》后加盖会计业务专用章。交易成功后打印一式二联管理凭证，柜员加盖清讫章后，一联作为客户回单交给客户，客户身份证件复印件和《出具个人存款证明申请书》作为管理凭证的附件和管理凭证一并放入柜员当日需钩对传票进行踏号，次日传递至后督中心。

4. 业务收费。

存款账户冻结后，经办柜员通过综合业务系统"公共收费"交易按每份收取20元结算手续费。交易成功后，按现金或转账收费方式打印一式二联现金收入传票或转账借贷方传票，柜员加盖清讫章后，一联作为客户回单交给客户，另一联放入柜员当日需钩对传票进行踏号，次日传递至后督中心。

营业网点工作人员持单（折、卡）、申请人或代理人有效身份证件、《商业银行出具个人存款证明申请书》、收费凭证原件和存款证明业务管理凭证原件，随客户前往总部运营管理部。

5. 出具证明。

总部运营管理部人员接到营业网点《出具个人存款证明申请书》等上述资料后，经核对有关内容无误后，开具一式二份加盖中英文字样"存款证明专用章"的《商业银行个人存款证明书》，正本交客户，副本和《商业银行出具个人存款证明申请书》第一联一并留档备查、按年装订，同时登记《商业银行出具个人存款证明登记簿》，做好交接。

活动2 银行资信业务操作

➤ 活动目标

掌握银行资信证明业务的操作。

扫一扫
学操作

> ➢ **实训案例**

客户施杉直因购买商品住房办理银行按揭贷款手续，需为其出具资信证明 1 份，证明金额 50000 元，期限 1 个月，柜员按规定为客户本人办理资信证明。

> ➢ **实训步骤**

钱箱管理——凭证出库

出库 10 份存款证明备用，见图 8 - 1。

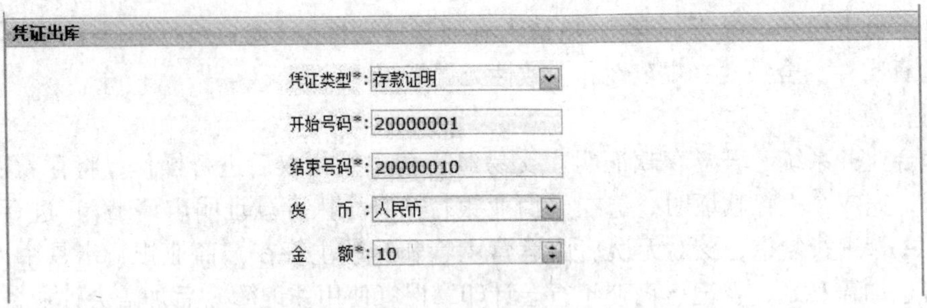

图 8 - 1 出库存款证明

表外业务——资信证明——开立存款证明交易

录入"账号类型""账号""子账号""起始凭证号""证明到期时间"等信息，见图 8 - 2。

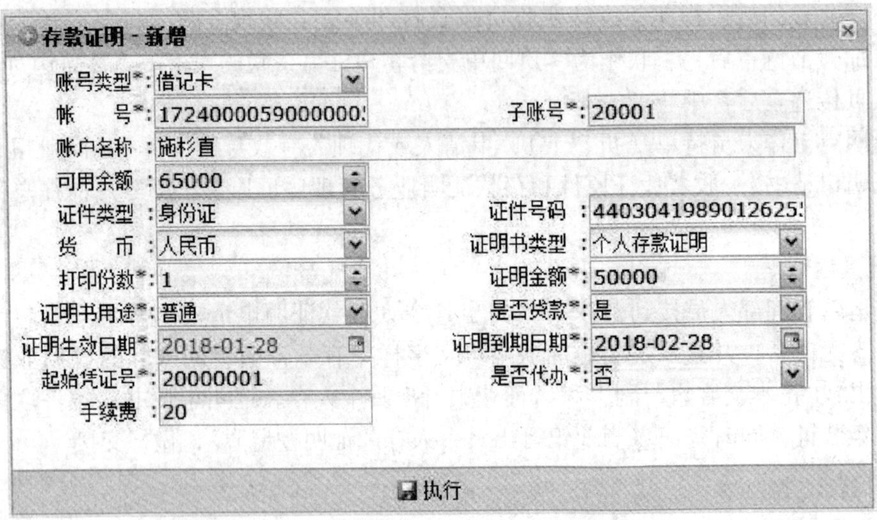

图 8 - 2 开立存款证明

> ➢ **实训演练**

客户蓝胤因购买商品住房办理银行按揭贷款手续，需为其出具资信证明 1 份，证明金额 50000 元，期限 1 个月，柜员按规定为客户本人办理资信证明。

根据案例完成系统操作，并将操作信息录入实训报告。

实训报告

客户名	
客户号	
账号	
子账号	
起始凭证号	
证明到期日期	

任务2 银行承兑汇票业务

活动1 银行承兑汇票知识及办理流程

➤ 活动目标

熟悉银行承兑汇票的承兑银行的业务处理，掌握银行承兑汇票承兑银行业务的操作方法与基本要领。

➤ 基础知识

一、商业汇票的定义

商业汇票是出票人签发的，委托付款人在指定付款日期无条件支付确定金额给收款人或持票人的票据。商业汇票的出票人一般是商品购销合同的购买方，在进行延期付款的商品交易时，出票人开出的商业汇票是反映债权债务的票据。

二、商业汇票的分类

商业汇票按承兑人的不同，分为商业承兑汇票和银行承兑汇票两种，商业承兑汇票由银行以外的付款人承兑，银行承兑汇票由银行承兑，商业汇票的第一付款人为承兑人。商业汇票按照是否带息分为带息汇票和不带息汇票，不带息汇票的到期价值就是汇票的面值，带息汇票的到期价值为票据的面值加按照票面约定利率计算的利息。

➤ 业务流程与处理

一、承兑银行业务处理

银行承兑汇票承兑银行业务处理流程见图 8-3。

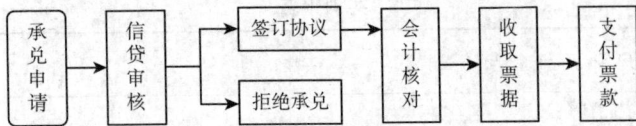

图 8 - 3　银行承兑汇票承兑银行业务处理流程

银行承兑汇票（见图 8 - 4）应由在承兑银行开立存款账户的单位和其他组织签发，银行承兑汇票的使用人必须与承兑银行具有真正的委托付款关系，出票人的资信状况良好，具备支付汇票金额的可靠资金来源。业务处理流程如下：

图 8 - 4　银行承兑汇票

（一）客户提出承兑申请

申请银行承兑的客户必须具备的以下条件，方可向承兑银行信贷部门申请承兑业务：

1. 在承兑银行开立存款账户。
2. 具有支付票款的可靠的资金来源。
3. 近两年来在承兑银行无不良信用记录。

（二）信贷部门审批

银行承兑汇票的出票人持银行的承兑汇票向银行提出承兑时，首先由银行的信贷部门按有关规定审批。信贷部门应对出票人的资格、资信、购销合同和汇票记载的内容进行认真审查，必要时可以要求出票人提供担保。

（三）签订承兑协议书

出票人向承兑行信贷部门提出并审核通过后，承兑行信贷部门与出票人签署银行承兑协议，由信贷部门将一联承兑协议及其副本和第一、第二联汇票一并交本行的会计部门。

（四）承兑银行会计部门审核

承兑银行会计部门接到汇票的承兑协议后，应对银行承兑汇票进行审查，审查的具体内容包括：

1. 汇票记载的事项是否齐全。
2. 出票人的签章是否符合规定。
3. 出票人是否在本行开有存款账户。
4. 汇票上记载的出票人名称、账号是否相符。
5. 汇票是否为统一规定印制的凭证。

（五）办理承兑

承兑银行会计部门对汇票及保证金收妥审核无误后，在第一、第二联汇票上注明承兑协议编号，并在第二联汇票"承兑人签章"处加盖汇票专用章，并由授权的经办人签名或盖章，同时还要按票面金额向出票人收取 0.5‰的手续费。承兑协议一式三联，承兑银行将第二联汇票连同第一联承兑协议交给出票人，承兑银行信贷部门和会计部门各留一联。

（六）承兑银行向承兑申请人收取票款

承兑银行应每天都查看汇票的到期情况，对于到期的汇票，应于到期日（法定节假日顺延）向承兑申请人收取票款。出票人全额支付见票付款；出票人于汇票到期日未能足额交存票款的，银行将尚未支付的汇票金额转作逾期贷款，按照每天票面金额的 0.5‰收利息，有抵押物的按信贷管理的有关要求进行处理。

（七）承兑银行支付汇票票款

承兑银行收到持票人开户行寄来的汇票和委托收款凭证后，应抽出专夹保管的汇票卡片和承兑协议副本，认真审查以下内容，无误后付款。

1. 该汇票是否为本行承兑，与汇票卡片的号码和记载事项是否相符。
2. 是否作成委托收款背书，背书转让的汇票其背书是否连续，签章是否符合规定，背书使用粘单的是否按规定在粘接处签章。
3. 委托收款凭证的记载事项是否与汇票记载的事项相符。

二、持票人开户银行受理银行承兑汇票的处理

持票人开户银行受理银行承兑汇票的业务见图 8-5。

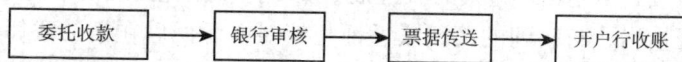

委托收款 → 银行审核 → 票据传送 → 开户行收账

图 8-5 持票人开户行受理银行承兑汇票业务流程

（一）委托开户行收款

持票人持有银行承兑汇票当在汇票的提示付款期内，委托开户银行向承兑银行收取票款，应填制"委托收款凭证"（见图 8-6），在委托收款凭证名称栏中注明"银行承兑汇票"及汇票号码，连同汇票一并送交开户行。

委电　　委托收款 凭证（回　单）　1　委托号码：　　　第　号

委托日期　　年　月　日

付款人	全　称		收款人	全　称	
	账　号 或地址			账　号	
	开户银行			开户银行	行号
委收金额	人民币 （大写）				千百十万千百十元角分
款项内容		委托收款 凭据名称		附寄单 证张数	
备注：	电划		款项收妥日期 年　月　日		收款人开户银行盖章　月　日

此联收款人开户行给收款人的回单

单位主管　　会计　　复核　　记账

图 8－6　委托收款凭证

（二）开户行审核

开户行收到持票人交来的“委托收款凭证”和汇票后，应审查以下内容。

1. 汇票是否为统一规定印制的凭证，是否超过提示付款期。

2. 汇票上填明的持票人是否在本行开有存款账户。

3. 出票人、承兑人的签章是否符合规定。

4. 汇票记载的事项是否齐全，汇票上的各项要素是否符合规定。

5. 是否作成委托收款背书，背书转让的汇票其背书是否连续，签章是否符合规定，背书使用粘单的是否按规定在粘接处签章。

6. 委托收款的凭证记载的事项是否与汇票记载的事项相符。

（三）票据寄交

开户行按规定审查无误后，在委托收款凭证各联上加盖“银行承兑汇票”戳记，委托收款凭证第一联加盖业务公章交持票人，第二联专夹保管，第三、第四、第五联连同汇票一并交寄承兑银行。

（四）持票人开户银行收账

持票人开户行接到承兑银行寄来的联行报单及委托收款凭证或发来的电信，将留存的第二联委托收款凭证抽出，与收到的第四联凭证相核对，无误后在第二联凭证上注明转账日期，并作为贷方凭证。转账后在第四联委托收款凭证上加盖转讫章作为收账通知交给持票人。

知识拓展

2010 年版银行承兑汇票防伪特点

图 8-7 银行承兑汇票防伪特点

活动 2 银行承兑汇票操作

➤ 活动目标

掌握银行承兑汇票业务的系统操作。

扫一扫
学操作

➤ 实训案例

深圳市和乐光电科技有限公司为授信户，授信额度为 8000 万
元。现深圳市和乐光电科技有限公司申请开立银行承兑汇票一张，收款人为深圳市锐扬创科
技术股份有限公司，票面金额为 8 万元，期限为 6 个月，保证金比例 50%，手续费率
0.4‰，垫款利率 8‰，合同号 201810110000001。

与深圳市和乐光电科技有限公司业务往来过程中，依次办理承兑汇录入，承兑汇票记
账，承兑未到期退回，承兑未到期退回撤销及承兑汇票到期备付业务。

➤ 实训步骤

第一步 开立承兑保证金账户。

对公业务——对公账户管理——对公开账户

录入"客户号"查询账户信息，登记"账户类别""存期"以及"账户标识"等信息，

见图 8-8，生成账号录入实训报告。

注意事项："承兑保证金账户"必须开立成"一般户"。

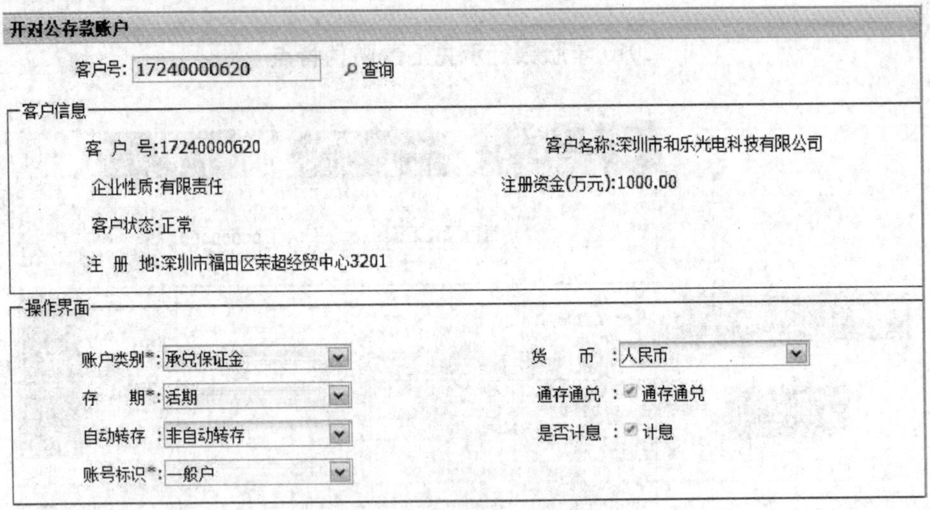

图 8-8 开立承兑保证金账户

对公业务——单位活期存款——现金存款

输入"账号"查询开户信息，确认无误后，输入"金额"，见图 8-9。

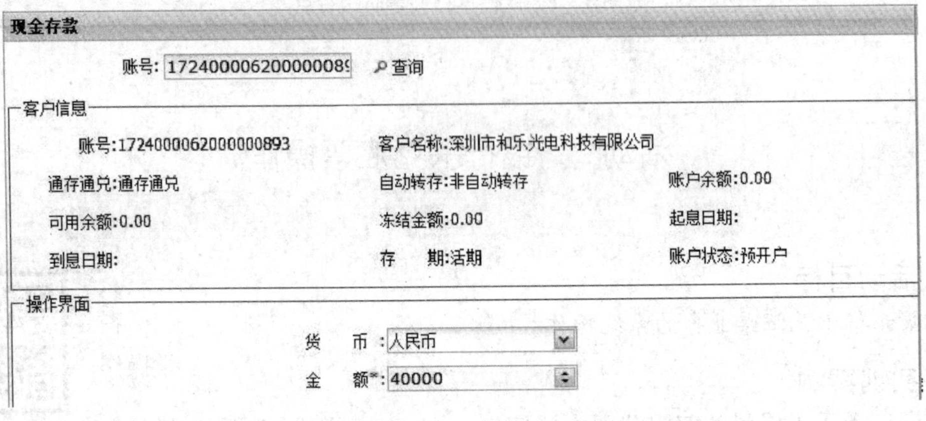

图 8-9 现金存款

第二步 开立承兑汇票。

表外业务——银行承兑汇票——承兑汇票录入

录入"客户号""出票人账号""票据号码""票据金额""合同号""出票日期""到期日期""保证金账户""保证金比例""垫款利率""手续费率"等相关信息，见图 8-10，执行后生成借据号，录入实训报告。

表外业务——银行承兑汇票——承兑汇票记账

录入"借据号"查询票据信息，见图 8-11，确认无误后执行记账。

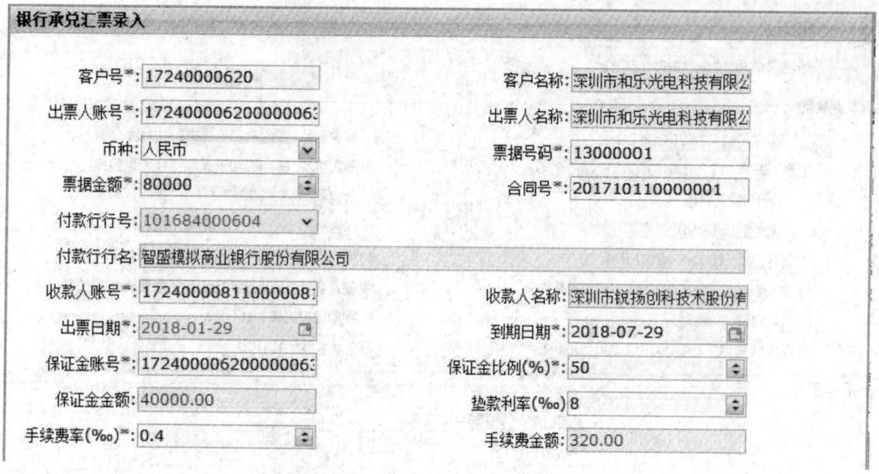

图 8 - 10　银行承兑汇票录入

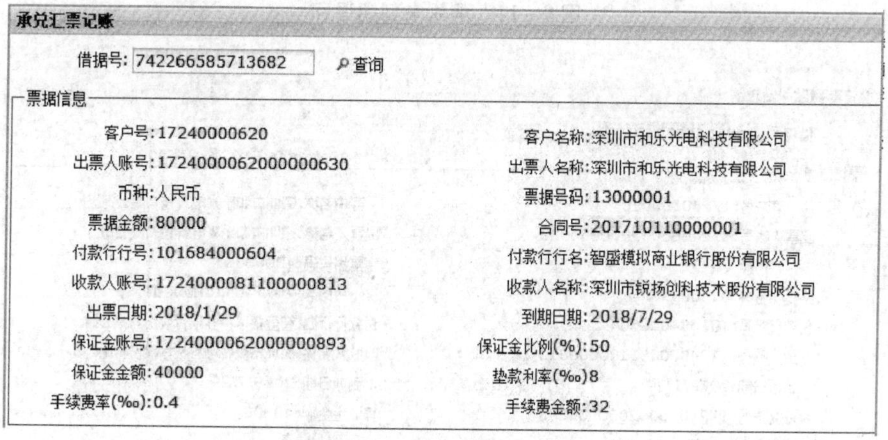

图 8 - 11　承兑汇票记账

表外业务——银行承兑汇票——承兑未到期退回

输入"借据号"信息查询票据信息，确认后选择"退回日期"等信息，见图 8 - 12，执行后完成操作。

表外业务——银行承兑汇票——承兑未到期退回撤销

输入"借据号"信息查询票据信息，确认后执行操作，见图 8 - 13。

表外业务——银行承兑汇票——承兑汇票到期备付

输入"借据号"信息查询票据信息，确认后执行操作，见图 8 - 14。

➤ 实训演练

深圳市领航者互联网股份有限公司为我行授信客户，授信额度为 1000 万元。现深圳市领航者互联网股份有限公司申请开立银行承兑汇票 1 张，收款人为深圳市达士科技股份有限公司，票面金额为 15700 元，期限为 1 个月，保证金比例 70%，手续费率 0.5‰，垫款利率 5.8‰，合同号为 201811080000006，我行柜员为其办理银行承兑汇票录入业务。

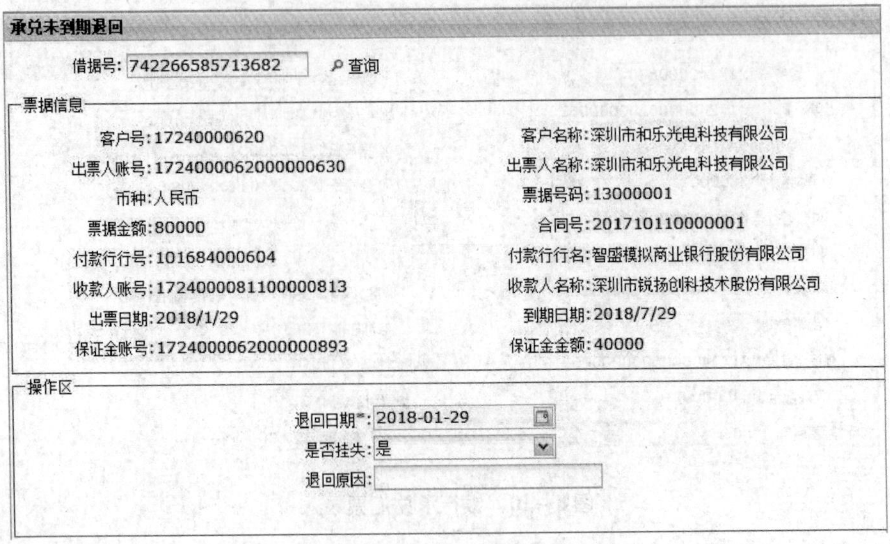

承兑未到期退回

借据号：742266585713682　🔍查询

票据信息

客户号：17240000620　　　　　　　　客户名称：深圳市和乐光电科技有限公司

出票人账号：1724000062000000630　　　出票人名称：深圳市和乐光电科技有限公司

币种：人民币　　　　　　　　　　　　　票据号码：13000001

票据金额：80000　　　　　　　　　　　合同号：201710110000001

付款行行号：101684000604　　　　　　付款行行名：智盛模拟商业银行股份有限公司

收款人账号：1724000081100000813　　　收款人名称：深圳市锐扬创科技术股份有限公司

出票日期：2018/1/29　　　　　　　　　到期日期：2018/7/29

保证金账号：1724000062000000893　　　保证金金额：40000

操作区

退回日期＊＊：2018-01-29　　📅

是否挂失：是　　　　　▾

退回原因：

图 8 - 12　承兑未到期退回

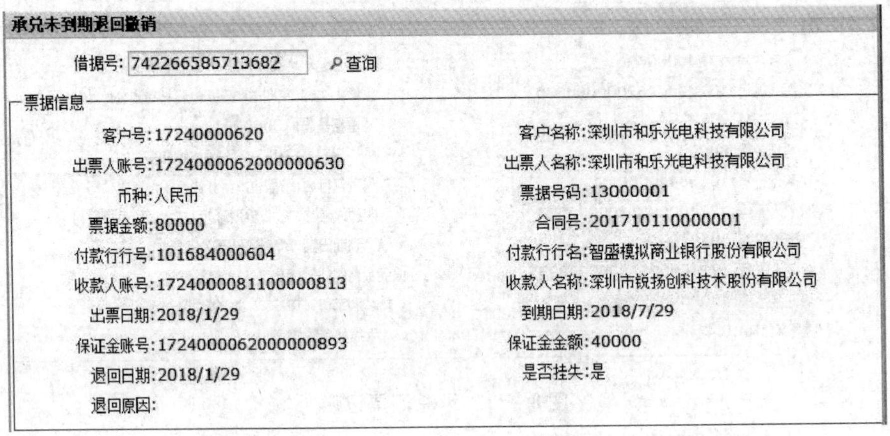

承兑未到期退回撤销

借据号：742266585713682　🔍查询

票据信息

客户号：17240000620　　　　　　　　客户名称：深圳市和乐光电科技有限公司

出票人账号：1724000062000000630　　　出票人名称：深圳市和乐光电科技有限公司

币种：人民币　　　　　　　　　　　　　票据号码：13000001

票据金额：80000　　　　　　　　　　　合同号：201710110000001

付款行行号：101684000604　　　　　　付款行行名：智盛模拟商业银行股份有限公司

收款人账号：1724000081100000813　　　收款人名称：深圳市锐扬创科技术股份有限公司

出票日期：2018/1/29　　　　　　　　　到期日期：2018/7/29

保证金账号：1724000062000000893　　　保证金金额：40000

退回日期：2018/1/29　　　　　　　　　是否挂失：是

退回原因：

图 8 - 13　承兑未到期退回撤销

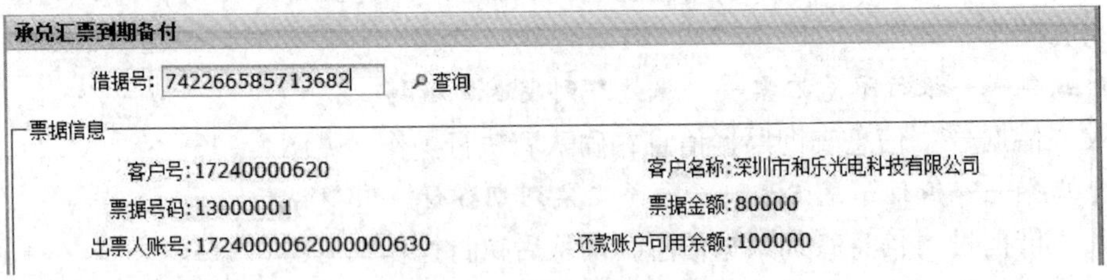

承兑汇票到期备付

借据号：742266585713682　🔍查询

票据信息

客户号：17240000620　　　　　　　　客户名称：深圳市和乐光电科技有限公司

票据号码：13000001　　　　　　　　　票据金额：80000

出票人账号：1724000062000000630　　　还款账户可用余额：100000

图 8 - 14　承兑汇票到期备付

持票人来我行办理承兑汇票记账业务。

到期日当天，我行为其办理承兑汇票到期备付业务。

实训报告

客户名	
客户号	
承兑保证金账号	
出票人账号	
票据号码	
票据金额	
合同号	
出票日期	
到期日期	
保证金账号	
保证金比例	
垫款利率	

活动 3　银行承兑汇票票据处理

➤ 活动目标

掌握银行承兑汇票业务的操作步骤。

扫一扫
学操作

➤ 实训案例

广州市中恒建设有限公司购买了九江市盛业建材有限公司货物，货款为 500000 元，广州市中恒建设有限公司与九江市盛业建材有限公司商定以银行承兑汇票结算方式支付货款。2017 年 9 月 20 日，广州市中恒建设有限公司按照要求到其开户行签发期限为 1 个月的银行承兑汇票，出票日当天为承兑日期并签订承兑协议，承兑手续费为 5‰，广州市中恒建设有限公司将经过银行承兑的银行承兑汇票交予九江市盛业建材有限公司，九江市盛业建材有限公司在汇票到期后委托自己的开户行收取款项，商品已发送，合同号为 20171014。

➤ 实训步骤

第一步　企业申请。

银承汇票业务处理——切换角色

将角色切换为企业申请人，见图 8-15。

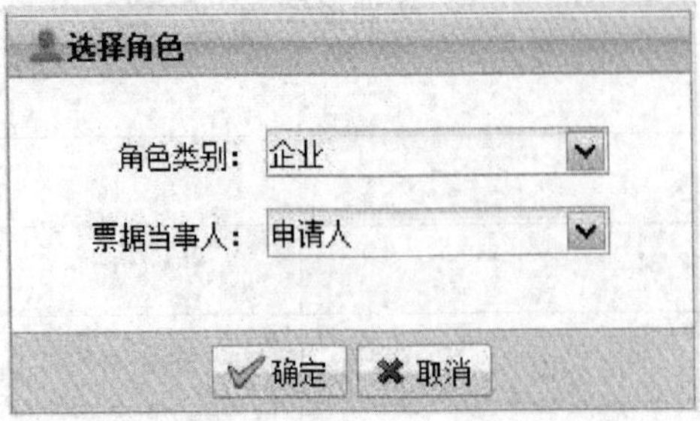

图 8 – 15　切换角色为企业申请人

银承汇票业务处理——出票登记——登记

根据案例中的内容填写出票登记信息，见图 8 – 16。

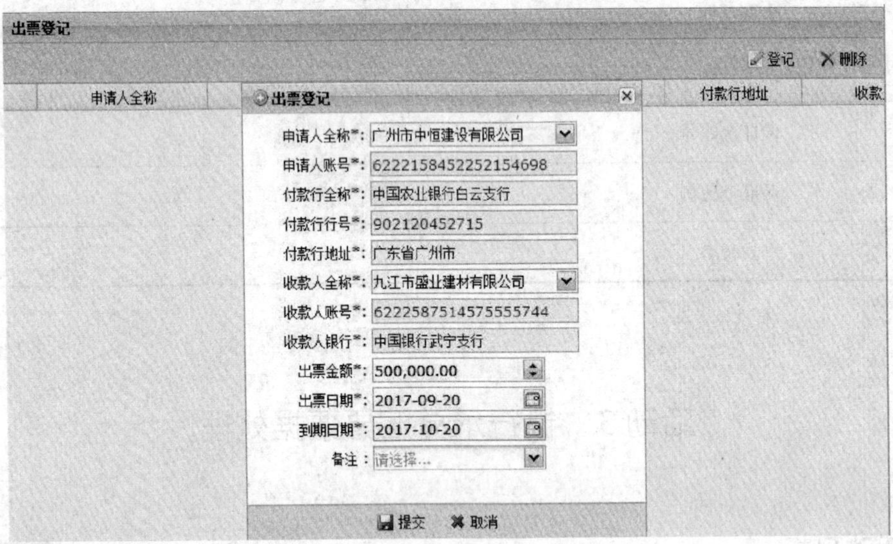

图 8 – 16　企业申请人出票登记

第二步　出票人在银行填写票面信息。

银承汇票业务处理——切换角色

将角色切换为银行出票人，见图 8 – 17。

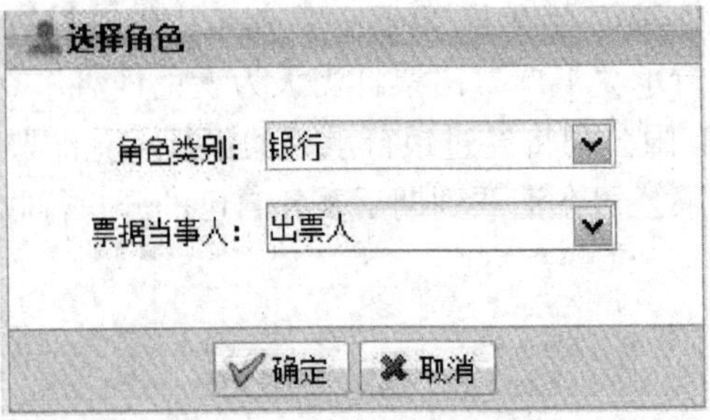

图 8 – 17　切换角色为银行出票人

银承汇票业务处理——选择数据——出票

银行出票人在系统中选择开始录入的登记信息，进行出票操作，见图8－18。

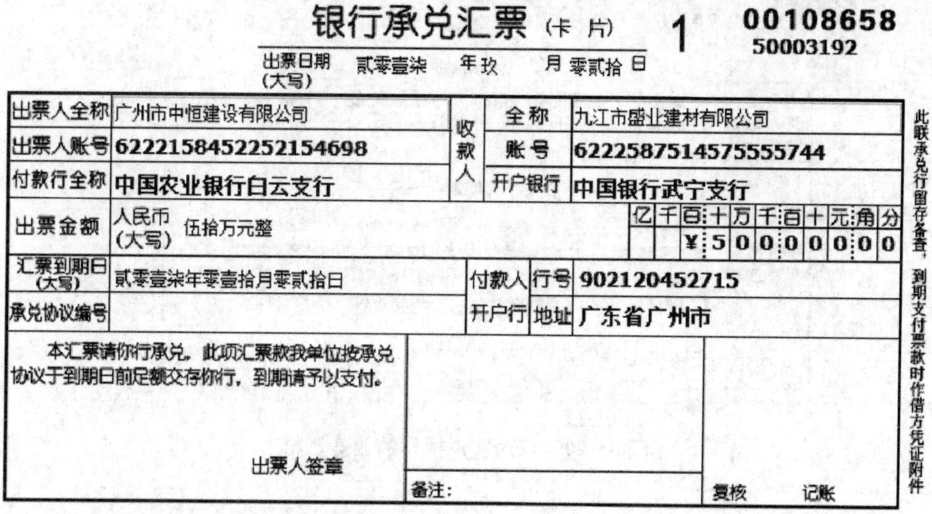

银行承兑汇票（卡片）　1　00108658 50003192

出票日期（大写）　贰零壹柒　年玖　月零贰拾　日

出票人全称	广州市中恒建设有限公司	收款人	全称	九江市盛业建材有限公司
出票人账号	6222158452252154698		账号	6222587514575555744
付款行全称	中国农业银行白云支行		开户银行	中国银行武宁支行
出票金额	人民币（大写）伍拾万元整		亿千百十万千百十元角分	¥500000.00
汇票到期日（大写）	贰零壹柒年零壹拾月零贰拾日	付款人开户行	行号	902120452715
承兑协议编号			地址	广东省广州市

本汇票请你行承兑，此项汇票款我单位按承兑协议于到期日前足额交存你行，到期请予以支付。

出票人签章

备注：

复核　记账

此联承兑行留存备查，到期支付票款时作借方凭证附件

图8－18　银行承兑汇票出票

第三步　签承兑协议。

银承汇票业务处理——切换角色

将角色切换为企业申请人，见图8－19。

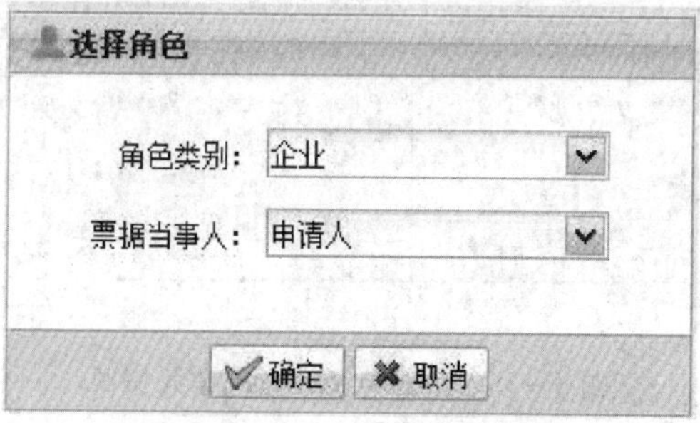

图8－19　切换角色为企业申请人

银承汇票业务处理——承兑——选择数据——填写承兑协议并加盖签章

首先选择签订协议需提供资料：贷款卡、承兑协议、公司营业执照、法人身份证、资产负债表、损益表、交易合同等，见图8－20。

资料审核通过后，再由客户与承兑行信贷部门签订承兑协议，并在银行承兑汇票上加盖出票人签章，见图8－21和图8－22。

第四步　银行承兑。

银承汇票业务处理——切换角色

将角色切换为银行承兑人，见图8－23。

图 8 – 20　核对客户提供的业务资料

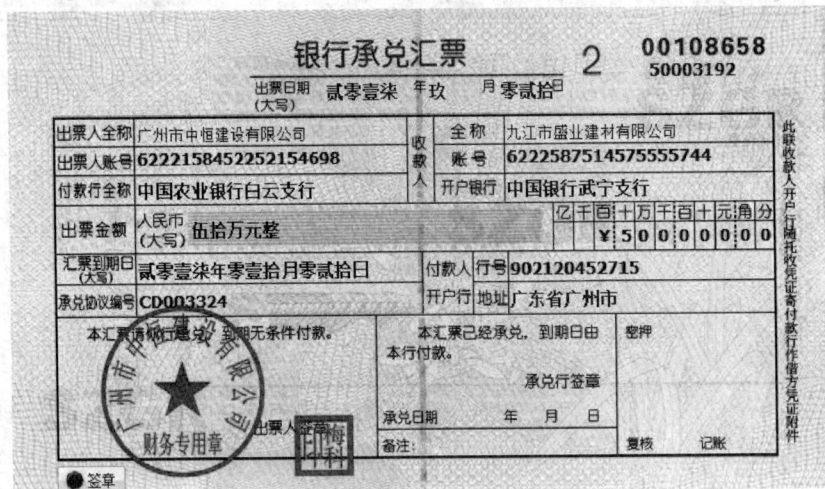

图 8 – 21　企业申请人做出票人签章

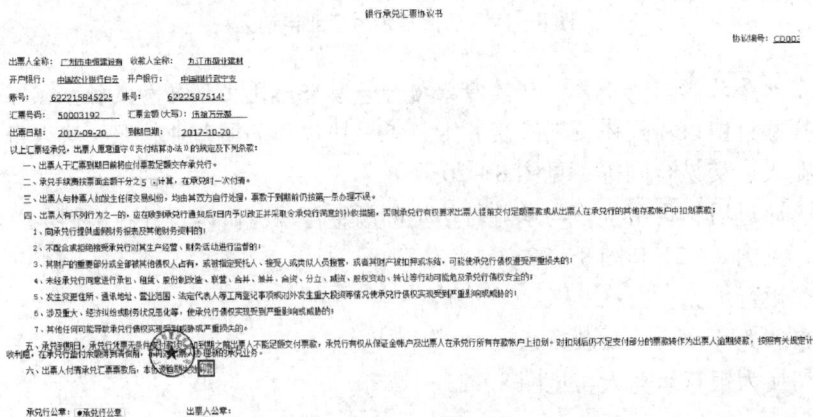

图 8 – 22　企业申请人签银行承兑协议书

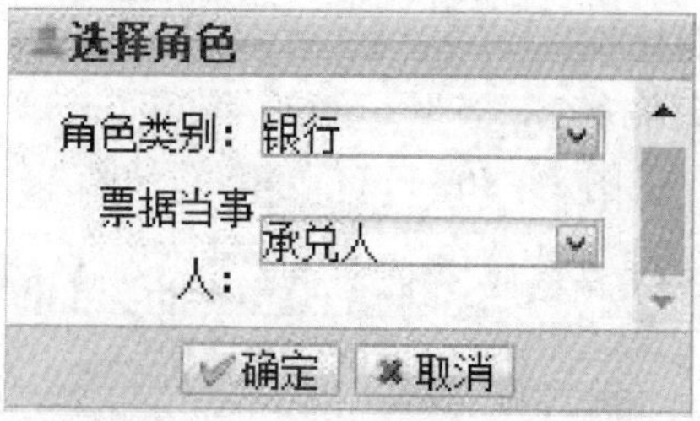

图 8 – 23　切换角色为银行承兑人

银承汇票业务处理——承兑——选择数据——银行做承兑

承兑银行签署银行承兑汇票协议书（见图 8 – 24），并在银行承兑汇票的第二联（见图 8 – 25）上进行承兑操作。

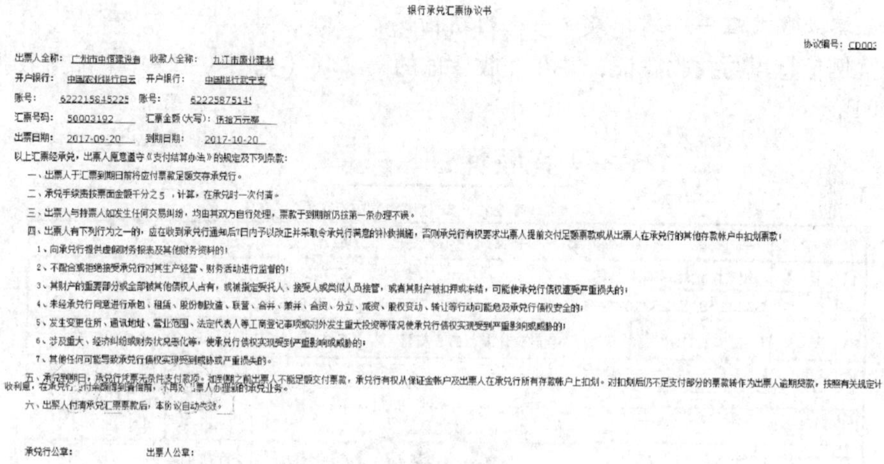

图 8 – 24　承兑行签银行承兑协议书

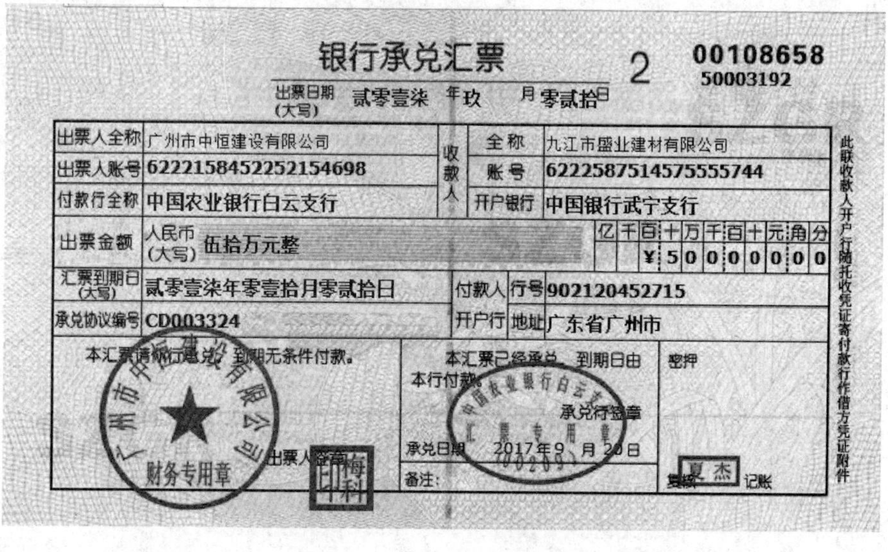

图 8 – 25　承兑行做承兑操作

第五步　企业收款人到期托收。

银承汇票业务处理——切换角色

角色切换为企业收款人，见图 8－26。

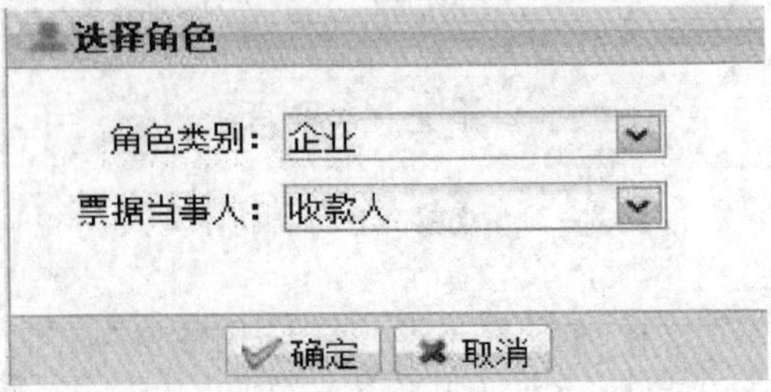

图 8－26　角色切换为企业收款人

银承汇票业务处理——选择数据——到期托收

根据案例信息填写托收凭证，并在托收凭证的第二联（见图 8－27）上加盖收款人在银行的预留印鉴。

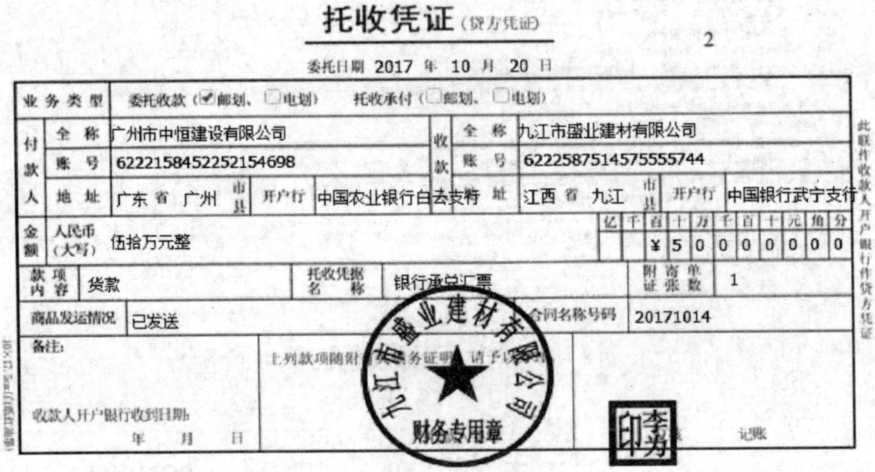

托收凭证（贷方凭证）　2

委托日期 2017 年 10 月 20 日

业务类型	委托收款（☑邮划、□电划）　托收承付（□邮划、□电划）		
付款人 全称	广州市中恒建设有限公司	收款人 全称	九江市盛业建材有限公司
付款人 账号	6222158452252154698	收款人 账号	6222587514575555744
付款人 地址	广东省 广州 市/县　开户行 中国农业银行白云支行	收款人 地址	江西省 九江 市/县　开户行 中国银行武宁支行
金额	人民币（大写）伍拾万元整		¥ 5 0 0 0 0 0 0 0
款项内容	货款	托收凭据名称 银行承兑汇票	附寄单证张数 1
商品发运情况	已发送	合同名称号码	20171014
备注：收款人开户银行收到日期 年 月 日	上列款项随附有关债务证明，请予以办理。		复核 记账

此联作收款人开户银行作贷方凭证

九江市盛业建材有限公司 财务专用章　李秀印

图 8－27　企业收款人填写托收凭证

第六步　银行付款人进行托收业务处理。

银承汇票业务处理——切换角色

角色切换为银行付款人，见图 8－28。

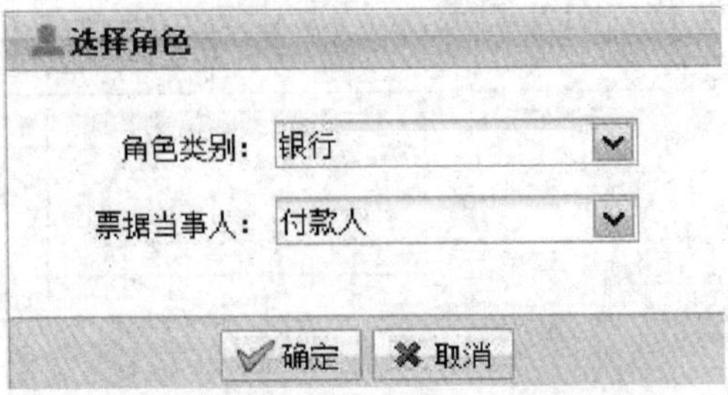

图 8－28　角色切换为银行付款人

银承汇票业务处理——到期托收——选择数据

输入企业信息查询到托收业务记录，进行托收业务处理，在托收凭证的第一联和第三联上加盖业务印章，见图 8－29 和图 8－30。

托收凭证（受理回单）　　1

委托日期 2017 年 10 月 20 日

业务类型	委托收款（☑邮划、☐电划）		托收承付（☐邮划、☐电划）					
付款人	全称	广州市中恒建设有限公司		收款人	全称	九江市盛业建材有限公司		
	账号	6222158452252154698			账号	6222587514575555744		
	地址	广东省 广州 市/县	开户行 中国农业银行白云支行		地址	江西省 九江 市/县	开户行 中国银行武宁支行	
金额	人民币（大写）	伍拾万元整				亿千百十万千百十元角分	¥50000000	
款项内容	货款	托收凭据名称	银行承兑汇票			附寄单证张数	1	
商品发运情况	已发送					合同名称号码	20171014	
备注： 复核 记账		款项收妥日期 年 月 日				收款人开户银行签章 年 月 日		

此联作收款人开户银行给收款人的受理回单

10×17.5cm（白纸黑油墨）

中国银行武宁支行 业务公章　杨华

图 8－29　托收凭证第一联

托收凭证（借方凭证）　　3

委托日期 2017 年 10 月 20 日　　付款期限 年 月 日

业务类型	委托收款（☑邮划、☐电划）		托收承付（☐邮划、☐电划）					
付款人	全称	广州市中恒建设有限公司		收款人	全称	九江市盛业建材有限公司		
	账号	6222158452252154698			账号	6222587514575555744		
	地址	广东省 广州 市/县	开户行 中国农业银行白云支行		地址	江西省 九江 市/县	开户行 中国银行武宁支行	
金额	人民币（大写）	伍拾万元整				亿千百十万千百十元角分	¥50000000	
款项内容	货款	托收凭据名称	银行承兑汇票			附寄单证张数	1	
商品发运情况	已发送					合同名称号码	20171014	
备注： 收款人开户银行收到日期： 年 月 日		收款人开户银行签章 年 月 日				复核 记账		

此联付款人开户银行作借方凭证

10×17.5cm（白纸黑油墨）

中国银行武宁支行 业务公章　杨华

图 8－30　托收凭证第三联

第七步　企业收款人做委托收款背书。

银承汇票业务处理——切换角色

角色切换为企业收款人，见图 8－31。

银承汇票业务处理——背书——选择数据

为银行承兑汇票做委托收款背书，背书转让给收款人开户银行，见图 8－32。

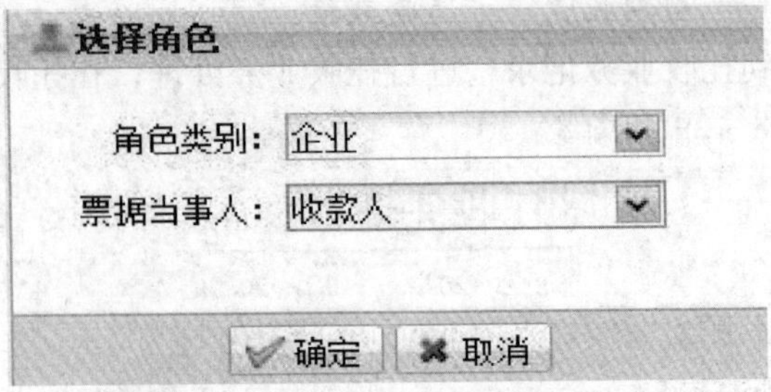

图8-31　角色切换为企业收款人

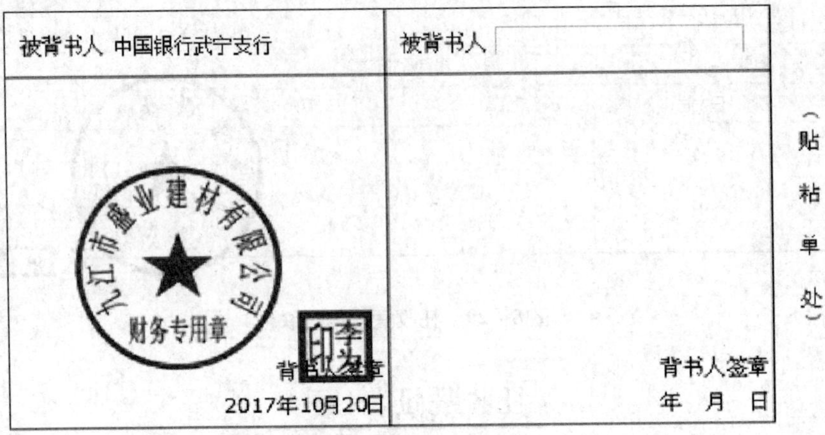

图8-32　委托收款背书

👉 知识拓展

委托收款背书

　　委托收款背书是持票人以行使票据权利为目的，授予被背书人以代理权的背书。其性质为非转让背书，不因背书而转让票据权利。委托收款背书应记载下列事项：

　　1. 背书人签章。背书人在背书人栏内签章，这是背书行为的要件。

　　2. 应记明委托收款的意思。在背书栏内清晰记载"委托收款"字样。

　　3. 被背书人名称。

　　4. 背书日期。与一般转让背书一样，属对应记载事项。一般应予记载，如果未记载，法律推定为票据到期日前背书。

➤ 实训演练

　　根据案例完成系统操作，并将操作信息录入实训报告。

　　九江市立天建设有限公司购买了南昌市钢铁集团公司一批货物，货款总金额为950000元。南昌市钢铁集团公司和九江市立天建设有限公司约定以银行承兑汇票进行货款结算。2013年3月20日，九江市立天建设有限公司按约定到其开户行申请开出一张限期为3个月的银行承兑汇票。九江市立天建设有限公司将经过银行承兑的银行承兑汇票交予南昌市钢铁集团公司，南昌市钢铁集团公司又将此汇票背书转让给了南昌市跃龙贸易股份有限公司用于支付公司间往来货款。出票后的第三天（不含出票日），南昌市跃龙贸易股份有限公司又把该转账支票背书给深圳市天智贸易公司支付业务费用，深圳市天智贸易公司在汇票到期后委托其开户行兑付该汇票。

实训报告

申请人	
申请人账号	
付款行	
收款人	
收款人账号	
收款行	
汇票金额	
出票日期	
汇票到期日	
承兑银行	
承兑日期	
第一次背书的背书人	
第一次背书的被背书人	
第一次背书日期	
第二次背书的背书人	
第二次背书的被背书人	
第二次背书日期	
委托收款行	
委托收款日期	

任务 3　银行保函业务

活动 1　银行保函业务知识及办理流程

➤ 活动目标
掌握保函业务的相关业务知识，熟悉保函业务的办理流程。

➤ 基础知识

一、银行保函的定义

保函业务，是指商业银行应某种合约关系一方（以下简称申请人）的要求，向合约关系的另一方（以下简称受益人）担保合约项下的某种责任或义务的履行，所作出的在一定期限内承担一定金额支付责任或经济赔偿责任的书面保证承诺。

二、银行保函的分类

国内保函业务根据其性质和作用的不同，分为非融资性保函和融资性保函两大类。

非融资性保函指银行以银行信用替代商业信用为申请人履行非融资性义务所作的书面保证承诺。业务种类包括：

1. 工程项下投标、履约、预付款、质量/维修、预留金保函。
2. 贸易履约保函。
3. 海关付税保函。
4. 其他非融资性保函。包括承包/租赁保函、财产保全保函、出入境备用金保函等。

融资性保函指银行利用其资信为申请人从第三方融通资金时履行本息偿付义务所作出的书面保证承诺。业务种类包括：

1. 债券保函。
2. 信托计划保函。
3. 借款保函。
4. 其他融资性保函。

三、非融资性保函业务的办理流程

（一）非融资性保函业务申请条件

申请办理非融资性保函业务的对象原则上为经工商行政管理机关（或主管机关）核准登记的企（事）业法人、其他经济组织。个体工商户、自然人可以申请办理低风险的非融资性保函业务。

1. 在本行开立基本账户或一般存款账户。

2. 按银行信用等级评定标准，信用等级在 AA 级（含 AA 级）以上。

3. 无不良信用记录。

4. 经营情况、财务状况良好。

5. 能够提供符合农业银行规定要求的保证金及反担保。

办理低风险非融资性保函业务可以不受前两条的限制。

（二）客户申请

客户申请办理非融资性保函业务，需提供以下基础资料：

1. 开立保函申请书。

2. 经人民银行或银监会核准发放并经年检的贷款卡。

3. 经工商行政管理机关（或主管机关）核准登记并经年检的营业执照或事业单位法人证书、组织机构代码证、公司章程、法定代表人身份有效证明或法定代表人授权委托书。

4. 客户近 3 年财务报表及近期财务报告。财务报表按规定须经注册会计师审计的，应提交审计报告。公司成立不足 3 年的，提供成立以来的年度财务报表和近期财务报告。

5. 保函项下申请人和受益人签订的基础合同或协议。

6. 反担保的相关资料。

7. 担保协议、担保函可在银行受理业务过程中提供。使用农业银行制式合同文本的，可免于提供。

（三）客户部门调查

1. 申请人资信情况。调查客户名称、法定地址、法人代表、注册资本等，分析其资本构成、投资结构、信用等级、信用记录等是否符合我行要求。

2. 保函项下基础合同或协议约定事项，主要包括：保函项下基础合同或协议是否公平、合理。申请人是否具备履行保函项下基础合同或协议的资质和条件。申请人经营情况、财务状况如何，是否具备履行保函项下基础合同或协议的能力；在以往履行基础合同或协议中是否有违约行为。

3. 保证金及反担保情况。保证人资产负债情况、经济实力、信誉状况，抵（质）押物价值、处分权、变现能力以及保证金到位情况等。

4. 对担保协议、担保函样本的条款及内容进行审核。

（四）信贷管理部门审查

1. 业务资料的完整性。

2. 申请人主体资格及基本条件是否符合我行规定。

3. 办理保函业务是否在申请人授信额度内。

4. 申请人是否具备履行保函项下基础合同或协议的资质和能力。

5. 反担保是否合法、足值、有效；保证金比例是否符合规定；担保协议、担保函条款及内容是否合理。

（五）签订担保协议，出具担保函

信贷管理部门审查后，提交贷审会审议，有权审批人审批。非融资性保函业务审批后，由经营行根据相关规定与申请人签订担保协议，与反担保人签订反担保合同，报一级分行法律事务部门进行法律审查后，由一级分行对外出具正式担保函。

四、融资性保函的办理流程

（一）客户申请

申请办理融资性保函业务的对象为经工商行政管理机关（或主管机关）核准登记的企（事）业法人。

申请办理融资性保函业务的客户应具备以下基本条件：

1. 在本行开立基本账户或一般存款账户。

2. 按银行信用等级评定标准，信用等级在 AA + 级（含 AA + 级）以上。为固定资产项目运作而专门组建的项目法人可不受本条件限制，但其控股股东或主要股东应无不良信用记录。

3. 资产及业绩优良，经营规模较大。企业法人净资产不低于 4 亿元人民币，事业法人年综合收入不低于 3 亿元人民币且近三年收支（剔除自筹基建支出）结余大于零。国家发展和改革委员会、中国人民银行、中国银行业监督管理委员会、中国证券监督管理委员会针对特定融资方式的企业在资产及经营规模上有具体规定的，执行相关规定。

4. 具有行业发展优势和良好的社会形象，能给银行带来较大的综合效益。

5. 能够提供符合农业银行规定要求的保证金及反担保。

办理低风险融资性保函业务可以不受上述 2、3、4 条的限制，但不得办理下列融资性保函业务：

1. 为个人经济行为提供担保。

2. 为未经批准并依法注册登记的客户提供担保。

3. 为融资用于注册资本金的客户提供担保。

4. 为融资清偿债务以及第一还款来源无保障的客户提供担保。

5. 为违反国家法律、法规的经济行为提供担保。

（二）客户部门调查

1. 申请人资信情况。调查客户名称、法定地址、法人代表、注册资本金等，分析其资本构成、投资结构、信用等级、信用记录等是否符合我行要求。

2. 保函项下融资事项，包括：融资事项是否符合监管部门的政策规定，申请人资产规模、融资规模、期限、利率、方式是否符合规定，资金用途是否符合国家产业政策及行业发展规划；申请人是否具有偿债能力，生产经营及财务状况如何，是否有偿还融资的计划安排并有足够的现金流偿还融资，对已到期债务是否有延期支付本息的事实；保函项下融通的资金投向是否具有较好的经济效益及预期回报。

3. 保函项下融通的资金用于固定资产投资项目的，应按照固定资产贷款管理办法对项目进行调查或评估，分析固定资产投资项目的可行性。

4. 保证金及反担保情况。调查保证人资产负债情况、经济实力、信誉状况，调查抵（质）押物价值、处分权、变现能力以及保证金到位情况等。

5. 对担保协议、担保函样本的条款及内容进行审核。

（三）信贷管理部门审查

1. 业务资料的完整性。

2. 申请人主体资格及基本条件是否符合我行规定。

3. 融资事项是否符合相关政策规定。

4. 办理保函业务是否在申请人授信额度内。

5. 申请人是否具备偿债能力及第一还款来源。

6. 反担保是否合法、足值、有效;保证金比例是否符合规定;担保协议、担保函条款及内容是否合理。

（四）签订担保协议，出具担保函

信贷管理部门审查后，提交贷审会审议，有权审批人审批。融资性保函业务审批后，由经营行根据相关规定与申请人签订担保协议，与反担保人签订反担保合同，报一级分行法律事务部门进行法律审查后，由一级分行对外出具正式担保函。

👉 **知识拓展**

中国农业银行国内保函业务保证金比例一览表

保函种类		保函期限	保证金比例			
			AAA+级客户	AAA级客户	AA+级客户	AA级客户
非融资性保函	工程项下投标、履约、预付款、质量/维修、预留金保函	≤1年	不低于5%	不低于10%	不低于15%	不低于20%
		1–3年（含）	不低于10%	不低于15%	不低于20%	不低于25%
		>3年	不低于15%	不低于20%	不低于25%	不低于30%
	贸易履约保函	≤1年	不低于20%	不低于25%	不低于30%	不低于35%
		1–3年（含）	不低于25%	不低于30%	不低于35%	不低于40%
		>3年	不低于30%	不低于35%	不低于40%	不低于45%
	海关付税保函		不低于5%	不低于10%	不低于15%	不低于20%
	承包/租赁保函		100%			
	财产保全保函		100%			
	出入境备用金保函		100%			
融资性保函		≤1年	不低于5%	不低于10%	不低于15%	
		1–3年（含）	不低于10%	不低于15%	不低于20%	
		>3年	不低于15%	不低于20%	不低于25%	

活动2　银行保函业务操作

▶ **活动目标**

掌握保函业务的操作。

扫一扫
学操作

➤ **实训案例**

深圳市和乐光电科技有限公司来开立一份金额为 100000 元的履约保函，保证金比例为 50%，期限 6 个月，柜员创建保函并且打印。

➤ **实训步骤**

第一步　凭证出库。

钱箱管理——凭证出库

选择"凭证类型"，输入"开始号码""结束号码"以及"金额"等信息，见图 8 – 33。

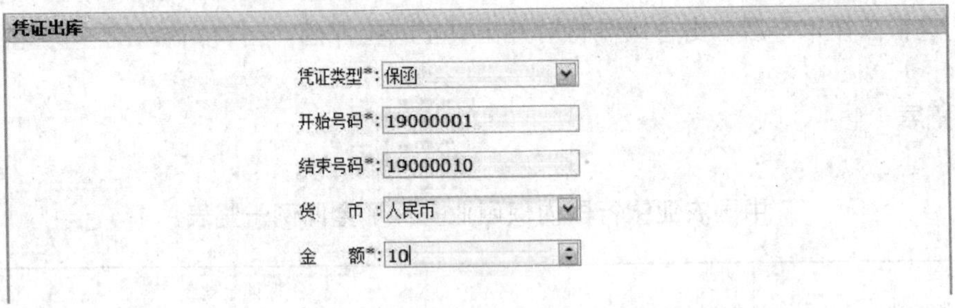

图 8 – 33　凭证出库

第二步　开立保证金账户。

对公业务——对公账户管理——开对公存款账号

输入"客户号"，选择"账户类别""存期""账号标识"等信息，见图 8 – 34，执行后生成的保证金账号录入实训报告。

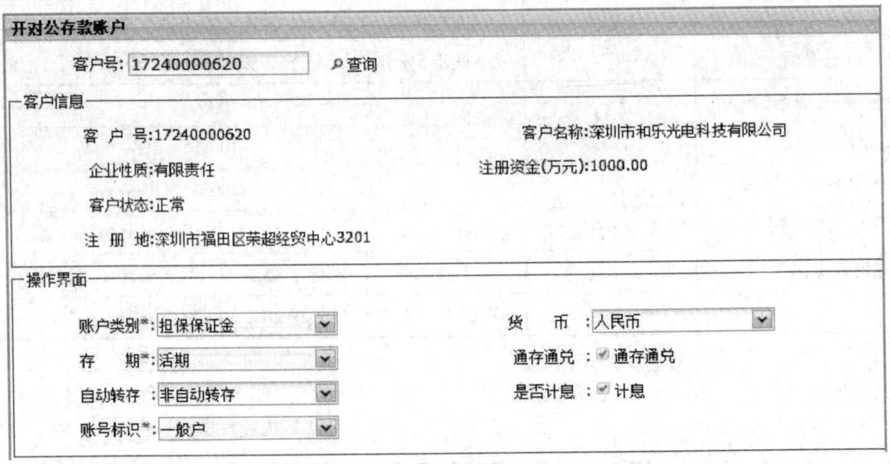

图 8 – 34　开立保证金账户

对公业务——单位活期存款——现金存款

录入"账号"查询账户信息，确认无误后，输入"金额"，见图 8 – 35。

第三步　创建保函。

表外业务——保函业务——保函打印——创建保函

录入"客户号""凭证号码""合同到期日期""保证金账号""结算账号""借据金

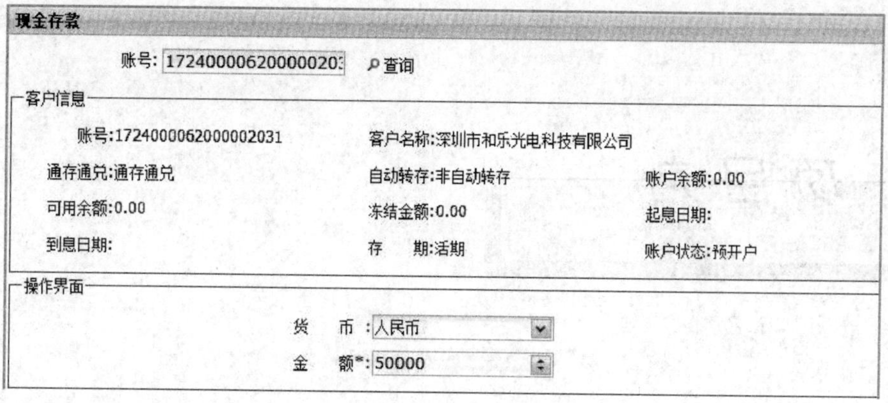

图 8 – 35　现金存入保证金

额"以及"保函品种"等信息，见图 8 – 36，执行后生成合同号借据号录入实训报告，并且完成打印操作。

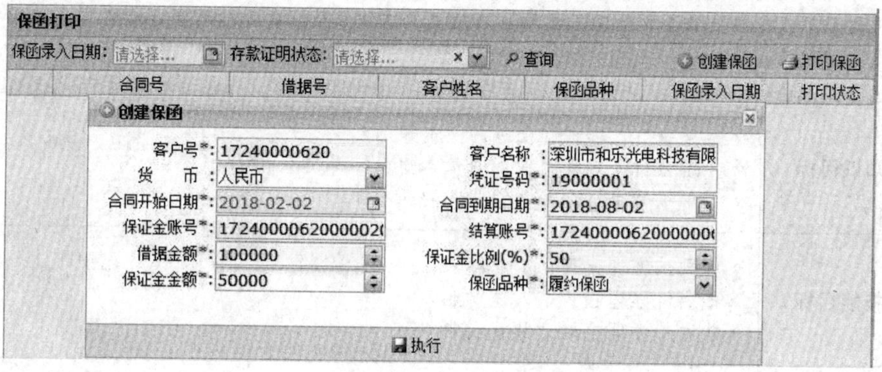

图 8 – 36　保函打印

➤ 实训演练

深圳市浩兴汽车技术股份有限公司来我行开立一份金额为 25000 元的付款保函，保证金比例为 60%，期限 3 个月，我行柜员创建保函并且打印。

实训报告

客户号	
凭证号码	
合同到期日期	
保证金账号	
结算账号	
借据金额	
保函品种	

金融营销业务

项目描述	本项目主要学习商业银行金融营销业务的基本知识和系统操作。具体包括代理保险业务、个人理财业务、金融产品营销业务。本项目将设立3项任务共计6项活动来介绍各种金融营销业务知识及柜台操作处理	
项目目标	知识目标	✧ 了解银行代理保险业务的基本知识 ✧ 了解银行个人理财业务的基本知识 ✧ 了解银行金融产品营销业务的基本知识
	技能目标	✧ 能熟练办理代理保险业务 ✧ 能熟练办理银行个人理财业务 ✧ 能熟练办理金融产品营销业务
项目任务·活动	**任务1 代理保险业务** 　　活动1 代理保险业务知识以及办理流程 　　活动2 代理保险业务操作 **任务2 个人理财业务** 　　活动1 个人理财业务知识及办理流程 　　活动2 个人理财业务操作 **任务3 金融产品营销业务** 　　活动1 金融产品营销业务知识及办理流程 　　活动2 金融产品营销业务操作	

任务 1　代理保险业务

活动 1　代理保险业务知识以及办理流程

> **活动目标**

了解代理保险业务的基本概念，掌握代理保险业务的办理流程。

> **基础知识**

一、代理保险的概念

代理保险是指商业银行接受保险人的委托，向保险人收取代理手续费，并在保险人授权范围内代其销售保险产品和提供保险服务的行为，是商业银行中间业务的重要组成部分。

商业银行柜台代理销售的保险业务主要包括人身保险业务和部分财产保险业务。代理保险业务不仅包括代收保险费、代付保险费、代理销售保险产品等传统业务，而且还涉及协议存款、资金网络结算、保单质押贷款等新业务领域。商业银行在其代办险种的范围内，一旦保险标的遭受损失，应由保险公司予以赔偿，代理银行不承担经济责任。

二、保险代理业务的意义

在我国金融体系中，银行是连接证券、保险的桥梁，也是广大消费者最信赖的金融服务机构，二者的业务各有侧重，但又相互渗透。商业银行介入保险市场，是金融市场资源整合的产物，发挥了银行和保险公司资源共享的优势，有着重要的意义和积极的作用。

（一）资源共享，扩大银行客户和资金来源

保险公司营业网点相对较少，扩大市场的能力受到限制。保险公司需要借助银行完善的市场网络及广泛的公司、个人客户关系，增强市场渗透力，拓展销售渠道，通过银保合作，实现资源共享。商业银行从中可达到两个目标：一是扩大客户资源，银行通过兼营代理业务，使保险公司的客户成为银行的客户；二是扩大资金来源，在银保合作中，保险公司在银行的存款也是银行资金来源的一个重要组成部分。

（二）全方位服务，走向一体化经营

商业银行的经营理念是"以客户为中心、以市场为导向、以效益为目标"。在市场经济条件下，银行必须有正确的定位，充分满足客户的合理要求，而中间业务发展缓慢，严重制约了银行为客户提供满意的服务。保险代理业务作为中间业务重要的组成部分，它的发展必将带动其他中间业务的发展。金融系统一体化经营呈大势所趋，谁进入得早，谁受益就大。

（三）拓展中间业务，增加银行业务收入

中间业务收入是商业银行经营成果的重要组成部分。在西方发达国家，中间业务收入已

占银行业务总收入25%以上，大银行甚至超过50%，而我国四大国有商业银行中间业务收入占总收入的比重平均不到8%。因此，中间业务将是未来商业银行利润的最大增长点。而保险代理手续费收入是中间业务收入的重要组成部分。

（四）提高资产质量，防范金融风险

防范金融风险是商业银行在经营活动中必须面对的永恒话题，只有资金安全，才能创造利润。银行在开展信贷业务时，有时需要保险公司对消费者进行承保，将经营风险转移给保险公司承担，保证自身的资金安全。

（五）提高员工素质，强化服务意识

银保合作的过程，也是银行引入保险公司市场营销理念的过程。银行不仅能在代理业务中取得一定的收入，同时也将增强员工的保险意识以及对消费者的服务意识。

三、客户保险缴费的方式

客户保险缴费的方式可选择趸缴（一次性）和分期缴纳两种方式。趸缴即一次性付清保费。趸缴的优点是手续简单，缺点是一般的投保人承担不起。分期缴纳，按照保险合同的约定有年缴或季缴、月缴等方式。缴费期越长，其分摊在每一年中的保险费用自然越少。银行划款给保险公司时，通常采用系统内部主机自动批量划款的方式进行。

➤ 业务流程

代理保险业务流程见图9–1。

图9–1　代理保险业务流程

➤ 业务处理

1. 业务受理。

客户来银行申请办理投保业务时，银行柜员应提请客户投保人（代理投保人）准确、完整、如实地填写一式三联投保单。同时提请客户提交本人有效身份证件。投保单见图9–2。

提示

采用分期缴款方式时，投保人应填写"委托银行代扣保险费授权书"，并提供可以转账的支付载体，将投保单、保费交代理机构，投保单必须由投保人亲自签名确认；如为代理投保，代理行还应提请客户提交代理投保人的身份证和委托授权书。

2. 代理行初审。经办柜员按照规定对以下内容进行审核：

（1）审核客户提交的身份证件是否真实有效；

（2）审核投保单、"委托银行代扣保险费授权书"的内容填写是否完整、正确、清晰。对投保金额在5万元以下的保险代理业务可采用柜员制形式，对金额超过5万元的保险代理业务必须经过授权复核。

一、财产险投保申请书

投保单号：_____

本申请书由投保人如实地、尽可能详尽地填写并签章后作为向本公司投保财产险的依据。本申请书为该财产险保险单的组成部分。

被保险人：		
保险财产地址：		
保险期限：　　个月　　自　　中午 12 时正至　　中午 12 时正		
建筑情形及周围情况：		
保险财产使用性质：		
是否有警报系统或安全保卫系统：		
以往损失情况：		
保险财产名称	投保金额	每次事故免赔额
房屋建筑		
装置及家具		
机器设备		
仓储物		
其他物品		
总保险金额：		
费率：　　　　保险费：		
备注：		

投保人（签名盖章）_____　电话_____

地址_____　日期_____

图 9 - 2　投保单

3. 代理行核保。核保程序分为以下三个环节：一是审核是否符合承保条件，确认后在保险单上加盖保险代理业务专用章和经办柜员名章，在投保人和保险公司留存联上加盖保险代理业务专用章；二是将保险单、投保单和险种条款交投保人核对，投保人在保险单回单联上签名确认；三是将相关材料交保险公司核保。

4. 代理行受理。保险公司核保后，代理行作收费处理。客户提交有效身份证件、"保险费委托代收授权书"、活期一本通及填写的取款凭条。

5. 代理行审核。银行柜员审核客户提交的有效身份证件、"保险费委托代收授权书"，审核客户递交的活期一本通及填写的取款凭条。

6. 代理行办理。银行柜员进行保险投保开户业务操作，打印一式五联的保险费收据及活期一本通存折并加盖业务公章、名章。由银行柜台出单的保险产品，在核保后，直接向投保人出具保险单。然后将保险单正本、收费凭证客户联、有效身份证、活期存折交给客户。

想一想

为什么商业银行在其代办险种的范围内，如果保险标的遭受损失，代理银行不承担经济责任？

活动 2　代理保险业务操作

扫一扫
学操作

> **活动目标**

掌握代理保险业务的操作。

> **实训案例**

韩栋先生，某外企市场部高级管理人员，手机号码15286985925。
韩先生希望能购买一份寿险作为人寿保障，于是来银行咨询本行代理的相关保险产品。通过银行柜员的介绍，韩先生决定购买一份福禄寿一生两全保险（分红型），选择 10 年交费，每月交保费 5000 元，保险金额为 200 万元，保险期限 20 年，年金领取起始年龄为 55 岁，领取频率为年领，年领金额 80000 元，红利分派方式为现金领取。

银行柜员为韩先生办理了银行储蓄业务，开立一个 Ⅰ 类借记卡账户，开户存入 10000 元到活期账户，并指导韩先生填写保险投保单。韩先生约定受益人为其女儿韩小敏，受益份额 100％。

韩先生提供本人身份证件（见图 9 - 3 和图 9 - 4）以及受益人身份证件（见图 9 - 5 和图 9 - 6），银行柜员为其办理代理保险业务。

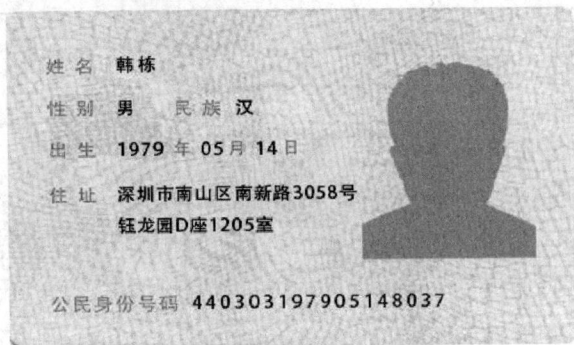

图 9 - 3　身份证

图 9 - 4　身份证

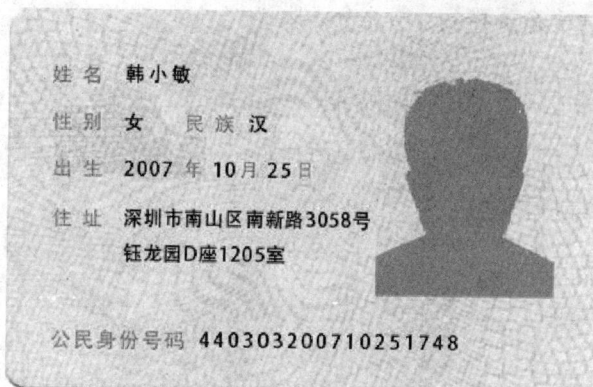

图9－5　身份证

图9－6　身份证

➢ 实训步骤

第一步　为客户开立Ⅰ类借记卡账户。

个人业务——个人账户管理——开个人客户号

录入"客户姓名""客户称谓""手机号""证件类型""证件号码"等信息，见图9－7，执行后系统生成客户号，客户号信息记录在实训报告中。

开个人客户号		
客户名称*：	证件类型*：请选择...
客户称谓*：请选择...	证件号码*：
手机号*：	重复证件号码*：
邮箱：	邮编：
地址：	

图9－7　开个人客户号

个人业务——个人账户管理——开立个人账户

录入"客户号""账户类型""凭证类型""凭证号码""手机号"等信息，见图9-8，执行后生成账号，账号信息记录在实训报告中。

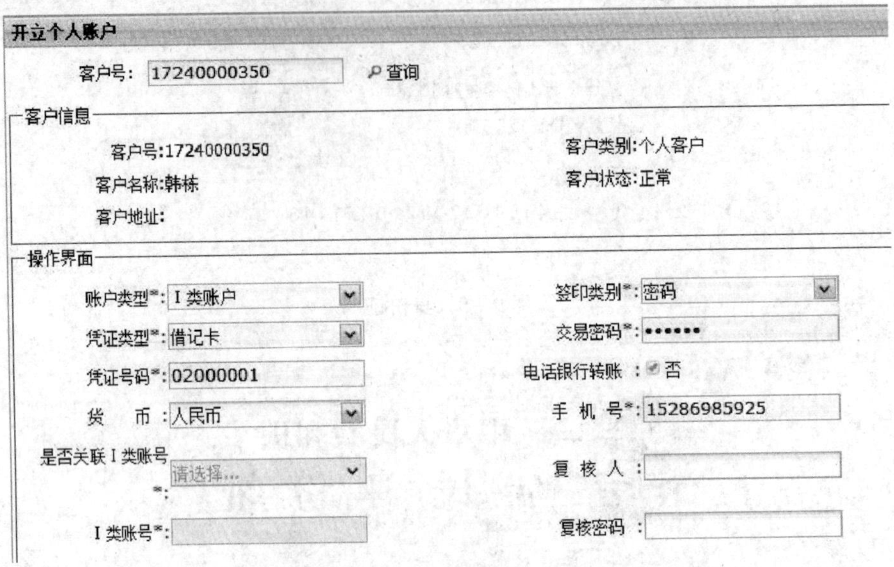

开立个人账户

| 客户号: | 17240000350 | 🔍查询 |

客户信息

客户号:17240000350　　　　　　　　　　　客户类别:个人客户

客户名称:韩栋　　　　　　　　　　　　　　客户状态:正常

客户地址:

操作界面

账户类型*: Ⅰ类账户　　　　　　　　　　签印类别*: 密码

凭证类型*: 借记卡　　　　　　　　　　　交易密码*: ●●●●●●

凭证号码*: 02000001　　　　　　　　　　电话银行转账: ☑否

货　币: 人民币　　　　　　　　　　　　手机号*: 15286985925

是否关联Ⅰ类账号*: 请选择...　　　　　　复核人:

Ⅰ类账号*:　　　　　　　　　　　　　　　复核密码:

图9-8　开立Ⅰ类借记卡账户

个人业务——活期储蓄——借记卡活期存款

输入"账号"后，查询到交易信息，录入"金额"，见图9-9，完成活期存款操作。

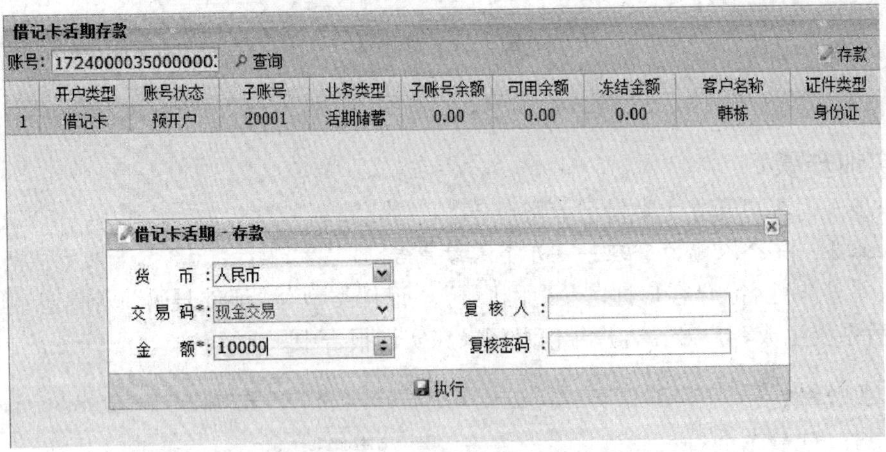

借记卡活期存款

| 账号: | 1724000035000000 | 🔍查询 | | | | | | ✏存款 |

	开户类型	账号状态	子账号	业务类型	子账号余额	可用余额	冻结金额	客户名称	证件类型
1	借记卡	预开户	20001	活期储蓄	0.00	0.00	0.00	韩栋	身份证

借记卡活期·存款

货　币: 人民币　　　　　　　　　　　　　　✕

交易码*: 现金交易　　　　　　复核人:

金　额*: 10000　　　　　　　　复核密码:

☑执行

图9-9　借记卡活期存款

第二步　填写保险投保单。

金融营销技能——代理保险业务——录入保单

录入"账号""险种名称""保险期限""年领金额""保险费"等案例信息，见图9-10，执行后信息录入系统。

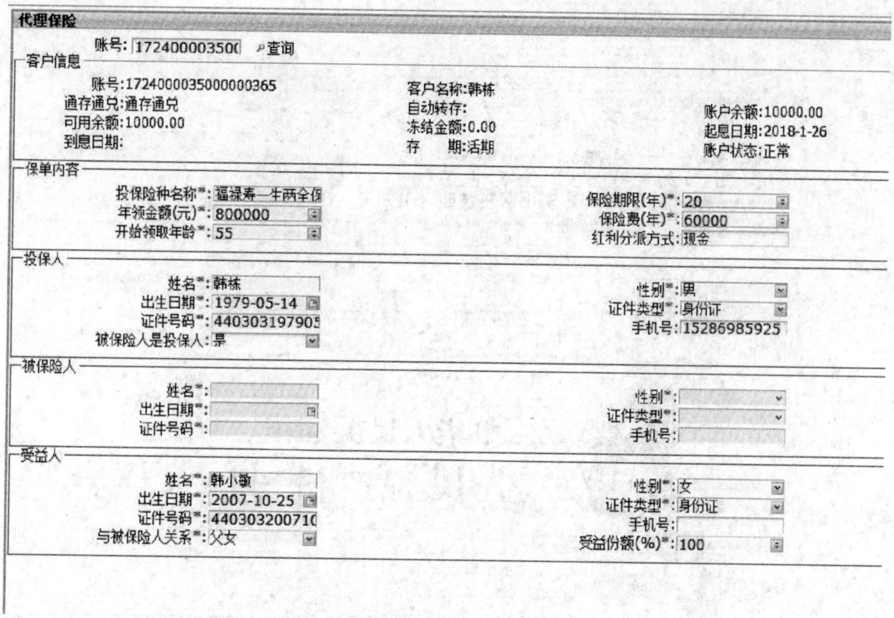

图 9 – 10　填写保险投保单

➢ 实训演练

根据案例完成系统操作，并将系统操作的信息录入下面的实训报告。

夏婉儿女士，某外企市场部高级管理人员，手机号码 15559571237。夏女士希望能购买一份寿险作为保障，于是来银行咨询本行代理的相关保险产品。通过银行柜员的介绍，夏女士决定购买一份福禄寿一生两全保险（分红型），选择 10 年交费，每月交保费 3800 元，保险金额为 600000 元，保险期限 20 年，年金领取起始年龄为 55 岁，领取频率为年领，红利分派方式为现金领取。

银行柜员为夏女士办理了银行储蓄业务，开立一个 I 类借记卡账户，签印类别为密码，开户存入 10000 元到活期账户，并指导夏女士填写保险投保单。夏女士约定受益人为其儿子夏玉笙，受益份额 100%。投保人身份证见图 9 – 11，受益人身份证见图 9 – 12，每千元趸交或年交保费对应的年龄金额见图 9 – 13。

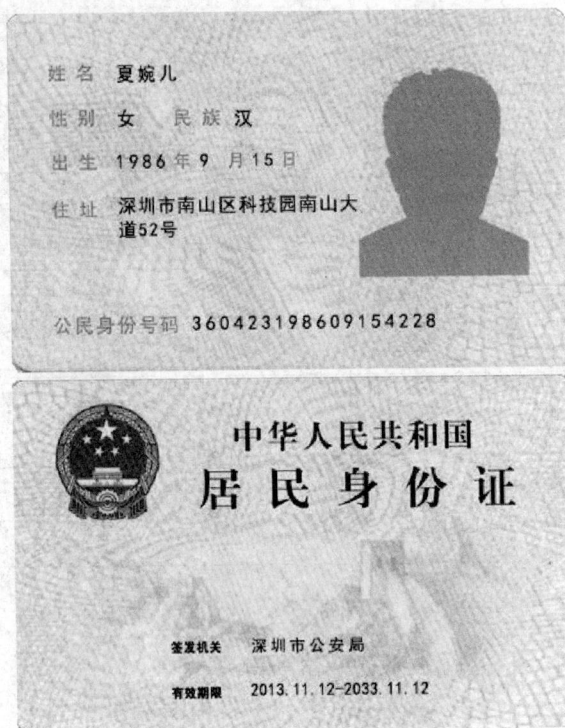

图 9-11　投保人身份证

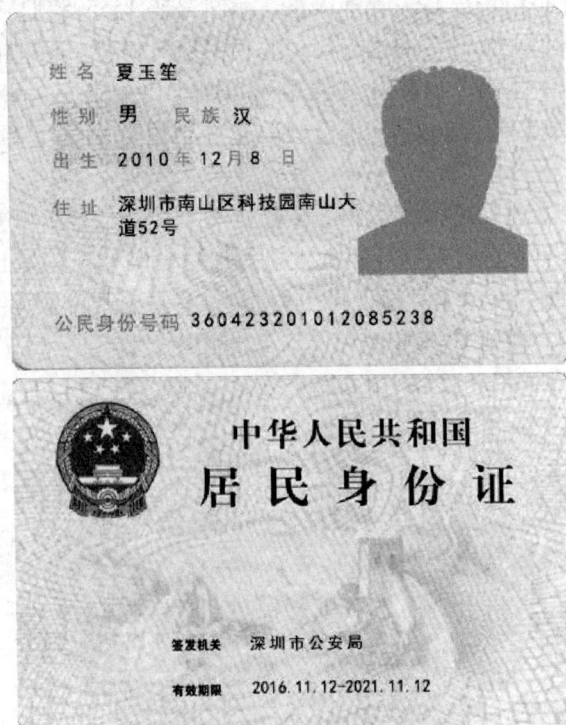

图 9-12　受益人身份证

每千元趸交或年交保费对应的年领金额　　　　　　　货币单位：人民币元

性别	男性					女性				
投保年龄 \ 交费期间	趸交	5年交	10年交	15年交	20年交	趸交	5年交	10年交	15年交	20年交
0	481	2219	4031	5543	6787	452	2088	3793	5216	6386
1	462	2133	3875	5328	6524	435	2007	3646	5014	6139
2	444	2051	3725	5122	6271	418	1930	3505	4820	5901
3	427	1971	3581	4923	6028	402	1855	3370	4633	5673
4	410	1895	3442	4732	5794	386	1783	3239	4453	5453
5	394	1822	3309	4549	5569	371	1714	3114	4281	5242
6	379	1751	3181	4373	5353	357	1648	2993	4115	5038
7	365	1683	3057	4203	5146	343	1584	2877	3956	4843
8	350	1618	2939	4040	4946	330	1522	2766	3802	4655
9	337	1555	2825	3883	4754	317	1463	2658	3655	4475
10	324	1495	2715	3733	4569	305	1407	2555	3513	4301
11	311	1437	2610	3588	4392	293	1352	2456	3377	4134
12	299	1381	2508	3448	4221	282	1300	2361	3246	3974
13	288	1328	2411	3314	4057	271	1249	2269	3120	3819
14	276	1276	2317	3185	3899	260	1201	2181	2999	3671
15	266	1226	2227	3061	3747	250	1154	2097	2882	3528
16	255	1179	2141	2942	3601	240	1110	2015	2770	3391
17	245	1133	2057	2828	3461	231	1067	1937	2663	3259
18	236	1089	1977	2718	3326	222	1025	1862	2559	3132
19	227	1047	1900	2612	3196	213	985	1789	2460	3011
20	218	1006	1826	2510	3071	205	947	1720	2364	2893
21	209	967	1755	2412	2951	197	910	1653	2272	2780
22	201	929	1687	2317	2835	190	875	1589	2183	2672
23	193	893	1621	2227	2724	182	841	1527	2098	2568
24	186	858	1557	2140	2617	175	808	1467	2016	2467
25	179	825	1497	2056	2514	168	777	1410	1938	2371
26	172	792	1438	1975	2415	162	747	1355	1862	2278
27	165	761	1382	1897	2320	155	717	1302	1789	2189
28	159	732	1327	1823	2228	149	689	1251	1719	2103
29	152	703	1275	1751	2140	144	663	1203	1652	2020
30	146	675	1225	1682	2055	138	637	1155	1587	1941
31	141	649	1177	1615	1973	133	612	1110	1525	1864
32	135	623	1130	1551	1894	127	588	1067	1465	1790
33	130	599	1085	1489	1819	122	565	1025	1407	1719
34	125	575	1042	1430	1745	118	543	984	1351	1651
35	120	552	1001	1372	1675	113	521	946	1298	1585
36	115	530	961	1317		109	501	908	1246	
37	111	509	922	1264		104	481	872	1196	
38	106	489	885	1213		100	462	838	1149	
39	102	469	850	1163		96	444	804	1103	

图 9–13　年领收益演示

实训报告

客户名称	
客户证件号	
客户号	
账号	
险种名称	
保险期限	
年领金额	
保险费	

任务 2　个人理财业务

活动 1　个人理财业务知识及办理流程

> **活动目标**

了解个人理财业务的基本概念，掌握个人理财业务的办理流程。

> **基础知识**

一、个人理财的概念

个人理财，是在对个人收入、资产、负债等数据进行分析整理的基础上，根据个人对风险的偏好的承受能力，结合预定目标运用诸如储蓄、保险、证券、外汇、收藏、住房投资等多种手段管理资产和负债，合理安排资金，从而在个人风险可以接受范围内实现资产增值的最大化的过程。

个人理财业务，又称财富管理业务。成熟的理财服务，是指银行利用掌握的客户信息与金融产品，分析客户自身财务状况，通过了解和发掘客户需求，制定客户财务管理目标和计划，并帮助选择金融产品以实现客户理财目标的一系列服务过程。个人理财业务是指商业银行为个人客户提供的财务分析、财务规划、投资顾问、资产管理等专业化服务活动。

二、个人理财业务的分类

按照管理运作方式不同，商业银行个人理财业务可以分为理财顾问服务和综合理财服务。其中，理财顾问服务是指银行向客户提供的财务分析与规划、投资建议个人投资产品推介等专业化服务。在理财顾问服务活动中，客户根据商业银行提供的理财顾问服务的基础上，接受客户的委托和授权，按照与客户事先约定的投资计划和方式进行投资和资产管理的业务活动。在综合理财服务活动中，客户授权银行代表客户按照合同约定的投资方向和方式，进行投资和资产管理，投资收益与风险由客户或客户与银行按照约定方式分享与承担。

按客户类型不同，个人理财业务可分为理财业务、财富管理业务以及私人银行业务。私人银行客户多为高净值客户，业务范围更广，与理财计划相比，个性化服务的特色相对强一些。

➤ 业务流程

个人理财业务流程见图 9 – 14。

图 9 – 14　个人理财业务流程

活动 2　个人理财业务操作

➤ 活动目标

掌握个人理财业务的操作。

扫一扫
学操作

➤ 实训案例

客户信息：彭槐，32 岁，身份证号码 440303198510251968，大学毕业，国企高管。家庭成员：丈夫赵一生，36 岁，大学毕业，公务员；女儿赵小蕊，6 岁，在深圳外国语小学读书。家庭地址：深圳市南山区西丽花园 5 栋 223 号；彭槐手机号码：13808551261，来我行开立一个 I 类借记卡账户。

彭小姐家庭的收入和资产状况：彭小姐当前每月税后工资为 30000 元，税后年终奖为 250000 元。赵先生每月的税后工资为 12000 元，每年的税后稿酬收入约为 8000 元。现在居住的房子购买于 2013 年，现价 880000 元；夫妻俩拥有一辆现价为 50000 元的轿车。彭小姐在 2 年前分别以 350000 元和 300000 元购买了 20000 股 A 股票和 13000 股 B 股票，现在股票账户中的 A 股票金额已经增加了 13%，B 股票的金额已经上涨了 12%。现家庭中有现金 15000 元，活期存款 90000 元，2 年前购买的 3 年期定期存款 100000 元。

彭小姐家庭的支出情况如下：当前居住的房子购买于 2013 年，首付 2 成，其余采用商业贷款。贷款利率为 4.69%，贷款期限为 12 年，从购买次月开始还款，每月还款 4000 元，至今还有 688000 元贷款未还。全家平均每月的日常生活支出为 15000 元；每年的医疗费用和汽车费用分别为 5000 元和 4000 元；夫妻俩每年的旅行费用约为 25000 元；彭小姐在工作之余参加的培训班，每年的费用为5800元；赵先生每年花在健身房的费用约为8000元。

要求：1. 判断彭小姐家庭所处生命周期；

2. 编制家庭资产负债表；

3. 分析彭小姐家庭财务比率。

➤ 实训步骤

第一步　为客户开立Ⅰ类借记卡账户。

个人业务——个人账户管理——开个人客户号

录入"客户姓名""客户称谓""手机号""证件类型""证件号码"等信息，见图9–15，执行后系统生成客户号，客户号信息记录在实训报告中。

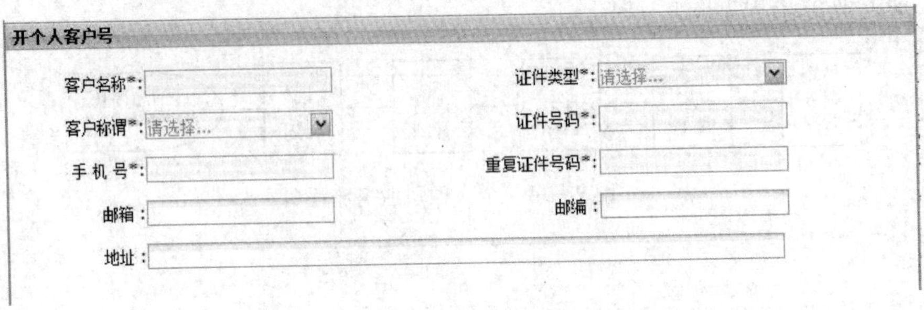

图9–15　开个人客户号

个人业务——个人账户管理——开立个人账户

录入"客户号""账户类型""凭证类型""凭证号码""手机号"等信息，见图9–16，执行后生成账号，账号信息记录在实训报告中。

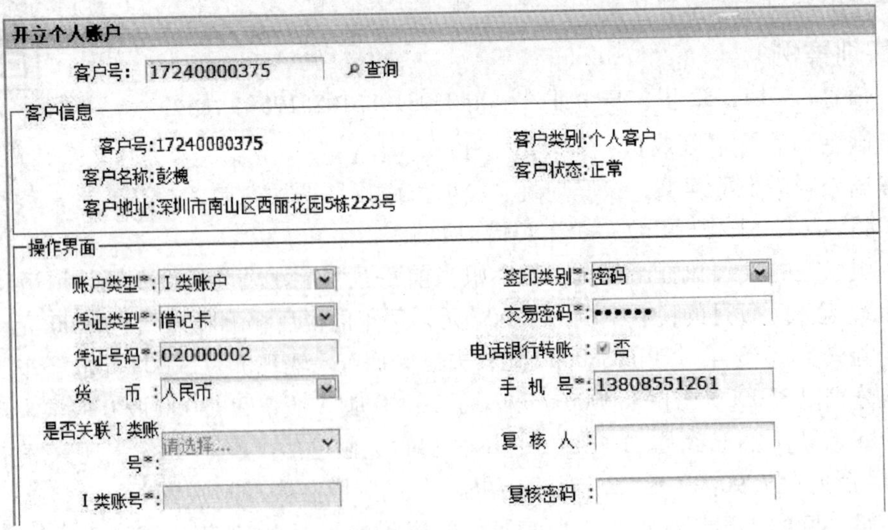

图9–16　开立Ⅰ类借记卡账户

第二步　判断彭小姐家庭所处生命周期。

根据家庭财务生命周期表（见表9-1）来判断客户家庭所处生命周期，并作出判断录入系统，见图9-17。

表9-1 家庭财务生命周期表

周期	定义	年龄	特 征
单身期	起点：参加工作 终点：结婚	一般为18~30岁	自己尚未成家，在父母组建的家庭中。 从工作和经济的独立中建立自我
家庭形成期	起点：结婚 终点：子女出生	一般为25~35岁	婚姻系统形成。家庭成员数随子女出生而增长（因而经常被称为筑巢期）
家庭成长期	起点：子女出生 终点：子女独立	一般为30~55岁	孩子来临，加入教养孩子、经济和家务工作，与大家庭关系的重组，包括养育下一代和照顾上一代的角色。家庭成员数固定（因而经常被形象地称为满巢期）
家庭成熟期	起点：子女独立 终点：夫妻退休	一般为50~65岁	重新关心中年婚姻和生涯的议题。 开始转移到照顾更老的一代。 家庭成员数随子女独立而减少（因而经常被称为离巢期）
家庭衰老期	起点：夫妻退休 终点：夫妻身故	一般为60~90岁	家庭成员只有夫妻两人（因而经常被称为空巢期）

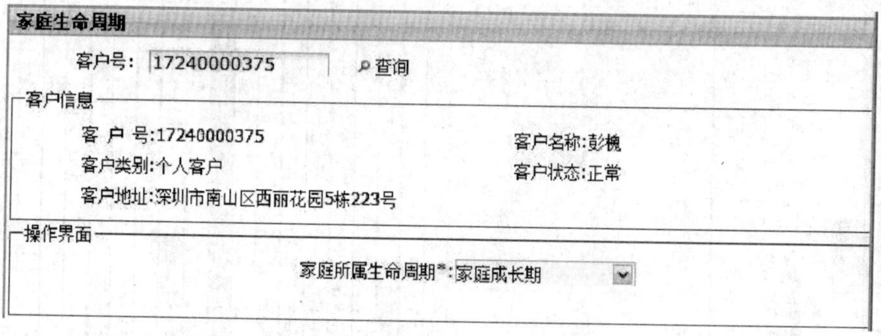

图9-17 判断客户家庭生命周期

第三步 编制家庭资产负债表。

将案例中对应内容输入家庭资产负债表，见图9-18。

第四步 分析家庭财务比率。

根据资产负债表和收入支出表的数据计算出财务比率与参考值进行对比分析判断，见图9-19。

个人（家庭）资产负债表

资产			金额（元）
金融资产	现金与现金等价物	现金	15000
		活期存款	90000
		定期存款	100000
		其他类银行存款	
		货币类型基金	
		人寿保险金收入	
		现金与现金等价物小计	205000.00
	其他金融资产	债券	731500
		票据及权证	
		基金	
		期货	
		外汇实盘投资	
		人民币（美元、港元）理财产品	
		保险理财产品	
		证券类理财产品	
		信托理财产品	
		其他（备注：）	
		其他金融资产小计	731500.00
	金融资产合计		936500.00
实物资产	自住房		880000
	投资性房地产		
	机动车		500000
	器具和家用电器类		
	珠宝和收藏品类		
	其他个人资产		1380000.00
	实物资产小计		7316500.00
资产总计			16285000.00

负债		金额（元）
负债	信用卡透支	
	消费贷款（含助学贷款）	
	创业贷款	
	汽车贷款	
	住房贷款	688000
	其他负债	
负债总计		6880000.00
净资产（总资产-总负债）		16285000.00

图 9-18 家庭资产负债表

财务比率

客户号： 17240000375　🔍查询

客户信息

客 户 号:17240000375　　　　　　客户名称:彭槐
客户类别:个人客户　　　　　　　客户状态:正常
客户地址:深圳市南山区西丽花园5栋223号

操作界面

个人（家庭）财务报表比率分析

序号	项目	计算公式	计算值（%）	参考数值（%）	分析说明
1	结余比率	结余÷税后收入	63.81	30左右	比率的参考数值一般是30%左右
2	清偿比率	净资产÷总资产	70.30	60-70	比率应该高于50%，保持在60%-70%较为适宜
3	负债比率	负债总额÷总资产	29.70	小于50	比率控制在50%以下，但也不应低至接近0
4	负债收入比率	年负债÷税后收入	6.30	小于40	比率的临界点为40%，过高则易发生财务危机

图 9 - 19　家庭财务比率

➤ 实训演练

根据案例完成系统操作，并将操作信息录入实训报告。

客户信息：张灵，身份证号码440303198010112368，大学毕业，高中老师。家庭成员：丈夫付显，38 岁，大学毕业，国企高管；女儿付芯，9 岁，在深圳外国语小学读书。家庭地址：深圳市南山区西丽花园 5 栋 223 号；张女士手机号码：15017925860，来我行开立一个Ⅰ类借记卡账户，签印类别为密码。

张女士家庭的收入和资产状况：张女士当前每月税后工资为 8000 元，税后年终奖为 2个月的工资；付先生每月的税后工资为 13500 元，年终奖 30000 元；现在居住的房子现价1210000 元；夫妻俩拥有一辆现价为 180000 元的轿车。张女士在 3 年前购买 100000 元某股票，现在股票账户的金额增加了 10%，张女士的珠宝价值 52600 元，家里的电器价值 66800元。现家庭中有现金 19500 元，活期存款 43800 元，2 年前购买的五年期定期存款160000 元。

张女士家庭的支出情况如下：当前居住的房子首付 4 成，增值 10%，其余采用商业贷款。贷款利率为 4.9%，贷款期限为 10 年，从购买次月开始还款，每月还款 6968.11 元，至今还有 418086.6 元贷款未还，今年维修了家里水管道花费 5967 元。全家平均每月的日常生活支出为 7500 元；每年的医疗费用和汽车费用分别为 9800 元和 8650 元；夫妻俩每年的旅行费用约为 25600 元；张女士在工作之余参加的瑜伽培训班，每年的费用为 3999 元；连先生每年花在健身房的费用约为 2666 元，女儿的古筝班每年费用 10880 元。

要求：1. 判断张女士家庭所处生命周期；

2. 编制家庭资产负债表；

3. 分析张女士家庭财务比率。

实训报告

客户名	
证件编号	
客户号	
账号	
客户家庭财务生命周期	
总资产	
总负债	
净资产	

任务3　金融产品营销业务

活动1　金融产品营销业务知识及办理流程

➤ 活动目标

了解金融产品营销业务的基本概念，掌握金融产品营销业务的办理流程。

➤ 基础知识

一、金融产品营销的概念

金融企业是专门为客户提供金融性服务以满足客户对金融产品消费需要的服务性企业。金融产品营销的对象是金融产品，金融产品是金融机构为市场提供的有形产品和无形服务的综合体。

二、金融营销的产品类型

金融产品营销的产品类型见表9-2。

表9-2　　　　　　　　　　　　资产种类表

货币类资产	储蓄、货币类基金、短期固定收益类理财产品等
债券类资产	国债、企业债、中长期固定收益类理财产品、偏债基金等
股票类资产	股票、偏股型基金等

三、金融产品的特征

1. 无形性。客户购买金融产品时只能通过文字叙述、数据描述等方式进行交易，金融产品本身不具备实物形态。

2. 不可分割性。金融产品的提供与服务的分配是同时进行的，不能拆分。

3. 累加性。金融产品可以为客户提供多种多样的服务。

4. 易仿性。金融产品易于模仿，没有专利可言，相继模仿的速度很快。

5. 增资性。金融产品可以通过增值有可能为客户带来更大的价值。

➤ **业务流程**

金融产品营销业务流程见图 9 - 20。

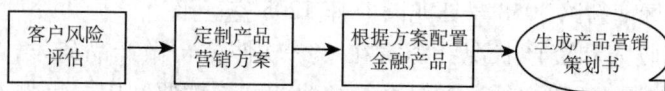

图 9 - 20 金融产品营销业务流程

➤ **业务处理**

1. 为客户进行风险评估。

客户风险评估的主要方法有专家法和横型法两种。专家法：即通过专家（也就是银行审查人员）的个人经验、知识、技能等，对客户的风险进行主观判断。这种方法缺点显而易见，目前基本被淘汰，或者只作为辅助手段。模型法：在长期大量的数据积累的基础上，搜集各类可能影响客户风险的要素并建立数学模型，通过模型计算出客户的违约概率。这是目前绝大多数商业银行通行的做法，但是具体模型千差万别，通常的模型要素大概包括：个人客户基本信息（年龄、职业、学历、收入情况、婚姻状况等）或公司客户基本信息（企业规模、组织架构、行业地位、高管信息等）、客户资产负债（公司客户还要做报表分析）、客户信用（有无不良记录）、贷款金额及用途（是否与行业情况匹配；是否与资产情况匹配等）、还款来源、担保、宏观环境等。

2. 定制产品营销方案。

根据评估结果，来判断客户的风险承受能力等级，根据资产配置比例表（见表 9 - 3）为客户制定合理的理财方案。

表 9 - 3　　资产配置比例表

	股票类资产	债券类资产	货币类资产
积极型投资者	65% ~85%	5% ~35%	0% ~10%
稳健型投资者	10% ~25%	25% ~65%	25% ~50%
保守型投资者	0% ~15%	20% ~35%	50% ~80%

3. 根据方案配置金融产品。

根据营销方案来配置产品，产品可以根据资产种类表中项目进行选择。

4. 生成产品营销策划书。

活动 2　金融产品营销业务操作

➤ 活动目标

掌握金融产品营销业务的操作。

扫一扫
学操作

➤ 实训案例

客户信息：李雷，身份证号码 440304199111019630，2011 年本科毕业。家庭成员：父亲李根直，54 岁，高中毕业；母亲彭蕊，53 岁，高中毕业。家庭住址：深圳市南山区南新路 3058 号钰龙园 D 座 1205 室。

李雷先生家庭收入和资产状况：李雷在一家软件公司做产品研发，每月税前月工资 10000 元，税前年终奖 15000；父亲李根直，经营一家连锁便利店，年收入 80000 元；母亲彭蕊是一名家庭主妇。现在居住的房子购买于 2005 年，当前价值 300 万元左右；还有一辆小轿车，价值 300000 元；目前家庭共有现金 20000 元，活期存款 60000 元，去年购买的 5 年定期存款 120000 元。

李雷先生家庭的投资和储蓄情况：为了获得一定的增值以及适度的年回报率，自 2016 年 8 月以来，李雷会根据市场行情以及自学的相关回报或者收益率计算，平均每个月投入 3000 元购买黄金；为父母购买的国寿福满一生两全保险（分红型），每月需缴费 1025 元。

李雷对投资预期以及损失承受能力：李雷预期投资期限 1－3 年并且希望将投资年亏损金额控制在 10000 元以内，并且希望预期的年收益率为 60 天前购买的 4000 元黄金，现价 4100 元的年化收益率。

要求：

1. 根据以上信息描述，来判定该客户的风险承受能力；

2. 李雷先生现有资产 100 万元，根据风险承受能力情况，我行客户经理为其制定合理的营销方案；

3. 根据营销方案，进行产品配置；

4. 生成一个金融产品营销策划书。

➤ 实训步骤

第一步　客户风险评估。

金融产品营销——风险承受能力评估

根据客户提供的相关信息来填制风险承受能力调查评估表，见表 9－4。

表 9－4　　　　　　　　　　　投资者风险承受能力调查评估表

客户姓名：李雷　　　　　　　　　　　　　　　　　　　　　　　　客户编号：B2017031800027

我行秉承"用微笑传递智慧，让事实缔造杰出"的理念，本着对投资者负责的态度，专门设计了本调查问卷，它可协助评估您的投资偏好和风险承受能力，有助于您控制投资风险，请在各题最合适的答案上打钩，我们将根据您的选择来评估您对投资风险的适应度，并提供适合您投资的产品和服务建议。我行承诺对您的个人资料严格保密。

1. 您的年龄：
   - A. 20 岁以下或 65 岁以上
   - B. 51 岁至 65 岁
   - ● C. 21 岁至 30 岁
   - D. 31 岁至 50 岁

2. 您的教育程度：
   - A. 高中及以下
   - B. 专科
   - ● C. 本科
   - D. 研究生

3. 您目前的职业状况：
   - A. 待业或退休
   - B. 无固定工作
   - ● C. 企事业单位固定工作
   - D. 私营业主

4. 您的家庭目前全年收入状况：
   - A. 5 万元以下（不含 5 万元）
   - B. 5 ~ 15 万元（含 5 万元不含 15 万元）
   - ● C. 15 ~ 30 万元（含 15 万元不含 30 万元）
   - D. 30 万元以上（含 30 万元）

5. 一般情况下，在您的家庭年收入中，可用作投资和储蓄的占比：
   - A. 10% 以内（不含 10%）
   - ● B. 10 ~ 30%（含 10% 不含 30%）
   - C. 30 ~ 50%（含 30% 不含 50%）
   - D. 50% 以上（含 50%）

6. 您的投资经验：
   - A. 无投资经验
   - ● B. 少于 2 年（不含 2 年）
   - C. 2 年至 5 年（含 2 年不含 5 年）
   - D. 5 年以上（含 5 年）

7. 您预期的投资期限是：
   - A. 1 年以下（不含 1 年）
   - ● B. 1 ~ 3 年（含 1 年不含 3 年）
   - C. 3 ~ 5 年（含 3 年不含 5 年）
   - D. 5 年以上（含 5 年）

8. 您的投资品种偏好：
   - A. 债券、债券型基金、货币型基金
   - ● B. 外币、黄金、投资型保单
   - C. 股票、基金（不包括债券、货币型基金）
   - D. 期货、权证

9. 您进行投资时所能承受的最大亏损比例是：
   - A. 10% 以内（不含 10%）
   - ● B. 10 ~ 30%（含 10% 不含 30%）
   - C. 30 ~ 50%（含 30% 不含 50%）
   - D. 50% 以上（含 50%）

10. 您进行投资的主要目的是：
   ◉ A. 确保资产的安全性，同时获得固定收益
   ⦿ B. 希望投资能获得一定的增值，同时获得波动适度的年回报
   ◉ C. 倾向于长期的成长，较少关心短期的回报和波动
   ◉ D. 只关心长期的高回报，能够接受短期的资产价值波动
11. 您进行投资的方法：
   ◉ A. 靠直觉和运气，盲目跟从，没有认真分析
   ⦿ B. 看图形以及收益率，自己懂一点技术分析和计算
   ◉ C. 技术分析、基本面分析以及计算三者相结合
   ◉ D. 在专业人士的指导下操作
12. 您期望的投资年收益率：
   ◉ A. 高于同期定期存款
   ◉ B. 10%左右，要求相对风险较低
   ⦿ C. 10%～20%，可承受中等风险
   ◉ D. 20%以上，可承担较高风险

注意事项：以上所有计算结果基于 2018 年 1 月，预期年化收益率 =（投资内收益/本金）/（投资天数/365）×100% 亏损比例 = 亏损金额/投资总金额×100%。

第二步　定制营销方案。

金融产品营销——营销方案

根据评估结果，来判断客户的风险承受能力等级，并为客户制定合理的理财方案，见图 9 - 21。

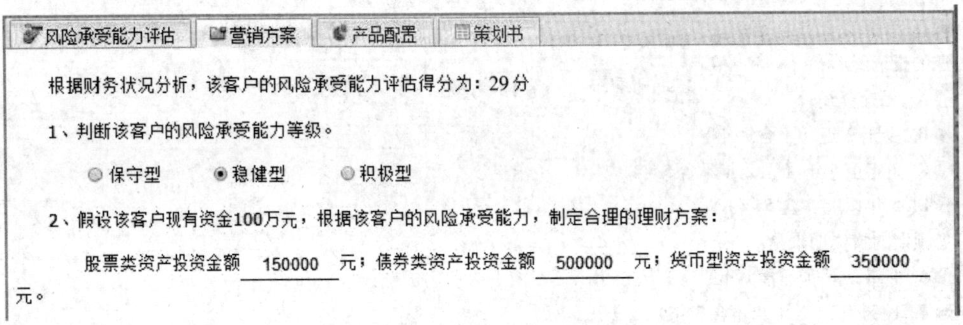

图 9 - 21　定制营销方案

注意事项：风险承受能力等级确定标准：积极型：35～48 分；稳健型 23～35 分；保守型 11～23 分。

第三步　产品配置。

金融产品营销——产品配置

根据定制的营销方案按照资产种类进行产品配置，见图 9 - 22。

第四步　生成策划书。

执行产品配置信息后生成金融产品营销策划书，见图 9 - 23。

	产品类型	产品名称	投资金额（元）
1		活期储蓄存款	50000.00
2		博时现金宝货币市场基金A类	100000.00
3		华夏现金宝货币市场基金A类	100000.00
4		智盛银行高净值专享金葵花增利系列1201776号理…	100000.00
5		2015年记账式附息（二十八期）国债	150000.00
6		2015年天津铁路建设投资控股（集团）有限公司公…	100000.00
7		智盛银行金葵花增利系列1201596号理财计划	150000.00
8		博时安祺一年定期开放债券型证券投资基金A类	100000.00
9		中天金融	50000.00
10		建信多因子量化股票型证券投资基金	50000.00
11		创金合信沪深300指数增强型发起式证券投资基金A类	50000.00

每页15条，共11条

图9-22　产品配置列表

金融产品营销策划书

客户名称：　李雷

风险等级：　稳健型

风险说明：　该类型客户一般表现为风险承受能力及预期收益水平适中，无暇关注所买理财产品的走势，具有一年或一年以上投资期限的投资者。

● 营销方案　　　　　　　　　　　　　　　　　　　　　　　　　　单位：元

股票类资产	150000
债券类资产	500000
货币类资产	350000

● 产品配置

股票类	15	中天金融	50000.00	5
		建信多因子量化股票型证券投资基金	50000.00	5
		创金合信沪深300指数增强型发起式证券投资基金A类	50000.00	5
债券类	50	2015年记账式附息（二十八期）国债	150000.00	15
		2015年天津铁路建设投资控股（集团）有限公司公司债券	100000.00	10
		智盛银行金葵花增利系列1201596号理财计划	150000.00	15
		博时安祺一年定期开放债券型证券投资基金A类	100000.00	10
货币类	35	活期储蓄存款	50000.00	5
		博时现金宝货币市场基金A类	100000.00	10
		华夏现金宝货币市场基金A类	100000.00	10
		智盛银行高净值专享金葵花增利系列1201776号理财计划	100000.00	10

图9-23　金融产品营销策划书

> ➤ **实训演练**

根据案例完成系统操作，并将操作信息录入实训报告。

客户信息：李雷，身份证号码 440304198311019630，2005 年本科毕业。妻子，花泮，身份证号码 440303198502159663，2007 年本科毕业。夫妻俩目前居住在深圳市南山区蛇口商乐街商乐街水湾 C 区 9 栋 805。

李雷先生家庭收入和资产状况：李雷是一家公司普通员工，每月税前工资 8800 元，年终奖是 3 个月工资；妻子花泮是幼儿园老师，每月税前工资 7800 元，年终奖是 3 个月的工资；目前家庭共有活期存款 13900 元，去年购买的 3 年定期存款 100000 元，自住房的价值为 880000 元。

李雷先生家庭的投资和储蓄情况：自 2014 年 7 月以来，李雷根据自己自学成果，通过看图形以及收益率，预计每年投资 30000 元购买投资型保单，李雷先生希望在确保投资安全性的前提下，同时获得固定的收益。

李雷对投资预期以及损失承受能力：李雷预期投资期限 5 年以上，希望每月亏损不超过 1000 元，并且希望投资收益率能够高于同期定期存款的收益。

要求：

1. 根据以上信息描述，来判定该客户的风险承受能力；

2. 李雷先生现有资产 100 万元，根据风险承受能力情况，我行客户经理为其制定合理的营销方案；

3. 根据营销方案，进行产品配置；

4. 生成一个金融产品营销策划书。

项 目 十

综合实训练习

一、柜员岗前准备

银行柜员在每日营业开始前需进行岗前准备操作，完成现金及重要凭证出库。现将"借记卡""普通存折""双整存单""定活存单""银行承兑汇票""单位定期存款开户证实书"等凭证各 20 张出库，"现金支票""转账支票""普通支票"各两本及人民币现金 10 万元出库到柜员个人钱箱。

二、个人客户储蓄业务

陈川先生携带身份证（见图 10－1）和 103000 元现金来我行办理储蓄业务：

1. 该客户要求办理借记卡 I 类账户，签印类别为密码。同时为其开通的 I 类借记卡账户办理以下相关业务：开立普通活期存款账户、存本取息账户和定活两便账户三个子账户，存本取息账户存期一年，取息间隔一个月，分别存入现金 5000 元、10000 元和 8000 元，陈川先生的手机号码为 13526971579；

2. 开立存期为三年的整存整取存单，开户存入现金 30000 元；

3. 开立个人支票账户，开户存入现金 50000 元；

4. 1 个月后，客户陈川来我行支取存本取息账户的利息；

5. 1 年后，客户从整存整取账户提前支取现金 15000 元；

6. 为了安全起见，客户陈川来我行将个人支票账户结清销户。

三、个人网银业务

1. 客户陈川前来我行办理 I 类账户借记卡网银开通业务，我行柜员为其办理了个人

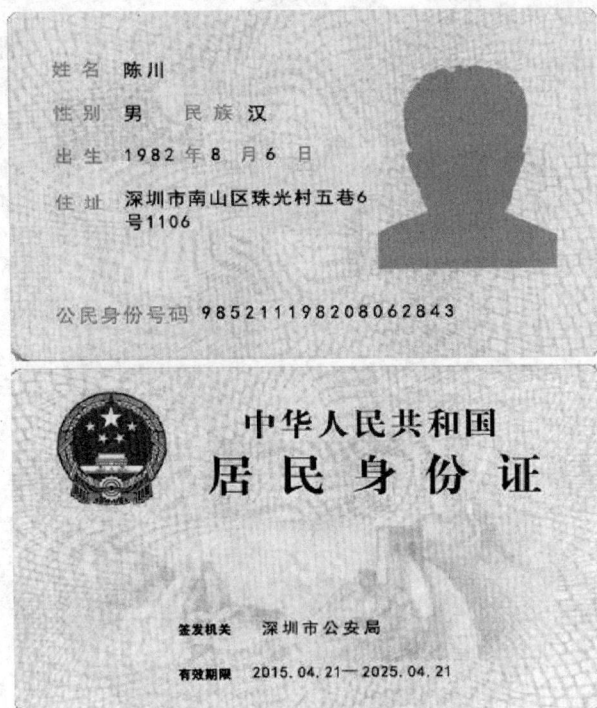

图 10 - 1　客户身份证

网银签约业务，绑定的 USBKey 编号为 8310301216，限定单笔限额 8000 元，日累计限额 80000 元。

2. 为了安全起见，客户陈川注销了网银，我行柜员为其办理个人网银注销。

四、公司账户业务

深圳市英纳斯电气有限公司，是一个商业客户，注册资金 500 万元人民币，联系人郑浩，联系人手机号码 13326985817，法定代表人手机号码 13569871958，公司财务人员携带相关证件（见图 10 - 2 和图 10 - 3）来我行开立商业存款活期基本户一个，开户存入现金 150000 元。

五、代理业务

1. 深圳市卓越科技有限公司，是一个商业客户，注册资金 900 万元人民币，法定代表人手机号码 13569172915，联系人于春雨，联系人手机号码 13569752515，财务人员携带相关证件（见图 10 - 4 和图 10 - 5）来我行开立商业存款活期基本户一个，开户存入现金 120000 元。

2. 深圳市卓越科技有限公司与我行签订代发工资合同，代发 1 笔陈川先生的工资 6895.89 元。

3. 本月 20 号，我行发放陈川先生 6895.89 元工资款项。

图 10 - 2　客户营业执照

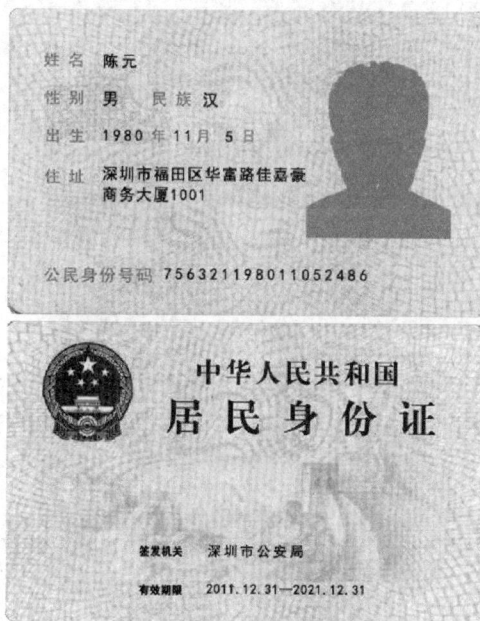

图 10 - 3　法人身份证

图 10 - 4　企业营业执照

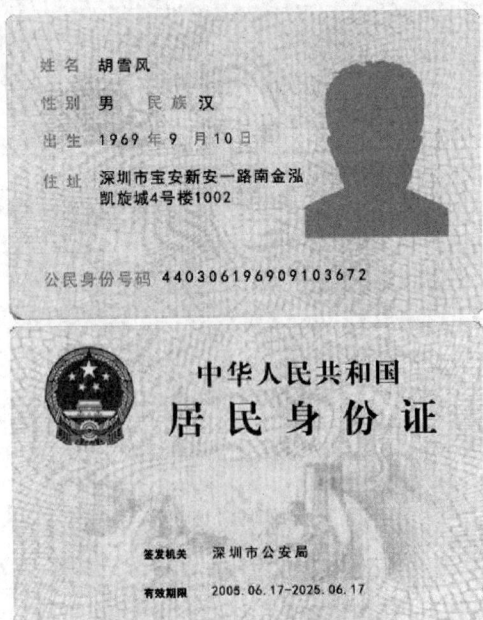

图 10 - 5　法人身份证

六、贷记卡业务

李一帆来我行办理业务:

1. 客户李一帆,手机号码 13515286937,携带证件(见图 10 - 6)来我行办理Ⅰ类借记卡账户,开户存入Ⅰ类借记卡活期账户现金 10000 元;

2. 李一帆来我行开立贷记卡并且激活,贷记卡信用卡等级为白金卡,pos 消费额度为 120000 元,手机号码 13515286937,每月还款日期 11 号;

3. 因急需用钱,客户李一帆来我行使用贷记卡提现 10000 元;

4. 为了账户安全,客户李一帆来我行修改贷记卡密码。

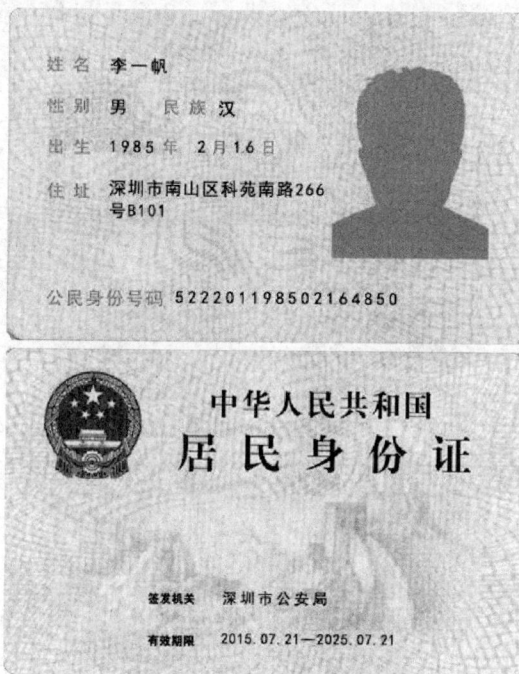

图 10 - 6 身份证

七、个人贷款业务

李一帆来我行办理贷款业务:

1. 客户李一帆先生为购买小轿车,到我行办理"短期汽车消费贷款"业务。贷款关联李一帆先生的Ⅰ类借记卡账户,贷款金额 150000 元,贷款月利率为 6.14‰,贷款期限 1 年,贷款用途为汽车,担保方式为抵押,还款方式为等额偿还,利息偿还方式为借贷人偿还,收息账号为深圳市浩兴汽车技术股份有限公司携开户资料(见图 10 - 7 和图 10 - 8)来本行开立的商业存款基本账户,开户存入 120000 元,注册资金 800 万元,法定代表人手机号码 13519171517,联系人李一手机号码 13521212827;

2. 经本行各级信贷部门审批并通过了个人客户李一帆先生的贷款申请,我行柜员办理"短期汽车消费贷款"全额发放业务;

3. 现因资金充裕,申请提前还贷 65000 元,我行柜员为其办理相关业务。

营 业 执 照

统一社会信用代码 914403000589938OX4

名　　　称	深圳市浩兴汽车技术股份有限公司
主 体 类 型	非上市股份有限公司
住　　　所	深圳市南山区科发路2-1号朗峰大厦1层
法 定 代 表 人	翁怡可
成 立 日 期	2012年11月30日

重要提示：
1. 商事主体的经营范围由其自确定，经营范围中国工商注、法规、选规规定应当经核准的项目，取得许可审批文件后方可并展相关经营活动。
2. 商事主体经登记机关许可将数项目等有关登记信息和年报信息和其他信息，请登录深圳市场监督管理委员会商事主体信用信息公示平台（网址http://www.szcredit.com.cn）或扫描其信息二维码查询。
3. 商事主体将于每年1月1日-6月30日向商事登记机关报送上一年度的年度报告，商事主体应在规定（企业信息公示条例）等规定范围向社会公示年度报告。

登记机关
2016 年 09 月 18 日

中华人民共和国国家工商行政管理总局监制

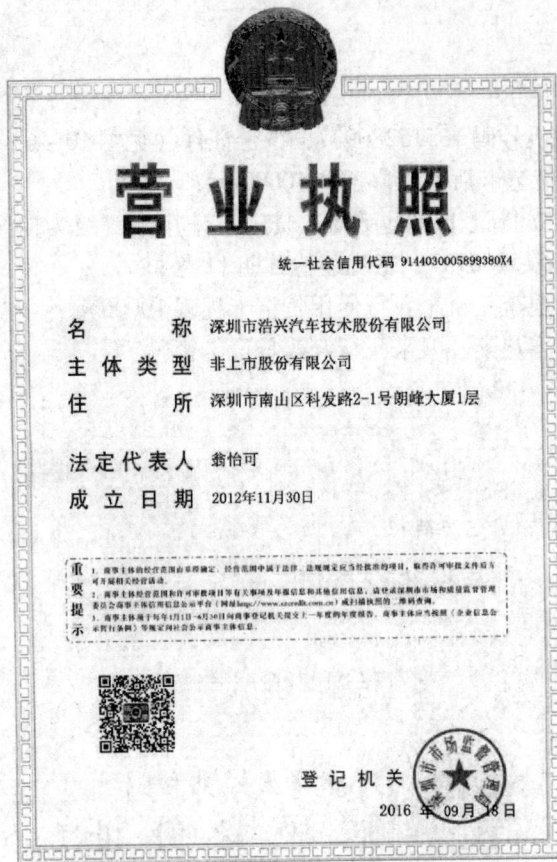

图 10-7　客户营业执照

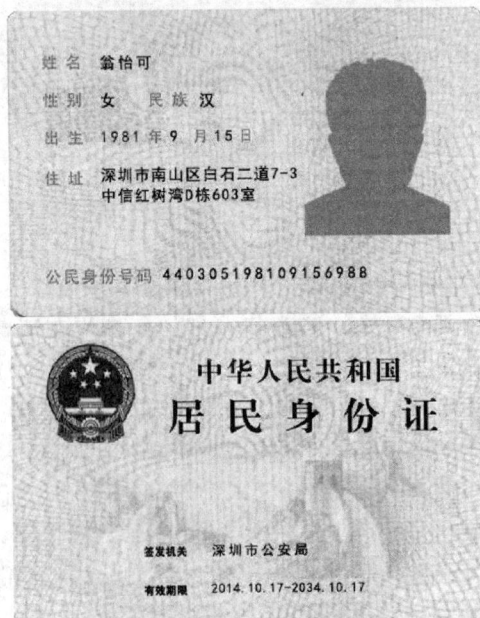

姓 名	翁怡可
性别 女	民族 汉
出 生	1981 年 9 月 15 日
住 址	深圳市南山区白石二道7-3中信红树湾D栋603室
公民身份号码	440305198109156988

中华人民共和国
居 民 身 份 证

签发机关　深圳市公安局
有效期限　2014.10.17-2034.10.17

图 10-8　法人身份证

八、公司贷款业务

1. 深圳市长城开发科技有限公司，是一个商业客户，注册资金 1000 万元，联系人苏扬，联系人手机号码 13025792578，法定代表人手机号码 13525792578，公司财务人员携带相关证件（见图 10-9 和图 10-10）来我行开立商业存款活期基本户一个，开户存入现金 100000 元。

2. 深圳市长城开发科技有限公司财务人员来我行办理"技术改造信用贷款"，贷款金额 200000 元，贷款月利率 6.24‰，贷款期限 3 年，贷款用途技术改造，担保方式为保证。

3. 经本行各级信贷部门审批并通过了深圳市长城开发科技有限公司的贷款申请，我行柜员办理"技术改造信用贷款"全额发放业务。

4. 现因资金充裕，来我行全部偿还贷款。

营业执照

统一社会信用代码 91440300160191205F

名　　称　深圳市长城开发科技有限公司

主体类型　有限责任公司

住　　所　深圳市南山科技园B栋20楼

法定代表人　黄金泽

成立日期　1998年05月09日

登记机关

2016 年 06 月 日

中华人民共和国国家工商行政管理总局监制

图 10-9　企业营业执照

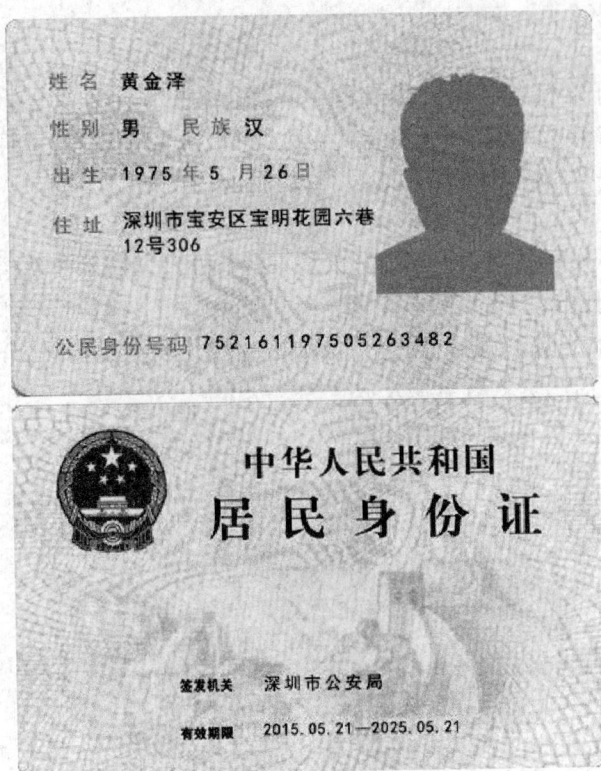

姓 名　黄金泽

性 别　**男**　民 族　**汉**

出 生　1975 年 5 月 26 日

住 址　深圳市宝安区宝明花园六巷
12号306

公民身份号码 752161197505263482

中华人民共和国

居 民 身 份 证

签发机关　深圳市公安局

有效期限　2015.05.21—2025.05.21

图 10 - 10　法人身份证

九、电子商业汇票业务

1. 深圳市百恩电子有限公司，是一个商业客户，注册资金 1500 万元，联系人易致远，联系人手机号码 13628790257，法定代表人手机号码 13879286917，财务人员携带相关证件（见图 10 - 11 和图 10 - 12）来我行开立商业存款活期基本户一个，开户存入现金 80000 元。

2. 深圳市百恩电子有限公司与我行签约电子商业汇票业务，联系人易致远，联系人手机号码 13628790257。

3. 签约完成后，我行为深圳市百恩电子有限公司出据一张可再转让的电子商业汇票，票据金额 80000 元，期限为 1 年，该公司自行承兑，收票人为深圳市卓越科技有限公司。

4. 持票人来我行办理提示承兑申请业务，交易合同编号为 201710200000001，发票号码为 20170001，票据已被签收。

5. 持票人来我行办理提示收票申请业务，票据已被签收。

6. 出票 3 个月后，因资金周转，持票人将票据转让背书给深圳市长城开发科技有限公司，票据可进行再转让并且已被签收。

7. 出票 4 个月后，持票人为了获得贷款，将票据担保抵押给贷款公司，保证人为深圳市英纳斯电气有限公司。

8. 持票人于到期日办理提示付款申请，票据已被签收。

图 10-11　企业营业执照

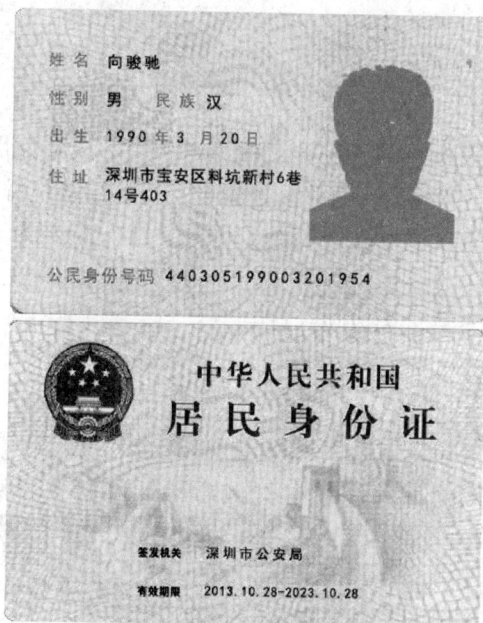

图 10-12　法人身份证

十、纸质商业汇票业务

1. 现有一张商业承兑汇票来我行办理纸票承兑登记。出票金额 30000 元，期限 6 个月，出票 1 个月后承兑，合同号码为 201710210000001，发票号码 20170002，出票人为深圳市长城开发科技有限公司，承兑人为深圳市卓越科技有限公司，收款人为深圳市英纳斯电气有限公司。

2. 出票 3 个月后将票据质押给深圳市百恩电子有限公司，我行柜员为其办理质押登记，1 个月后，持票人来我行办理质押解除登记。

3. 到期日当天，持票人向银行发起委托收款，我行柜员为其办理委托收款登记。

4. 到期日当天，委托银行决定支付票据款项，我行柜员为其办理结算登记。

十一、纸质票据贴现

1. 现有一张商业承兑汇票来我行办理纸票承兑登记。出票金额 20000 元，期限 3 个月，出票 1 个月后承兑，合同号码为 201710210000002，发票号码 20170003，出票人为深圳市长城开发科技有限公司，承兑人为深圳市卓越科技有限公司，收款人为深圳市英纳斯电气有限公司。

2. 出票 2 个月后，持票人因资金周转困难，将票据贴现给智盛模拟商业银行股份有限公司，贴现利率 5.85‰，合同号码为 201710210000002，发票号码 20170003，票据贴现之后立即进行贴现放款。

3. 到期日前 20 天，智盛模拟商业银行股份有限公司将票据再贴现给中央人民银行，贴现利率为 6.15‰。

4. 再贴现登记之后的票据进行回购再贴，以及回购再贴之后的票据进行转回交易，我行首先在到期前 20 天为其办理贴现转出业务，其次在到期前 10 天办理已转出贴现转回业务，转回类型为回购。

十二、跨行汇款业务

1. 深圳市百恩电子有限公司财务人员汇款 30000 元货款到深圳市长城开发科技有限公司，业务类型普通兑汇，业务种类普通兑汇，现金支付手续费且付款人持卡支付，我行柜员为其办理该业务，并将这笔款项优先级归纳到普通，接收行号为 101684000604，复核并发送报文。

2. 将此笔汇款业务状态重置为成功。

十三、大小额支付业务

深圳市百恩电子有限公司来我行办理一笔委托收款，付款人为深圳市百恩电子有限公司，收款人为深圳市长城开发科技有限公司，接收行号为 101684000604，交易金额为 800000 元，优先级为紧急，付款人有卡支付，我行柜员为其办理大额金融机构贷记业务，复核并且发送报文。

因我行柜员操作错误，现来我行办理支付业务冲账业务。

十四、本票业务

1. 我行给陈川先生签发了一张不可转让的本票，现转标识为现金，付款账号为陈川先生的 I 类借记卡账号，付款类型为有卡折支付，收款人为李一帆先生的 I 类借记卡账号，出票金额为 10000 元，手续费现金收取，代理付款行号 104584001436；

2. 李一帆先生来我行兑付本票，持票人账号为李一帆先生的借记卡账号，提示付款日期为出票日之后第 30 天，兑付类型为正常兑付。

十五、汇票业务

1. 深圳市百恩电子有限公司签发了一张可再转让的汇票，现转标识为转账，付款账号为深圳市百恩电子有限公司在我行开立的账号，付款类型为有卡折支付，收款人为深圳市长城开发科技有限公司在我行开立的账号，出票金额 50000 元，转账收取手续费；

2. 出票 15 天以后，因汇票金额填写错误，持票人深圳市长城开发科技有限公司退回未使用的汇票。

十六、委托收款业务

现有一笔委托收款业务，收款金额 50000 元，交易类型为收到委托收款，凭证类型为商业承兑汇票，期限 1 个月，深圳市百恩电子有限公司为付款人，深圳市卓越科技有限公司为收款人，附寄张数 1 张，合同号 201710230000001，现金支付手续费，到期日进行托收。

十七、同城票据交换业务

1. 深圳市百恩电子有限公司持有一张付款人为深圳市卓越科技有限公司开出的票面金额为 25000 元的转账支票，我行通过"同城提出借方交易"为持票人深圳市百恩电子有限公司通过进账单办理支票进账手续，对方交换号 103584000324，录入之后进行复核。

2. 因转账支票大写日期填写错误，现办理同城提出退票业务且票据已被退票签收，我行依次办理同城提出退票交易和同城交换退票签收。

十八、银行承兑汇票业务

1. 深圳市长城开发科技有限公司为我行授信客户，授信额度为 300 万元。现深圳市长城开发科技有限公司申请开立银行承兑汇票一张，收款人为深圳市百恩电子有限公司，票面金额为 100000 元，期限为 1 个月，保证金比例 75%，手续费率 0.5‰，垫款利率 6.14‰，合同号 201710230000002，我行柜员为其办理银行承兑汇票录入业务。

2. 持票人来我行办理承兑汇票记账业务。

3. 持票人在票据到期时将未被使用的银行承兑汇票退票。

十九、保函业务

1. 深圳市长城开发科技有限公司来我行开立一份金额为 80000 元的付款保函，保证金比例为 65%，期限 3 个月，我行柜员创建保函并且打印。

2. 持票人来我行办理表外收入记账业务，手续费率 0.4‰，垫款利率 5.85‰。

二十、收费业务

李一帆来我行补办一张 I 类借记卡，转账收取工本费 10 元。

二十一、资信证明业务

1. 客户李一帆因出国旅游，需我行为其出具存款证明 1 份，证明金额 50000 元，期限 3 个月，我行柜员按规定为客户本人办理存款证明。

2. 李一帆不慎遗失存款证明，现来我行办理补开存款证明业务。

3. 2 个月后，客户来我行解冻存款证明，我行为其办理相关业务。

二十二、企业网银业务

1. 深圳市英纳斯电气有限公司财务人员于初夏来我行办理企业网银签约业务，并决定关联本公司的基本户，签约类型为专业版网银，客户为普通客户；柜员将财务人员于初夏（见图 10-13）设置成管理操作员，手机号码 15526971535；于初夏绑定的 USBKey 编号为 8306259867，单笔限额 200000 元，日累计限额 1000000 元。

2. 现因于初夏离职，我行将管理操作员变更为彭晓（如图 10-14），手机号码 13526981725，并且绑定网银证书，新任财务人员彭晓来我行办理相关业务。

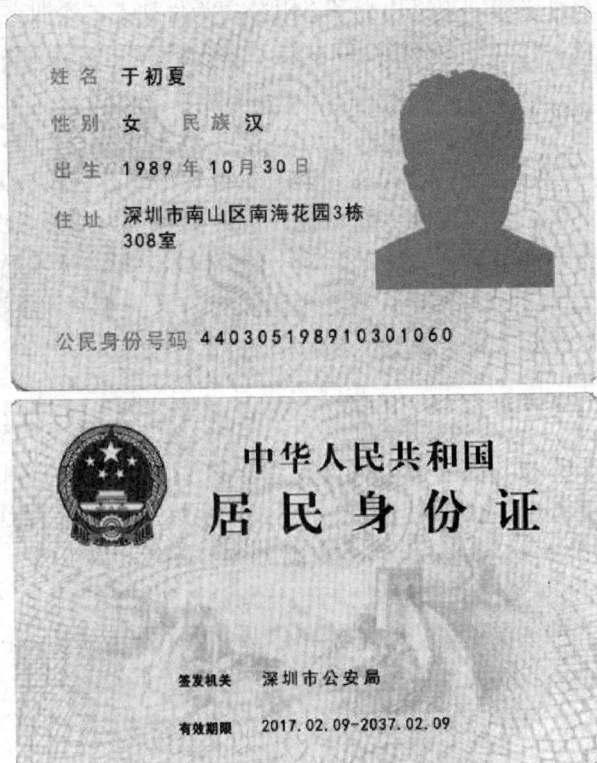

图 10-13 客户身份证

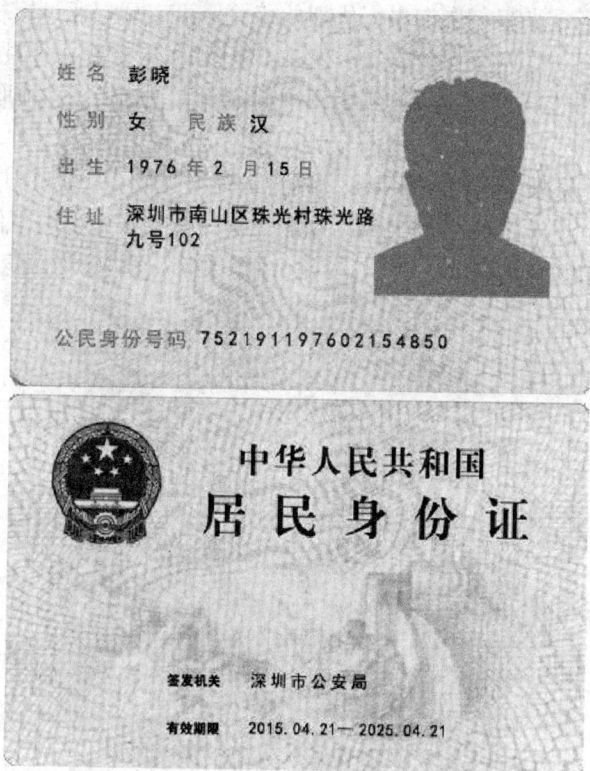

图 10 – 14　客户身份证

二十三、个人特殊业务

1. 陈川先生的整存整取存单损坏，来我行办理换存单业务；
2. 陈川先生借记卡丢失，来我行办理借记卡口头挂失业务；
3. 3 天后，陈川先生找回借记卡，来我行办理不换借记卡解挂业务。
为了安全起见，陈川先生来我行修改借记卡密码。

二十四、通用业务

1. 陈川先生从 Ⅰ 类借记卡活期账户取款 5000 元；
2. 由于我行柜员操作失误，现将此笔取款业务进行冲账。

二十五、日终业务

银行网点营业结束后，柜员办理日终业务操作，进行现金及重要凭证入库。
1. 柜员未使用的凭证进行入库操作；
2. 柜员将个人钱箱中的现金进行入库操作。

二十六、代理保险业务

张小凡先生，某外企市场部高级管理人员，手机号码 15536982336。张先生希望能购买一份寿险作为保障，于是来银行咨询本行代理的相关保险产品。通过银行柜员的介绍，张先生决定购买一份福禄寿一生两全保险（分红型），选择10年交费，每月交保费1800元，保险金额为800000元，保险期限20年，年金领取起始年龄为55岁，领取频率为年领，红利分派方式为现金领取。

银行柜员为张先生办理了银行储蓄业务，用身份证（见图10-15）开立一个I类借记卡账户，签印类别为密码，开户存入8000元到活期账户，并指导张先生填写保险投保单。张先生约定受益人为其妻子杨铭（见图10-16），受益份额100%。领取演示见表10-1。

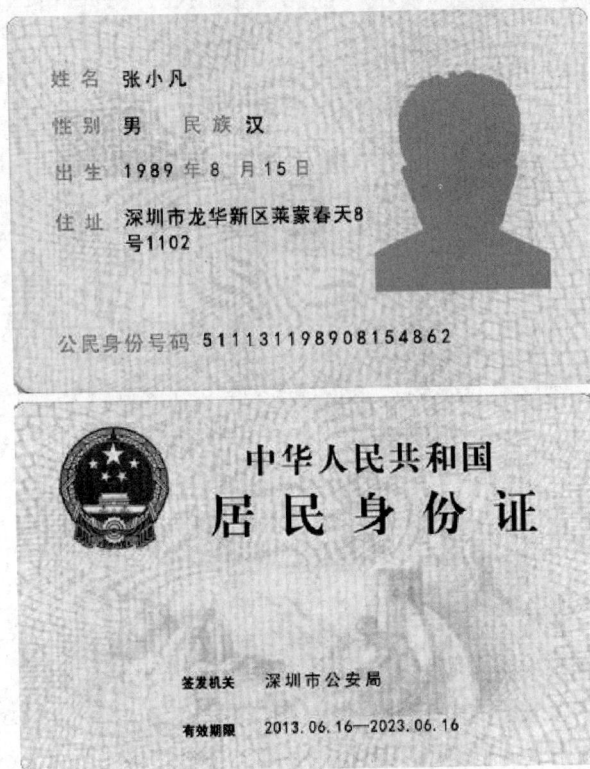

图10-15　客户身份证

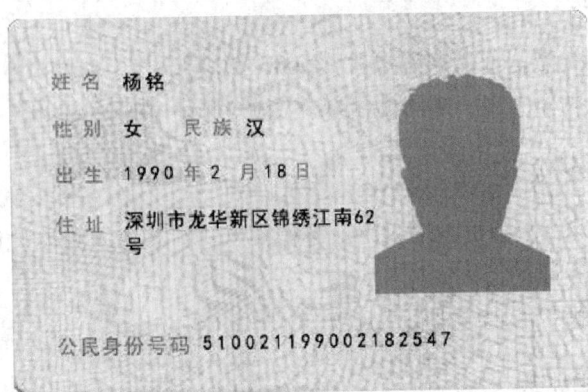

图 10 - 16 受益人身份证

表 10 - 1 　　　　　　　　每千元趸交或年交保费对应的年领金额　　　　　货币单位：人民币元

性别	男性					女性				
交费期间 投保年龄	趸交	5年交	10年交	15年交	20年交	趸交	5年交	10年交	15年交	20年交
0	481	2219	4031	5543	6787	452	2088	3793	5216	6386
1	462	2133	3875	5328	6524	435	2007	3646	5014	6139
2	444	2051	3725	5122	6271	418	1930	3505	4820	5901
3	427	1971	3581	4923	6028	402	1855	3370	4633	5673
4	410	1895	3442	4732	5794	386	1783	3239	4453	5453
5	394	1822	3309	4549	5569	371	1714	3114	4281	5242
6	379	1751	3181	4373	5353	357	1648	2993	4115	5038
7	365	1683	3057	4203	5146	343	1584	2877	3956	4843
8	350	1618	2939	4040	4946	330	1522	2766	3802	4655
9	337	1555	2825	3883	4754	317	1463	2658	3655	4475
10	324	1495	2715	3733	4569	305	1407	2555	3513	4301
11	311	1437	2610	3588	4392	293	1352	2456	3377	4134
12	299	1381	2508	3448	4221	282	1300	2361	3246	3974
13	288	1328	2411	3314	4057	271	1249	2269	3120	3819
14	276	1276	2317	3185	3899	260	1201	2181	2999	3671
15	266	1226	2227	3061	3747	250	1154	2097	2882	3528
16	255	1179	2141	2942	3601	240	1110	2015	2770	3391
17	245	1133	2057	2828	3461	231	1067	1937	2663	3259
18	236	1089	1977	2718	3326	222	1025	1862	2559	3132
19	227	1047	1900	2612	3196	213	985	1789	2460	3011
20	218	1006	1826	2510	3071	205	947	1720	2364	2893
21	209	967	1755	2412	2951	197	910	1653	2272	2780
22	201	929	1687	2317	2835	190	875	1589	2183	2672
23	193	893	1621	2227	2724	182	841	1527	2098	2568
24	186	858	1557	2140	2617	175	808	1467	2016	2467
25	179	825	1497	2056	2514	168	777	1410	1938	2371
26	172	792	1438	1975	2415	162	747	1355	1862	2278

续表

领取方式为保本终身年金，55 岁开始领取										
性别	男性					女性				
交费期间 投保年龄	趸交	5 年交	10 年交	15 年交	20 年交	趸交	5 年交	10 年交	15 年交	20 年交
27	165	761	1382	1897	2320	155	717	1302	1789	2189
28	159	732	1327	1823	2228	149	689	1251	1719	2103
29	152	703	1275	1751	2140	144	663	1203	1652	2020
30	146	675	1225	1682	2055	138	637	1155	1587	1941
31	141	649	1177	1615	1973	133	612	1110	1525	1864
32	135	623	1130	1551	1894	127	588	1067	1465	1790
33	130	599	1085	1489	1819	122	565	1025	1407	1719
34	125	575	1042	1430	1745	118	543	984	1351	1651
35	120	552	1001	1372	1675	113	521	946	1298	1585
36	115	530	961	1317		109	501	908	1246	
37	111	509	922	1264		104	481	872	1196	
38	106	489	885	1213		100	462	838	1149	
39	102	469	850	1163		96	444	804	1103	

二十七、个人理财业务

客户信息：于彩虹，身份证号码 440303198210251968，大学毕业，国企高管。家庭成员：丈夫庞汀，36 岁，大学毕业，软件公司员工；女儿庞翠，7 岁，在深圳外国语小学读书。家庭地址：深圳市南山区西丽花园 5 栋 223 号；于彩虹手机号码：13808552239，来我行开立一个 I 类借记卡账户，签印类别为密码。

于小姐家庭的收入和资产状况：于小姐当前每月税后工资为 9000 元，税后年终奖为 3 个月的工资；庞先生每月的税后工资为 15000 元；现在居住的房子现价 1100000 元；夫妻俩拥有一辆现价为 150000 元的轿车。于小姐在 2 年前分别以 120000 元和 150000 元购买了 5000 股某上市 A 股票和 7500 股 B 股票，现在股票账户中的 A 股票金额已经增加了 12%，B 股票的金额已经上涨了 15%。现家庭中有现金 8000 元，活期存款 22500 元，2 年前购买的五年期定期存款 150000 元。

于小姐家庭的支出情况如下：当前居住的房子首付 3 成，增值 10%，其余采用商业贷款。贷款利率为 4.9%，贷款期限为 20 年，从购买次月开始还款，每月还款 4581.11 元，至今还有 549733 元贷款未还。全家平均每月的日常生活支出为 8000 元；每年的医疗费用和汽车费用分别为 10500 元和 9000 元；夫妻俩每年的旅行费用约为 12000 元；于小姐在工作之余参加的培训班，每年的费用为 3880 元；庞先生每年花在健身房的费用约为 2888 元。

要求：1. 判断于小姐家庭所处生命周期；

2. 编制家庭资产负债表；

3. 分析于小姐家庭财务比率。

二十八、金融产品营销

客户信息：李立，身份证号码 440304199211089830，2010 年高中毕业。妻子，花泮，身份证号码 440303199202159663，2011 年高中毕业。夫妻俩目前租住在宝安 32 区 8 片 13 号 203 室。

李立先生家庭收入和资产状况：李立是一家工厂的生产部组长，每月税前工资 5000 元，年终奖是 1 个月的工资；妻子花泮是制造业工人，每月税前月工资 3500 元；目前家庭共有活期存款 20000 元，去年购买的 5 年定期存款 30000 元。

李立先生家庭的投资和储蓄情况：自 2017 年 6 月以来，李立在确保资金安全的前提下，为了获得固定收益，凭着直觉与运气每月购买 1000 元的货币型基金。

李立对投资预期以及损失承受能力：李立预期投资期限 1 年以内，希望将投资月亏损金额控制在 200 元以内，并且期望的年投资收益率高于银行同期定期存款。

要求：

1. 根据以上信息描述，来判定该客户的风险承受能力。

2. 李立先生现有资产 100 万元，根据风险承受能力情况，我行客户经理为其制定合理的营销方案。

3. 根据营销方案，进行产品配置。

4. 生成一个金融产品营销策划书。

二十九、转账支票审核业务

2017 年 10 月 25 日，深圳典尔信息技术有限公司出纳开出一张金额为 105000 元的转账支票，用来支付深圳市刚天电子配件公司的货款。

三十、银承汇票审核业务

2017 年 10 月 03 日，广州市五环彩印有限公司来我行出票一张金额为 200000 元整的银行承兑汇票给广州金峰纸业进出口有限公司支付货款，期限 6 个月，1 个月后去银行承兑并将票据交付给广州金峰纸业进出口有限公司。

三十一、转账支票背书转让

2017 年 8 月 1 日，九江市光达汽车销售有限公司财务人员张莉向其开户银行购买一本转账支票，柜员孙曦为其开出支票。当天，九江市光达汽车销售有限公司为了支付公司旅游费用，签发一张 53000 元的转账支票给九江市文化旅游集团有限公司，密码 20171031111002369；次日，九江市文化旅游集团有限公司把收到的九江市光达汽车销售有限公司的转账支票背书给九江市立天建设有限公司支付货款费用，2017 年 8 月 30 日，九江市立天建设有限公司将转账支票交给开户银行委托收款。

三十二、银承汇票退票

广州市中恒建设有限公司需要购进一批原材料，派业务员前往九江市盛业建材有限公司采购。经过洽谈，双方达成交易，所购原材料总金额为 100000 元，双方商定采用银行承兑汇票方式结算货款。2017 年 9 月 15 日，广州市中恒建设有限公司按照要求到其开户行申请签发了一张期限为 3 个月的银行承兑汇票，出票银行于 2017 年 10 月 15 日承兑该汇票后交给广州市中恒建设有限公司并签订承兑协议，承兑手续费 5‰；广州市中恒建设有限公司将该银行承兑汇票提交给九江市盛业建材有限公司，九江市盛业建材有限公司在 2017 年 10 月 28 日持票前往汇票签发行查询该汇票，发现该银行承兑汇票出票人签章有问题，经持票人与出票人协商，双方同意将该银行承兑汇票作退票处理并重新签发银承汇票给收款人。

参考文献

1. 刘双红：《商业银行综合柜台业务》（第二版），经济科学出版社 2015 年版。
2. 董瑞丽：《商业银行综合柜台业务》，中国金融出版社 2016 年版。
3. 杨则文：《商业银行综合柜台业务》，中国财政经济出版社 2014 年版。
4. 邵晶、杨天平：《银行业务综合实训手册》，上海教育出版社 2013 年版。
5. 陈志刚：《银行结算业务处理》，上海财经大学出版社 2009 年版。
6. 劳动和社会保障部教材办公室：《银行柜员实训》，中国劳动社会保障出版社 2005 年版。